Manuel Puig

Manuel Puig

QUERIDA FAMILIA:
Tomo 2. Cartas americanas.
New York (1963-1967)
Río de Janeiro (1980-1983)

Compilación y notas: Graciela Goldchluk
Asesoramiento cinematográfico: Ítalo Manzi

Editorial Entropía
Buenos Aires

CDD A866 PUI	Puig, Manuel Querida familia. Tomo 2. Cartas americanas. New York. Río de Janeiro 1ª ed. - Buenos Aires: Entropía, 2006. 468 p.; 23,5x15,5 cm. ISBN: 987-21040-8-5 1. Cartas I. Título

Editorial Entropía
Gurruchaga 1238, dpto. 3
Buenos Aires, Argentina
info@editorialentropia.com.ar
www.editorialentropia.com.ar
editorial-entropia.blogspot.com

Diseño de colección: Entropía
Foto de tapa: gentileza Carlos Puig

© Herederos de Manuel Puig, 2006
© Editorial Entropía, 2006

ISBN-10: 987-21040-8-5
ISBN-13: 978-987-21040-8-5
Hecho el depósito que indica la ley 11.723

Impreso en la Argentina

Primera edición: septiembre de 2006
Tirada: 1.500 ejemplares
Impreso en Artes Gráficas Delsur SH
Almirante Solier 2450 (1870) - Avellaneda - Buenos Aires

Queda prohibida la reproducción parcial o total de esta obra.
Reservados todos los derechos.

*A Male Puig, que brindó su tesoro
para que todos podamos compartirlo*

Agradecimientos

Mi primer agradecimiento es para Male, Carlos y Mara Puig, querida familia sin cuya entusiasta participación este libro no hubiera podido realizarse. Además del acceso al material que generosamente pusieron a mi disposición y que Mara digitalizó para mí, están presentes en cada recuerdo compartido, en el uso del dialecto, incluso en el desciframiento de algún trazo marginal o apurado.

Como la amistad trasciende todas las fronteras, los amigos de Manuel también se hicieron presentes. Entre los muchos que colaboraron y alentaron mi tarea con su lectura quiero destacar a tres:

Hugo Regueiro Puig, en Buenos Aires, leyó generosamente la primera versión y en el vértigo del proyecto realizó las primeras correcciones y aportó observaciones valiosas.

Angelo Morino, desde Italia, traductor y curador de la obra de Puig, responsable de algunas de las más bellas publicaciones de su obra, brindó todo su saber de experto editor advirtiendo errores, acercando datos y alentando la tarea.

Ítalo Manzi, desde París, abrió para mí sus recuerdos de complicidad cinematográfica con Manuel y aportó datos que ninguna enciclopedia puede suplir. Su erudición enriqueció cada uno de los comentarios sobre películas y actrices.

Para la ingente tarea de transcripción conté con la colaboración de Gonzalo Oyola y Luciana Haboba. Agradezco también a la Dra. Élida Lois y a mis colegas del Centro de Teoría Literaria. Institucionalmente agradezco a la Universidad Nacional de La Plata, que sostuvo una investigación donde estas cartas hallaron su lugar.

Graciela Goldchluk

Prólogo

Este volumen reúne las doscientas treinta y cinco cartas que Manuel Puig envió a su familia entre 1963 y 1967, cuando vivía en Nueva York como un escritor que trabajaba en un aeropuerto a la espera de ser publicado; y entre 1980 y 1983, cuando vivía en Río de Janeiro como un escritor consagrado que se ocupaba de traducciones y adaptaciones cinematográficas de sus obras mientras escribía teatro y planificaba nuevas novelas. Faltan cartas, las que debió enviar en los tiempos en que vivió como exiliado en México y Nueva York, justo antes de mudarse a Río, pero esas cartas perdidas sostienen de algún modo el relato que surge y las contiene, como fragmentos de una historia que no necesita ser reconstruida porque forma parte del presente de la correspondencia. Lo que sucedió y ocurre todavía es el trasfondo de estas noticias, en las que el territorio nombrado como Argentina aparece como un lugar cercado por la escritura, pero inaccesible. En 1983, la madre, que ya ha visitado a su hijo varias veces, decide mudarse al barrio de Leblon.

Si las *cartas europeas* (publicadas en *Querida familia*, tomo 1) cuentan una novela de iniciación, una historia de formación escrita por su protagonista, quien curiosamente parece saber siempre hacia dónde va aunque no llegue a ningún lado (como director no puede asumir el papel de autoridad, como guionista no logra una invención que lo satisfaga), estas cartas americanas ensayan otra forma de narración. Puig regresa de Europa con un tesoro, todo aquello de lo que ha venido huyendo aparece de pronto como una maravilla cubierta por sucesivas capas de distancia. Fue necesario alejarse tanto, ocuparse de escribir argumentos exóticos en idioma extranjero, traducir del inglés al italiano y del italiano al francés películas que circulaban en el mercado europeo, para dar un paso más allá y trabajar la materia de la infancia en aquel pueblo de provincia con una mirada que prescinde de toda perspectiva organizadora. Al renunciar a esa perspectiva, la distancia queda suprimida y con ella la nostalgia por el paraíso perdido, la infancia es ahora pura invención. Puig se lee seguro de su escritura, recibida como un don: *"Leí por orden la novela (no la pude terminar porque al final se juntaron muchos paseos) y me produjo una impresión REGIA, modestia aparte, me parece que me tocó la varita mágica."* Las cartas de Nueva York, escritas en el aeropuerto, en el subte o en el avión de regreso, pueden narrar excursiones a Marrakech o un fin de semana en Alaska, pero no relatan un viaje: el don clausura la búsqueda y cambia la textura temporal. El trabajo minucioso de reescritura, supresiones, reemplazos y correcciones sucesivas, que dejó como testimonio quinientas hojas de manuscritos y otras cien de pruebas de imprenta y de traducción con marcas de revisión del autor, se presenta como una tarea necesaria para hacerse merecedor de la maravilla.

Coco, como seguirá firmando cada misiva, organiza su vida en función de ese deber: trabaja regularmente en "el escrito" y va a la biblioteca de la Quinta Avenida para leer autores argentinos y buscar puntos de contacto o disidencia. Previsiblemente, encuentra disidencias: *"Leí una novela de Mallea: «La ciudad junto al río inmóvil», es tan mala que resulta interesante, es como un tratado de cómo no escribir una novela."* Recién cuando *El desencuentro* (primer título para *La traición de Rita Hayworth*) está terminado y comienzan las tratativas para su publicación, Puig se permite descubrir afinidades en el ambiente neoyorquino. El encuentro con una sensibilidad que Susan Sontag describe en sus "Notas sobre el *camp*" (en *Partisan Review*, 1964) ocurre en 1965: *"Hoy fue un día de revelación sensacional, en el Museo de Arte Moderno están dando una retrospectiva de Josef von Sternberg y sin muchas ganas fui a ver «Fatalidad» (1932), creo que se llamaba así, en inglés es «Dishonored» con Marlene de espía en la guerra del '14, y con Victor McLaglen. Algo SUBLIME, aparentemente una comedia de aventuras pero tan hermosamente contada y con un fondo escondido tan amargo y lúcido que me arrebató."* Esta "revelación" lo entusiasma y genera una revisión que hará de Puig un asiduo visitante de la cinemateca del Museo, donde años más tarde obtendrá las copias para comenzar su propia colección de videos. El apoyo que recibe por parte de los escritores más vanguardistas del momento, como Severo Sarduy y Juan Goytisolo, junto con la frustración de sus planes de publicación, lo mueven a buscar un marco de referencia: *"Bueno, a mí no me importa, porque modestia aparte, lo mío está infinitamente por encima de esos autores, muy pobres y para completarla tradicionalistas como estilo, el pecado mortal del momento. Aquí hay un fermento fenomenal con lo pop, se está contagiando a todas las ramas, el cine, el teatro, las modas. Tengo que mostrarle a Mario las últimas cosas que hice, muy pop, tengo miedo de que se me haya ido la mano."* La carta es de mayo de 1966, cuando está escribiendo *Humedad relativa ambiente 95%*, y tal vez se le haya ido la mano, porque nunca terminó ese proyecto. En cambio, al año siguiente comenzará

Boquitas pintadas, donde con pulso firme escribe un objeto literario inquietante: muy *pop,* muy *camp.* Leída en su momento como denuncia social, como chisme de pueblo, como consagración de lo cursi y como experimentación extrema, más de treinta años después de su publicación esta novela es un clásico al que recurre la escuela cuando quiere animar el interés de los estudiantes por la literatura.

El intercambio epistolar se refuerza con el mercadeo de la moda: revistas, conjuntos, collares, que se van sumando en una ceremonia que comienza como una manera de aprovechar el dinero (Coco recibió ayuda para la visa y es puntual en pagar sus deudas) y se desborda en el gusto por mimar a la madre sin dejar de cumplir con el resto de la familia: *"Vi para papá una campera* REGIA *pero no había medida. Es un asco comprar ropa de hombre, difícil y un lío porque los vendedores no tienen ninguna paciencia, mientras que para ropa de mujer está todo a la vista y dejan revolver a gusto. Las cosas de hombre están casi siempre en bolsas de nylon* CERRADAS *y es un triunfo hacerlas abrir."* El paseo de Puig por las calles de Nueva York del brazo de su compañera Arlette, a la pesca de un conjunto en liquidación, y la consecuente aventura de los paquetes que deben llevar las prendas sin que se arruinen y el whisky sin que se pierda en el camino, es un capítulo aparte que no dejarán de disfrutar los lectores imaginativos.

La correspondencia reaparece en el momento en que Puig organiza sus cosas en Nueva York para instalarse en Río de Janeiro. Podría decirse que está *Volando a Río,* como el título de aquel musical de la Warner protagonizado por Dolores del Río, la diva mexicana que conquistó Hollywood en los años treinta. Como Dolores, Coco triunfó en la gran ciudad, fue de México a Nueva York y ahora está "volando a Río", donde se instalará en el Hotel Riviera, en Copacabana, mientras busca departamento. Las primeras cartas de esta serie organizan una escena: Puig acaba de escribir un prólogo al libro que recoge sus guiones mexicanos y presenta un proyecto de adaptación de *El beso de la mujer araña* para la televisión italiana. Inmediatamente, anuncia: *"Buenas noticias de New York: la mejor casa de libros de bolsillo, «Vintage» (significa cosecha de uva) tomó los cuatro libros traducidos hasta ahora, los lanza juntos en agosto, algo de locura (...) pero lo mejor de todo es lo bien que marcha la novela nueva, me estoy sorprendiendo* YO MISMO *de lo bien que está resultando al quitar unos grumos que había por ahí."* Se abre de esta manera un epistolario donde, sin abandonar el tono familiar, se dibuja claramente el autor Manuel Puig.

Con respecto a la producción literaria de Puig, estas cartas iluminan una zona poco transitada por la crítica. La escritura multilingüe de dos novelas (*Maldición eterna a quien lea estas páginas* en inglés y *Sangre de amor correspondido* en portugués, simultáneamente con la versión en español) no parece demasiado distante del trabajo conjunto que Puig realiza con los traductores de sus obras, a quienes elige personalmente. A estas "adaptaciones", como las consideraba el autor, se le suma la primera versión teatral de *El beso de la mujer araña*, emprendida por consejo de su amiga, la productora Dina Sfat: *"Por acá muy bien. Ayer terminé la adaptación de la «araña», me parece que quedó bárbara y muy comercial, mañana y pasado la reviso y el miércoles vuelve Dina y se la entrego ¡qué desbratada! Me parece que esto va a ser una pegada, porque dos actores y sin escenario es algo ideal, lo pueden hacer en todo el mundo. Mundo libre, claro, ni bajo represión de derecha ni de izquierda."* El éxito de la obra, que suma presentaciones memorables como su estreno en Madrid, la puesta en México bajo dirección de Ripstein, o la presentación en el teatro municipal de Estocolmo el año anterior a la nominación de Puig para el Nobel de literatura, lo impulsa a escribir teatro. Puig se vuelca a la dramaturgia, y escribe *Quero* (*Bajo un manto de estrellas*); *Misterio del ramo de rosas*; *Gardel, uma lembrança* (*Tango de la medianoche*); y *Triste golondrina macho*, las tres primeras estrenadas con éxito. Sin embargo, también esboza una novela que quedará inconclusa, *Mère fantasie*, antes de abordar las páginas de *Cae la noche tropical*, prefiguradas en las escenas domésticas de las cartas que abundan en detalles sobre las plantas del balcón y las peculiaridades de la Sheila o de Aristides.

Mientras lleva adelante estos proyectos, Puig recibe a dos directores argentinos que quieren filmar sus novelas. El primero lo llama por teléfono: *"Bueno, ahora viene la novedad, hoy me llamó por segunda vez Raúl de la Torre, quieren hacer «Pubis» con Graciela Borges. Yo le dije que sí, más que nada para mantener un contacto con el país."* El segundo vive en Brasil: *"El otro bodriero, el Babenco, sigue con la cuestión de la mujer araña, dice que no descarta el otro argumento del bígamo pero sigue con esta cuestión. Conversamos una tarde sobre la película de la mujer araña y dijo tantos disparates que quedé planchado."* Aunque conocemos el final de la historia, queremos saber los detalles que aquí se cuentan.

Los viajes, finalmente, se orientan en una nueva dirección, siempre con fines profesionales, como su visita a Alemania de 1981: *"Bueno, yo pago el boleto entonces y ellos me dan cada uno una parte, ya calculé que va a cubrir todo, pero claro, sin ganar como fue en Puerto Rico o en las universidades norteamericanas que encima pagan. Pero las conveniencias son muchas: 1) retirar el dinero del premio italiano y hacer ruido de prensa, 2) cobrarles a los del teatro italiano, 3) ver el mercado de video cassette en Italia, 4) si puedo terminar a tiempo, mostrarle la nueva versión de la novela a Mario, 5) hacer promoción de los libros en Alemania donde la cosa está dura, 6) ver los cassettes en Alemania, 7) hacer parada en París para promover "Pubis", 8) paradas en Barcelona y Madrid para promover "Maldición" y la obra."* Esta enumeración razonada deja ver una economía donde hay un tiempo para hablar de literatura (mostrarle la novela a Mario Fenelli) y una serie de actividades destinadas a solventar la pasión de los videos. Las películas que Puig va a buscar ya no forman parte del imaginario de sus personajes ni de su literatura, sino de un nuevo consumo cultural no catalogado por la crítica, pero compartido con un creciente número de escritores. La primera vez que instala un aparato de video en su departamento de Leblon, Coco retoma una complicidad: *"Me parece mentira, de golpe ver aparecer a Hedy Lamarr ahí en la pieza."* Las cartas entonces se pueblan de listas con los dones que sus amigos Ítalo Manzi y Xavier Labrada —cada uno en un continente, cada uno cinéfilo apasionado— ofrendan a Manuel, y con las que consigue Manuel para ellos y para organizar sus famosos ciclos de cine en el living: *"La máquina de Roma queda allá, grabando indefinidamente. Así que ya con el nuevo aparato instalado y después con las películas que me traeré de Europa habrá para siglos, ya no digo años ni meses, es tal la cantidad que no vamos a saber por cuál empezar."*

Recorrer esas listas implica aceptar una invitación, mientras Manuel Puig se desvanece, convertido en mirada, de este lado de la pantalla.

G. G.

Nota editorial

Como estudiosa de la obra de Puig, tuve acceso a las cartas de Manuel en ocasión de preparar una cronología para la edición crítica de *El beso de la mujer araña*. Mi impresión fue instantánea: allí estaba la novela póstuma que algunos imaginaron encontrar cuando en el escritorio de Cuernavaca aparecieron los manuscritos de *Humedad relativa 95%*, un proyecto que hubiera sido su segunda novela, pero que Puig desechó para no retomar jamás. El tono de las cartas revelaba un narrador magistral, al mismo tiempo que dejaba ver la diferencia entre el lenguaje usado para la comunicación con la familia y el que emplearía el autor en su literatura. Allí comenzó la tarea de edición.

El total de cartas conservadas por la familia es de cuatrocientas cuarenta y tres, que pasadas a máquina ocupan algo más de mil páginas. Publicar la transcripción completa de todo el material implicaba una traición a la literatura de Puig, cuyo primer mandamiento reza, en letras doradas, *NO ABURRIRÁS*. Seleccionar las cartas, o suprimir algún pasaje, parecía de antemano imposible, aunque siguiera siendo necesario. Cuando se aborda una selección se están poniendo en juego criterios de valor, pero frente a un autor como Manuel Puig, que hizo tambalear todos los parámetros establecidos en torno a lo serio y lo superfluo, que supo concentrar en un detalle el sentimiento de todo un grupo social, se hacía necesario pensar de nuevo. Consideré el conjunto de la correspondencia como un gran manuscrito y me limité a dejar de lado lo que pudiera resultar demasiado reiterativo, o entorpecer el avance de la narración. De este modo no aparecen en esta edición:

a) algunas cartas en las que Manuel volvía a contar lo mismo que en la anterior, por temor a que aquélla no hubiera llegado a destino;

c) algunos pasajes que contienen instrucciones precisas para realizar trámites administrativos;

d) direcciones y números telefónicos cuya publicación podría molestar a sus titulares.

Como se verá en la lectura, no fueron suprimidos todos los pasajes con instrucciones para realizar trámites, ni se buscó eliminar toda reiteración, ya que el objetivo de la edición fue mantener un umbral de legibilidad y no convertir el fluir epistolar en un ejemplo de redacción escolar. La transcripción respeta fielmente los originales, tanto en su sintaxis como en el uso de los signos de puntuación; sólo se ha actualizado la ortografía. Los subrayados en el original fueron reemplazados con itálicas.

Se completa la edición con un glosario que recoge expresiones del dialecto rural de Parma-Piacenza, prestando particular atención al uso que de ellas hace la familia Puig Delledonne. También incluimos un listado con la ficha técnica de todas las películas nombradas en las cartas, ordenadas por su título en español. El glosario, como las notas a pie de página, fueron confeccionados en charla con Carlos y Male Puig, dos de los destinatarios de la correspondencia. Como primera lectora externa, tuve el privilegio de hacer las preguntas y así pudo abrirse otro espacio donde las cartas íntimas se vuelven de todos.

G. G.

**Primera parte:
New York (1963-1967)**

1963

New York, lunes 18 de febrero

Querida familia:

Empieza el cuntintén!* Me refiero al cuntintén* de las cartas. Por lo demás todo parece prometer mucho, hay tantas posibilidades que estoy un poco mareado, en lo que se refiere a trabajo y vivienda. Tengo miedo de apurarme y hacer alguna macana. Bueno, empiezo por el principio: mamá, tu traje a rayas me permitió distinguirlos en la terraza hasta último momento. El viaje fue muy llevadero con la excepción de una media hora (antes de llegar a Córdoba) en que me sentí malísimo por el movimiento bárbaro que se produjo. Por suerte después no se movió para nada, una seda. A Lima llegamos con atraso, ya de noche, así que no se vio nada. A Miami llegamos a las 9 hora americana con un poco de atraso, serían las 11 en Buenos Aires. Aquí la hora en la costa del Este está atrasada dos horas con respecto a Buenos Aires, es decir seis horas de atraso con respecto a Roma. Miami es un plato, un mamarracho bárbaro, mucho lujo pero poco gusto salvo algunos tramos. La gente anda disfrazada por la calle. Con otros dos muchachos que conocí en el avión recorrimos la ciudad (son dos ciudades: Miami y Miami Beach) y paramos juntos en un hotel frente a la estación de ómnibus. A la mañana (a las 5!) salí para Charleston (Carolina del Sud) atravesando el estado de Florida y Georgia. Florida es toda veraniega, muy linda y rica, sobre todo Palm Beach. Georgia en cambio es un típico estado sureño pobre, lleno de negros, con puebluchos de madera tal como se ve en el cine, súper sugestiva, hermosísima. Dormí en Charleston apenas seis horas y a las 4 y 30 de la mañana seguí para New York. Atravesé Carolina del Norte y después Virginia ya más aburrida, todo bosque invernal. A las 3 llegué a Washington, con un frío terrible y aproveché la hora de parada para dar una vueltita por la Casa Blanca, etc. Parece una tumba esa ciudad, triste y provincial, la parte residencial es muy hermosa pero desolada, para tomar fernet[1] de la mañana a la noche. Bueno, y a las 7 llegué a New York con nieve! 17º bajo cero!!!!! Pero no se siente casi porque no hay rincón que no tenga calefacción, así que no te alcanzás a enfriar en la calle que ya estás de nuevo en el calorcito. Ahora bien, si sopla viento y tenés que caminar más de cuatro cuadras considérense cadáver. Estoy parando en un hotel frente a la Estación de Ómnibus, en Broadway y 50, para ahorrar el taxi,

---

[1] "Tomar fernet", expresión familiar: hacer algo para cortar la desolación.

estoy a una cuadra de Times Square, el corazón de New York. Bueno, ahora empiezo a buscar adjetivos para calificar esta ciudad, me parece SENSACIONAL, llena de vida, de simpatía, el que diga que esto es duro y frío no sabe lo que dice, le recomiendo una temporadita en las capitales de Europa. Esto está lleno de todo, gente de todo tipo, arte a toneladas (cine, teatro, exposiciones, conciertos, lo que sea) y mil posibilidades para trabajar. Yo el jueves mismo (el martes lo pasé en Miami) a la noche, después de darme un baño (y dar una hojeada a los affiches!) busqué en la guía las agencias de empleo para cuestiones de idiomas y me hice una lista. El viernes a primera hora empecé a recorrerlas y... a rechazar empleos, con unas ínfulas bárbaras. Hice eso para tener una idea de los salarios y las posibilidades antes de presentarme en la compañía de los subtítulos. Ahí fui recién hoy lunes a la mañana, es un despelote de horario y pedí tiempo hasta fin de mes para estudiar bien si me conviene. Es *shifting*, quiere decir horario relativo, un día podés trabajar una hora y el otro veinte, según los apuros de los clientes. Por la calle me encontré con un argentino amigo de la Beba, ya me presentó mucha gente. Díganle a Cuquín[2] que sólo vi a Orlando, se portó muy bien y quedó en conectarme con algo muy importante. Mañana iré a American Express.

Termino aquí. Muchos besos y cariños

*Coco_*

---

[2] Cuquín: Héctor Méndez Puig, hijo de Ramona.

New York, jueves 21 de febrero

Querida familia:

Hoy a la tarde llegó la carta, era ya la tercera vez que pasaba por A. Express, por suerte queda en pleno centro. La carta no era muy alegre, pero lo mismo es una satisfacción. Yo estoy bien y más aclimatado al frío. Por suerte en el hotel la calefacción es continua y no hay ocasión de enfriamientos, el peligro generalmente está a la salida del baño pero no aquí. Duermo con una frazada sola y el pantalón piyama y la camiseta gruesa (sin saco piyama), por suerte no hay celador que me haga sacar la camiseta, qué locura la de aquel hijo de puta.[3] Creo que seguiré en el hotel dos semanas más porque estoy en pleno centro y puedo moverme mejor, además me hicieron un precio (por semana) muy conveniente. Esta noche está haciendo 10º bajo cero después de dos días un poco más suaves. El lunes llovió y nevó y fue un desastre. La ciudad me parece cada día más hermosa, como en unos lugares de mucha pinta por poca plata, al principio nada me gustaba pero ahora me estoy acostumbrando, es estilo Inglaterra, estilo bodrio. Pero son tan lindos los lugares y tan buena la atención que la comida pasa. Voy mucho al Tad's Steaks, cuéntenle a Cuquín, son unos restaurantes muy bien decorados donde se comen bifes grandes con papas asadas y una ensalada muy buena de lechuga, garbanzos y queso, completo sale $1,25, es plato único. Fui dos veces a esos donde se pone la moneda, sale un poquito más barato pero es un engorro bárbaro (pedir cambio, manipular veinte macanas), están siempre llenos de gente y me deprimí. No voy más. A la noche me acuesto casi siempre temprano porque me levanto a las 8, me baño y afeito y hasta las 5 doy vueltas por las agencias, etc., para ver el mercado de trabajo en cuestiones cine, etc. Al principio (por unos cuantos meses) me gustaría algo que me dejara bastantes horas libres. La temporada de teatro está floja pero para el mes que viene se anuncian cosas fenomenales, con Geraldine Page, Judy Holliday, etc. Me estoy insaburiendo* de ir a patinar sobre hielo, se ve mucha gente por la calle con los patines al hombro, hay muchas pistas. Este fin de semana voy a empezar con los museos; en el Metropolitan está Joan Sutherland cantando "La sonnambu-

---

[3] Se refiere a su época de interno en el colegio Ward de Buenos Aires, entre 1946 y 1950, que estaba siendo incorporada como material de trabajo en su novela.

la" de Bellini, si no hay mucha cola iré. No se imaginan la cantidad de latinos que se ven, está plagado de portorriqueños (alunados, llenos de prevención, atienden muy mal en los bares, etc.) y cubanos. En general encuentro que la gente es muy dada y dispuesta a echarse el párrafo, no se siente soledad como puede ocurrir en París o Milán o la misma Roma. A pesar de todo lo que me gusta esto estoy extrañando mucho (más que en cualquiera de los otros viajes!), no sé por qué será, por una parte estoy encantado y por la otra ansiaría estar en Bulnes. ¿Osvaldo no tuvo novedades con la máquina?[4] Muchos saludos míos y que no se olvide! Mamá: un favor, llamala a Pelusa, tenés el teléfono en la libretita roja, decile que me perdone que no me despedí y que cuando tenga una dirección se la mandaré, además pedile la dirección y que espero ver a la hermana aquí (creo que viene pronto, las elegantes de N. York van a temblar).

Cuéntenme en las cartas cómo va la situación de la fábrica y la cuestión política. Si en esta semana aclaro mi panorama en seguida les giraré la plata. Debido al frío no he hecho ningún paseo turístico, un día me asomé al Central Park, estaba hermosísimo, aquí hay una luz muy especial, unos cielos muy diáfanos, pero soplaba un viento terrible. Lo que mata es el viento, desde mi ventana del hotel veo una bandera de la vereda de enfrente y si flamea mucho me agarro la cabeza (es lo primero que miro cuando me levanto).

Vi "Susan Lenox"[5] de Greta y C. Gable en doble programa con "Pelirroja"[6] con Jean Harlow y Chester Morris. Qué simpática que era, nunca la había visto. Bueno, muchos besos

*Coco_*

---

[4] Osvaldo Regueiro, primo de Manuel (hijo de Anselma Puig y de Alejandro Regueiro) estaba encargado de vender la máquina de fotos que Puig había comprado en Rusia (carta del 24 de octubre 1961, Tomo 1, pág. 284).
[5] *Susan Lenox (Her Fall and Rise) / Susan Lenox* (1931).
[6] *Red-Headed Woman / La mujer de cabellos rojos* (1932).

New York, domingo 3 de marzo

Querida familia:

Hoy por primera vez desde que llegué subió el termómetro sobre cero, después de una gran nevada hace tres días. El viernes a última hora pasé por A. Express pero no encontré carta, sólo me llegó la primera, ¿qué pasará? Yo estoy muy bien, ya empecé a hacer algunos trabajos de traducción de colas pero no pienso quedarme en este laboratorio porque es muy inseguro el trabajo, por ahí no hay nada por dos semanas y por ahí tenés un mes que no das abasto y así no hay tranquilidad para trabajar en otras cosas al mismo tiempo.[7] Hay un puesto de pocas horas en Alitalia (responder el teléfono en cuatro idiomas) que me tienta y me dejaría el tiempo que necesito para pirladas.* Además dan pasajes casi gratis, etc. y si no hay complicaciones lo voy a tomar, mientras veré lo que se presenta. Una vez que empiece en un lugar con miras a quedarme un tiempo voy a buscar departamento pero no tengo mucho apuro porque en este hotel pago más o menos lo mismo y estoy bien en el centro. Quiero vivir cerca del trabajo porque aquí el transporte es lentísimo, únicamente si se toma un solo subte la cosa marcha, con combinaciones es un lío. A algunos puntos se llega muy rápido con trenes express que no paran en todas, pero si lo puedo evitar sería una gran cosa, es una especie de electroshock el subte aquí, muy bochinchero y con una vibración que te desacomoda las suturas del cráneo. Empecé con los museos, hay muchísimo. Vi a algunos de los amigos de Cuquín, toda gente muy simpática y que pueden resultar muy útiles, todos dicen que lo extrañan mucho. Hoy o mañana le escribiré. Fui a las oficinas de tres de ellos y pronto iré a reuniones en las casas. Recién ahora me está viniendo cansancio de tanto traqueteo, no veo la hora de tener todo ordenado. Ustedes ya pronto entrarán en otoño y Carli al cole, a la Facultad. Es muchísimo tiempo ya que llevo sin noticias, espero que mis cartas les hayan llegado, bueno sería que no. Fui al Metropolitan Museum, es muy grande, alcancé a ver una parte nada más, de Egipto, Asiria, etc. Está la Mona Lisa, un gentío. Ayer sábado con un amigo de Cuquín, Yáñez, fuimos al museo medieval (Claustros, "Cloisters" en inglés) que un loco Rockefeller hizo construir con paredes enteras traídas de Europa, figura ser un monasterio. En parte es un mama-

---

[7] Se refiere al trabajo de escritura de su novela (*La traición de Rita Hayworth*), aún sin título.

rracho porque se siente el artificio pero tiene piezas muy buenas, sobre todo la serie de tapices del Unicornio. Estoy viendo más lugares de N. York, es inmenso, hay partes sobre el río que son muy lindas. El barrio de los portorriqueños es espeluznante. Los contrastes de N. York son únicos, pero no hay ninguna necesidad de caer en lo deprimente, es notable, hay lugares (bares, cines, restaurantes) que cuestan lo mismo pero ofrecen una diferencia total de ambiente, parece que esa gente turbia y excéntrica se complaciera en la mugre. Hay cines de todo tipo, desde Jean Harlow a Isabel Sarli, todo. Hay varios cines de películas en castellano sin subtítulos siquiera, exclusivamente para los latinos, y cine griego y japonés y chino e italiano, sin subtítulos. Vi una de Jean Harlow, qué simpática era. Vi también "Gypsy"[8] con Natalie Wood y Rosalind Russell, más o menos. La de Jean Harlow era de 1933, se llamaba "Pelirroja" con Chester Morris y Charles Boyer al final en un papel de chofer ¿te acordás mamá? Pronto empezaré la gran temporada de teatro, sólo vi una porquería, la última de T. Williams, con nadie conocido, "El tren correo ya no para más aquí", la vi porque me regalaron entradas, un empresario para quien traía una carta de Italia, de la vieja de los subtítulos. Lo invité al amigo de Cuquín. Bueno, mañana espero recibir carta. Espero también que no pase de esta semana la cuestión *giro*. ¿No vendió Osvaldo? Estoy planeando muchas cosas.

Cariños y besos

*Coco_*

---

[8] *Gypsy / La reina de Broadway* (1962).

New York, domingo 10 de marzo

Querida familia:

Hoy estoy de mudanza. El amigo cubano de Cuquín tiene un amigo con departamento muy grande que quiere compartir y ahí voy. El domingo pasado fuimos a verlo y hoy me mudo. Es un muchacho joven muy tranquilo, callado, hace dos años que está aquí, trabaja como arquitecto pero se dedica cuanto puede a la pintura. Al principio yo no estaba muy entusiasmado porque está a veinte minutos del centro (en subte express) pero tiene muchas ventajas: el barrio es muy lindo, residencial sin ser estirado, frente al río, con ventanales al parque y al puente Washington (río Hudson), muy alto, sobre la barranca que baja al parque y al río. No tiene casas enfrente, directamente el río, la calle lo dice: Riverside Drive. Paseo por la ribera del río. Este muchacho hace tres meses que lo quiere alquilar pero con la huelga de los diarios no podía poner anuncios. El departamento es así.[9] Me cobra quince dólares por semana sin gastos, de eso se encarga él. Está amueblado, bastante pasable, es muy grande, lo que lo viste más es la vista al río tan ancho, del otro lado ya es New Jersey. El lunes tuve carta ¿cómo va el pie de Carli? Espero que me escriba. Ojalá que la fábrica reanude actividades pronto. Esta semana me moví mucho, aquí me parece que hay posibilidades para tirar para arriba. Mandé plata por American Express, son los 25.000 de papá y dos cuotas del pasaje (las del 3 abril y 3 mayo) así que mamá podés ir a la bella Ini cualquier día y retirar los dos primeros pagarés. Más adelante mandaré el resto y la plata de los regalos, pronto empezarán con los tejidos ¿no? Vi la primera sonora de Greta, "Anna Christie",[10] al principio ella está frenada, GENIAL, pero después se desata. Sorprendente por lo moderna me resultó "Cena a las ocho",[11] los genios Marie Dressler, Wallace Beery y Jean Harlow. También vi la que es gran éxito del momento: "Baby Jane",[12] con Bette y Joan Crawford, un asco, copia de "Psicosis"[13] de un mal gusto increíble, ellas están desatadas, sobre todo la Bette, una

---

[9] Esta carta se acompaña con un plano del departamento donde señala los ambientes: "living", "mi pieza", "cocina", "la pieza del muchacho", "baño"; y por fuera están indicadas las ventanas y la orientación: "río", "parque".
[10] *Anna Christie* (1930).
[11] *Dinner at Eight / Cena a las ocho* (1933).
[12] *What Ever Happened to Baby Jane? / ¿Qué pasó con Baby Jane?* (1962).
[13] *Psycho / Psicosis* (1960).

bestia, una lástima porque el tema era muy lindo y ellas podrían haber estado perfectas. Seguí con los subtítulos y con dificilísimas cosas, sobre todo por los absurdos textos que hay que traducir para el speaker, van combinados voces y subtítulos. El frío aflojó mucho, desde que empezó marzo subió a 10º y 15º, parece verano en comparación. El miércoles voy a ir al teatro, "The School for Scandal" por una compañía de primeras figuras de Londres, Ralph Richardson, Gielgud, etc. Voy el miércoles porque ya termina, una temporada corta a lleno total. Se me escapó una que quería ver, con Kim Stanley del Actor's Studio, aquí de golpe bajan sin ningún aviso. Mamá: averiguaste en la Facultad? y en la Dante? Estoy seguro de que te darían gran resultado. En la Dante "Corso accelerato 1º e 2º". A la Sutherland todavía no la vi, hay que arremangarse para grandes colas. La dirección es 1372 (el siete sin el palito) RIVERSIDE DRIVE apt. 4M N.Y. 33, N.Y. (quiere decir sección 33 de Nueva York, estado de Nueva York). El teléfono es LO8-4643. ¿No piensan todavía en la venta de Bulnes? Mañana lunes espero carta sin falta en A. Express.

Bueno, muchos besos

*Coco_*

Estoy muy contento *sin* fermentos[14] ¿cuánto irá a durar?

---

[14] "Fermento": expresión familiar por estar con el ánimo alterado.

Que me escriba CARLITOS!!!

New York, sábado 16 de marzo

Querida familia:

Estoy en la gloria! El departamento es comodísimo y el lugar un sueño, mi ventana tiene la vista más hermosa, el río que se pierde allá lejos. Hoy fue un día hermoso de sol y bajé por primera vez al parque al pie del Hudson. Es una barranca de rocas con caminos y árboles, me recuerda un poco el lugar donde me bañaba en Estocolmo, un lago con rocas parecidas. A una cuadra tengo todos los negocios y el subte... y tres cines de estreno simultáneo con el centro!!! ... y a mitad de precio. Dice mi co-inquilino que en verano este lugar es un paraíso y lo creo. Ha sido una pegada bárbara. El muchacho es de un carácter ideal, tranquilo, enemigo del bochinche, ordenado, respetuosísimo, en una palabra: un santo. Esta mañana al bajar por ese parque me parecía mentira haber solucionado el problema de la vivienda de un modo tan perfecto. En la heladera tengo un botellón de jugo de pomelo a cadena perpetua, después me hago un té, volvió la racha del té, será por el frío supongo. Todavía no he comprado comidas hechas, no tuve tiempo de mirar, sigo comiendo afuera. En las primeras semanas me parece que rebajé algo por tanto traqueteo pero ahora ya he aumentado, en el cine me tengo que aflojar el cinto, y al sentarme a comer. Ése es mi indicio de siempre. Anoche los invité al amigo de Cuquín y a mi compañero de casa al teatro porque conseguí otra vez gratis tres plateas (ocho dólares cada una, baratas no?) por intermedio de esa relación de Roma. Vimos "Madre coraje" por Anne Bancroft,[15] recién estrenada, ella es súper estrella de teatro ("Dos para el subibaja" y "Ana de los milagros") pero aquí no se luce mucho, y la obra está tan podada (el original dura como cinco horas) que no tiene gusto a nada. El viernes vi "The School for Scandal" con toda la crema del teatro clásico inglés, muy alegre. Mañana voy a ir con otras relaciones a dar vueltas en auto por New Jersey hasta West Point, así que me la paso divino. Estoy reviviendo los tiempos de Londres, es otro mundo vivir donde hay un poco de escorta*, no ese París o esa Roma donde nadie tiene

---

[15] En 1989, Anne Bancroft encabezaría el elenco que representó en Los Ángeles la obra *Misterio del ramo de rosas*.

un peso para gastar. El lunes recibí carta en "A. Express", quiero las fotos de Barcelona, mamún, no seas lagañosa con las estampillas. Me parece imposible que siga el calor en Buenos Aires.

Hace mucho que no voy a Aerolíneas Argentinas a ver el diario ¿cómo andan las cosas? Acá es impresionante la cantidad de argentinos que hay. Se ve mucha gente conocida por Broadway, vi a Ava, en plena mañana, bastante joven. La Woodward insignificante, entraba al teatro con una vieja, dos pobres diablas, con la guita que gana, la judía amarreta. Carroll Baker más bien fea, súper judía. El lunes debuta Aumont con Vivien Leigh en la versión musical de "Tovarich".[16] Ya hace dos meses que andan de gira por Boston y Filadelfia con gran éxito según parece, yo me huelo bodrio, iré a saludarlo uno de estos días. No es verdad que sea tan difícil conseguir entradas para el teatro. Los llenos no son muchos y aun en esos casos basta ir un momento antes de empezar, está lleno de gente devolviendo entradas. Debe ocurrir que al sacarlas con tanta anticipación no pueden prever inconvenientes que después se presentan. La cuestión es que se llegan hasta el hall del teatro para recuperar esos dólares. El cine cuesta entre 1,50 y 2 los del centro, y 0,75 y 1,00 y 1,25 los de barrio. Las películas muy largas tipo bodriazo "Ben-Hur"[17] cuestan 3 y el teatro… 7, 8 y 9 la platea! El miércoles hay una matinée más económica, entre 4 y 5 la platea. Además en los cines de barrio dan dos y la proyección es impecable, los de la cadena RKO son palacios, el de mi barrio es fenómeno. Bueno, perdón por la letra, estoy en el subte!!! El electroshock!!!!!

Muchos saludos a Renée.[18]

Cariños y besos

*Coco_*

---

[16] Puig se refiere a la puesta en escena de la pieza de Jaches Deval *Tovaritch*, en un teatro de Nueva York, con Vivien Leigh y Jean Pierre-Aumont. A quien saludará es a Aumont, con quien había iniciado una amistad en 1960 (Tomo 1, pág. 243).
[17] *Ben-Hur* (1959). Nombrada por primera vez en carta del 14 de noviembre de 1957 (Tomo 1, pág. 119).
[18] Renée: señora que realizaba tareas domésticas en casa de Male, a quien Manuel había conocido en su reciente estadía en Buenos Aires.

New York, sábado 23 de marzo

Querida familia:

Ayer recibí carta, la primera en Riverside. Me imagino el lío con el departamento, tómenselo con calma. La carta llegó el viernes, así que tardó cinco días, era del lunes. Voy a tratar de echar mis cartas en algún buzón más directo, en Roma echándolo en la central o en Aerolíneas tardaban tres días. Me alegro que Carli haya retomado el hilo con entusiasmo y espero unas líneas, qué salvaje. A Cuquín le escribí a Bulnes porque no tengo su dirección. Aquí está aflojando mucho el frío, me estufo* tanto de ponerme y sacarme el sobretodo y el saco tantas veces, cada vez que se entra en alguna parte es así, trato de no tener pullover pesado ni camiseta gruesa, ya las archivé a estas últimas, eran insoportables en interiores. Voy siempre (de día) con el saco verde "velluto" y el sobretodo verde y el pullover marrón finito de mangas largas. Los otros debajo del saco me dan demasiado calor. Aquí la gente entra a los bares y al subte (en el andén hace frío pero adentro no) y se queda con todo el abrigo encima, yo me lo saco siempre, si no me cocino. Se ve una gentaia* terrible, lo peor es la inmigración portorriqueña y cubana, en general no saben inglés (los recién llegados) así que están de lavaplatos, etc. Hasta que se asimilan al resto pasan años y años. Está lleno de cubanos, mi compañero es cubano, hace dos años que está aquí, tiene la familia en Cuba. Pinta abstracto, para mí es flojazo. Dos cuadros que le dije que me gustaban (eran los menos peores, no sabía qué decirle) están ahora colgados en mi pieza, me los tengo que aguantar!!! Otra vez me quedaré callado. Me parece mentira estar tan bien, mucho mejor todavía que en Londres, la casa es nueva y esa calefacción constante es una bendición. Vi algo deslumbrante, una comedia musical "How to Succeed in Business" (Cómo triunfar en el comercio) que se desarrolla íntegramente en una oficina, es de una gracia increíble, y es toda coreografía, quiero decir que aun en los momentos sin bailes, de comedia, hasta el menor gesto y paso están marcados. Es de una armonía increíble. Vi también una película de Olivier y la Signoret estufona.*[19] ¿Qué pasa con el American Express? Espero que ya haya llegado. Mamá: yo también estaba pensando en mandarte cosas en vez del resto de la plata. Se ven cositas lindas pero no

---

[19] *Term of Trial / La otra mentira* (1962).

en todas partes, no como en Italia. Decime qué es lo que quieren. Ahora que viene el frío para ustedes espero que papá se compre el saco famoso ¿qué espera? Voy a terminar por enojarme. Espero ver a la Sutherland, desde que llegué está cantando una o dos veces por semana "La sonnambula" de Bellini, la única que canta este año, creo que seguirá todo abril. En caso de comprar cosas no sé en absoluto con quién mandarlas, por el momento no se me ocurre nada. El 6 de abril cae sábado ¿no? lo pasarán en la quinta.[20] ¡Muchos tirones de oreja y mucha felicidad y un rico asado! Con la cuestión de siempre ver a gente (me estoy moviendo mucho para cuestión trabajo) estoy siempre de corbata, siempre la corbata marrón de lana, como un uniforme. Estoy terminando la carta en el electroshock (subte). Cuando voy al centro (es raro el día que no) me desbarranco y me pongo cualquier cosa, a los cines del barrio dentro de poco iré en robe de chambre y chancletas. Pero para que no me tomen por iracundo a las demás partes voy encorbatado. Vi también "Dulce pájaro etc."[21] que no había visto. Ella tendrá mucha técnica pero le falta simpatía y encanto ¿no? Pronto la veré en "Raro interludio" de O'Neill, la da el Actor's Studio por una temporada corta, además la Page tiene una voz monótona irritante, yo creí que lo había hecho a propósito en "Verano y humo"[22] pero es siempre así. "Raro interludio" tiene nueve actos empieza a las 6 y entre 9 y 10 hay un entreacto para comer, me va a estufar* de lo lindo la Page. Bueno, espero poder seguir escribiendo cartas felices como ésta hasta el final de la estadía, estoy en la gloria.

Besos

*Coco_*

---

[20] Se refiere al cumpleaños de su padre.
[21] *Sweet Bird of Youth / Dulce pájaro de juventud* (1962).
[22] *Summer and Smoke / Verano y humo* (1961). Comentada en carta del 22 de mayo de 1962 (Tomo 1, pág. 330).

New York, sábado 6 de abril

Querida familia:

¿Qué tal lo están pasando? Muchos tirones de orejas, Don Baldito, que los cumplas muy felices. Me imagino que siendo cuaresma se estarán comiendo un buen asado lo mismo, pensando en que mañana confiesan y comulgan en la iglesia de Pacheco. Aquí hinchan de lo lindo con la cuaresma, todos los restaurantes tienen anuncios de menús de pescado, imayinuma.* Ayer recibí carta, no hay modo de que lleguen antes del viernes, ésta seguramente la encontrarán al volver el domingo de Pascua. Aquí ha vuelto un poco el frío, así que estaremos por un tiempo con las mismas temperaturas aquí y en Buenos Aires. Qué suerte el Chino[23] ya engranado, ojalá se le cuadre todo bien para que aproveche bien todo y pueda estudiar idiomas ¿qué tal el tennis? ¿y el ejercicio? Yo siempre hago las flexiones pero uno de estos días me voy a sacar de la biblioteca algún libro para aprender otros ejercicios. Me estoy organizando regio, retomé el escrito, tengo los siguientes horarios INAMOVIBLES: me levanto tarde, 9 y 30, más o menos, mi compañero se va a las 8 y 30, ni lo oigo. Medio dormido me afeito, hago ejercicios, tomo jugo, me baño, ya despierto me hago un té y me siento a la máquina de escribir y trabajo más o menos de 11 a 2. Me voy a comer, llego al laboratorio antes de las 4 que se va la que me da el trabajo y conseguí que me diera la llave para hacerlo ahí, al principio le pareció una idea rara pero que se vaya a la mierda, le insistí y regio hago el trabajo y se lo dejo listo y a las 8.30 o 9 ya estoy desbratado* y no tengo que ir ni venir más y ya estoy en el centro si quiero ver algo y vuelvo al departamento ya para dormir. Lo bueno es que mi trabajo lo encaro a la mañana con la mente fresca y para las traducciones aunque esté cansado me importa un pepino, es todo bodrio, entre bodrieros no hay cornadas. No aguanté la tentación y le compré a Carli el piloto negro (de tela), es piloto sobretodo, aquí lo tiene todo el mundo, es muy sentador y en Buenos Aires no será un lugar común. Es derecho, muy sobrio y elegante, con forro para invierno (que se saca). Estoy viendo muchas cosas convenientes, mucha camisa y ropa sport para papá y Carli. Espero poco a poco ir mandándoles con algún siñur indurment.* El piloto lo compré ya porque estaba muy rebajado. Mamá: vi para vos tapa-

---

[23] Chino: apodo de su hermano Carlos.

dos livianos de lana, franceses, blancos son los más lindos. Hay también rosa, celeste, etc. Chiflame. También vestidos de saco, como el Chanel blanco, pero en lana. Estuve a punto de comprar uno con la parte de arriba sin mangas y cuello sin nada, pero me pareció que te resultaría más práctico el saco. Bueno, y montones de cosas más, pero por favor detallame para la quinta qué es lo que querrías, porque de sport hay millones de cosas. Para papá vi sacos sport muy lindos y para el Chino camperas y sacos finitos de verano que no tiene y la mar en coche. En las tiendas grandes en medio de bodrios impresionantes hay cositas de mucho gusto y baratas. No veo el momento de mandar el piloto. Vi "Strange Interlude" *nueve* actos, empieza a las 6, entreacto de 8.30 a 9.30 para comer y hasta las 11.30. La obra, que tanto me gustó cuando la leí hace quince años, está envejecida, resulta un poco ridícula ahora, debido principalmente a que el psicoanálisis ahora ha sido muy utilizado y ciertas cosas resultan remanidas. La Page muy bien, hace lo que quiere en escena, llora, se ríe con toda facilidad pero minga de simpatía. De todos modos llena más que en cine. Ben Gazzara el galán, Franchot Tone impresionante, parece de *ochenta*, sin exagerar, Jane Fonda una mierda y Betty Field siempre bien. Algo desagradable: la Page en los primeros actos sale maquillada idéntica a Marilyn, y le imita algunos amaneramientos, etc. como identificando el personaje con la misma Marilyn. Me pareció un ultraje y en el entreacto... me topo a la Paula Strasberg que me reconoció de Spoleto y se lo dije y se quedó toda cortada. Es horrible de parte de ellos (los Strasberg) que hayan permitido eso, en una obra patrocinada por el Actor's Studio, así que ellos son responsables, qué porquería.

Bueno besos

*Coco_*

CARTAS AMERICANAS - NEW YORK - 1963

New York, Sábado de Gloria (13 de abril)

Querida familia:

Estoy en pleno electroshock, es decir en el subte. Ayer recibí carta, yo por suerte seguí recibiéndolas regularmente todos los viernes, espero que ninguna mía se haya perdido. Mamá, por lo que me decís de Gialdini que no tenía mi dirección veo que la segunda carta que le mandé, hace unas tres semanas, dándole la dirección, se perdió. Le escribiré de nuevo. El correo americano tiene fama de perder cartas, speriamo bene. Me alegro de que el 6 la hayan pasado bien. Vi en el cine un noticioso bastante largo sobre la revolución en la Argentina, no creía lo que veía, esos aeroplanos tirando cohetes, qué absurdo, qué vergüenza tan grande ¿cuántos muertos hubo? Leí una "Prensa" pero no decía mucho. Aleluya: estoy maquinando algo para mandar ropa, por intermedio de aquellos amigos de Londres que volaban, estuvo uno de ellos aquí y me tiré el trentón,* parece que algo me llevarán. He seguido mirando. Para papá he visto lo siguiente: un saco sport de invierno, una campera de tela, muy sencilla y elegantita, para la quinta de entretiempo me parece que le vendría bien, además pantalones y camisas sport, que es lo que abunda. Para Carli: el piloto sobretodo que ya compré, una campera de nylon clarita liviana y camisas. Para la Marialena: un vestido de lana (el corte del blanco), un tapado de entretiempo sport de nylon, que no sé si te gustará o no, estoy indeciso, la cuestión tapado es peliaguda porque son caros y no me terminan de convencer, acá no hay una sin tapado blanco de lana pero me parecen ordinarias las telas. Para la quinta hay muchas cosas, una especie de chaleco corto de mohair y pachugadas.* De verano hay millones de cosas, ya veremos más adelante, creo que el tiro sería aprovechar las liquidaciones de invierno del momento, además es lo que ustedes necesitan ahora, el verano está lejos. Mamá: detallame bien para la quinta qué querrías, así te me ponés bien pintona los week-end, ídem en cosas de tennis, parece que hay cosas lindas. Pero, plis, detalles, y *DÍGANME* si lo que les propongo más arriba va bien o si no es así qué preferirían. Vi anoche "La Sonnambula", por suerte me decidí, la ópera es muy hermosa, no la conocía para nada, el segundo acto es de poner la piel de gallina, muy emocionante (cuando la sonámbula, que estaba de novia para casarse, se despierta en la pieza de un desconocido y todo el pueblo se entristece porque la novia más querida de la aldea se ha deshonrado) con el coro constantemente acompañando el dúo de los novios que ya no pueden

ser felices. Algo de sueño. Y la Sutherland es una MARAVILLA, la voz es muy llena, dulce, canta con una facilidad total y a todo eso agregale una gran simpatía. Es un caballo de grande pero se mueve muy bien y uno se olvida instantáneamente. Me picó la curiosidad y vi "Ana de los milagros",[24] me hinchó y ella es una estufona,* judía 100%. Pero entre todas las candidatas al Oscar no sé si elegirla, la Bette está exageradísima, la Remick (trabajó en "Anatomía de un crimen")[25] burra y la Page ni fu ni fa. Qué mala impresión me dejó la cuestión de "Raro interludio", seguramente la Page conoció mucho a Marilyn (es una del Actor's Studio, desde el comienzo) y se tentó de moldear el personaje de la obra (una neurótica bárbara) sobre la misma Marilyn. Ningún crítico mencionó el asunto, que es notabilísimo y todo el fatto me huele muy feo. Yo estaba furioso en la butaca y pensaba escribirle a la Page mandándola al carajo (qué manera de chaparla in calda,* no? pero era muy irritante) pero cuando la vi a la Paula, va todas las noches a ver la obra, y me reconoció se lo dije. Se quedó muy cortada, no sabía cómo salir del paso. Me dejó mala espina esto, cómo los Strasberg pudieron permitir eso. La obra es la primera producción que presenta el Actor's Studio Repertory Company, una empresa nueva, formada para darle chanta a Kazan,[26] que dejó el Actor's Studio para hacerse cargo del Lincoln Center (todavía no ha empezado), que va a ser el primer teatro nacional, es decir subvencionado. Además el Lincoln Center va a debutar con una obra nueva de Arthur Miller, la primera que escribe en ocho años. Todo me huele feo. Pobre Marilyn.
Besos

*Coco_*

---

[24] *The Miracle Worker / Ana de los milagros* (1962). Bancroft recibió el Oscar a la mejor actriz protagónica y Patty Duke a la mejor actriz de reparto por este film. Las otras nominadas eran Bette Davis por *What Ever Happened to Baby Jane?*, Lee Remick por *Days of Wine and Roses / Días de vino y rosas* (1962), Geraldine Page por *Sweet Birth of Youth / Dulce pájaro de juventud* (1962), y Katharine Hepburn por *Long Day's Journey Into the Night / Larga jornada hacia la noche* (1962).
[25] *Anatomy of a Murder / Anatomía de un asesinato* (1959).
[26] Elia Kazan fue uno de los fundadores del Actor's Studio.

Último momento: vi camisa marrón que iría fenomenal con la campera, además el pullover gris claro que ya tiene y el chaleco bordeaux le combinarían bien.

New York, jueves 18 de abril

Querida familia:

Empiezo la carta ya hoy porque hoy anduve haciendo compras y quiero contarles ya, bueno, pero era todo para la vieja. Para el viejo tengo vistas camperas pero todavía no me he decidido por ninguna, para el Chino ídem, con la excepción del sobretodo que se está muriendo de risa colgado en el ropero, todavía no se han concretado los planes de envío. Hoy que tenía tiempo todo el día estuve por los negocios, es increíble el precio que tienen (en relación a los sueldos), baratísimo. La macana es que la gente de acá tiene un mal gusto *delirante* y se cargan de cosas y todo se arruina. En los negocios hay muchas cosas de mal gusto pero también cosas fenómenas. Sra. de Puig: espero pronto mandarle su vestido de mohair tejido en Italia, su hechura favorita, color rosa. La pollera es bien grande de cintura, estate tranquila. Lo único que arreglar es el saco que no tiene forro porque estos tapados los venden para poner blusa abajo (y darle carcazón). La vendedora me dijo que le pusieras forro blanco así queda más claro a tono con la pollera que por tener forro parece un poquito más clara, si la mirás bien a la luz, además te puede picar y la mar en coche, es complicadísimo comprar acá, en Italia confiaba en el buen gusto de las vendedoras, que *no* fallaba, aquí hay que tener cuidado. En fin, creo que sería muy sencillo el asunto, y es muy pero muy lindo. Sra. de Puig: pensé en algo práctico para que Ud. fuera elegante a su elegante quinta y espero que le guste su chaquetón tejido grueso de mohair también italiano, viene a ser como un chaleco abotonado adelante pero de malla gruesa y abierta, para irte los viernes "afuera", color soga y para abajo la mujer me dio la blusa de seda japonesa más sencilla que tenía, blanca, sin nada, porque ya el pullover abulta bastante. Y me pareció que no tenías ningún adorno para sport y pregunté por collares y me mandaron a la mejor casa, tiene sólo cosas importadas y vi uno de cuentas de madera pero no tenía más plata, así que pasaré mañana o pasado, es de Hong-Kong, y fue el minuto fatal porque vi también otro de piedras, también de Hong-Kong, tan especial para el vestido que soné. Más vale que se sobre.[27] Lo que es problema es el tapado, francamente no me animo, me parece que los realmente lindos son carísimos y los que no... pues no valen la pena mandarlos tan lejos. Hay unos medio brillosos de nylon, no sé si te gustarían, ésos están en precio bueno. Por favor decime si lo necesitás mucho o si te podés arreglar allá. Hasta ahora comprado está el vestido, el chaleco y la blusa. *Hoy no sé por qué esperaba confiado unas líneas del Chino, pendejo salvaje, estoy con gran bronca.*

Viernes 19
Esta mañana recibí carta, qué plato, me decís mamá que para la quinta te gustaría tejido y blusa, exacto lo que te compré. Bueno, tengo una noticia, me decidí y agarré viaje con una oferta de AIR FRANCE, la pensé mucho porque es en el aeropuerto, lejos, pero tan conveniente que me decidí, total si no me gusta busco otra cosa. Me viene regio mientras finiquito la cuestión de mi escrito. Es trabajo de intérprete, sólo cinco horas por día, cinco días a la semana, noventa y cinco dólares semanales para empezar y después de un tiempo 90% de rebaja en cualquier pasaje, es decir que podría ir al Japón ida y vuelta con el sueldo de una semana y media de trabajo! Además se trabaja diez días seguidos (no cinco y dos de descanso como todo el mundo) y después se tienen cuatro días seguidos para volar a cualquier punto, playas! Caribe! Bueno, la cuestión es que me decidí, hoy tuve la entrevista en el aeropuerto y la revisación médica y ya empiezo el lunes. La macana es que queda muy lejos de donde vivo y me parece que me voy a tener que cambiar de casa, qué horror, tan bien que estoy aquí. El barrio más cercano a Idlewild es precioso, todas casas con jardines, no me disgustaría nada vivir ahí ¿pero dónde encuentro otro santo como este cubano? Ya veremos. Hoy pasé por los collares, ya están en mi poder, la vieja ve![28] y se viste en Roma - New York - Hong-Kong, la Marialena. Hice una macana!!! Saliendo de los collares vi una campera para papún y la compré, me pareció muy linda, sobria y de tela muy buena, y el color me gustaba, pero después me di cuenta que aquí se me acostumbró la vista... al *negro*. Es negra, quedaría bien sobre una camisa de color y sobre los pulloveres, pero negra!!! Plis, sin pérdida de tiempo

---

[27] "Se sobre": uso abusivo del pronombre con sentido humorístico.
[28] "¡La vieja ve!" Frase famosa de Luis Sandrini en el melodrama argentino *Cuando los duendes cazan perdices* (1955). Es el momento culminante, después de una operación que le devuelve la vista a su madre (la actriz María Esther Buschiazzo). Manuel Puig usará el apellido Buschiazzo como apelativo para su madre, como reproche cariñoso para evitar posibles quejas.

contéstenme si la cambio o no. En último caso se la pueden vender a Gringo. Pero con papá siempre meto la pata!
Besos

*Coco_*

CONTESTAR PRONTO: vi algo para Carli (para el barco) pero no sé si va a navegar o no, es como un chaquetón (bien de fajina).
Saludos a Reneé.

New York, sábado 27 de abril

Querida familia:

Hoy es un día hermoso de primavera, y todo está en armonía con mi estado de ánimo porque terminada la primera semana en Air France el saldo es... súper favorable. La mayor parte del tiempo la he pasado en clase, me mandaron a un curso adelantado para intérpretes que ya hace un año que están trabajando en la compañía. El curso lo daba un técnico en el aeropuerto mismo, es increíble la cantidad de complicaciones que tiene el asunto pasajes, combinaciones de rutas, etc. Sobre todo desde un punto como New York que tiene miles de conexiones. Me mandaron aprovechando que justo en estos días se daba el cursillo (tres días) y el viernes al terminar (ayer) nos tomaron un test. A mí no me lo iban a tomar porque no tenía la menor noción de nada al entrar pero me animé y fue un plato. Me dijeron que si contestaba el 50% de las preguntas lo consideraban very good. Respondí al 75% y me clasificaron EXCELLENT, así que quedé encantado. Es una gente fenómena, un ambiente único, todos mis compañeros son de gran nivel, todos muy preparados, en el curso había un suizo, uno de Amberes, uno de Madrid y un solo americano. Ni bien se me presente la oportunidad me mudaré a Kew Gardens (diez minutos del aeropuerto y veinticinco del centro) a pesar de la chochera que tengo con el departamento del río. Kew Gardens me hace acordar al barrio de Greer Garson en "Mrs. Miniver"[29] o "En la noche del pasado".[30] Todo jardín. Espero pronto hacerle el trabajo a alguna hostess para que me lleve paquetes a Buenos Aires, interminable serie de paquetes. Pero ojo con decir nada a nadie porque me van a escorchar con mandar cosas, y eso sólo es para ustedes. Qué coraje mamá, me decís que estás desnuda con todas las lanas de Italia que tenés, ojalá te pueda mandar las pachugadas* pronto, tengo todo lo tuyo en un cajón muriéndose de risa. Perdoná la letra, estoy en

---

[29] *Mrs. Miniver / Rosa de abolengo* (1942). Mencionada en carta del 27 de noviembre de 1956 (Tomo 1, pág. 53).
[30] *Random Harvest / En la noche del pasado* (1942).

pleno electroshock, no tengo tiempo para nada hoy porque voy al teatro a la matiné y después me encuentro con gente. Hace más de diez días que no escribo, desde que empezó el asunto de Air France entre entrevistas, revisación: fue una revisación completa, presión, etc., etc., todo perfectamente, por suerte, y estudiar para el test no me quedó un minuto. La principal razón que me obliga a cambiarme de casa es eso, tener más tiempo para mí. El viaje al aeropuerto se hace lejos desde aquí, más de una hora. Me consuela que Kew Gardens sea tan lindo. Qué regio todo lo que van comprando para la casa, qué ganas de verla. Estoy muy enojado con el Tiziano,[31] él tiene mis noticias directas porque yo escribo pero noticias directas de él no tengo, y que vaya sabiendo que antes que dos líneas apuradas como me mandó a Roma prefiero que no me escriba nada. Vi en teatro "Deseo bajo los olmos" de O'Neill, un trabajo alabadísimo por los críticos, una cagada, la obra está avejentada al colmo, es ridícula, una ensalada de estilos, y la dirección ídem pasa del realismo más descarnado a unos arranques líricos que hacen reír. Aquí tampoco se puede llevar el apunte a la crítica mucho, sucede lo mismo que en París, Londres, etc., etc. Hoy dormí hasta tarde y mañana ídem, he pasado una racha de muchos nervios y expectativa y adaptación al nuevo trabajo, y quiero descansar un poco. A Gialdini le escribí hace dos semanas y el otro día de nuevo porque tenía un encargue que hacerle y ayer recibí carta de él y no había recibido nada todavía, desde la primera que le escribí hace como dos meses, por favor mamá hablale y decile si no tiene lío con el portero. Mamá: vi algo por fin *bueno* en cuestión tapado y sería algo muy caro pero que valdría la pena porque no pasaría de moda, *por favor* contestame, *si podés esperar más o menos dos meses*, te lo prometo, y si consigo quién lo lleve. En tu carta me hablás de pollera para la quinta, voy a mirar, por las dudas no compres todavía. Y dame ideas, siempre que se te ocurra algo, porque entonces me avivo y miro. Por suerte las cosas de lana ya las compré, porque están desapareciendo de circulación, no bien pueda veré por el saco sport de papá, fui tarado y primero compré la campera, ahora me gusta con la camisa que tengo en vista le quedará bien, no podrá dejar de ponérsela.

Besos

*Coco_*

---

[31] El Tiziano: se refiere a su hermano Carlos, que había comenzado a pintar.

New York, martes 11 de junio

Querida familia:

Siempre en el subte! Bueno, estoy que ardo por tener carta, para ver qué les parecieron las cosas. El domingo a la noche no hacía más que pensar si ya las tendrían en Bulnes a las pilchas. Hagan arreglar el pantalón si no anda bien. Pobre la vieja Buschiazzo[32] es la menos favorecida por la suerte pero hace unos días llegó mi compañero y se aclaró que el paquete primero estaba todavía en New York la semana pasada, así que por suerte no se perdió!!!! NO te aflijas mamá, total son cosas que hasta octubre podés usar. El tipo que lo manda me habló hoy a Air France justo cuando yo estaba ocupado en la aduana así que directamente con él no pude hablar todavía, yo creo que es cuestión de un poquito de paciencia, ya todo llegará. Uno de los ingleses me escribió desde Hong-Kong diciendo que llegaba la semana pasada y no apareció, qué macana. Será cuestión de unos días más. Menos mal llegó ese vecino... con voz de pecho!!!! No sé bien por qué. Llegó hecho una piltrafa, con diez años más encima, regordo y con unos nervios de película, nunca he visto un caso así y eso que estoy viendo cientos de pasajeros recién llegados por día. Era un fantoche en la aduana. En seguida noté que estaba con bronca, debe ser porque no le hice mucha chera,* pero la hipótesis más segura es que sufrió un ataque de celos al ver qué tan pronto me acomodé en exactamente lo que me convenía. No me decía ni una palabra de mi trabajo (índice seguro) y cuando yo le decía *a propósito*, de viajes casi gratis a Hong-Kong y Tahití, etc., me cambiaba la conversación. Charlamos un rato al día siguiente de la llegada, lo fui a ver al hotel y estaba igual o peor, me parece que está lleno de odios y rencores contra nosotros, la eterna cuestión: rabia contra papá porque es el único que en su país y por sus propios medios triunfó, rabia contra mamá porque nunca les dio pelota, rabia contra Carlitos y contra mí porque nos damos el lujo de tener pirladas* y seguir nuestras inclinaciones. Estaba todo tan transparente que lo hubiese mandado a la mierda inmediatamente si no hubiese sido por las ganas enloquecidas de mandar el paquete. Estoy todavía un poco mareado, tuve que buscar

---

[32] Buschiazzo: María Esther Buschiazzo, actriz melodramática argentina, prototipo de madre sufriente. Ya en carta del 19 de abril, Manuel bromea con su madre a partir de la frase "¡La vieja ve!".

mucho la cuestión cambio de casa porque dentro de dos semanas me toca turno de mañana temprano y tengo que acercarme al aeropuerto cueste lo que cueste. Además es ridículo que por la cuestión compras haya descuidado eso pero la verdad es que me dan unos entusiasmos terribles al pensar en lo bien que les quedaría esto y lo otro y lo de más allá, y a precios tan razonables. Pero que yo no me llegue a enterar de que no se compran las mejores zapatillas de tennis y zoquetes y la vieja una cartera para el tapado y todo lo que haga falta. Autorizo si no al Chino para que le venda las cosas a Gringo y con el importe se vaya de parranda con María Lidia ¿todavía corre? Último momento!!!!! me llamó recién en casa el tipo de turismo, dice que el paquete recién sale el domingo o miércoles!!!! ojalá sea cierto, ardo por que llegue, además me dio un dato bueno para mandar por correo pachugadas* como camisas, etc., así que probaré con un paquete de poco valor de a dos o tres para la vieja María Esther, mandaré la pollera de verano que ya tengo comprada. Hoy miércoles no trabajo y mañana tampoco, iré con la Arlette[33] a buscar la blusa. La mandaré por barco si es que no surge ningún inconveniente, me imagino que tardará unos dos meses. Vi cosas de locura para la tenniswoman Buschiazzo.

Bueno, me despido aquí, muchos besos y cariños

*Coco_*

---

[33] Arlette, compañera de trabajo, muy amiga de Manuel.

En la próxima mando el cheque. Me olvidé!

New York, jueves 20 de junio

Querida familia:

Hoy jueves esperaba carta pero no llegó, gran *neura*. Empezó el calor, estoy con bronca porque no he encontrado para mudarme, ahora voy en viaje a Kew Gardens una hora antes de lo acostumbrado para dar una vuelta a ver si consigo algo que me convenza más de lo que vi hasta ahora. En esta semana tendrían que recibir el paquete, no? En el mismo edificio de Riverside hay una argentina que me encontré dos o tres veces y vuelve a Buenos Aires, veré "8 1/2",[34] la última de Fellini, le tengo mucha desconfianza. "The Birds"[35] de Hitchcock, no me gustó, qué lástima porque Hitchcock iba en un crescendo buenísimo, las últimas tres eran de lo mejor que había hecho.[36] Vi también una de Judy Garland en que canta unas porquerías, estufa,* siempre llorosa, el primer número es una maravilla, me parece que vale la pena molestarse por eso solo pero todo lo que sigue es un asco.[37] Ella me parece que es flor de masoquista. Se estrenó "Cleopatra",[38] las crónicas son bastante malas, parece que es un plomo, CUATRO horas! Me olvidaba, antes de ayer recibí carta de Carli, por fin, me tranquilicé, pero espero pronto otra, con letra más chica, si no con tres palabras me liquida. Cómo es el asunto de las Introducciones? Cómo se eligen? Está a tiempo de pasar a Filosofía? Por favor mándenme la dirección de Chuchi. Mamá: me pidieron la receta de los ñoquis como se comen en Argentina, tuco y todo, plis!!! Y por favor fijate en la guía si hay un Carlos Cortelese, mandame la dirección, es para uno de Air France que estuvo en la Argentina hace mucho. Y por favor llamá a alguna de esas casas que venden películas argentinas en 16 mm. y preguntá cuál sería el precio de películas tipo "Isabelita"[39] o "Elvira Fernández, vendedora de tienda"[40] de Paulina Singerman o

---

[34] *8 1/2* (1963).
[35] *The Birds / Los pájaros* (1963).
[36] Las anteriores películas fueron *Vertigo / Vértigo* (1958), *North by Northwest / Intriga internacional* (1959) y *Psycho / Psicosis* (1960).
[37] *I Could Go on Singing / Amarga es la Gloria* (1963).
[38] *Cleopatra* (1963).
[39] *Isabelita* (1940).
[40] *Elvira Fernández, vendedora de tienda* (1942).

"Divorcio en Montevideo"[41] etc. de Catita. Llamá a la Sono o a Luminton y ellos te dirán seguramente quién tiene la concesión. Sería para esta misma familia, para la colección de ellos, privada. Otra cosita: hablale a Noemí, decile que le escribí hace mucho y no me contestó. También le escribí a Susana Comoglio.[42]

Viernes 21. Aleluya!
Conseguí un lugar bastante lindo en Richmond Hill, pegado a Kew Gardens. Es una casa de tres pisos: en la planta baja viven los dueños y arriba tienen cinco piezas que alquilan a gente del aeropuerto; dos baños y una ducha extra y una cocina enorme con tres heladeras, así que me puedo pachugar* cuando quiera. Una vez en este barrio puedo mirar con más tranquilidad por algo mejor pero la cuestión es que salí del paso y no perderé más tiempo en el subte. Hoy salí de casa muy temprano antes de que llegara el cartero. Maldición. Qué suspenso con el paquete ¿habrá llegado? El otro día salí con Arlette y te encontró la blusa para la pollera de verano de la quinta, muy lindo el conjunto me parece. Yo no sabía qué buscarte de adorno y encontramos unos aros cachivaches que van al pelo me parece, collar era demasiado porque según Arlette la pollera tiene que ser la vedette del conjunto, y le puso de nombre (al conjunto) "Soleil de Buenos Aires". La locura la carcome. Había también una cosa de tennis que era la locura pero no había medida, espero conseguirla otro día. Bueno, y por ahí Arlette me dijo por qué no te mandaba una blusa que estaba ahí, muy parecida a aquella italiana que nunca te pusiste, y me dio un ataque de bronca al pensar cómo le diste *basé*. Me refiero a esa blanca. Dice la Arlette que debajo del tapado de piel la llevan todas en París. Bueno, plis, dale mi dirección a Gialdini y a Noemí y llamala a Pelusa, decile si viene la hermana o no. Mi nuevo teléfono es *VIRGINIA 6-2028*. La dirección está en el remitente. L. I. es la abreviatura de Long Island.
Bueno muchos besos

*Coco_*

---

[41] *Divorcio en Montevideo* (1939).
[42] Noemí: compañera de Arquitectura, prima de su amigo Mario Fenelli (Tomo 1, pág. 61); Susana Comoglio: hija de su tía Carmen.

New York, martes 16 de julio

Querida familia:

Es tardísimo, voy de vuelta al "barrio jardín" después de un día feriado (no me tocaba trabajar). Fui a la playa, debuté, pero estaba tan fría el agua que no me bañé mucho. Un hielo, algo nunca visto, con un día de calor terrible. Después fui a lo de unos argentinos muy divertidos que veo de vez en cuando, hace mucho que están aquí. Y a la noche vi el monumento al bodrio "8 1/2" de Fellini, algo que no tiene nombre, tan estúpida, pesada, intelectualoide, boluda, pretenciosa que creo que es la peor película que he visto en mi vida, después de "Las tentaciones del Dr. Antonio" de "Boccaccio '70".[43] Nada peor que un tipo intuitivo se meta a razonar, Fellini meterse a pensador, qué boludo. Nadie tiene papel, la Cardinale sale realmente hermosa, es lo único que recrea un poco la vista. La crítica como siempre ante algo pseudo intelectual se deshace en alabanzas, qué snobismo reina en el mundo. Estoy regio en la nueva house, qué alivio no tener que viajar más en subte, al centro vengo solamente cuando no trabajo. El barrio es tipo Martínez, todo verde. Hay piletas cerca, me parece que me van a convenir más que el mar, tan frío y un poco trasmano. Si algún día la vieja recobra la vista va a ver un buzo (ya lo compré) para tennis importado de Suiza que un buen día será exportado a la Argentina. La chica esa de Riverside me habló para confirmarme que en agosto se va a Buenos Aires!! Creo que se llevará su buen paquetón. Perdón por la carta tan cortita pero quiero mandar el cheque pronto. El 3 es el día de pago, creo que es el lunes, llegará justo. Qué taradez mandar esta carta tan corta, pero no tengo tiempo hasta que salga del trabajo mañana, trabajo mañana y quiero despacharla al alba!!! Pronto mando otra más larga, pienso pasarme un gran verano en este barrio tan fresco.
Besos

*Coco_*

---

[43] "Las tentaciones del Dr. Antonio" es el episodio de *Boccaccio '70* (1962) dirigido por Fellini, ya comentado en carta del 12 de marzo de 1962 (Tomo 1, pág. 312).

New York, jueves 18 de julio

Querida familia:

La calor! volvió la calor! está esto que da asco, peor que en Buenos Aires, más pegajoso todavía, después de diez o quince días de fresco volvió el asco. Por fin el lunes tuve carta, veo que las mías también se atrasaron. Tuve los cuatro días "off" y no hacía calor para playa, fui un solo día a la pileta. No sé qué habré hecho de malo que caí a ver "El proceso"[44] que tendría que llamarse "El castigo", qué asco, pobre Kafka qué traición, ese Welles es un gran boludo. Y Perkins un tarado y la Schneider el mústar* número uno. El sábado vino de pasada un amigo mío de Londres, salimos todo el día de parranda, la pasamos muy bien. Vimos "La mano en la trampa",[45] lo invité ($4 la entrada) y nos gustó mucho, cómo progresó Torre Nilsson, después de "La casa del ángel"[46] no había visto nada de él. Qué sorpresa fue. Después del empacho con "8 1/2" y "El proceso", empacho de pedanterías, esta peliculita me devolvió las ganas de ir al cine, se están despertando los argentinos. Asco número uno: "55 días en Pekín",[47] la vi por Ava, Ava decrépita, *fea*, con la nariz con una loma ¿qué le pasó? nunca le había visto esa loma, para colmo está muy insegura como actriz, un entierro. Ahora está trabajando, tiene dos o tres para hacer, se ve que se le acabó la guita y tiene que trabajar. Mi amigo inglés se llevó por fin el sobretodo piloto de Carli y la campera negra de papá! Espero que lleguen pronto. A la campera la probé con la camisa de corderoy y el pullover gris (tengo uno igual al de papá) y quedaba perfecta. Con los pantalones del corte también pegarán ¿se los hizo? Me alegra que Carli vaya bien en la Facultad, qué gran cosa. Algo que tienen que hacer sin falta: salvarlo de la colimba ¡please! que no pierda ese tiempo y se amargue tan gratuitamente. Empiecen a hacerle chera* al marido de la Dora Contratti o a esos parientes de Fábregues. Habló la voz que hincha. No tengo tema hoy, el calor me está matando. La cuestión huelga en Air France parece que se decide hoy, ojalá se haga de una vez. Estoy trabajando mucho para mí, adelanté bastante. Acabo de hablar a la oficina de Perusset, el argentino director de

---

[44] *Le procès / El proceso* (1963).
[45] *La mano en la trampa* (1961).
[46] *La casa del ángel* (1957). Comentada en carta del 12 de julio de 1957 (Tomo 1, pág. 99).
[47] *55 Days at Peking / 55 días en Pekín* (1963).

Turismo que se encargó del primer paquete, no está nunca, me han dicho que es un macaneador, promete mandar paquetes y tarda meses pero no *los pierde*. Siento no poder dar con él antes de mandar esta carta. Yo creo que no se ha perdido. Según Arlette ya están saliendo las modas de invierno en París y es todo lo mismo, no se te pasará de moda nada.

Ni bien terminen los líos aquí veré al encargado para aclarar mi cuestión vacaciones, Lima principios de diciembre. Noticia: la secretaria del gerente de Iberia es *argentina* y viaja en setiembre, me llevará todo lo que quiera menos el tapado porque ya lleva uno de piel. Espero mandarlo con Apsa. La cuestión es que en el verano argentino y primavera europea (Buschiazzo me parece que se salteará el otoño argentino) tendrás las pilchas si no es posible antes.

Bueno, cariños y besos

*Coco_*

Buschiazzo: afilátela a Haydée para que te arregle las cosas, todo está comprado al tanteo, pero en *grande*. Al salir encontré al cartero, contentísimo de saberlos felices con la casa.

New York, viernes 26 de julio

Querida familia:

Hace calor! Llovió el fin de semana pero poco a poco fue aumentando de nuevo y hoy es cosa seria. Esta carta va cortita, no quiero dejar pasar hoy sin escribir, mando también una para Hugo[48] y otra para Osvaldo, no sé las direcciones. Estoy recibiendo carta los lunes, me gustaba más los jueves, no sé por qué, tal vez porque cortaba la semana en dos. Por fin conseguí que me acompañaran a una fábrica de cortinas, pero me salieron con que tienen sólo persianas internas, como las del departamento de Susana, en aluminio anodizado que queda blandito como plástico, pero muy cache era lo que me mostraron. Lo que me gustó más fueron las ventanas y puertas de aluminio para exterior, de tormentas. Aquí sólo las usan como complemento de la otra puerta, la de aluminio abre hacia afuera y la interior hacia adentro. Son muy lindas de un lado (el lado exterior) pero del otro lado (que mira a la puerta de madera) tiene un poco de remaches, etc. Tienen en el medio el hueco para vidrio en invierno o enrejado para que pase el aire en verano. Lo que me parece poco factible para la Argentina son las ventanas porque aquí son corredizas (para arriba) y la matricería etc. ya está así. Aquí no existe la ventana que abre para adentro o afuera, se sube o baja. Ahora una cosa: según este fabricante aquí no existe la persiana de aluminio exterior. ¿Sará vera? Otra cosa interesante y barata, para la que no se los necesitaría a ellos, es el *toldo* de aluminio para delante de los negocios. Por supuesto no es corredizo, es fijo, pero aquí todos los negocios lo tienen. Los colocan cuando empieza el calor y lo sacan en invierno. El aluminio viene como acanalado. Y el toldo en la mayoría de los casos está cerrado a los costados con otra chapa de aluminio. Ésos eran muy caches pero ahora voy a estar atento y voy a mirar alguno hecho con más gusto. La verdad es que queda como una cosa de lata pero con buen gusto en la terminación y el color se lo podría mejo-

---

[48] Hugo Regueiro, primo por parte de padre, hijo de Anselma Puig.

rar. Espero pronto ir a otro lugar. En la chapa del toldo el ancho del escalón viene a ser el doble del alto.

Pobra me?* Ayer y antes de ayer tuve descanso, hoy trabajo, ojalá se largue la lluvia. Hablé con el del paquete! Lo tiene todavía aquí, pasaré en estos días a retirarlo para deshacer el paquete, debe estar todo hecho moco y tiene un candidato para los primeros días de agosto, me dará el teléfono para que yo me las entienda directamente y le arregle la cuestión del exceso de equipaje en Aerolíneas. Están saliendo todas las colecciones nuevas y ese modelo sigue, y sigue lo mismo el tapado. Viene todo con piel. Bueno, Arlette me hizo comprar tres blusas. Yo quería una buena para la tardecita en la quinta y otra regular para debajo de esa casaca y como había liquidaciones de locura compré la buena en seda natural estampada, de Oleg Cassini, el que viste a la Kennedy y había una roja para la casaca azul también de seda natural, última que quedaba en ese tipo, a $5 nada más y había otra cruda de algodón tan linda que arrasé con esa también. La de Cassini estaba marcada a $23, y rebajada por fin de temporada. Buschiazzo, la Arlette comprará dos cortes de pantalones (uno para la Cassini y otro para la casaca) y chau pinela, no compro más nada porque estoy tarado si sigo, total para que la Buschiazzo las deje a un lado como la blusa blanca italiana y además tengo que ponerme a ahorrar para las vacaciones. Si me sale lo del pasaje a Lima me tienen que venir a ver a Lima y si me vienen a ver les llevo cosas de lingerie a Buschiazzo y cosas a los dos varoncitos de la casa, y si no nada. Habló Pedro Moroni... Bueno, mil besos, en setiembre creo que desbrato* toda la ropa!!!!

Besos

*Coco_*

Vi la documental sobre Marilyn, es una recopilación de trozos de sus películas, no muy bien hecha pero con algo único: las pruebas de maquillaje de la última película y algunas escenitas. Estaba avejentada pero mejor que nunca, espiritualizada al máximo, los ojos de una sensibilidad sólo comparable a Greta. Lo que podría haber hecho esa mujer, no tiene nombre la pérdida que significa.

Estoy ENLOQUECIDO de contento y rabietas a la vez con capítulo monstruo en que estoy metido.

Me olvidaba: no te compres salto de cama ¿adiviná por qué?

New York, domingo 11 de agosto

Buschiazzo ve!!!!

Bueno, espero que vea. A esta hora ya estará el nuevo paquete (que es el *viejo* paquete, el de Perusset, más el corte de lino) en la Reina del Plata. Encontré signur indurment* en Aerolíneas ayer sábado. Ahora el problema pasó, porque el apuro era por el invierno que se va. Todo lo otro es de verano, hay tiempo. Hubo un momento en que el asunto paquetes se había transformado en una pesadilla, me parecía que nunca los iba a poder mandar. Arlette tuvo un ataque de satisfacción: llegaron las revistas francesas con las colecciones y todas repiten e imponen el tipo de cosas que compramos a Buschiazzo. Sobre todo se enloqueció porque Chanel lanza esa tela gruesa (como la de la pollera) que es una mezcla de lana y seda (tejido irlandés) y la combina con blusas de seda, exacto lo que hizo Arlette al comprar esa pollera que yo buscaba, para combinar con el resto del conjunto. Es una tela que aquí se ha visto pero recién la descubren en Europa. Vi "Cleopatra"! regular no más, muy aburrida al final. Pero tiene momentos lindos y los tres están muy bien. No veo por qué la criticaron tanto a ella, es toda rabia, envidia, porque está regia. Ha mejorado muchísimo en dicción, se le ha ido esa voz de nenita, un dominio increíble. Y la cara de una belleza como nadie nunca. Burton y Harrison cada uno en su tipo están perfectos.

Llegó mi compañero de las vacaciones en Roma y me trajo cuatro revistas fresquitas, ya esta mañana te las despaché vía marítima, así que llegarán dentro de más de un mes, más o menos lo que tardarán en salir a la venta en Buenos Aires. Son "Oggi", "Tempo", "Il giorno" y una "Época", no la compres, tiene a Marilyn en la tapa. Son de la semana del 11 al 17 de agosto, ojo. Hay un artículo sobre Isa Miranda *impresionante*.

Sábado 17

Respiré!!! Llegó carta acusando recibo de todo. Bueno, menos mal. ¿Por qué te hace panza el rosa si es derecho? Mil besos, quiero carta con detalles. Besos

*Coco_*

New York, lunes 26 de agosto

Querida familia:

Hoy con mucha alegría recibí carta doble, una hoja de María Esther[49] y dos del Gato. El viejo (como no recibió nada esta vez) ni mus. ¿Así que la nueva casa les ha acentuado la locura? Veo que cualquier excusa es buena cuando se trata de dar un paso adelante... en dirección a Vieytes. Yo les diré que no me quedo atrás, estoy progresando, decididamente. Voy en tren en dirección al centro después de pasar el día en la playa. Ha aflojado mucho el calor. El sábado recibí la otra carta, respiré. Ahora empezó el suspenso por lo de Londres, me escribió mi amigo de Boac desde Londres diciéndome que les escribió para que pasen a retirar el sobretodo de Carli y la campera de papá, los mandó con un compañero que iba a Buenos Aires pero sólo de pasada y por eso dejaba el fardo en Ezeiza. Bueno, ojalá no se pierda. Ya me queda poquito por mandar y quiero desbratar* todo en setiembre, si me sigue la racha de signures indurment* en Aerolíneas. Quería dejar para Lima una camisa sport de verano que compré para papún, el salto para mamún y camisa y jeans para el Gatún (para la campera azul del barco) para que hicieran las veces de regalos de Navidad, pero para qué esperar? Mandaré todo cuanto antes. En estas últimas cartas nunca me queda espacio para otros comentarios, hace unas semanas la vi a la hermana de Jacqueline Kennedy, la princesa Radziwil, llegó con Air France en el primer avión que pudo cuando la cuestión del chiquito. Qué triste fue todo eso, y qué parecido a algo que pasó hace veinte años, ¿no? Aquí mucha gente (cómo será la maldad que tienen adentro) decía que habían exagerado con el luto y el duelo. A la hermana la esperaba un avión particular para llevarla adonde estaba Jacqueline. Es muy joven, muy simple, según Arlette de un chic supersónico, pero de tipo rusmento,* morocha rusmenta,* y Jacqueline debe ser igual, facciones nada finas, y cutis rusmento* de Villegas de viento y tierra. Vi también a la sirvienta del cine actual, la reemplazante de Iris Portillo:[50] la Cardinale. Llegó como una gran boluda que es, insignificante, nadie se daba cuenta de que era ella, la cara ya marchita, le vi el pasaporte, nacida

---

[49] María Esther, por la actriz María Esther Buschiazzo.
[50] Iris Portillo: actriz argentina de reparto.

en el '39, apenas veinticuatro años. Qué plato lo de Griselda,[51] casi ni podrida la espera en Nancy, no hay cementerio peor que la provincia francesa. Pero flor de desbratada.* Decile a Reya que yo había visto un vestido para regalo a Grise que le había prometido pero si se va a casar mejor le regalo algo más apropiado, salto de cama, algo por el estilo. Preguntale a Reya. Mamá: decile a María que me escriba y plis hablale al Jorge[52] por su cumpleaños, es el domingo, esta carta te llegará más o menos el martes. Decile que yo le escribí hace meses pero confundido le puse la dirección de Calvi[53] (que también vive en Florida) y ese tarado no sé qué habrá hecho porque nunca más me escribió. Pedile la dirección, nunca la tuve. A Gialdini le escribí hace dos semanas pero no me contestó todavía, tampoco Noemí ni Bebé.[54] *A Ernestito*: decile que me contestaron de Londres a mi carta preguntando por vivienda para ese amigo. Pero no dieron ningún dato, los que me alquilaban a mí se desbrataron* de esa casa y ellos si no dan un dato seguro no lo dan (no tienen la manía de prometer de los argentinos) así que lo siento pero no puedo darle ninguna información. *A Hugo*: decile que estoy esperando que los Ripoll me contesten a una carta vieja para escribirles. Si tardan les escribiré lo mismo. Plis, mandame la dirección de Parrilla, siempre la pierdo. Me pasé lunes y martes en la playa, qué maravilla, encontré un lugar de una placidez increíble. Arlette empezó a hinchar con que la blusa de Oleg Cassini es una pena relegarla a la quinta y quería que comprara una pollera blanca para que te sirviera para salir pero creo que vos tenés, y si no tenés es algo que podés conseguir allá. Y me hincha con que te compre aros para la blusa porque no va con collar, ¿tenés aros dorados? contestame. La pollera de tennis es de piel de tiburón ¿te gustó? El pantalón de Carli (el de la campera verde) *no* se lava, ojo. El corte de papá *sí* (el último, de verano).

Viernes 30
Anoche me encontré con carta, hurra por BOAC! Qué suerte. Espero hoy otra carta y mañana, por el paquete siguiente. ¿No te vas a poner el rosa? Vi "Bye Bye Birdie"[55] una musical (cine) arruinada por Janet Leigh la

---

[51] Griselda: hija de Reya (Regina, hermana de Male), estaba por casarse e instalarse en Nancy.
[52] Jorge Puig: primo que se crió con Manuel y Carlos (Tomo 1, pág. 33).
[53] Raúl Calvi, amigo de Manuel y de Alfredo Gialdini.
[54] Bebé: prima y amiga de Manuel (Tomo 1: pág. 32).
[55] *Bye Bye Birdie / Adiós, ídolo mío* (1963).

burra. Pero debutante sensacional: Ann-Margret. Asco: "Irma la Douce",[56] pese a Shirley MacLaine que está muy simpática.

Bueno cariños, besos

*Coco_*

---

[56] *Irma la Douce / Irma la dulce* (1963).

La camisa de papá tiene un poco de firulete en la manga, pero todas vienen con algo, le puede sacar el botón. Busch: este segundo conjunto de tennis es menos lindo, pero te sirve para alternar y no gastar el otro demasiado pronto que es modelo de Saks. Las polleras hay que acortarlas. Lo de tennis se lava todo. *Mamá*: leé al dorso del cheque.

New York, domingo 1º de setiembre

Querida familia:

Hoy cumpleaños de Jorge y las mellizas Moscoso,[57] me han pedido que me quede después de hora esperando un avión que llega con tres horas de atraso. Regio porque pagan doble las horas extra. Y el domingo próximo cumpleaños de la Malisita. Ayer salió otro contingente con Aerolíneas, espero que cuando llegue esta carta ya estén las cosas en sus manos. Mandé la camisa sport de verano para papá así con el corte de pantalón de verano ya tiene un conjunto ¿quién le hizo el otro pantalón?, además fueron los jeans para Chino y camisa gris así completa conjunto con el primer chaquetón de barco. Para Buschiazzo salió el breakfast dress, que es un salto de cama práctico, y el corte de seda para pantalón. La que me lo vendió dijo que iba *forrado*. Es el pantalón de la blusa Oleg Cassini. Bueno, con ese envío quedó liquidado el Gato. Para papá todavía me falta un short para cuando hace el asado, porque aquel gris pobre se merece un descanso después de más de diez años de uso. Para Buschiazzo me falta mandar la blusa y el vestido "verde fragancia" con sus aros. Y me falta comprar la salida de baño y nada más ¿o tenés una? Por favor contestame, y también si tenés aros dorados o no porque cierta mosca de verano (mouche d'été) está con ese estribillo desde hace un mes, porque en las colecciones salió el nuevo imperativo de "boutons pour les oreilles", y andumináns.* Me compré un pantalón igual al que le mandé ayer a Carli porque me lo probé y me quedaba al pelo. Iremos de mellizos. La camisa gris me la puse... dos días, y no la lavé, la mandé con el udur!!!!* Pero no quería dejar pasar el vuelo de anoche sábado, así les llegaba algo en la semana del cumpleaños buschiazziano. Bueno, y ahora gran anuncio: es muy posible que para marzo pueda conseguir un

---

[57] Las mellizas Moscoso son vecinas de Villegas.

boleto con gran descuento para la Buschiazzo, no está en el reglamento pero tengo buenas probabilidades de acomodo, bueno, la cuestión es que me largo a decirlo: queda la Malisita oficialmente notificada de que consiga o no el descuento tiene boleto Air France Buenos Aires - Roma - París - New York - México City - Buenos Aires ¿qué tal? Bueno, si es que para marzo las cosas no se han enderezado como papún quiere para largarse los tres a Europa, se puede largar la Malisita sola y así se deja de hinchar. De este modo no creo que haya problema porque sólo necesitará unos mangos para hotel y morfi. En New York para entonces puede quedarse conmigo sin ningún gasto de alojamiento, etc. y yo tengo viaje gratis a México así que nos podemos ir ahí para mis cuatro días libres, como hacen mis compañeros con antigüedad en la casa. En Roma están Fenelli y las Muzi, en París Almendros y aquí yo, así que no faltará compañía. Creo que casi por el mismo precio se puede hacer pasar la ruta por Madrid y Londres (sería muy estratégico, aunque fuera una semana, para ver Castilla y El Prado, y en Londres están Germán y Milo).[58] Saliendo en marzo podrías pasar marzo, abril y mayo y venir a New York a mediados de mayo que todavía no hace calor, a México en junio antes de que empiece la estación de las lluvias. A París me podré también hacer una escapada durante algún fin de semana de cuatro días así que el encuentro sería allí. Pero esto no significa que dejen de lado lo de Lima, creo que les puedo conseguir boletos reducidos, la mitad o menos, pero con eso cargan ustedes, no sean lagañosos, larguen unos mangos. A mí me sale New York-Lima ida y vuelta $20 más o menos. En esta semana averiguaré todo de Cuzco, Machu-Picchu, etc. Y a ver si la Malisita se deja de esos ataques de pesimismo INFUNDADOS, por ejemplo el ataque que le dio con la ropa, que nunca le iba a llegar, etc. ¿viste cómo llegó? Algo que me dejó mudo: la basureada que le hiciste a la compañera de Carli. ¿Cómo te permitiste eso? Es algo imperdonable, de película de la Bette, el egoísmo de madre es un impulso natural, ¿pero para qué está el razonamiento? Pero me parece que en vez de moderar ese sentimiento le das rienda suelta y en la pobre garyona* descargaste las broncas acumuladas del día. Ojo, que Dios castiga sin palo y sin rebenque. Habló la voz de la experiencia ¿remember la petisa Rojas? Bueno, me parece que en vez

---

[58] Mario Fenelli, las hermanas Muzi, Néstor Almendros, Germán Puig, Milo Quesada: amigos que Manuel Puig conoció en sus años de formación en Europa (Tomo 1).

de Buschiazzo habrá que llamarte BETTE "La loba".[59] Pero tarada no te conviene porque la Buschiazzo se la manda de buena y todos la tratan bien mientras que la Bette mandonea pero al final se queda sola.

Martes 3
Llegó carta! besos

*Coco_*

FELIZ cumpleaños, Arlette encargó aros a París!!!!! llegan mañana a New York.

---

[59] El apodo es en alusión a Bette Davis. En esta carta y en la que sigue, el destinatario consignado en el sobre es "María Bette de Puig". Normalmente los sobres van dirigidos al señor Baldomero Puig. "La loba" es el título en castellano de una de las películas más conocidas de Bette Davis. *The Little Foxes / La loba* (1941).

Saludos a Renée ¿qué es de la vida de Cora?
IMPORTANTE: llamé a todas las droguerías, etc. de la guía y nadie conoce "Giveraline".

New York, miércoles 4 de setiembre

Querida familia:

Vuelvo en el ómnibus después de un día matador. Hace días que estoy haciendo turno doble por la cantidad de trabajo que hay. Ayer despaché carta con cheque, a la mañana recibí carta, respiré, ya habían pasado muchos días desde el envío de "soleil", etc. Las polleras son largas para que les anden bien a las balustronas* de acá, acortalas normal. Este segundo conjunto de tennis nunca me entusiasmó como el otro pero te sirve para alternar. Según me dijeron el primero es completamente lavable ¿no tiene tela adentro para soltarle? Arlette sin decirme una palabra le encargó a una víbora hostess amiga un par de aros de la nueva colección lanzada en estas semanas pasadas y hoy los trajo, por suerte regios, respirá. Eso fue el domingo, ayer martes los compró en la rue Saint-Honoré, aquí no han salido todavía. Estos aros y la blusa O. Cassini se los daré a la secretaria de Iberia que viaja en este mes, me da miedo darlo a desconocidos. Air France, Iberia y Aerolíneas Argentinas aúnan sus esfuerzos para adornar las urichi* de Buschiazzo, perdón, de Bette ¿qué nuevas celadas tenderá la Loba a las pobres garyonas* que se le pongan a tiro? La blusa Cassini está bastante manoseada, primero porque era un saldo y lo habían manipulado las víboras y después lo llevamos a dos o tres tiendas al buscar el color para el pantalón y agarra roña muy fácil. Es para limpieza a seco únicamente, dry clean. Las últimas cosas de tennis también tenían tierra, no? Pero eso se lava, el corte último de papá también se lava. Último comunicado de Arltette: que no dejes de probar "soleil" con la casaca azul, van al pelo. Y que para su modo de ver la pollera soleil tiene que ser la vedette del conjunto y por lo tanto uses la blusa *sin collar*, sólo los aros de cobre. Y otra cosa más, los aros estos nuevos de París van sin nada más, sin collar, dice Arlette que te los pongas con la Oleg Cassini y te compres una pollera blanca, que no la relegues a la quinta con los pantalones verdes. Y Bastaaaaaaa! no doy más de estos comentarios, estoy estúf,* saturadooooooo. Y te ruego que en las cartas des abundancia de detalles así me deja de escorchar si te probaste esto y lo otro y la blusa roja, que no dijiste nada y que estaba sucia y si la lavaste o no te la pusiste o si te la pusiste o no te gustó o sí te gustó o si es chico o si es grande o cualquier taradez por el estilo. Te lo ruego, contá cuándo te ponés una cosa y la otra y le dije que te ibas a poner el rosa para la exposición de Pierri y en esta última carta no me decías si te lo habías puesto o no y si lo forrás o no lo forrás y que lo forrés que el color rosa con fondo de forro satén blanco queda mejor Y BASTAAAA! Hablemos de algo más importante: tratá de ver los trabajos del marido de Pelusa, se llama Iraolagoitía, estaba muy bien conceptuado pero se fue abandonando y hace tiempo que no pinta, puede ser la gran solución. Hablale a Pelusa sin falta! Quiero más detalles sobre la fábrica, no me cuentan nada y el Chino es un ASCO, me liquida con cuatro líneas, una sola carta en siete meses y la verdad sea dicha, era una carta escrita a los apurones con letra grandísima, en total serían quince palabras, no te exagero Malisita. De mi parte decile que siempre está a tiempo para reivindicarse. Que le escriba al pobre hermano que de tanto caminar buscándole camperas en liquidación (pero distinguidas) tiene las canillas más flacas que nunca. ¿Qué pinta tenía la garyona? ¿*bien* o *mersa*? la que es *bien* es la Malisita Bette desayunándose en su cocina cinematográfica con su bata y meta tostadas con manteca que es santo remedio para el hígado. POR FAVOR: mamá: mandale una notita de agradecimiento a mi amigo de BOAC. El nombre es James Lewis, Flat 6, 11 Fourth Ave., Hove, Sussex, England. No importa que sea en castellano.

Siempre me olvido de decirte: los camisones aquí no me parecen nada baratos. Arreglate vos, comprale a la Sista o esperá a Europa para armarte. Decile al Chino que es el Asco número uno, Don Baldito tiene la excusa de que por cuidar el patrimonio no tiene tiempo de escribir pero ese tarado del Gato figura en mi lista negra.

Cariños y besos

*Coco_*

Encontré tirado un botón de la blusa Cassini, va con el próximo.
Vale: Bette portate bien!!!!!!

New York, domingo 22 de setiembre[60]

Querida familia:

Estoy en Air France, me gusta trabajar en domingo porque es el día que todo está lleno pero hoy hay un sol tan lindo que da bronca estar acá. Ya está fresco, pleno otoño, con camiseta fina. Al volver de Alaska me encontré con carta por fin y el jueves tuve otra, pero del Chino ni noticias, de veras estoy enojado. Me desbraté* de las cosas para la Grise, éste era el momento peor porque no hay liquidaciones, pero lo mismo le encontré un chal de mohair italiano y un vestido que no tendrá mucha pinta pero es de buena calidad. Bueno, y anoche una vieja me llevó todo con Aerolíneas, me arrasó con todo y espero que a estas horas todo esté a orillas del Plata. Se llevó: la Cassini, los aros de París, la salida de baño "écume et corail" (espuma y coral) bautizada por Arlette, el vestido verde (que te irá chico, agregale al costado un cacho de tela del dobladillo, que tiene mucho), dos pares de aros atorrantes para el vestido verde que ya que no va con collar metele aros, el cinturón que lo tuve estirado como en la horma atado a una silla para que se alargara, un short para el viejo y el chal y el vestido para Griselda. Espero carta pronto, pero la Buschiazzo no se gasta un expreso ni que la maten.

Lunes 23

Sigo hoy, por supuesto escribo desde el aeropuerto que es el único lugar donde no hago nada y encuentro tiempo para escribir. Estoy con pirlada* de viaje, pero hasta el mes próximo no puedo ir a ninguna parte, cumplo seis meses en la compañía, me voy a Puerto Rico, sale $10 ida y vuelta. Alaska me salió gratis, todavía estoy paladeando la langosta y los fiambres japoneses. Si consiguiera pasaje más barato para Oriente en estas vacaciones me iba sin falta, me cuentan que en Hong-Kong (puerto libre) todo se vende tirado, sobre todo joyas de jade, por monedas, jade legítimo, que aquí cuesta fortunas ¿se armará Buschiazzo de joyas orientales? Yo iré sin falta y si la suerte me acompaña será para agosto del año próximo después que Bette Davis vuelva a sus lares. ¿Cómo van los preparativos? Yo creo que

---

[60] La carta aparece dirigida al "Sr. Carlos Dog Puig", en consonancia con las quejas a su hermano por no escribirle.

ésta es una oportunidad que no debemos dejar escapar. La cuestión de la ropa de dos piezas para tomar sol... too late, demasiado tarde, no hay nada de verano ahora, lástima porque las liquidaciones de esas cosas son fenomenales. Loba: ¿te parece que te hará falta alguna cosa para el viaje a Europa, en cuestión pilchas? Pensalo bien. NO veo la hora de recibir carta contándome que han recibido todo, ya ahora está todo. El cinturón tal como me decís mamá en la carta te irá bien con ese rayado de Italia, pero no con el tableado que no es tan sport. Arlette quería encargar un cinturón especial que vio en G. Village, en realidad era fenomenal pero CARÍSIMO y como los hacen a medida y tardan dos semanas, un lío, así que compré este otro medio atorrante, ojalá vaya bien. Ya tengo una práctica especial con Aerolíneas, no tengo ningún inconveniente, así que cuando quieran *encargarme* algo (y la palabra lo dice, *con cargo*) encantado se los mando, pero sólo para ustedes tres, porque les conozco el gusto y además si es para ustedes me divierte ir de compras y es un gusto pero para otros NO. Así que ojo con comentar.

Martes 24
Quiero terminar la carta así la echo al buzón al llegar al Aeropuerto, voy en el ómnibus, me tarda cerca de veinte minutos desde Richmond Hill hasta Idlewild. Hace *frío*, desde ayer está muy fresco, del calor pasamos al frío, no sé qué pasa este año. En Francia no tuvieron verano, un compañero mío fue todo agosto de vacaciones a Cannes y dice que llovía todas las tardes. Esa vieja me vio con uniforme porque cuando me quedo horas extra a hacer otro trabajo me tengo que poner un uniforme azul, en mis horas regulares no, me pongo un distintivo nada más. Bueno, y ahora en serio ¿qué mierda tiene mi hermano contra mí (inconscientemente tal vez) que no me escribe después de tanto que se lo he pedido? Que ataje la locura si es eso lo que se lo impide. No hay ningún acto que no sea motivado por una razón, así que ojo, que no me conformo con que "soy desordenado, no encuentro el momento", etc. Dejémosle el monopolio de la neurosis a otros.
Besos

*Coco_*

Recibí carta de Griselda y de Haydée.[61]

New York, lunes 7 de octubre

Querida familia:

Estoy en mis cuatro días libres, volvió el buen tiempo, voló la camiseta. El viernes tuve carta, por fin respiré, lo único que todavía no sé si llegó o no es el short de papá, los felicito por lo explícitos. Creo que la Loba estaba beoda (no me decía ni una palabra de lo de Griselda, si llegó o no, y dos palabras sobre el resto) el día que me escribió esa carta (cuando recién recibió el paquete) y esta última otra vez con pesimismos y negruras. Plis, no, que si no voy a empezar yo con pesimismos y negruras. Bueno, estoy medio embroncado, no lo quiero disimular porque Bette vos sos un rayo para escribir cartas, ya sé cómo hacés, rapidísimo, sin pensar un segundo y a lo mejor ni las reelés y después aquí las abro y hay cositas que a la distancia explotan como bombas. Las mismas cuestiones habladas personalmente pueden tener poca importancia pero a la distancia hacen preocupar y uno no puede hacer nada por cambiarlas y dale que te dale todo el día me rebanan el cerebelo como decía la Pepa.

Martes 8
Sigo hoy. Ayer la acompañé a Arlette a comprarse un saco corto y estoy tan acostumbrado a comprar algo que ligó Buschiazzo un pañuelo para la cabeza de red de mohair importado de England. Arlette me está taladrando con que te compre un saco corto que para marzo en Europa vas a necesitarlo, pero no vi nada que me llenara el ojo. De veras estoy tan habituado a comprar cosas que tengo que frenarme, hay cada cosa de invierno de maravilla...

Miércoles 9
Todavía sin despachar la carta, es que quería mandarles noticias más concretas sobre el viaje a Perú. Más o menos les saldría 80 dólares (Buenos Aires-Lima y vuelta La Paz-Buenos Aires, incluyendo avión Lima-Cuzco) si les consigo el 50% de descuento, y a eso habría que agregarle algo más de

---

[61] Haydée Botazzi: prima de Male Puig, profesora de inglés. Había hecho un curso de alta costura con Lagarrigue y pedía revistas europeas de moda.

tren Cuzco-Titicaca y barco Titicaca-La Paz que son $14,50. Y los hoteles parecen baratos. Me dan las vacaciones de casi tres semanas hacia fines de noviembre, creo que tengo que estar de vuelta el 15 de diciembre. Yo planeé este viaje pensando en que vendrían a verme y pasear juntos pero si no vienen no me seduce mucho la idea, muy triste debe ser ese altiplano y ruinas y qué sé yo. Antes de cerrar la carta espero darles una respuesta sobre el descuento. No me gustaría forzar mucho el asunto si se presenta mal porque lo más importante es el pasaje para marzo. De todos modos ese pasaje *está*, con descuento o sin, así que a prepararse se ha dicho. En cuanto al viaje a Lima, si no quieren desembolsar ahora yo les puedo prestar los $250 o $300 necesarios para dos y me los devuelven en marzo a más tardar. Larguen un poco de plata que la vida es corta. Estoy medio con bronca porque hoy al volver al trabajo me encontré con novedades malas, parece que vuelven los líos con el personal, hay un tipo hijo de su madre en París que ordena cambios absurdos sin conocer las condiciones de vida, etc., de New York. Ayer pasaba por un negocio y vi algo en oferta del día y no aguanté la tentación, el resultado es camisita de corderoy para Buschiazzo, que le servirá para pantalones o pollera, en los días frescos de la presente primavera. Como es tan poquito no vale la pena que vaya papá en el coche, a quien lo lleve se lo voy a decir que por teléfono aclare, así va Buschiazzo de una escapada. A lo mejor sale en estos días un compañero mío de Air France, va a Bariloche, le daría el paquete a él. Estoy trabajando muchísimo en mi escrito. Este capítulo está contado por una chica de catorce años del barrio de San Martín, me está sacando canas verdes. Por fin llegaron unas líneas del Gato, pero por supuesto no bastaron para barrer con toda la bronca que tenía acumulada. Me gustó mucho "Vivre sa vie"[62] de Godard pero estoy de acuerdo con el Gato que a los del cine se les está acabando la cuerda.

Bueno después sigo.

Más tarde (escrito en el ómnibus)
Sonó el asunto de Perú para ustedes por vía Air France, pero por vía no oficial creo que será posible. Mandé dos paquetes más de revistas (el mismo día, no me aceptaban un rollo tan grande, nueve revistas y dos diarios romanos) mucho material para Haydée. Besos

*Coco_*

---

[62] *Vivre sa vie / Vivir su vida* (1962).

Contestame enseguida!!!!!
Carta secreta, ni mus a nadie!!!!![63]

New York, sábado 12 de octubre

Querido papá:

Espero que esta carta te encuentre contento y con un panorama alentador en Arfag. Hoy, día de la raza, el gallego Vicente estará haciendo explotar bombas en Villegas y a lo mejor hay romerías españolas, creo que una vez fuiste a unas romerías españolas ¿no? creo que habrán sido las del 12 de octubre de 1930, porque en el '31 pasaste por San Ponciano[64] y en el '32 la Clementina[65] me tuvo a mí, según dicen las malas lenguas. Por fin me escribiste unas líneas sobre la fábrica y la situación económica, me sorprendieron por lo buenas, no me esperaba ganancias, así que resultaron noticias muy agradables. Yo estoy bien, el trabajo en Air France me rinde bastante y me deja tiempo para lo mío así que todo marcha bien. Bueno, te imaginarás que al mandarte esta carta a la fábrica es porque quiero hablarte de algo especial... el viaje a Europa de la Buschiazzo. Cuando mamá me escribió contestando a mi carta de la invitación, me sorprendió tu reacción, según mamá la idea no te cayó nada bien y desde entonces no has querido volver a tratar el tema. Yo no entiendo qué es lo que puede haber pasado, creí que el proyecto contaría con tu aprobación ya que el año pasado cuando yo estaba en Roma le habías dado vía libre para el viaje. No sé qué es lo que puede haber chocado ahora, así que te ruego que me escribas y me digas qué es lo que pasa. Yo estoy plenamente convencido de que ésta es una oportunidad que no debemos dejar escapar. Yo no voy a estar toda la vida en Air France así que por el lado de la conveniencia económica tenemos que hacerlo ahora, y *hacerlo de una vez* mientras haya salud en todos nosotros. Éste es un momento en que todos estamos sanos, y *estamos vivos,* pensá que no tenemos la vida comprada y si llegara a suceder cualquier cosa sin que ella

---

[63] Esta carta permaneció en la fábrica de Baldomero Puig. Fue hallada por Carlos Puig e integrada al epistolario. En 1960, cuando Manuel pasó por Buenos Aires, su madre había sido operada de un tumor maligno, esta circunstancia explica en gran parte el tono de la carta.
[64] San Ponciano. Iglesia de la ciudad de La Plata donde se casaron los padres de Manuel.
[65] Clementina: tía de Male, hermana del abuelo Delledonne. Cuando Manuel iba con su madre a visitar a la familia, se escondía de la "tía Clementina".

haya cumplido ese deseo tan grande la conciencia nos va a explotar en mil pedazos. Por supuesto lo ideal sería que fueran ustedes dos juntos pero eso por el momento no lo veo muy posible que digamos, por un lado por la situación argentina que no se arreglará de un día para el otro y por otro lado porque, la verdad sea dicha, nunca te vi realmente entusiasmado por hacer el viaje. Yo no veo el momento de que mamá se saque ese gusto y así nos quedamos tranquilos. No me cabe duda de que es un deseo suyo muy profundo, no es un capricho, me parece que ya se le está convirtiendo en una cuestión de vida o muerte, y lo comprendo, por muchas razones (de edad, etc. y sobre todo por la cuestión familiar, para ella la familia de Luigi[66] es una continuación de la abuela, que fue una pérdida de la que nadie se consoló, y para mamá todo este imperativo del viaje está enraizado en eso, creeme). A mí se me cruza la idea de que no la alenté para que fuera mientras yo estaba en Roma (con mil problemas por resolver) y no me doy paz. Pensá en el cargo que te quedaría si por cualquier desgracia ese viaje no se pudiera realizar más. Bueno papá, te ruego que lo pienses bien, total tres meses pasan, bien o mal pasan, y después te quedás en paz. Me acuerdo cuando era chico que me contabas que de noche te obsesionaba el recuerdo de cosas que le habías hecho a la abuela Eulogia y no te podías perdonar, así que comprenderás lo que hay en mi ánimo. Ahora todos estamos bien y ella puede hacer su viaje pensando que vuelve a su casa y todo la espera sonriente. En lo que respecta al dinero que necesite para hotel y pavadas no te preocupes de que en el momento del viaje tengas la plata enredada, yo tengo algo en el banco, así que esos 400 o 500 dólares te los puedo prestar, a lo mejor necesitará aun menos. Bueno un gran abrazo

*Coco_*

---

[66] Luigi Maghenzani: primo de Male al que Manuel visita en 1956 (Tomo 1, págs. 61 y siguientes).

New York, jueves 17 de octubre

Querida familia:

Recién recibo carta, cartita corta despachada el lunes. Les recomiendo Alka-Seltzer después de "8 1/2", qué guiso indigesto, típico de la mentalidad argentina ensalzar esa porquería, qué equivocada está la intelectualidad argentina, en Francia e Italia la hicieron pomada los críticos. Aquí también tienen complejo de inferioridad los boludos críticos y por no pasar por burros la pusieron por las nubes. Tienen miedo de no haberla entendido y por eso la alaban, pero no hay nada que entender. Para mí es una de las monstruosidades más penosas de la historia del cine. El jueves pasado le encajé a una pasajera de Aerolíneas un pañuelo de mohair y camisa de corderoy para Buschiazzo. Tengo miedo que no los llame, si todavía no llamó busquen el número en la guía y llámenla. Líos y más líos en Air France, cambio total de horarios, todavía no sé para las vacaciones qué va a pasar. Una de las posibilidades es que tenga tres semanas casi, así que, agárrense, si ustedes no vienen a Lima iría yo a Buenos Aires para una semanita después de dar la vuelta para Perú. Me sale bastante caro el avión, tengo sólo el 50% de descuento entre Lima y Buenos Aires pero lo haría lo mismo, claro que mejor sería que vinieran ustedes pero me huelo que nones. Yendo a Perú y descansando unos diez días (que los necesito) podría después ir a Buenos Aires así nos vemos, pero mi descanso previo es fundamental, porque en Buenos Aires no hay modo de descansar, eso es indiscutible. Bueno ¿qué les parece la novedad? Así que es seguro que de un modo u otro *nos veremos*. Tengo ganas bárbaras de verlos en el marco de la nueva casa. Sección amenazas: que no llegue a encontrar a Buschiazzo con el pelo corto porque soy capaz de algo terrible, por ejemplo no comprarle jade en Hong-Kong en agosto próximo. Más amenazas: si llego a encontrar que no se arregló el vestido, que no usó la pobre casaca azul (me huele que la tenés en penitencia), que no se compró cartera, que no le hizo borrar los números a los aros, etc., etc., ojo!!! lo mismo a Don Baldito si veo que el saco de cuero no está tocado, ojo! la venganza será terrible. La semana pasada fue horrible, principalmente por los líos de A. France, siguiendo por la carta terrible de ~~Buschiazzo~~ Bette (fueron dos cartas negras al hilo) diciendo que me siente alejado (¡!!!!!!), y terminando por obsesión Arlette, resulta que se abrieron vacantes en Los Ángeles y se le ocurrió que teníamos que irnos y me taladró, me rebanó hasta el último poquito de cerebelo que me quedaba, si en

Buenos Aires me agarra la Pepa no va a poder rebanarme nada porque me quedé sin cerebelo. Arlette odia el invierno, por eso fue el asunto, pero Los Ángeles se me ocurre que ha de ser muy provincial y además estoy muy organizado en la cuestión maquinita de escribir, estoy embaladísimo y me parece que un nuevo capítulo salió redondo. Arlette tiene muy buenas condiciones pero cuando se le pone una idea en la cabeza es LA MUERTE. Además "pequeño" defecto: le da rabia que pase todas las horas posibles escribiendo. Lo de Los Ángeles se complicó porque justo coincidió con los cambios de horarios en Idlewild y caos, semana maledetta. Ella se anotó para Los Ángeles, así que no sé si se irá o no. Por un lado me desagradaría y por otro me vendría bien, y para decir la verdad... estoy deseando que se vaya. Bueno, no sé, por ratos pienso una cosa y después otra. Vi algo REGIO: "Vivre sa vie" de Godard, creo que en Buenos Aires la dieron hace varios meses, es especial para obsesionar a Cora por años, negrísima, pero nunca vi algo en cine que reflejara tan bien el espíritu de París. Nunca consigo entradas para Claudette,[67] da una pavada, pero quiero verla. Nadie reemplazó a esa generación. Vi también una del '35 "Polvorilla"[68] (la primera versión de "Mogambo")[69] con Jean Harlow (SOBERBIA, casi a la altura de Marilyn), Clark Gable y Mary Astor en el papel de Grace Kelly. Bueno, quiero que ésta salga ya, ni bien sepa de las vacaciones escribiré. Desde ya piensen en lo que quieran encargarme (con cargo desgraciadamente, porque las vacaciones me saldrán mucha guita y lo peor es que tengo que guardar para comprarle jade a Bette en Hong-Kong). Bueno plis, con tiempo háganme los encargues. Besos hasta pronto

*Coco_*

---

[67] Claudette Colbert estaba actuando en *The Irregular Verb to Love*.
[68] La primera versión de *Mogambo* se llamó *Red Dust / Tierra de pasión* (1932). *Polvorilla* fue el título en Argentina de *Bombshell* (1933). La confusión de Manuel pudo deberse a la traducción literal del título *Red Dust = Polvo rojo*.
[69] *Mogambo* (1953).

New York, sábado 26 de octubre

Querida familia:

Ésta va con atraso porque he dejado pasar de un momento para el otro esperando confirmar fechas del viaje. Bueno es casi seguro que llego a la Reina del Plata el miércoles 27 o jueves 28 de noviembre, según tome Aerolíneas Peruanas o Panagra. Es posible que consiga *gratis* el pasaje La Paz-Buenos Aires, Buenos Aires-Lima con Aerolíneas Peruanas, pero de todos modos para cubrirme sacaré un pasaje con Panagra al 50%, siempre conviene porque en caso de estar lleno el avión de A. Peruanas yo sonaría. De todos modos si no uso el de Panagra me devuelven el importe. Si saco ese tramo gratis el viaje en total me saldría $28, que es lo que cuesta el pase N. York - Lima - N. York!!!! Aunque tenga que pagar ese 50% no me importa, es poco, no se preocupen por ese detalle. Empiezo el viaje el martes 18, me quedo tres días en Lima, dos en Cuzco y Machu-Picchu, dos en alrededores del Lago Titicaca y un día o dos en La Paz. Y de Buenos Aires a Lima y N. York. Recibí dos cartas esta semana, ojalá que la Giselle no haya perdido la valijita, eran dos pachugadas* lindas. Bueno, por las dudas se hayan perdido... *Compré* (no pude sujetarme y Arlette robó el pañuelo, se lo metió en el bolsillo del piloto tranquilamente) una blusa-pullover de una especie de terciopelo que te sirve para pollera o pantalones, no me decidía pero Arlette de despedida (se va a Los Ángeles parece) robó el pañuelo que le hacía juego, entonces me decidí a comprar el pullover pese a que no estaba en liquidación ni venta especial y me parecía caro pero restándole el precio del pañuelo robado salió muy barato el conjunto. Arlette me está rebanando para que encargue a mi amigo de Londres un corte de pelo de camello para un saco corto que dice que te hará falta en Europa, vio un modelo de la revista Bazaar y fuimos a preguntar el precio y costaba 900 dólares!!!! Según Arlette el modelo es maravilloso y no tan difícil de hacer pero no sé si vos tendrás quién te lo haga, Arlette arrancó la página de la revista, en la próxima carta te la mando, no te olvides de contestarme. Encontré los crayones de cera tan baratos que pese a la bronca que tengo contra uno que yo sé se los compré, si puedo mando eso hoy con Aerolíneas y si son los que necesita plis que me lo comunique así cuando vaya yo le llevo más. Me pondré en campaña para los camisones y algo para papá, vi una camisa de tennis muy linda, vendría bien para reponer la otra. El pañuelo robado es de Bombay, pintado a mano, de seda blanca con dibujos azules, una linda pachugada.* El mes de octubre ha sido increíble de tan buen tiempo, casi calor, todavía no he usado un pullover. Vi "Lawrence de Arabia",[70] no tenía ganas pero estaba con ese muchacho argentino amigo, Ferrari, no sé si se los nombré antes, vive en el centro y la casa es reunión de argentinos soportables, porque hay cada espécimen en New York, increíble. La primera parte de Lawrence es una maravilla, pero la segunda una catástrofe, parecen hechas por dos personas diferentes. Yo quería ir al teatro pero está bravo este comienzo de temporada, no se consigue nada. Bueno, cierro la carta después del vuelo de Aerolíneas, así les digo si salió el envío o no. Hasta el 27, falta sólo un mes!!!! apurate Bette a que te crezca el pelo porque tengo la idea de que te lo cortaste. Chau.

Más tarde

Ya salió el terciopelo de Finlandia, el pañuelo de Bombay y los lápices para alguien de cuyo nombre no quiero acordarme, casi lo bautizan Augusto (la elección de la tía Carmen) o José Eduardo (la elección del hermano). Ojalá se los entreguen pronto. El viejo sonó, será para la próxima, estas pachugadas* no las tenía en programa.

Bueno, hasta dentro de un mes. Besos

*Coco_*

---

[70] *Lawrence of Arabia / Lawrence de Arabia* (1962).

Importante: en Ezeiza no quiero ver más que a ustedes tres, a los que quieran ir les dicen que no saben con seguridad, hasta último momento. OJO!!!

New York, sábado 2 de noviembre

Querida familia:

Anoche volví cargado de paquetes y me encontré carta por suerte, todavía sin acusar recibo del último envío, ojalá tenga carta hoy al volver!! Con la cuestión de los envíos me armo de más cartas, pero más llegan y más quiero. Bueno, voy en el subte... a devolver dos camisones y un salto de cama de invierno. Buschiazzo, perdoname pero los camisones son un lío, los pedí no transparentes y al mirarlos en casa resultaron transparentes a pesar de ser dobles y antes de salir telefoneé a Arlette (con furia porque hoy trabaja, yo estoy libre) y me dijo que estos dobles son un horno para verano. Ya compré dos camisas de tennis, una para cada uno y pienso comprar dos sport más y ni bien tenga respuesta de los lápices compraré más. Para Buschiazzo ya que no llevo nada para ella compré *seis* long play baratísimos (uno de Marlene y cinco que forman colección, "La historia del jazz", una recopilación de regrabaciones desde los comienzos, una JOYA).

Martes 5

Ayer me encontré carta, por suerte llegó el pullover de terciopelo, pañuelo robado y lápices, es el último y respiro porque así llegó todo, no se perdió nada ¿no es increíble? qué bien resultó este sistema, la que me parece que se tiró el trentón* de quedarse con las cosas es la última mujer, porque salió un jueves y ustedes le hablaron en lunes *doce días después* y todavía no había hablado. SEGURO. La suerte fue que la chorra fue ella que es conocida y figura en la guía. Todavía no sé de mi boleto, me parece que tengo en puerta una guerra de nervios, hay tanto revoltijo que las secretarias no dan abasto y los pedidos se apilan. Vi a la Claudette, muy bien y la comedia muy linda, fue pulverizada por los críticos pero tienen lleno de bote en bote. También vi la errada del año: "Muriel"[71] de Resnais, qué

---

[71] *Muriel* (1963).

manera de fallar, dos personas en la platea. Bueno, no escribo más, si tengo novedades escribiré, besos

*Coco_*

Qué suerte que papá está considerando la idea de ir a Europa también. A la Malisita le tengo desconfianza de que haga las de Bariloche. Chau. Me parece mentira vernos ya!

New York, jueves 14 de noviembre

Querida familia:

Qué maravilla Puerto Rico! Me volví negro en 4 días, ya me estoy descascarando todo. La gente tan buena y la playa brutal. Estuve en un hotel (el mejor!) sobre la playa, tenemos descuentos increíbles, yo tenía una habitación de $24 por día a $9. Fui solo y lo pasé muy bien. Bueno, el martes emprendo viaje, todavía no sé nada de mi pasaje, me temo que tendré que pagar el 50% entre La Paz y Buenos Aires. Mandaré esta carta mañana, espero tener noticias para entonces.

Viernes
Me estoy preparando. Recibí carta, es casi seguro que llego el 28 con Pan-American de La Paz. Si por casualidad consigo pase gratis *en* La Paz (aquí no pude conseguir), llegaría el 27 y les mandaría telegrama. Para estar más tranquilos siempre llamen a la tarde a la compañía preguntando por la lista de pasajeros. El 27 sería con Aerolíneas Peruanas y el 28 con Pan-Am. Ya tengo las compras, 3 camisas para papá, 2 para el Chino y un piyama, discos para Malisita y un pañuelo de seda liso, Arlette me rebanó porque necesitás uno liso para combinar con las prendas estampadas. Haydée sonó, lo que me pidió es de mucho más precio, ya lo conversaremos y después se lo mando por Aerolíneas. Tengo unas ganas bárbaras de que llegue el avión a Ezeiza. Bueno, muchos besos. De Lima les mando postal.
Cariños

*Coco_*

También compré 2 corbatas y a último momento pasaré por un negocio de pinturas que hay en mi barrio para comprar más lápices, aunque no sé si los que mandé anduvieron bien. ¿Qué pasa con el Chino? ¿? ¿? Arlette se va a Los Ángeles para empezar a trabajar el 1º de diciembre. Yo salgo el martes 19, así que en Perú estaré sólo 8 días. Aquí tengo que trabajar el 9.
Besos

*Coco_*

New York, domingo 8 de diciembre

Querida familia:

Estoy extrañando mucho! Desde que llegué no hago más que pensar en lo que estarán haciendo y recién ahora se me ocurren tantas cosas de que quería hablar y quedaron en el tintero. La verdad es que no alcanzó el tiempo para nada, sobre todo porque yo estaba medio insumbrí.* Aquí por suerte todavía no hace frío fuerte, voy con pullover y saco pero sin sobretodo. Les cuento del viaje: el paso de los Andes no fue nada extraordinario, no sé si habrá sido el tramo por donde pasamos, todo marrón y mucho blanco de nieve. Lo que pude ver de Santiago una purcaia,* pobre y CACHE, el aeropuerto es la cuarta parte de Ezeiza. En Lima el día no era feo y pensaba ir a la playa pero me acosté por un rato a eso de las 11 cuando llegué al hotel y dormí hasta las 6. Frente al hotel daban "Adorable Julia"[72] y me crucé, me reí mucho y a la salida, a las 9, comí algo y al sobre de nuevo, así que no me moví para nada de la calle del hotel, no aproveché para nada el día pero descansé. La primera escala el viernes fue Quito, entre sierras, parece chiquito pero lindo. Ni bien bajé del avión volví a sentirme raro, y en la escala de Bogotá también, los dos lugares de altura, sentí lo mismo que el segundo día de Buenos Aires cuando fuimos al centro. En Miami casi me tiro del avión de ganas de quedarme. En Air France mis amigos me recibieron muy bien, dicen que me extrañaron mucho. Cuestión Padilla: mamá, llamá a Aerolíneas Argentinas y preguntá dónde está, que te den con él. Si por desgracia no está en Buenos Aires hacete dar el paradero así yo le escribo. Si está en Buenos Aires decile que le mando muchos saludos, le decís que trabajo en Air France y que ustedes quieren ir a Europa y yo quería saber si Aerolíneas les haría un descuento, que por intermedio de Air France en New York *no* puedo hacerle llegar el pedido pero si es que allí internamente se podría. Buena suerte! El nombre es Hernán Padilla, es buenísimo. Ayer sábado fui al teatro, una musical purcaia,* no hay una localidad en ninguna parte, se ve que es el comienzo de temporada. ¿Cómo anduvo el examen? Ojalá todo se arregle. Ahora espero que pasen pron-

---

[72] *Julia, du bist zauberhaft / Vive l'amour!* (1962). En Francia se estrenó como *Adorable Julia*, y en Argentina se usó el título en francés *Vive l´amour!*

to las belas fiestas y será hasta abril o mayo en París ¿no? Hagámonos a esa idea. Muchos besos.
Hasta Europa

*Coco_*

New York, sábado 14 de diciembre

Querida family:

Ya estoy acostado, son las 11 de la noche y mañana entro a las 7! Ayer y hoy estuve "off", el centro está hermoso con todos los arreglos de Navidad, dejaron chiquito a Londres. Lo fantástico es la cantidad de cosas para chicos que hay, en un Banco han armado toda una gruta con sorpresas por dentro, en el hall de un Banco! Con trineo para recorrerlo y todo. Hoy liquido todas las tarjetas a Italia, etc. Nunca he visto gente cargada de paquetes como aquí, el comercio estará contento. Ayer me llegó la primera carta, qué tontos hemos sido de tomarnos esta separación así, yo también lo tomé muy mal, los primeros días estuve mal en todo momento, ahora por suerte me ataca de a ratos nomás, es muy feo, de golpe me parece que estoy allá y voy a decirles algo y recién me doy cuenta de los piccolos kilómetros... Tendríamos que estar contentos de habernos visto (que dentro de todo fue un lujo) pero se ve que no fue suficiente. Acá encima está la desgracia de que festejan tanto las fiestas y se oyen villancicos de la mañana a la noche y a cada rato hay un desfile o algo, no veo el momento de que pasen las putas fiestas! La otra mañana fue el colmo: me despertó la radio como de costumbre, eran las 8.30 y oigo que empieza justo un programa de canciones de Cole Porter y me volví a quedar dormido pero entre sueños seguía oyendo la música y soñaba que las comentaba con mamá, pieza por pieza, hasta que terminó el programa a las 9 y recién me desperté y me encontré que estaba en Richmond Hill. De veras estoy pensando muy seriamente en la posibilidad de volver pero no antes de un año absolutamente, de todos modos este año con el viaje (a Europa y acá) el año pasará lo mismo, el '64 será un año loco que pasará pronto por suerte. Lo que me produce HORROR es el número 31 que se me vendrá encima el 28, no lo puedo creer, es algo catastrófico. El teléfono para la camisa esa que llevé es 30-4655 o 30-7561, Sr. Gregorio Ortiz, si fuera posible antes de Navidad sería mejor. Recibí carta de Arlette, está loca de la vida con California, dice que no sabe cómo aguantó New York, qué tarada, porque nunca la entendió de ir al teatro, etc. GRAN *DESBRATADA*.* En la carta mamá no me decís nada del examen del Gato. Tiemblo. También espero noticias de Padilla. Mamá, contame más de la dona* de los vestidos, pobre, tiene una historia de lo más triste, el marido era un sinvergüenza, no están juntos. Hace calor allá? Aquí empezó la NIEVE hace cuatro días, pero está seco y no siento frío.

En el aeropuerto no puedo aguantar camiseta gruesa ni pullover. Me esperó el otro día el manager con regalo: capote azul oscuro tipo capitán de tripulación regio, me lo encajó para salir a la intemperie y así lo paso sin necesidad siquiera de pullover. La Compañía nos da el capote pero no a todas las secciones, por suerte ligué, tenía duda de que se hicieran los burros, sigo mañana.

Domingo 15, mañana
Quiero echar esta carta enseguida porque esta semana será brava para el correo. Hoy sale para Buenos Aires la secretaria, se llama Susana Blancas, mamá hablale, se queda quince días. Seguramente tendrás que ir a la casa, vive cerquita, dale el pullover, ya se lo dije, pero ahora se me ocurrió también que me traiga la campera de Jorge porque me la devuelven, ayer pasé por el negocio, la cambiaré por cosas para mí, stas yo,* me avivé. Decile que es otra prenda mía que me olvidé. Voy en el ómnibus, despatarro de letra. Estoy comiendo muy bien, he engordado, me siento muy bien. Tengo libres sábado, domingo, lunes y martes Nochebuena pero trabajo Navidad. Esos cuatro días serán muy nostálgicos pero no puedo ir a ninguna otra parte (me refiero a tomar un avión) porque está todo lleno. El miércoles este tenemos una gran fiesta en Air France.
Bueno besos y Felices Fiestas

*Coco_*

New York, domingo 22 de diciembre

Querida familia:

La carta de la semana llegó recién ayer sábado, por suerte con buenas noticias del Gato. Ahora espero el resultado de Psicología. Hace un frío de morirse, quince bajo cero!!!!! pero me siento muy bien. Voy en el express (subte) rumbo a Manhattan, estoy en mis cuatro días libres desde ayer sábado hasta el 24 inclusive, el 25 trabajo de tarde. El 24 tengo una fiesta a la noche para desbalurdirme.* El 31 y el 1º también estoy libre, no sé bien todavía qué haré el 31. El 28 trabajo de tarde, de 4 a 9.30, así que después iré a tomar una copa con mis compañeros y listo. Aquí está todo blanco de nieve. El aeropuerto ídem, las pistas blancas de nieve que se unifica y forma una capa de hielo total, los aviones aterrizan sobre el hielo lo más campantes. Ayer vi la musical de Mary Martin, una maravilla, pero no tiene éxito, a la gente no le gusta porque es muy triste. Ella es la simpatía personificada, sabe actuar, canta maravillosamente y baila, ADORABLE.

Lunes 23, sigo hoy
Ayer volví tan cansado que no terminé la carta. Estoy estuf* que no puedo más con la Navidad, por radio, en la calle, no hay respiro. No me extraña mamá lo que me decís del cine, que te atrae menos, es la cantidad de porquerías, me parece a mí. En el barrio latino hoy dan "Los jóvenes viejos",[73] me voy volando. Estoy en el subte, qué desprolijidad. Hablando de desprolijidad, mamá no te hagas la viva porque sos de Virgo de complacerte en la desprolijidad, este viaje noté cosas terribles, manchas, hilachas y pequeños abandonos por el estilo. Andate acostumbrando para mi vuelta a cuidar más el detalle porque estoy decidido a *enloquecerte* los nervios si no. Por suerte el 25 trabajo en el mismo turno que un compañero americano hijo de napolitanos con el que la *yiro* y nos reímos todo el día. Ahora por suerte no extraño como la primera semana, me vienen ataques fuertes pero no es como en esos días que era una especie de nube constante que se cernía sobre todo. Bueno, ésta va corta

---

[73] *Los jóvenes viejos* (1962).

porque no tengo tema, las fiestas me tienen medio enervado. Tanti cari saluti e bacci

Giovanni (así le firmo a Luigi). Me gustó esa poesía ¿salió en Época? No consigo revistas. Mandame comentarios sobre *Mita*.[74]

---

[74] Mita: nombre del personaje de la novela que está escribiendo que recrea la voz de su madre. Puede referirse al capítulo ocho que lleva el nombre de Mita, ya que la familia había leído una primera versión de la novela.

New York, domingo 29 de diciembre

Querida familia:

Ayer sábado 28 a la noche tarde, al volver me encontré con carta por suerte, junto con carta de Fenelli. En estos días hay dos correos diarios, a la mañana me habían llegado cartas de Gialdini y Cora y tarjetas de Estocolmo, etc. Así que fue un día muy agradable por la sola razón de las cartas, estoy en ascuas por el examen de Carlitos. Qué suerte que salió a relucir otro barco.[75] Les cuento de las fiestas, que por suerte están pasando: el 24 fui a una fiesta más o menos divertida, el *manyá* era un ASCO. De aquí se me engruñó* un amigo en casa y tuve que hacer *cena*. Pero charlamos tanto que pasó el horrible 25 también. Ayer me levanté tarde, vine a trabajar y a la salida me esperaban mis dos mejores amigos de aquí, que son el cubano Díaz y este mismo de la famosa cena, que se llama Primato y es americano pero hijo de napolitanos y del mismo fa* que un latino. Ellos no trabajaban pero se vinieron con coche hasta aquí a buscarme y me arrastraron hasta el centro! Yo estaba cansadísimo pero no tuve más remedio que ir. Fuimos a uno de esos bares lujosos a tomar champagne. Bueno, y pasó también ese día.

Lunes 30

Sigo hoy, recibí carta del Chino! Encantado de saber que pegó las dos. Ahora regio sin sentirlo puede dar Filosofía, qué suerte. ¿Qué es lo de la policía? Me parece que lo mejor sería SALVARLO de la colimba directamente, ¿no hay ningún conocido? Papá, tratá de encontrar algo, estoy seguro de que en la colimba no se aprende nada, a hacer fiaca nada más. ¿La Dora Contratti no podría hacer algo? por el lado de Contratti a lo mejor sale algo. Piensen por favor porque eso es algo terrible, corta todo y después no se sabe cómo retomar el hilo ¡por favor! Es una experiencia amarga, horrible. Vi "Los jóvenes viejos", es fenómena hasta la mitad, lástima que después se vuelve tan lenta y repetida. Pero Kuhn prometía mucho, la segunda fue "Los inconstantes",[76] que ya había visto en Alex el año pasado, repetición de esta primera pero sin ninguno de los aciertos. Los actores están todos bien,

---

[75] Se refiere a una pequeña embarcación deportiva que Carlos estaba reparando.
[76] *Los inconstantes* (1962).

con alguna excepción. La Vaner lo más bien y me gustó la López Rey que tanto la odiaba en foto.[77] Argibay y otro que era insoportable antes, Emilio Alfaro, están muy discretos. Y sale poquito una nueva orillera ordinaria pero que me gustó, Beatriz Matar, podrían hacer algo con ella. *Atención*: de aquí en adelante cuando escriba en sobre para Carli, no las abran porque serán correspondencia secretísima. Le escribiré junto con carta familiar para todos, así espero que ese Chino malevo me escriba más. Mañana 31 voy a la casa de Díaz, aunque todavía no estoy seguro porque ese cubanerío hace tanto bochinche que después me voy a querer escapar. Bueno, el 1º creo que vamos en auto al estado de Connecticut aquí cerquita donde parece que el campo es muy lindo. Bueno, por suerte se terminan las fiestas, estos días no he escrito NADA, espero retomar el hilo el 2.

Bueno, muchos besos y feliz '64, el año de los *viajes*

*Coco_*

Gracias a Cora de la carta, mándenme la dirección en Córdoba.

---

[77] Manuel llegaría a mantener una gran amistad con Marcela López Rey.

1964

New York, domingo 12 de enero

Querida familia:

El viernes llegó carta, veo que se está normalizando el correo. Aquí después de diez días muy agradables hoy se largó el frío de una manera MORTAL, no se puede asomar la nariz afuera a causa del viento. Recibí carta de Almendros, está pasando las mil y una en París pero de vez en cuando le sale algo y come.[1] Se hizo amigo de Victoria Ocampo y consiguió, parece, una invitación para el festival de cine en marzo en Buenos Aires. Le voy a dar el teléfono de Charcas, es muy bueno y agradable, muy buena compañía. Tal vez se quiera quedar un tiempo en Buenos Aires porque está escribiendo un libro sobre el cine latinoamericano y necesita documentación, le falta ver mucho cine argentino. Yo me estoy organizando de nuevo, tengo una corrección de capítulo muy difícil. Bueno, átense el cinturón, surgió una posibilidad de acomodo TERRIBLE: si papá y mamá vienen con visa de residente (la que tarda dos meses y cuesta $25) me dan todos los pasajes que quiera a rebaja de 90% y pueden todos los años ir y venir por el mundo al 90%. Lo único que me piden es que vengan a USA con esa visa y vivan en mi misma casa un tiempo (puede ser más o menos un mes) y volviendo todos los años para no perder la residencia. En el Consulado entonces tendrían que presentarse inmediatamente y pedir la visa. Tardan unos dos meses en hacer averiguaciones y después les hace una entrevista el cónsul al que le dicen que quieren venir a pasar parte del año con el hijo en USA y vivir *mitad* del año en USA y mitad en Argentina *y que aquí son invitados míos*, esto es primordial porque tienen que figurar como dependientes míos. Y así todas las veces que quieran pueden viajar a Europa y USA por ochenta dólares ida y vuelta! Bueno, por favor manos a la obra así está todo listo para la primavera. Mamá: en tu última carta me decís que la Navidad pasada será la última que pasemos separados. Bueno, yo dije que quiero volver a Buenos Aires pero no tan pronto, no lo veo MATERIALMENTE posible, así que metele a la visa que es un modo de vernos seguido mientras dura la separación. Al cónsul le presentarán además carta de Air France diciendo que estoy empleado aquí y no tendrán ningún inconveniente por la solven-

---

[1] En ese momento Néstor Almendros estaba en París, luego de un intento por vivir en Cuba (Tomo 1, págs. 304-305).

cia de papá, etc. Bueno manos a la obra!!!! En cuanto al Gato parece que será más difícil pero quedaron en averiguarme. Vi una obra montada por el Actor's Studio, "Marathon 33", sobre una de esas maratones de baile que duraban días y días sin parar. Una estufarela,* parece que baja ya de cartel por falta de público. La protagonista es Julie Harris, tarada. En cine "The Victors"[2] más o menos, la pobre Moreau un desastre, la Melina repitiendo todos sus trucos, la Schiaffino peor que María Duval.[3] Bueno, no tengo más tema. Me habló Calvi desde Pennsylvania, de golpe se le concretó esa beca y vino. Es uno de esos intercambios, tiene que vivir en un pueblo en una casa de familia, me habló desesperado de aburrimiento, hace cinco días que está, sin saber el idioma. Yo no sabía que estaba aquí, seguramente habrá pasado por New York, la mataría a la enana Blancas por no traerme la campera, 13 dólares perdidos. Bueno, mando ya esta carta, no empiecen con dilaciones, decidan pronto que yo tengo que hacer todos mis planes en función de su visita. Ya saben, al cónsul le dicen que quieren vivir mitad del tiempo en USA y mitad en Argentina, para siempre mitad y mitad. Así tendrán pasaje para siempre.

Bueno besos

*Coco_*

Lo que me pide Air France es que ustedes sean dependientes míos y vivan bajo el mismo techo.

---

[2] *The Victors / Los vencedores* (1963).
[3] María Duval: actriz argentina, cuyo verdadero nombre es María Moguilevsky. Fue la adolescente más famosa de toda la historia del cine argentino entre 1941, con su exitoso debut a los catorce años en *Canción de cuna*, y 1948, fecha de su casamiento con José Grossman. El comentario de Manuel apunta a su imagen remilgada, de niña que era sistemáticamente acompañada y vigilada por su padre durante las filmaciones. Después de su retiro se negó a aparecer en público.

New York, domingo 19 de enero

Querida familia:

Estoy en el aeropuerto, es la mañana. Esta semana fue fatal de nieve, el lunes la tormenta fue tal que no pude venir a trabajar, estaban los caminos cerrados. Ahora toda esa nieve acumulada está hecha un barrial, un asco, el transporte que no sea subte está todo atrancado. El lunes por suerte me quedé en casa y aproveché muy bien para pasar a máquina una cantidad de páginas. Resulta que es un capítulo que no podía corregir porque el original está tan desprolijo que no lo puedo leer. Así que recién una vez que lo tenga legible podré empezar la corrección final. Es un trabajo horrible pasar en limpio, lo odio pero hay que hacerlo. Esta semana estuve libre jueves y viernes. Fui al teatro el jueves, vi "Lutero" de John Osborne, el autor de "Recordando con ira",[4] regular no más, teatro histórico, quiere abarcar toda la vida de Lutero y el que mucho abarca poco aprieta. Aquí es gran éxito por Albert Finney, el actor del momento, no sé si ya llegó la boga a Buenos Aires, es un inglés iracundo bastante simpático, en cine hizo "Tom Jones"[5] que es el éxito de este año. La famosa Tallulah Bankhead debutó en una reposición de T. Williams y duró tres días. Yo la hubiese ido a ver de todos modos pero esos días trabajaba de noche y soné. Se hizo famosa en teatro con "La loba", la que después hizo Bette, así que tiene algo que ver con la Mali. El viernes no salí, todo el día con la máquina de escribir pero no me salió mucho, a la noche quise ir cerca a ver un programa de cine para desbalurdirme* pero esperé media hora el ómnibus y no vino por la nieve acumulada, y me volví con toda la mufa. El viernes generalmente las cosas me salen mal. Mañana le escribo a Carli, pero es para él, que la abra él. Recibí carta de Calvi, está en un pueblo de Pennsylvania desesperado de aburrimiento, está haciendo visitas a institutos de rehabilitación de tuberculosos, pero no encontró ningún adelanto interesante, está desesperado. Vendrá dos días solos a New York y son dos días que yo trabajo de tarde así que lo veré un momento a la noche tarde si es que lo veo. Espero ansioso la respuesta por el viaje, la cuestión visa de residente asusta un poco de entrada

---

[4] *Look Back in Anger / Recordando con ira* (1958). Comentada por primera vez en carta del 8 de julio de 1958 (Tomo 1, pág. 166).
[5] *Tom Jones* (1963).

pero es fácil, un poco de paciencia y listo, y para siempre boletos al 90%. Mamá, no me gusta nada esa actitud, nada te va a caer del cielo, hay que eschancarse* un poco. Mamá, por favor un poco de decisión, timoneame ese asunto, así ese viaje se hace este año, porque no garantizo que el próximo siga en Air France, así que ida y vuelta a New York, pasando por Europa a $80 es una pichincha ¿o querés que me gaste $800 en un boleto al 100% para traerte de prepo? Bueno, plis, un poco de acción, buscá SIERVA!!!!!

Besos

*Coco_*

Felicitaciones por el trabajo para la fábrica de autos!!!!!!!!

New York, domingo 26 de enero

Querida familia:

Estoy... en el aeropuerto. Estuve libre ayer y antes de ayer y la semana que viene me tocan los cuatro días seguidos. Recibí carta el jueves, escrita el lunes, récord, y les ruego que decidan pronto del viaje porque tengo que organizar mi año. Un compañero me está escorchando para que lo acompañe a Hawai en una excursión de ocho días en abril y después para noviembre tengo ya que pedir mis vacaciones largas para Hong-Kong. Me están convenciendo de que Hong-Kong y Macao (enfrente) se ven muy pronto y que queda tiempo para ir al Japón. No sé, porque voy a tener cerca de cuatro semanas y tal vez una semana de Hong-Kong y Macao sea ya demasiado. Hoy al llegar al trabajo encontré tarjeta de Carmen y Reya y carta de Milo Quesada. Está en Madrid, se está reponiendo, moralmente, está empezando a trabajar y promete devolverme la guita pronto! La condesa sigue visitándolo en Madrid cada tanto. Dice Milo que se metió en un lío con Emilio Alfaro y la Graciela Dufau en la frontera italiana. Ella era esposa de Kuhn antes de la Daniel[6] y a los pocos meses de casada se las picó con Alfaro. Vi "Teresa Desqueyroux"[7] con la Riva, un monumento, qué actriz bárbara es, la vista media hincha pero interesante, de una novela de Mauriac. Y un plato: vi a Joan Crawford en el cine de mi barrio, resulta que se anunciaban visitas de ella a los cines donde daban la última policial que hizo,[8] y la otra noche (el viernes) estaba tan cansado en el centro a eso de las 8 que deshice un compromiso que tenía para ir al teatro y me volví al barrio para acostarme temprano y veo en el cine: "Tonight J. Crawford in person at 10.30" y me senté en primera fila: DIVINA, muchísimo más linda que en cine, sin esa dureza que le sale, muy simpática, está pelirroja clara, un perfil soberbio. Los brazos son la macana: el pellejo suelto como una viejita de setenta, debe ser viejísima.[9] El público le preguntó de sus galanes y nombró a tres: John Barrymore ("Grand Hotel"),[10]

---

[6] Graciela Dufau, Emilio Alfaro y Elsa Daniel: actrices y actor argentinos. Rodolfo Kuhn es el director de dos películas argentinas comentadas por Puig en carta del 30 de diciembre de 1963: *Los jóvenes viejos* y *Los inconstantes*, donde trabajan Emilio Alfaro y Graciela Dufau.
[7] *Thérèse Desqueyroux* / *Alma desnuda* (1962).
[8] *Strait-Jacket* / *El caso de Lucy Harbin* (1964).
[9] Joan Crawford nació el 23 de marzo de 1905, es decir que tenía cincuenta y ocho años.
[10] *Grand Hotel* / *Gran hotel* (1932).

Franchot Tone (el mejor compañero) y Clark Gable "que fue el Rey y siempre lo será"[11] dijo toda inmagunada* y los ojitos llorosos, se ve que es una partera[12] bárbara. Estuvo un buen rato, la entrevistaba una periodista y el público también intervenía.

Espero que el 29 lo pasen bien, me acuerdo patente de la torta de Di Carlo que compramos para el primer cumpleaños de Carli. Será un día de bronca, que pase pronto. Leí una novela de Mallea: "La ciudad junto al río inmóvil", es tan mala que resulta interesante, es como un tratado de cómo no escribir una novela.

Lunes 27
Resulta que descubrí una sección de literatura argentina en la biblioteca de la Quinta Avenida y me vino curiosidad. Una antología de poesía desastrosa, Norah Lange, Ulises Petit de Murat, Silvina Ocampo, todo catastrófico. Lo único que me atrajo fue lo de Alfonsina Storni, mucho más sincero, me saqué ahora un volumen entero de ella, para ver si la impresión es real. Se estrenó "After the Fall" (Después de la caída) del bel Miller, parece que es todo sobre Marilyn, la crítica está dividida, algunos lo acusan directamente de falta de pudor. Además parece que no funciona como obra, larguísima y poco clara. Les escribí a las Botazzi y ayer en Air France me encontré postal de Reya y Carmen. De Fenelli recibí carta para mi cumpleaños, no dice nada de viajar, me parece que no va a ir. Bueno quiero echar esta carta hoy lunes que voy en el ómnibus. Bueno, tanti saluti, por favor, pónganse serios y decidan del viaje, de abril a junio es lo mejor.

Besos

*Coco_*

---

[11] Joan Crawford estuvo casada con Franchot Tone, con quien filmó además siete películas; con Clark Gable filmó nueve. Los tres juntos protagonizaron *Love on the Run / Amor a toda máquina* (1936).
[12] "Ser partera": expresión familiar por "mandarse la parte", actuar en situaciones cotidianas.

New York, viernes 7 de febrero

Querida familia:

Qué novedad, estoy en el aeropuerto. Ayer hubo un trabajo loco, quedé roto y esta mañana con el cansancio acumulado me levanté tarde y no pude terminar de pasar a máquina unas páginas y me vine a trabajar con una neura galopante. Estoy con mufa porque hace días que no hago más que pasar a máquina en limpio y eso es un aburrimiento bárbaro pero no se lo puedo dar a hacer a nadie porque no se entienden las correcciones. En vez de volver renovado de Miami vine con neura porque me esperaba ese trabajo. En Miami lo pasé regio. Me fui el sábado a la mañana llegué una y media y me volví el martes a la tarde. Allá me encontré con un compañero de Air France, lo pasamos bien, es un chileno. En el trabajo no estamos mayormente juntos, yo tengo otra barra, pero como de a dos le salía todo más barato se me hizo el simpático y agarré viaje, por suerte lo pasé fenómeno porque alquilamos auto y fuimos a todas partes y este Blas conoce mucha gente en Miami y el sábado fuimos a dos fiestas. Una era de una recitadora (!) portorriqueña, cuando supo que era argentino se enloqueció porque tiene adoración por Berta Singerman (!!!!!!!!), un plato, tan cómica y simpática, me tiré al suelo de la risa. La playa estaba perfecta, no demasiado calor, el hotel con pileta a una cuadra de la playa baratísimo con el descuento, ocho dólares por día la pieza para los dos!!! Me volví negro aunque el martes llovía y estuve en el agua poco rato. Fui a una boîte cubana, un espectáculo ver bailar a esa gente, qué gracia fenomenal. Si no fuera por Castro me iría de vacaciones a Cuba antes que a ninguna otra parte. Hace mucho que no escribo nada nuevo porque estoy abocado a la corrección de tres capítulos y eso me tiene medio podrido. Espero dejar la corrección por un tiempo, así me largo al capítulo Nº 13, que tiene que ser culminación de locuras, ya que el 14 y el 15 (el último) son más tranquilos. Desde antes del viaje a Buenos Aires que no escribo nada nuevo. En Miami una noche fui al cine "La viuda alegre"[13] de Lubitsch con la tarada imposible de Jeanette MacDonald ¡qué caballo! no sé si después habrá mejorado,

---

[13] *The Merry Widow / La viuda alegre* (1934).

ésta era una de las primeras. Chevalier pasable y gracias, ya era viejo en el '35. Besos. Chau

*Coco_*

Noticia: me dieron un aumento.

New York, aeropuerto, viernes 14 de febrero

Querida familia:

Son la ocho de la mañana, estoy en Air France que es el lugar más indicado para escribir porque es donde no tengo nada que hacer. Estuve martes y miércoles libre, me divertí mucho pero estaba tan enredado en una corrección que me llevé las hojas en el bolsillo y el miércoles me dio el ataque y me senté en un bar y corregí algo. Me parece que adelanté mucho porque me animé a tachar y más tachar. Espero carta hoy al volver a casa, a ver si *se deciden*. Recibí ayer carta de Almendros, no me dice nada del Festival. Vi "El silencio",[14] no me gustó nada. Qué errada, tan bien que estaba Bergman últimamente, "El vidrio oscuro"[15] y "Luz de invierno"[16] (las dos últimas) eran tan claras, tan fuertes, redondas, y ahora se sale con esto que no te llega en absoluto, de un hermetismo total. Y tan sucia. Pornográfica no la encuentro porque no es nada excitante, ni eso, un aburrimiento soberano. Otra catástrofe, pero sin siquiera buena intención (porque la de Bergman por lo menos está hecha con altura) la mierda "Altona" del bestia de Ponti, qué carnicero, él y su vaca sagrada,[17] perdida completamente porque no puede hacerse la napolitana y *no existe*, pesada, balustrona* boluda y pedante. Para qué hablar de De Sica, hace cualquier cosa. La gente se ríe, es un fracaso total, una semana en cartel, lo cual demuestra que ella no tiene público, es un BLUFF. Qué bronca que le tengo ¿se nota? Quiero ver a la pobre Gina en "Venus imperial",[18] acá no la dan.

Domingo 16
Esperé hasta hoy para seguir la carta esperando noticias pero no llegó nada ¿? Yo de Miami mandé postal y la semana pasada escribí. Hoy llueve y nieva pero no siento el frío para nada, me puse un día camiseta gruesa y no la aguanté en Air France, y sin pullover. Solamente cuando voy a Manhattan que estoy más tiempo en la calle aguanto la camiseta gruesa.

---

[14] *Tystnaden / El silencio* (1963).
[15] *Såsom i en spegel / Detrás de un vidrio oscuro* (1961).
[16] *Nattvardsgästerna / Luz de invierno* (1963).
[17] *I sequestrati di Altona / Los secuestrados de Altona* (1963). Por "vaca sagrada" se refiere a Sophia Loren.
[18] *Venere imperiale / Venus imperial* (1963), nombrada por primera vez el 18 de agosto del ´62 (Tomo 1, pág. 346). Se refiere a Gina Lollobrigida.

Saqué de la biblioteca poesías de Jiménez, qué desilusión, NADA. Machado me gustó más, pero así y todo qué valores sobreestimados. Esta carta va sucia porque la llevé en el bolsillo dos días y no tengo tema. El 22 de abril hará un año que entré a Air France y podré viajar a todas partes al 90%, pero no puedo hacer ningún plan porque ustedes tienen esa fiaca para decidirse. Bueno, no tengo más tema! Leí una colección de artículos de Roberto Arlt, "Aguafuertes porteñas", creo que es recopilación de artículos que publicaba en "El Mundo" en los años '30. Bueno, me resultó utilísimo porque hace un uso especial del lunfardo desastroso porque *se complace en eso* y hace uso y abuso. Me vino muy bien porque tenía mis dudas sobre eso y me decidí a corregir unas cuantas expresiones. Creo que el uso tiene que limitarse a lo estrictamente necesario, cuando no hay otra palabra que ese personaje de acuerdo a su psicología pueda decir en vez de la expresión en lunfardo. Lo mismo para los argentinismos, si resultan realmente "expresivos" sí, si no ¡no!

Bueno, muchos besos. HASTA PRONTO!!!!

*Coco_*

New York, autobús, martes 25 de febrero

Querida familia:

Ayer recibí carta atrasada, una semana tardó. La anterior había sido decepcionante con Bette acobardada por el calor. En esta última por suerte parecen más animados pero imperdonable Bette diciendo bolazos, que no puede enfocar sola lo del Consulado y que "la mala suerte de tener que dar tantas vueltas por un mierda viaje". ¿Qué disparate es ése? Todo el mundo tiene que sacar visa para venir a USA, la única diferencia entre la visa de turista y la de residente es que para ésta última tardan dos meses más para pedir informes (cosa que el Consulado hace por su lado). No hay ninguna amansadora en el Consulado, el primer día te dan número y esperás hasta que te toque el número y chau, no te vas a morir por eso, pero no hay caso, te noto endiablada, así que guardate bien la visita si tanto te cuesta moverte. Tanta queja de que estás podrida y enmohecida, en vez de estar estudiando inglés como te dije hace tanto tiempo. Además estoy seguro de que si papá se atranca y no viene vos no vas a mover un dedo para venir. En el último de los casos podés venir por un mes y medio EN TOTAL, un mes Italia y dos semanas aquí, total todos los años podés volver sin necesidad de llevarte el atracón de tres meses de hotel y valijas. Sioca!!!* pensá que podés viajar todos los años gratis y todavía estás con ñoñerías. Bueno, por favor una decisión pronto, porque si sigue esa actitud de "la mala suerte" vamos MAL. Esta carta va virulenta pero me puso frenético que no fueras al Consulado porque se te ocurrió que te iban a hacer esperar, así pasan los años y yo esperando respuesta. Aquí hay una cantidad bárbara de ropa en venta pero me parece mejor que te compres algo bien a gusto en Roma o París. En caso de que no vinieras (la VENGANZA será terrible) te mando cosas de acá. Bueno, perdón por esta carta tan neura pero no concibo mamá en vos esa actitud vencida, no sos vos, me parece que sos otra.
Bueno, por favor optimismo y acción.
Bueno besos

*Coco_*

Recibí carta de Hugo.
Vi en TV el Show de Judy Garland, un bodrio, muy pobre todo, lo

mismo que el show de los famosos Beatles (¿llegaron allá?), ni la cola de los shows de Italia.
NO HAY QUIEN RESISTA AL HECHIZO DE LA TV.

New York, subte, viernes 6 de marzo

Querida familia:

Ayer tuve que tomar coramina: otra carta de Carli. Y carta de Bette, ojalá que los trámites hayan empezado bien. Yo estoy libre hoy y mañana, por fin, fue una semana muy pesada en Air France con horas extra, niebla, aviones atrasados, humedad, calor, dolor de cabeza y no toqué una línea de novela hasta ayer que volví temprano, dormí siesta y me levanté descansado. Hoy voy al centro. Antes de ayer a la tarde estaba tan agotado que a la tarde me crucé al cine a ver una de terror de la Bette (la verdadera),[19] no tenía fiá* de nada y caí en ese bodrio pensando divertirme, pero no estaba desatada así que no resultaba ni siquiera cómica. Fui ilusionado porque la semana pasada la había visto en "La noia"[20] de Moravia y me tiré al suelo. No sé si lo hace a propósito o si actúa en serio. La película REGIA, se avivó Damiani que era tan burro. Buchholz perfecto. Qué bien está captado el verano en Roma, me transportó. Tocan una canción nueva de Rita Pavone, yo nunca la había escuchado a la Pavone (tiene quince años creo), salió el año pasado y parece buenísima. Esta semana pasada encima de todo el cansancio me cayó visita, uno de esos ingleses, el que mandó el sobretodo, bueno no supe desbratarme* y se me engruñó* a CENAR, casi me da un ataque, cómo te comprendo mamá, por agradable que sea la compañía no compensa la preocupación y el desgaste, se me cerraban los ojos y no se iba. Creo más que nunca en los astros, semana fatídica. Mamá: no dejes que se te engruña* nadie, no seas tonta, que vos no vas a joder a nadie.

Sábado 7, SUBTE

Otra vez rumbo a Manhattan, son las 12, voy a ver si consigo entradas para algún teatro, matinée, solo tranquilo libre para elegir lo que quiero! Ayer aprovechando que tenía tiempo di una ojeada a la ropa de primavera, quiero mandarle una linda pilcha a Bette, pero lo lindo está por las nubes. Yo el 25 de abril tengo cuatro días libres y ya para entonces me dan el 90% de descuento así que casi seguro que voy a París, así que mejor espero y lo compro allá. Veo Bette que estás con fiebre de "tapadito", no sé qué se podrá

---

[19] *Dead Ringer / ¿Quién yace en mi tumba?* (1964).
[20] *La noia / El hastío* (1963).

hacer al respecto, yo esperaba que vinieras vos pero me parece que para este abril-mayo ya es tarde. No importa, setiembre-octubre es muy lindo para Italia y New York. Ayer vi "Le feu follet"[21] de Malle ("Los amantes")[22] sobre un suicida. Media soporífera, todas las finezas de Malle se pierden en una catarata de explicaciones, que por qué no le gusta esto y por qué siente aquello y el personaje se explica a sí mismo durante toda la cinta en vez de que la acción se encargue de mostrarlo al público. Bueno, quiero echar esta carta enseguida al bajar, o mejor dicho subir del subte. Mamá mandá todas las visitas al gran CARAJO. Me olvidaba, saqué de la biblioteca cosas de la Gabriela Mistral ¡qué bestia! qué cosa increíble, me habían llegado comentarios de que era un bluff pero no sabía que era semejante desastre. También saqué uno de los últimos de Neruda, "Odas elementales", toda retórica comunista, otro a quien se le pasó el cuarto de hora.

Bueno, pronto le escribo al Chino.

Cariños y besos

*Coco_*

---

[21] *Le feu follet / El fuego fatuo* (1963).
[22] *Les amants / Los amantes* (1958).

New York, miércoles 18 de marzo

Querida familia:

Estoy en Air France de vuelta de los cuatro días en la delicia de Puerto Rico. Llegué esta madrugada, así que pasé cuatro días íntegros de sol y mar, volví negro carbón, ya tenía la base de Miami y me cuidé solamente el primer día. Descansé a gusto, todas las noches a las 9.30 ya estaba acostado! Me ponía la camisa a las 7 de la noche para ir a comer algo al barrio viejo y vuelta a roncar. El resto del día en malla, subiendo y bajando de la playa a la habitación y siestas a las horas más impensadas. Un día solo fui a otra playa, una que queda lejos y forma una bahía toda tupida de palmas y meta comer coco frío. Se agarra un coco caído y se lo pone en un pozo con agua del mar y al rato se le da un machetazo y se toma el agua de adentro y la pulpa blanca se come un poco, harta enseguida. Son nada más que tres horas diez minutos de vuelo (San Juan-New York), directo, y ya se llega a ese paraíso. Mis próximos cuatro días libres caen el 25 de abril y ya para entonces tengo pasaje a donde quiera en Air France porque el 22 de abril cumplo un año pero no me atrae gran cosa la idea de ir a París, tengo ganas y no, me falta una razón fuerte para ir. La temporada de teatro es cero y de todos los amigos del '57 y '59 sólo queda Almendros, los demás eran estudiantes y no están más. Debe ser que lo que ofrece París es tan parecido a lo que puedo encontrar en New York. A Roma quiero ir en junio cuando ya es verano declarado.

Jueves 19, Air France
Hoy antes de salir para el Aeropuerto recibí carta, me alegro de que hayan iniciado el trámite, qué plato, los tres. Bueno, la cuestión de los pasajes me parece medio peliaguda para tres porque ya me habían hecho caras cuando pedí para dos. Yo quiero tomar departamento para cuando vengan así que si vienen en mayo me pondré en campaña ni bien manden una confirmación ustedes. Qué plato va a ser, haré lo posible por estar en Europa a la llegada, va a ser de tirarse al suelo de la risa.
Bette: decime qué tipo de "tapadito" querés ¿para qué querés tantos? Tenés el de piel, el de gamuza y en el ropero vi que tenías uno negro también moderno. Decime qué tipo de "tapadito" querrías. Yo no pienso comprar nada hasta que me digan seguro cuándo vienen porque si vienen antes de junio pueden comprar en Europa cosas de invierno en liquida-

ción. Hoy justamente tuve una traficante de modas París-New York y le dejé pasar el sobrepeso por el muchacho de la balanza y me dio la tarjeta y prometió precios especiales y direcciones mágicas de mayoristas de alta costura con 50% de descuento. A lo mejor es todo "bosta de buey" como dicen aquí "bullshit" cuando alguien habla mucho y promete y se quiere hacer el simpático ¿no está bien puesto el nombre? debe ser por el ruido y el polvo que levanta la bosta al caer, se pronuncia *bulshet*. De "Rugantino"[23] no sé, las musicales italianas son malas en general, sin valor ni en la música ni en los bailes pero como curiosidad y para comparar con lo que van a ver aquí puede ser interesante. Además está Manfredi que es bueno. Cuestión Miller iré pero venciendo pereza porque no me atrae nada, me dicen todos que es mala como obra además de ser una perrada en lo que respecta a Marilyn. Bette: andá a ver "Cleopatra", no seas snob, nada más que Jeanne Moreau ve la snob de la Bette y me la desprecia a Liz.

Bueno, ni bien sepa de los pasajes (tres) les contesto pero me parece difícil. ¿Tendrán todo para mayo? Por favor necesito dato importante: saber cuánto tarda el cónsul en conceder audiencia una vez que se presentan los papeles!!! Plis, manden dato.

Besos

*Coco_*

---

[23] *Rugantino*, comedia musical italiana estrenada en el Teatro Coliseo. Los autores eran Garinei y Giovannini, y actuaban Nino Manfredi, Ornella Vanoni y Aldo Fabrizi.

New York, Viernes Santo (27 de marzo)

Querida familia:

Me imagino que estarán en la quinta pasando la bella Semana Santa. Ayer esperaba carta pero no llegó, espero ansioso para decidir del departamento, se desocupó uno en el edificio de unos compañeros de Air France cerca de donde vivo. Por suerte estos días de fiesta tengo que trabajar, odio estar libre los días de fiesta, con todo cerrado. Estuve libre martes y miércoles, no conseguí entradas para Miller, ese asco está vendido hasta junio! Vi "Love with the Proper Stranger"[24] con Natalie Wood muy bien, la ojuda está muy bien, judía pero simpática, la vista es una ensalada de realismo y payasadas pero no me cayó mal. Leí "La Prensa", qué asco las temporadas, qué cantidad de grasas. Vi que están dando "Siete días de mayo",[25] es buena, Ava fascinante tiene un patarlén* de papel. Recibí carta de Fenelli, está muy mal de ánimo, por el suelo, me parece que el 25 de abril en vez de París iré a Roma a ver si lo puedo reanimar un poco, está destruido, la macana es que no está escribiendo, tiene un gran agotamiento y no se puede concentrar, ése debe ser el origen de todos sus males. Yo toco madera, estoy pasando una racha de oro, un equilibrio perfecto, *saliendo poquísimo* pero trabajando bien en "A.I.S.P." que es como lo bautizó un compañero al que escorcho todos los días con lo que hago, "Asco Ilegible Sin Precedentes". El otro lunes es 6 de abril ¿verdad? qué feo día para cumpleaños, se quedan en la quinta? Que los cumplas muy felices papún ¿qué tal la línea? espero que este verano hayas perdido esos kilazos de más que tenías. Malas noticias para Carlitos: no hay reducción para hermanos, ni un centavo, sólo para padres, y *ojo*, sólo en el caso que sean *dependientes*, es decir que el hijo los mantenga en Estados Unidos, así que ojo en el Consulado, tienen que decir que vienen invitados por mí, que piensan pasar parte del año aquí *en mi casa*, invitados por mí, si no sonamos.

Sábado 28
Sigo hoy, ayer me encontré con carta al volver, sin mayores noticias. Por favor pregunten cuál es el mínimo que hace esperar el cónsul para conceder

---

[24] *Love with the Proper Stranger / Desliz de una noche* (1963).
[25] *Seven Days in May / Siete días de mayo* (1964).

las entrevistas así yo puedo hacer algún cálculo. Recibí carta de Grise, parece que le sigue la euforia, qué suerte. Hoy es 28, el día de la abuela, son quince años, verdad? Qué cantidad de años ya han pasado. He sacado de la biblioteca cosas de García Lorca porque me empezó a venir la idea de que inconcientemente usaba ritmos y trucos de él. Tiene maravillas pero mucha porquería hecha me parece que sin ninguna autocrítica, debía ser de esa gente que cuando le sale algo flojo o mal no se dan cuenta. Las poesías son flojazas sacando el "Romancero Gitano" que le salió redondo. "Doña Rosita" es muy discutible, no me gustó nada. Pero de todos modos qué genio, qué personalidad tan simpática, y está resistiendo muy bien el paso de los años, no como Benavente es imposible ahora. Esta semana que viene reviento si no voy al teatro. Están juntándose cosas regias para cuando vengan, ayer se estrenó una musical sobre Fanny Brice, una de las vedettes de Ziegfeld más famosas, por el '20, del '20 al '30, y parece que han reconstruido esos números. Bueno muchos besos

*Coco_*

Feliz 6, papún!

New York, Air France, sábado 4 de abril

Querida familia:

Son las 10 de la noche, estoy medio cansado, tantas noticias que no sé cómo empezar. Noticias malas y buenas. Las malas: se armó lío con los pases de un judío que trabaja aquí y tiene los padres en Colombia y quiso hacer lo que yo pensaba. Tal como me han dicho a mí le habían dicho a él que no había dificultades pero cuando llegó el momento de la acción, pese a que los padres ya tenían la visa y venían como dependientes, la encargada de los pases, una polaca hija de puta de la oficina de la 5ta. Avenida, se lo negó diciendo que los padres eran demasiado jóvenes para no trabajar aquí, etc., etc. Bueno, la cuestión es seria, así que pienso que si papá no está seguro de venir conviene suspender el trámite de él como residente, si después se decide a venir pide la visa de turista que tarda sólo quince días y el boleto lo tiene lo mismo (de otro modo pero lo tiene con seguridad). *Mamá*: que siga ella con su trámite, yo le mando *affidavit* desde aquí. Al cónsul le dice que viene aquí como dependiente mía y si sale cualquier cosa rara a relucir, si el cónsul pregunta algo de los bienes de papá la Bette que se mande el drama de que está separada y listo, "Divorcio a la Air France", de esto no tiene por qué enterarse nadie, así que resumo: del pasaje de papá me encargo yo, del de mamá será por intermedio de la polaca de la 5ta. Avenida pero sin peligro de que lo niegue porque viene sola (la polaca no puede saber que yo saco otro pasaje para papá), no sabe inglés y viene como residente y dependiente mía. Bueno, la cuestión es que una vez que Bette entre en el fichero de la polaca tiene derecho todos los años a un pasaje ida y vuelta a donde quiera así que hay que actuar con cautela. Ni bien me manden a decir pido aquí el affidavit y listo. Yo siento haberles prometido otra cosa pero menos mal que supe del peligro existente por este tipo, que si presentaba la solicitud para los dos seguro que me la rechazaba. De todos modos el viaje tiene que ser este año, porque pueden suceder tantas cosas. Bueno, pasemos a las buenas noticias, estoy trabajando muy bien pero muy bien y ayer recibí carta increíble de Almendros (a quien le había mandado ocho capítulos, de tanto que me escorchó), y quedó LOCO, nadie había leído ocho capítulos seguidos hasta ahora. Ya se los pasó a un amigo, el lector de Editions *Gallimard*,[26] está seguro de que se va a entu-

---

[26] Juan Goytisolo, quien se convertiría en amigo de Manuel Puig.

siasmar, pero eso no me preocupa, ni me interesa mayormente, lo importante es que cosas tan tontas aparentemente pueden entusiasmar a alguien. Bueno, otra cosa buena, Avianca a partir de junio pone servicio hasta Buenos Aires, así que podré viajar con otra facilidad, pero es un solo pase por año. Para el 25 de abril imposible ir a Buenos Aires, con Avianca sólo llego a Lima y ahí un día se pierde para pedir el pase hasta Buenos Aires. Vi "After the Fall"! No sé cómo explicar, al principio pudre con la cuestión del comunismo y la primera mujer (la pone como un trapo) pero después empieza a interesar y cobrar vida cuando entra Marilyn (aunque no se sabe si es por la obra o por el interés que uno tiene por ella). Bueno a Marilyn la pone como una pobre loquita, una tarada, con un gran corazón pero nada más y mientras se sigue la obra no choca mucho la cuestión pero al terminar él queda como el único cuerdo y víctima de todos y te dan ganas de quemar el teatro. La obra además no tiene ningún valor especial, como entretenimiento es dudosa, como forma es pobre (ni un toquecito de poesía) y como fondo hay dos o tres puntos interesantes pero que no se integran con el conjunto. La chica que hace de Marilyn (la hermana borracha de "Esplendor en la hierba")[27] está SOBERBIA.

Bueno, besos y hasta pronto

*Coco_*

Mamá: me parece que aclaré bien la cuestión visa. Te exigen por la cuestión mantenimiento *una de tres condiciones*: (1) un contrato de trabajo, (2) affidavit de un familiar que se hace cargo de vos en E.U. y que vive en E.U., (3) bienes propios. Bueno, yo pensaba que esta última era la más fácil pero por la polaca es mejor decir que vos venís a cargo mío totalmente, y que pensás volver a la Argentina de vez en cuando. Si el cónsul pregunta mucho por papá decís que no hay mucho entendimiento, cualquier cosa. Esmerate que vale la pena, después tendrás un viaje anual perpetuo! De todos modos no te preocupes que si algo falla el boleto está lo mismo. Bueno ¿entendiste? Besos

*Coco_*

---

[27] Barbara Loden es la hermana de Warren Beatty en *Splendor in the Grass / Esplendor en la hierba* (1961), nombrada por primera vez el 5 de diciembre del ´61 (Tomo 1, pág. 293).

Puerto Rico, viernes 17 de abril!!!

Querida familia:

Estoy tirado en la arena escribiendo sobre un cartón. Hoy y mañana estoy de descanso así que anoche me tomé el avión a Puerto Rico y listo, es el único lugar donde descanso porque Manhattan es correr de aquí para allá por tanto que hay para ver, y compras y bibliotecas. Resulta que a San Juan tenemos un solo pase anual ($10 ida y vuelta, cuesta $180) con Transcaribean y yo mi pase lo usé el mes pasado pero el cubano Díaz pidió el suyo y no lo usó (se le vence a fin de mes), así que lo usé yo, total en vuelos dentro de Estados Unidos no piden documentos. Esta semana última trabajé muchísimo en Air France porque empezó la temporada de excursiones y no habían tomado personal y no me podía negar. Por suerte ya ahora están tomando gente provisoria y no haré más horas extra. Las pagan bien pero me corta totalmente lo OTRO. Almendros le pasó esos ocho capítulos que le mandé al lector de Editions du Seuil y pese a la carta que le mandé la han llevado a la editorial porque el lector se enloqueció y le puso título para presentarlo: "Personages" (en francés), título asco que no me gusta y le mandé carta rajante para que suspendiera todo, no quiero que me perturben con insaburidas* y cosas raras, todavía falta mucho y lo que a mí me interesa es *escribir* y no *publicar*. Cuando termine de escribir ya se verá. Si escribo pensando que eso lo va a leer cualquiera me taro y hago macanas. El viernes que viene a las 19 salgo para París, si todo marcha bien. Son seis horas y media de viaje pero como hay seis horas de diferencia llego a las 7.30 de la mañana siguiente, en Europa es siempre seis horas más tarde que aquí. A las 8.30 tomo el otro avión a Roma y llego a las diez y algo. Cómo voy a esmayanzar!!!* Me quedo en Roma hasta el martes a la mañana, llego a París a las 12 del día y salgo al día siguiente miércoles a las 12 y llego a la mañana a la misma hora casi porque en New York es seis horas más temprano. Ese mismo miércoles tengo que entrar a trabajar a las 2.30 así que llego y ya me quedo en el aeropuerto hasta terminar el trabajo. Veré a Almendros después de siete años! no lo veo desde que se fue de París en el '57 (estábamos juntos en la Casa de Cuba, después del año escolar en el Centro de Roma) así que las veinticuatro horas que pasaré en París no alcanzarán para todos los comentarios. Me han dado algunos datos las hienas de Air France para tiendas en París, en caso de que en Roma no consiga nada. No hay nada en París en teatro, ha sido una temporada muerta. Lo que querría ver es "Le mépris"[28] ("El desprecio") de Godard con B.B., porque la versión francesa es la única que quedó completa. A medida que pasa el tiempo peor me parece la obra de Miller, qué sinvergüenza él y Kazan y todo el Lincoln Center que aceptó la obra. Inaugurar un teatro (y subvencionado!) con esa obra es imperdonable.

Sábado 18

De nuevo en la playa. Anoche llovió toda la noche y esta mañana un rato, por suerte a las 10 salió el sol, si no me pegaba un tiro. Esta noche vuelvo a New York, son apenas tres horas de vuelo, pasa enseguida. Ayer descansé regio todo el día en la playa tirado y a las 9 me fui a dormir, dormí once horas, y había dormido siesta. La verdad es que llegué cansadísimo, entre Air France y las cartas de Almendros y preparar los capítulos que le voy a mostrar a Fenelli, que es mi brújula. Ojalá pueda hacer buenas compras en Roma. TAILLEUR sensacional para Bette? Vamos a ver. El conjunto que compré todavía está en el ropero, estuve trabajando de mañana y Aerolíneas sale de tarde. El lunes voy a intentar de nuevo. Bueno muchos besos.

Cariños y rayitos de sol puertorriqueño

*Coco_*

---

[28] *Le mépris / El desprecio* (1963). Basada en la novela de Alberto Moravia *Il disprezzo*.

New York, ómnibus, jueves 23 de abril

Querida familia:

Voy al aeropuerto, por suerte acabo de recibir carta. Mañana a las 19 salgo para París, escala de una hora y Roma antes de las 11 de la mañana. Tengo una ansiedad y unos nervios únicos, se me ha hecho eterna la semana. En Puerto Rico la pasé divinamente, descansé a gusto, es tonificante 100%. Me encontré al volver con carta de Fenelli diciéndome que preparan un montón de festejos. En efecto el dialecto de Roma tira un poco al napolitano, se llama *romanesco*, pero es muy claro, en seguida se le toma la vuelta. Romagnolo significa de Romagna, que es la zona de Ravena y Rimini, del tarado Fenelli. Hoy sale Aerolíneas, tengo esperanzas de ingüinarla*, el lunes pasado me olvidé el paquete en casa, casi me da un ataque, porque es muy liviano de tela y en caso de que lo puedas usar (lo dudo) sería justo ahora, siempre me acuerdo de que para el 25 de mayo empieza el frío. No te aflijas si no te anda, dáselo a la Grise, que en Roma espero encontrar una bomba. Qué coraje tenés Bette de decir que no tenés qué ponerte, buena boletera la Bette, y andá buscando corpiño que no te separe tanto para los costados como la Ekberg, que apuntan al este y al oeste, no seas mañera y buscate la vuelta, que tenés que aparecerte IMPECABLE que cometí la sbali* de decir a todos en Roma y aquí que eras... LINDA!!!! bueno, ojo. Hoy aquí es el primer día templado, todo abril ha llovido, si llueve en Roma será la macana, y abril recuerdo que ha sido mes de lluvias en otros años. Me olvide de contar que vi por televisión la entrega de los Oscars, directamente de Hollywood, es emocionante porque parte de los candidatos están presentes y muestran las fachas de ganadores y perdedores en el momento de entregar los premios. Poitier[29] tuvo una ovación, el más aplaudido. Las que entregaban los premios eran todas de las nuevas, Shirley Jones, la bestia de la Debbie, etc. y de las viejas la única presente era Rita, fenomenal, hermosísima, se avivó pero borracha, me parece, y todos dicen lo mismo, porque hacía vers* raros. Nunca veo TV, jamás, pero esa semana vi dos programas, el de los Oscars y uno dedicado a Rita con partes de sus películas y una entrevista ahora en la casa, las hijas eclipsadas por ella, la Jasmin bastante

---

[29] Sidney Poitier ganó el Oscar al mejor actor protagónico por *Lilies of the Field / Los lirios del valle* (1963), convirtiéndose en el primer afroamericano que obtuvo dicha distinción.

parecida, y la otra gorda sin sal y quiere ser actriz. La Rita se ha avivado, o se ha hecho cirugía, está mejor que nunca, con vida, pero en las partes que pasaron de "Circus"[30] con la Cardinale está decrépita.

Bueno, termino la carta después del vuelo de Aerolíneas, ojalá caiga un signur, pero no me acuerdo del teléfono, tendré que dar el de la fábrica, que no se me olvida.

Más tarde

Salió el vestido, tapado y campera de papún, me costó bastante encajarlo, ojalá que llegue todo bien. Seguramente llamarán el lunes, di el teléfono de la fábrica. Mañana a esta hora estaré volando, son las 7 y 20.

Iba el avión de Aerolíneas casi vacío así que se hizo bravo.

Bueno, muchos cariños y besos

*Coco_*

---

[30] *Circus World / El fabuloso mundo del circo* (1964).

CARTAS AMERICANAS - NEW YORK - 1964

¿No le gustó a papún la campera? ¿Carli recibió mi carta?

New York, sábado 2 de mayo

Querida familia:

Recién hoy tomo la birome porque llegué el miércoles a las 13.30 y a las 14.30 ya estaba cambiado trabajando, un trabajo loco, que sigue y sigue, y vuelvo a casa tan cansado y con ganas de escribir después de descansar. Bueno, el viaje fue muy bien, cansador pero sin ningún inconveniente, llegué a París y llamé por teléfono a Almendros y en seguida seguí a Roma, 10.30 estaba en tierra italiana. Fenelli estaba esperando mi llamado, lo llamé desde el aeropuerto y nos encontramos en la terminal. De ahí al hotel, eran las 12 y las Muzi tenían el almuerzo preparado! yo quería descansar un poco (había dormido dos o tres horas en el avión, nada más) pero no me animé a plantarlas y allá fuimos. Resulta que ese sábado era "Il giorno della Liberazione", todo cerrado, yo pensaba comprarles algo en Roma antes de ir a la casa pero estando todo cerrado, lo único fueron flores, esas rosas de lo mejor, de cabo largo, una fortuna. Cuestión novela: la Brújula se enloqueció de entusiasmo, dice que lo que escribí en USA superó lo anterior, que nunca se lo hubiese esperado, y que va a ser una obra importantísima. Bueno, los tres días pasaron en seguida, el lunes salí a la mañana por el tailleur y encontré una cosa cara pero muy linda y la compré. Por suerte a la noche se la llevé a las Muzi y se avivaron de que me habían metido un clavo! una pieza (el saco, que se lo había hecho probar a una gordita) era 48 pero la pollera y la blusa eran 44!!!! El saco era un 48 amplio así que habría andado bien. Así que las Muzi se lo quedaron y al día siguiente lo devolvían porque yo a las 9 tenía que estar en el aeropuerto para el avión a París. Todavía no me han escrito las Muzi, espero que hayan recuperado la plata. Bueno, Roma estaba fabulosa, en plena explosión de primavera, no llovió ni una gota, calorcito de día y fresco de noche. A París llegué 12.30, una hora y media de viaje. Me esperaba Almendros en el aeropuerto, muy envejecido, no tiene palabras para hablar del libro, fuimos derechito a un hotel del barrio de las boutiques, Rue Saint-Honoré, porque aunque no me había quedado mucha plata tenía esperanza de encontrar algo. Fue imposible, pero ya sé ahora dónde ir, si hubiese tenido la plata compraba maravillas, es mucho mejor que en Roma y New York, y más barato (ropa de mujer). Espero que surja alguna combinación para que Bette no pase el invierno sin tailleur. Pero lo que pasó en Roma fue diabólico, yo no me podía conformar, qué rabia, si hubiese podido recuperar la plata en Roma podría haber comprado en París. Y a eso que se haya sumado lo del traje gris y tapado de aquí demuestra que los astros en abril estaban adversos a la pobre Bette. Bueno, es posible que me haga otra escapada a París pronto (en mayo), quiero por lo tanto saber esto: si preferís que te lo compre ahora o comprártelo vos cuando vengas. La Rue Saint-Honoré es la locura, son verdaderos artistas. Bueno Bette, no te amargues, que te resarcirás con creces. Paso a contar de la novela. Bueno, fuimos con Almendros a cenar a lo del asesor literario de español de Editions du Seuil que recomendó los capítulos y me contó que están todos enloquecidos, que sólo falta que lo lea el jefe absoluto, que es el que decide la guita, etc. Bueno, yo les agradecí mucho pero ORDENÉ parar todo hasta que esté terminado. Están seguros que será una sensación ¿? No vi ningún espectáculo. Bueno, estoy más que contento, esperando hacer mucho y pronto. ¿Cómo van los trámites?

Muchos besos

*Coco_*

¿Papá se puso la campera nueva?

New York, martes 19 de mayo

Querida familia:

Ayer pasé toda la mañana en Air France esperando la hora de volver a casa y encontrar carta, a ver si había llegado el último envío. Llego y veo carta, en lunes, lo que significaba que algo especial había sucedido, pero la abro y nada del paquete. Así que entré en cuarentena de nervios, ojalá haya llegado, la dona* parecía muy seria, americana, radicada allá. Aquí empieza el calor, pero ni me va ni me viene, porque hay playa y refrigeración por todas partes. Hoy sale el nuevo horario de trabajo para el verano, no veo el momento de saber todo para planear mis escapadas. Estoy trabajando muy bien, calculo que para fines de este año terminaré los quince capítulos, y después quiero un año para pulir, después de dejarlos unos dos meses sin mirarlos para nada. Lo último que escribí me tiene bastante entusiasmado pero es tan complicado que tengo miedo de que haya puntos oscuros, ni bien lo pase en limpio lo daré a leer a Ferrari, el hijo de la dona* de Liniers, que tiene bastante criterio, sin ser una brújula infalible como Fenelli. En la carta me decís que sí, sí de Almendros, pero nada de Bulnes, concretame todo plis. Sale de París el 15 y primero creo que va a Río dos semanas.

Sábado 23
Por suerte el jueves tuve carta, me tranquilicé con la cuestión del paquete, menos mal que cortamos la racha mala. Ya pedí la carta en Air France pero hay que esperar un poco porque no es mi mismo departamento que da esas cartas. Socorro! Auxilio! fui con Primato a ver en un cine portorriqueño, sin traducciones "La cigarra no es un bicho",[31] qué asco, qué mierda, nos fuimos por la mitad, qué desfile de monstruos, ver eso aquí causa vómitos, allá es diferente porque uno está aclimatado, pero aquí es indignante. La Malvina y Narcisín ¡qué dos! qué vergüenza para el género humano. Y la Ingro, y Magaña, y la cara de Cibrián, parecen todos salidos de un sanatorio de cocainómanos. Y la bestia de la Blasco. Dentro de todo la

---

[31] *La cigarra no es un bicho* (1964).

Mirtha y la Cabeza son las más pasables. El cetro del asco se lo doy a Malvina. Quedé medio enfermo. Espero que esta semana me darán la carta de Air France y el lunes iré al "notary" para la cuestión de impuestos que la tengo perfectamente al día, así que para la otra semana quiero que ya tengas todo, principios de junio, así a fines de agosto está todo listo, setiembre estaría regio para Italia y París. Bueno, una vez que el trámite esté encaminado voy a empezar la cuestión del boleto, pero eso no me preocupa mayormente porque en el peor de los casos lo pago y listo, "non è morto nessuno" como dicen en Roma. Recibí carta de Fenelli diciendo que está mejor y empezó corrección de seis cuentos, menos mal. Me recuperó los $100, fue al negocio con Margherita y Elena Muzi, esta última que es una pantera y tuvieron que amenazar a la dueña con la policía. Yo creo que fue una suerte al final no comprar en Roma porque lo que después vi en París era mucho más lindo, así que están los cien grullos a disposición para cuando nos encontremos en París. Yo sé todos los lugares ahora, va a ser un plato, y te lo comprás a gusto, y a principios de temporada, según el último dictado de la MODE. Bueno, hablando de grandezas es posible que en junio haga un frangollo de días de descanso y me vaya a Tahití. Sí, TAHITÍ, tendré muchos líos que arreglar antes pero si puedo me voy. Tengo que aprovechar a viajar mientras esté en Air France, es una lástima si no. Estoy trabajando MUCHÍSIMO en lo mío, sigo diez días más de turno de mañana (el más aliviado) y espero hacer muchas cosas. Bueno, que les garúe finito el 25 de mayo, Bette ahora tiene vestuario nuevo para las escenas de entrecasa (las más fuertes). ¿Todo va bien? ¡Detalles!

Besos

*Coco_*

New York, subte, sábado 30 de mayo

Querida familia:

Hoy sábado es feriado "Memorial Day", día de los muertos en la guerra, no hubo correo y tengo que esperar hasta el lunes la carta semanal que no llegó todavía, y llega siempre los jueves. Casi me dio un ataque ayer viernes cuando vi que no había carta, tener que esperar hasta el lunes a las 11 de la noche que vuelvo de Air France porque ese día le trabajo el turno al cubano Díaz, doble turno, qué asco, pero después él trabajará otro día por mí. Esta tarde vi en matinée "Hamlet"[32] con Burton, buenísimo, una calidad bárbara, tiene una voz muy hermosa, pero me parece que no es papel para él, él es demasiado fuerte y Hamlet tendría que tener otra fragilidad, y debe haber sido por eso que no me conmovió nada. Ofelia es una nueva, Linda Marsh, la chica de "America America"[33] flojísima, la madre es la misma de la película con Laurence Olivier.[34] Está llenísimo el teatro todos los días. Mañana domingo (no hay representación a la noche en los teatros de Broadway) da un recital poético él con Liz, se ve que la está preparando para hacer teatro. La voz de ella en "Cleopatra" en partes era de una musicalidad increíble. Me falló el plan de ir a Tahití, no me alcanzaban los días, así que el viernes tomo mis cuatro días regulares y me voy a... MÉXICO. Vuelvo el martes a la noche. Tengo pasaje hasta Acapulco pero creo que me voy a quedar en México City, todo el tiempo, con alguna escapada a los pueblos típicos cerca, Cuernavaca o Taxco. Si hace mucho calor y me da el ataque rajo a Acapulco. Aquí por suerte llevamos una semana de fresco, se había venido el calor de golpe. Mamá: presiento que mis papeles aquí tomarán una semana más, porque tuve que escribir al Departamento de Impuestos para que me mandaran un certificado más explicativo, el escribano no me aceptaba el otro papelito. Prontito también veré cómo definir el boleto ¿qué preferirías, venir primero aquí unos días (los que quieras) y después ir a Europa, o primero Europa y después New York? Además andame diciendo qué estadía te palpitás en total, cómo

---

[32] Hamlet: se refiere a la obra de teatro. Sin embargo, ese mismo año la versión fue filmada, dirigida por Bill Colleran y John Gielgud. Intérpretes: Richard Burton (Hamlet), Hume Cronyn (Polonio), Eileen Herlie (Gertrudis), Linda Marsh (Ofelia).
[33] *America America / América América* (1963).
[34] *Hamlet* (1948).

están las cosas con Don Baldito, para saber el itinerario que voy a poner en la solicitud. ¿Cómo pinta el asunto? Yo creo que si es por sólo seis o siete semanas te conviene dejar España para el año próximo. París obligado porque de ahí sale el avión a New York. Bueno, está regio el asunto, me parece mentira que ya esté tan cerca. Sería regio que me aprobaran tu caso en Air France, porque quedaría para siempre, por lo menos para otro viajecito el año que viene. Pero lo mismo si no me dan el descuento no hay problema porque estoy LLENO DE PLATA, imayinuma.* Qué es de la vida de Bebé, la desgraciada no me contestó a una carta, hablale por teléfono para que me conteste. Pronto le escribiré a Haydée. Vi "La pantera rosa"[35] me reí bastante, Peter Sellers me hace gracia, pero la Capucine es una momia y media mustar.* *Una cosa importante:* ¿no estás buscando sierva? Vamos, no seas tarada de estar fregando, por favor, que me viene el ataque, además para el viaje es primordial. No me explicaste nunca quién te enseña inglés, ni una palabra. Tampoco me contaste si fue Lula[36] o no. Me la anunciaste y después nada más. Bueno, espero que llegue pronto el lunes a la noche para tener noticias. Estoy furioso contra el Chino que no me escribe desde... FEBRERO!!!!

Bueno, muchos cariños, besos

*Coco_*

---

[35] *The Pink Panther / La Pantera Rosa* (1964).
[36] Lula: vecina de Villegas.

Además me olvidé de contar que de México traje sombrero para jardín para Bette.

New York, miércoles 17 de junio

Querida familia:

Al volver de México encontré carta, me alegro que todo esté encaminado con el cónsul. Ya tengo los papeles del impuesto así que a más tardar el día 25 te mando todo. Bueno, el 25 salgo otra vez de viaje, me voy a San Francisco por tres días, porque me conseguí un ticket gratis con United Airlines, regio. Y ya tengo también el ticket para Los Ángeles con TWA, para el 16 de julio, que me tocan otra vez cuatro días "off". Dicen que San Francisco es hermosa. Después del viaje a Los Ángeles... el próximo será a... París y Roma escoltando a la Buschiazzo, que no se la vayan a raptar a Don Baldito! Ayer estuve en las oficinas de Air France en la 5ta. Avenida para tratar la cuestión del ticket, tengo esperanzas de que todo vaya bien, para no sólo conseguir el de este año... sino también el del año que viene, qué plato, si me aceptan a Bette como dependiente tendré un pase todos los años!!! si no nada. Pero eso es lo de menos, lo importante es que a último momento no se me echen atrás ustedes, tanto papá como mamá, no me merecen mucha confianza. Los tickets de United y TWA los conseguí porque les mandé muchos pasajeros. Hoy en matinée quise ver "Hello Dolly" la musical que es el éxito N° 1 de la temporada, pero no hubo caso. Vi una comedia regular "Any Wednesday" que también está llenísimo. Paul Newman y la Woodward están dando una obra tipo Ionesco que según todos es el asco máximo pero sigue por ellos dos, no me agarran ni muerto, los críticos la pusieron por el suelo y reprodujeron en los diarios parte del diálogo para mostrar qué asco era. Hablando de ascos, me viene a la mente el Chino, que es un desgraciado y maldito y ya me las pagará, ni una línea después de mendigárselas durante meses. Hablemos de alguien como la gente: me escribió Almendros, tiene líos para conseguir la visa a Brasil y la bela Argentina. Leyó mis capítulos otro conseilleur de Seuil, dice que quedó ENCANTADO y que soy un TALENTO DE ORDEN MAYOR. Qué plato. Sigo trabajando mucho y me parece que estoy mejorando mucho el capítulo 13 (una musical de la Metro),[37] salió bien me parece. Y Bette ligó

---

[37] Se trata del "Concurso anual de composiciones literarias", tema: "La película que más me gustó". Allí Toto cuenta *The Great Waltz / El gran vals* (1938).

estampado, me agarró una amiga de Arlette y me estrapasó* porque no te compraba estampados: y la incordó.* En la próxima cuento. Besos

*Coco_*

CARTAS AMERICANAS - NEW YORK - 1964

New York, domingo 28 de junio

Querida familia:

Ayer a la mañana al volver de San Francisco me encontré carta, me extraña que no tuvieran noticias mías, espero que ya las tengan, también mandé una certificada con el *affidavit* y dos postales de California. ¿Recibieron la postal de México? Mandé una a La Plata también. La otra semana mandé algunas revistas francesas que robé en el avión volviendo de México, a Haydée le vendrán bien. Ahora que Avianca sale de aquí para Buenos Aires intentaré mandar algo, tengo el sombrero para jardín (de México) y un vestido para la feria o lo que sea, de verano, baratieli, para fajina. Hace dos semanas o más que los tengo en Air France en mi cajón. Bueno, pueden esperar porque son de pleno verano, y total por lo que le importa a la Bette, al último envío me le dedicó dos renglones, "muy lindo, muy lindo" y chau. Primato que había visto el paquete (lo abrí para meter el collar de él) me preguntó qué te había gustado más y qué me habías comentado y tuve que contestarle *NADA*. Te pregunté en una carta si ese batón bordado te iba muy chico, etc. y nunca me enteré de nada. Bueno, amén. xxxxxxxxxxxx Tachado por la censura.[38] Bueno, paso a contarles de San Francisco, a las 6 y 30 de la tarde del martes ya estaba allá, hay tres horas de diferencia con New York, allá es tres horas más temprano. El clima es una maravilla, se puede caminar indefinidamente sin sentirse cansado, hace calorcito al sol pero de noche refresca, tipo Mar del Plata. La ciudad es chica, se ve en seguida, lo más lindo son los barrios de las afueras, no hay una casa pobre, todo limpio brillante. El barrio chino es un plato, todos boliches de baratijas. El centro turístico es el muelle de pescadores, comí una langosta fenómena. Di la vuelta en vapor por la bahía con todos esos puentes y a las 4 de la tarde me fui a Sausalito, un rincón muy lindo a media hora del otro lado del puente Golden Gate. El jueves y el viernes los pasé en Carmel, una playa de la zona de Monterrey, a tres horas de ómnibus de San Francisco. Es un pueblo de verano que no tiene desperdicio, todo bosque y montaña que baja a la playa y las casas están construidas entre los árboles, han cortado lo menos posible. Es donde tienen casa Kim Novak y

---

[38] El tachado es indescifrable, al contrario que en otros casos en los que se puede ver qué palabras están debajo.

Jean Arthur. La gente de California es amabilísima y se ve todo como Hollywood pinta la vida, así que no es invento, no es macana de cine, es así, todos tienen su casa, su cochazo, es un sueño. New York es otra cosa, tanto inmigrante, cientos de miles que ni siquiera hablan inglés, todo eso trae pobreza. Bueno, en la playa había algún loco que se bañaba pero el agua del Pacífico es helada y está fresco en general, así que di vueltas y descansé pero nada de baño. El viernes a medianoche salía el avión de San Francisco y en cuatro horas y cuarenta minutos estaba en New York, pero con tres horas de diferencia llegué casi a las 8 de la mañana hora de New York, y me dormí una siesta y a las 2 de la tarde tuve que entrar a trabajar. Bueno, pasemos a la cuestión CÓNSUL, mamá, tenés que mandarte una buena interpretación, macaneá un poco que vale la pena. Decí que querés venir *a vivir* conmigo, que no podés soportar la separación y que yo te voy a mantener. Si pregunta de papá decile que el viaje lo hacés por tu cuenta contra su voluntad y que económicamente él no quiere hacerse responsable de nada. Si hace falta insinuá que hay una especie de separación. Actuá, plis. Todo esto es porque tenés que venir como dependiente mía, así Air France te pone en el fichero de los dependientes, no le digas esto al cónsul. En caso de que insista decile que *podrías* ir una vez por año a Buenos Aires pues yo tengo boletos casi gratis. ¿De acuerdo? Si te pregunta si pensás trabajar decí que *no*, vas a hacerte cargo del trabajo de la casa y nada más. Que yo alquilo el piso de arriba de una casa y listo.
Besos

*Coco_*

CARTAS AMERICANAS - NEW YORK - 1964

Air France, martes 7 de julio
10.35 de la mañana

Querida familia:

Estoy pensando en cómo irán las cosas con el cónsul, ojalá que ya esté todo arreglado. Esta semana espero aclarar la cuestión del boleto, qué regio, iré a las oficinas de la 5ta. Avenida el viernes, que estoy de descanso. La semana próxima tengo los cuatro días libres, sábado 18, 19, 20 y 21 y me voy a Los Ángeles, tengo ya el pase, de vuelta pasaré unas horas en Las Vegas, si hay algún show muy especial me quedaré un día entero para poder verlo. Veré a Arlette, ha escrito poquísimo la guacha. Iré a la tumba de Marilyn sin falta, pero no di nient a nadie, la gente no entiende ciertas cosas. Decile mamá a Haydée que le pondré unas flores de su parte. Este viernes después de la cuestión del pase tengo que ir a la biblioteca y ahí pediré los diarios de agosto de 1962 para ver en qué cementerio está. Miller vendió en medio millón de dólares los derechos de su obra al carnicero Ponti para que la vaca haga de Marilyn, qué hijo de puta, qué asco va a ser eso. No la veré ni muerto. Se juntaron tres crapulones. Bueno, hablemos de otra cosa, hoy salió Avianca para Bogotá, Lima y Buenos Aires pero no hubo ni un solo pasajero para Buenos Aires, les pensaba encajar NUEVA ADQUISICIÓN para Buschiazzo, resulta que salí a buscarme malla (todavía no me compré!) y en Bloomingdale's ya había cosas de invierno, siempre lanzan las cosas con meses de anticipación, y había pollera, blusa, pullover y pañuelo, para "country", bien abrigado, así que vendrá bien para que Buschiazzo vaya a la quinta. No digo cómo es el conjunto así cae de sorpresa, lo mandaré antes que lo otro que tengo porque es de invierno. Vi para papá una campera REGIA pero no había medida. Es un asco comprar ropa de hombre, difícil y un lío porque los vendedores no tienen ninguna paciencia, mientras que para ropa de mujer está todo a la vista y dejan revolver a gusto. Las cosas de hombre están casi siempre en bolsas de nylon CERRADAS y es un triunfo hacerlas abrir. Trataré de conseguir el número porque ésta gustará sin duda. ¿Qué pasó con la campera azul? nunca me hicieron el menor comentario. Qué modo de estimularme. Vi "Circus World", caí por Rita, es en Cinerama, un asco pese a que salen cosas de España tan hermosas y además ha habido ahí un decorador fantástico. Rita tiene unos momentos muy buenos cuando recién aparece pero en la segunda parte me parece que actuaba borracha, porque hace unas caras INVERO-

SÍMILES, debe estar en las últimas psíquicamente. Hace mucho que no voy al teatro, este sábado voy sin falta a la matinée, aunque haga cuarenta grados a la sombra, total hay refrigeración.

IMPORTANTE: si el cónsul te dio ya la visa plis mandame el número de la visa, lo necesito para los trámites. Estoy escribiendo muchísimo, pero muy negro, terminé *el último capítulo*, pero tengo que rehacer el primero y segundo. Y correcciones mil.

Bueno, querida familia, ojalá todo vaya bien con el cónsul. Y mil gracias a Don Baldito por el sacrificio de dejar a Buschiazzo ir de viaje ¿y si le toma el gusto a la soltería en plena primavera de Buenos Aires (setiembre)?

Bueno muchos besos espero ansioso

*Coco_*

Nota: no te aparezcas con el pelo colorado! me muero de vergüenza, andá a lo de la Mary que era un genio, cuando llegué de Italia me quedé tonto. Aquí sólo las ~~putas~~ p_ _ _ _ van pelirrojas.

New York, miércoles 15 de julio

Querida familia:

Se me han pasado los días sin escribir, hace mucho calor y humedad, llueve a cada rato. El sábado tuve carta por fin, casi dos semanas sin noticias ¿a qué se debió? por suerte eran buenas noticias. Estoy con el asunto del boleto, surgió una pequeña complicación. Estoy descansando lo más posible en estos días, me sentía exhausto, entre los nervios, el trabajo y el calor. Esta semana pensaba pasar a máquina un montón de páginas pero lo postergué porque me parece que necesito un buen descanso. Pasado mañana viernes voy a Los Ángeles. Sólo el sábado estaré en Los Ángeles para ir al cementerio y tomar uno de esos autobuses que dan la vuelta por los estudios etc. Domingo y lunes querría ir a Palm Springs y estar en la playa todo el día, y el martes una pasadita por Las Vegas. A la noche vuelta a New York. Y será el último viaje hasta setiembre que iré a PARÍS acompañado por la Sra. MALENA!!!! El otro día fui a ver un departamento! Quiero encontrar algo pronto, parece que va a ser fácil pero quiero algo que me guste de veras. Vi en teatro por el Actor's Studio "Las tres hermanas" de Chejov, muy bien, la Page[39] como hermana mayor solterona BRUTAL, ella es especial para papeles secundarios, como protagonista estufa.* La hermana mediana la hace Kim Stanley, otra de las "grandes" de Broadway. Creo que convendría que leyeras la obra así la ves cuando vengas, como puesta en escena es un buen ejemplo del teatro de aquí. Bueno, hablemos del viaje, creo que sólo te queda sacar las visas de Francia e Italia, creo que para Francia no se necesita. El 29, 30, 31 de agosto y el 1º de setiembre estoy libre ¿te gustaría llegar el viernes 28? Así tenemos cuatro días sin estorbo de horarios de trabajo. Los días siguientes trataré de conseguir horario de mañana para estar toda la tarde libre. Bueno, ya es un hecho ¿no? Necesito urgente el número de la visa, espero encontrar carta al volver a casa.

Más tarde: recibí carta, qué plato cómo agarró viaje Carmen.[40] Espero concretar lo del boleto lunes o martes y escribiré inmediatamente. Mientras tanto que Carmen saque sus visas. Bueno, muchos besos

*Coco_*

---

[39] Geraldine Page.
[40] Carmen, hermana de su madre, que se sumó al viaje.

New York, lunes 20 de julio, mediodía

Querida familia:

Acabo de recibir carta acusando recibo del primer paquete ¿el short anduvo bien? pese a que era medida muy grande me parecía dudoso. Contento de que todo haya gustado. Ahora estoy a la espera de noticias de las otras cosas, anoche domingo habrá hablado la santafecina me imagino, seguía hoy para Santa Fe. Bueno, ahora a seleccionar lo que traigas y a arreglar todo al pelo, largo de pollera, *mangas* (no quiero ver arremangamientos sospechosos) porque aquí las van a espilunchar* de lo lindo y éste es el país de la prolijidad, qué plato nos vamos a hacer, me parece mentira lo bien que va todo, nos vamos a divertir de lo lindo. Si llegan para mis cuatro días libres (29, 30, 31 y 1º) será perfecto porque las acompañaré a todas partes y los días siguientes ya vi que tengo horario de mañana, así que ya ustedes estarán avivadas y podrán salir por su cuenta de mañana por compras, museos, etc. (es facilísimo por la numeración de las calles) y a la tarde nos encontraremos para seguir el asunto. Después estoy libre el martes y miércoles 8 y 9 de setiembre, así que podemos tomar el avión el lunes a la noche para París y amanece Bette el día de su cumpleaños en PARÍS!!!!!! Yo me quedaré unos días más (pediré permiso para que me reemplace otro compañero) con ustedes y de ahí a Roma ¿qué les parece? ¿de acuerdo? Ahí las dejo, ya es fácil por el idioma y la idiosincrasia de la gente, además están las Muzi AMOROSAS que se desvivirán y seguramente Fenelli (no creo que se decida a ir a Buenos Aires) que es el mejor guía posible y con bastante tiempo libre a disposición. Necesito un dato importante: si quieren ver Londres y algo de España, cuánto tiempo te da papá, etc., para pedir el itinerario del boleto ¡plis! ¡inmediatamente! Ese batón de verano celeste me pareció no muy grande así que robé un cinturón más para que le agregues tela al costado si necesitás, tenés un cinturón para agregarle de cada lado.

Air France, viernes 24
Hoy esperaba carta desesperadamente en respuesta a los envíos y nada, qué nervios, este sistema de Aerolíneas es económico y rápido pero me destroza los nervios hasta que llega la carta redentora. Bueno, hablemos de cosas buenas, terminé las tratativas del boleto!!!! Air France me daba sólo de New York a París y Roma y vuelta, pero me quedaba la parte Buenos Aires-New York y vuelta que no hubo modo de conseguir con Avianca, así que

decidí pagarlo entero, así es mejor por una diferencia de 200 dólares tenías que volver a New York y mil líos más. Pero lo bueno es que ya está asegurado el boleto para el año que viene. Buenos Aires - Roma - New York - Hawai y vuelta!!!! Así que después de todos los líos que he tenido si la Male no viene de nuevo el año que viene la mato. Ya tengo asignadas las vacaciones del '65 para abril así que nos vamos lo más campantes a Hawai (después que Bette se hace vueltita por Italia para completar lo que no pueda ver este año). Yo tengo dos semanas en Hawai, así que con que ella se consiga otro permiso de tres semanas ya está listo. Bueno, volvamos al '64, pedí un boleto Buenos Aires - New York - París - Roma - Venecia (Roma-Venecia por tren) - Niza - Madrid - Buenos Aires ¿alguna objeción? Cualquier cambio por favor mandámelo inmediatamente así ya retiro el boleto y lo mando por certificado a Buenos Aires lo antes posible. ¿Qué prefieren, viajar de día con Avianca (sale a las 8 de la mañana y llega aquí a las 22.30) o de noche sin etapas con Pan-Am? Sería para llegar el viernes 28 a la noche o el sábado 29 a la mañana. Ponete de acuerdo con Carmen y escribime a vuelta de correo.

Falta menos de un mes! Besos

*Coco_*

New York, viernes 7 de agosto

Querida familia:

Acabo de recibir telegrama. FURIOSO. Empezando porque no entiendo nada, no hay Panamerican ni que salga ni que llegue a las 20 horas, pero la rabia es porque gastaron plata en un telegrama que no significa nada, susto bárbaro y nada más. No sé si el telegrama lo mandaron después de recibir mi carta concerniente a los dólares, no sé nada. El telegrama no contesta a ninguna de mis preguntas pero la FURIA viene de que no me hayan hecho caso con la fecha. Si salen el sábado llegan aquí el domingo y perdemos *dos* de mis cuatro días libres ¿no es absurdo? Tienen que llegar antes, no me hagan esa macana. Mamá: ¿es posible que supeditemos a una decisión de Carmen todos los planes, si se le ocurrió sacar para el 29 allá ella, que lo cambien, esos boletos se cambian mil veces, que no se deje embalurdir* por los de la agencia y que le den lo que pida, que no sea tonta. Y si no que venga ella el 29 pero vos venite antes, así no se desperdician dos días míos libres que son *preciosos y los tenemos que pasar juntos.*

Bueno, espero carta aclaratoria, pero que no te me dejes llevar por Carmen porque me da un ataque.

Besos

*Coco_*

Encontré el vuelo. Es una macana. TIENEN que venir el jueves o viernes, LLEGAR jueves o viernes. Panamerican es tan largo como Aerolíneas y más caro. ¿Por qué no el non-stop? No entiendo lo que han hecho.

Aeropuerto, lunes 10 de agosto

Querida familia:

Por suerte esta mañana llegó carta (del viernes) con más explicaciones, aunque no muchas. De todos modos creo que conviene que yo les mande la plata, *ojo* con dónde la cambian, traten de conseguir el mejor cambio. Atención a la cuestión cambio, cuánto les dan, cuánto es el cambio para boletos, etc. Averigüen en más de un lugar porque ya se sabe lo ladrones que son. Según Aerolíneas (de New York) el banco en Buenos Aires da un cambio especial para boletos y lo que necesiten para gastos, así que allá ustedes a sacarle el mayor jugo posible a este chequecito que les juro que es el dinero que he gastado con más alegría en toda mi vida, no es mandada de parte ni bullshit, de veras. Bueno, entonces les ruego que averigüen bien, verifiquen con más de una agencia y arreglen todo para llegar el viernes o sábado a más tardar. Todavía no me explico por qué eligieron ese horrible vuelo del sábado Pan-Am, llegando a las 12.30 a New York. Si vienen en ese vuelo NO ME ENCONTRARÁN EN EL AEROPUERTO. Lo ideal es el non-stop del viernes a la noche; en su defecto Avianca del viernes a la mañana llegando a las 22.30 del mismo día, o Pan-Am del jueves llegando a las 12.30 del viernes, que es el mismo vuelo del sábado, ese horrible vuelo que no sé por qué eligieron, hace tantas paradas como Aerolíneas. Bueno, *mamá*: decile al Chino que te consiga "Las tres hermanas" de Chejov así te la vas a ver aquí. Leela, no seas tonta, así te la saboreás bien al verla. Cuestión ropa me parece ideal el gris famoso, comodín, va bien para todo, y *nada de tapado*, plis. En cuanto a las camperas traeme la celeste así trato de cambiarla o si no se la llevo a Almendros y a papá le compro otra. En cuanto a la del Jorge no quedaría mal dársela para el 1º de setiembre. Consejo importantísimo: traten de traer sólo una valija cada una, grandecita pero sólo una, y todo lo pesado (cosméticos, zapatos, collares) en una valijita de Air France en la mano. *Repito*: nada de invierno, sólo de verano y media estación. Lo que se compren en París lo acarrearán en algún paquete especial.

Bueno, espero que todo salga bien pero es PRIMORDIAL que lleguen antes de mis cuatro días libres, así puedo aprovechar a estar con mamún, o si no será muy poco para mí.

Besos

*Coco_*

New York, viernes 14 de agosto

Querida familia:

Hoy tomé posesión del departamento. Ya terminé el lío de los muebles, prometieron entregarme casi todo antes del viernes 28.
BUENO. Furioso acabo de recibir carta reconfirmando el vuelo del sábado. Llamé a Pan-American y me dijeron que el non-stop está completo (todo ocupado) pero que el vuelo del jueves 27 a las 21 hs. llegando aquí a las 12 del viernes está disponible. No sean tremendas y vengan ese día, ¿por qué razón quieren el sábado? las reservaciones se cambian con una simple llamada telefónica, no hay ningún lío de ninguna especie, yo cambio mil veces reservaciones por día. El vuelo del sábado según me dicen ha cambiado y sale a las 18.30 y llega el domingo a las 7.30 de la mañana. El vuelo que les digo yo (si no hay en el non-stop del viernes) saliendo jueves tarda lo mismo que el vuelo del sábado pese a hacer tres paradas y no una.
Mamá: no seas abatatada y hablá por teléfono a Pan-American, pedí para el non-stop del viernes, siempre hay cancelaciones, estoy seguro de que conseguirían. En caso contrario tomen *el del jueves*. NO ME HAGAN ESO, me muero si pierdo un día. ~~Además tengo otras razones~~ De veras mamá me va a dar mucha rabia que te dejes llevar por Carmen y su reservación. Una reservación no es nada, se cambia, te lo requetedije y en la carta me decís que no sabés si se podría cambiar ¿qué pasa el sábado? ¿cuál es la razón? Agarrá el teléfono y llamá a Pan-American, no te van a morder. El chal te va a servir, creo. Hablale a la madre de Fenelli si querés. POR LO MENOS DAME UNA RAZÓN VALEDERA QUE LAS OBLIGA A VIAJAR EL SÁBADO.
Besos

*Coco_*

New York, lunes 17 de agosto

Querida familia:

Acabo de recibir carta resplandeciente con todo arreglado ¡qué regio! Perdonen por la insistencia para que vinieran sábado y no domingo, no me resignaba a perder ese día. Qué bacanas en el non-stop, qué liviano les va a resultar. Ojo a no strapasarse* los últimos días, nada de llegar stracas mortas.* Mamá conseguite "Las tres hermanas". Si lo encontrás entre mis libros por favor traeme "La divina comedia" y "El Decamerón", además Carli te ruego que le hables a Gialdini y le pidas mis papeles, yo ya le escribí. Espero que no tengan exceso de equipaje. Ya el gran calor está aflojando. Está muy agradable ¿qué veremos en la Ópera de París? Me imagino papá y el Chino con la ansiedad que esperarán el regreso, con todas las novedades. Yo estoy strapasado* al máximo por el departamento tan sucio que me entregaron. Pero los últimos días voy a descansar bien para tratar de componerme. La verdad es que la alegría me consume, tendré que tomar algún calmante.

Ojalá me entreguen los muebles a tiempo, ya tengo las camas por lo menos. Bueno, Bette, el martes 8 de setiembre iremos a la Rue St. Honoré a buscar el regalo de cumpleaños.

Hacete sacar el bigote por la Mary!
Bueno mil besos

*Coco_*

New York, domingo 13 de setiembre

Queridos papá y Chino:

Recién encuentro un minuto para escribirles. Llegué el jueves de París y del avión tuve que ir derecho a trabajar y al día siguiente horas acumuladas de trabajo para compensar los días de ausencia. Ayer sábado dormí y dormí. Bueno, por suerte no tengo más que buenas noticias, no se imaginan lo bien que se va desarrollando el viaje, están aprovechando muchísimo el tiempo. Aquí en New York no pasaron quietas un minuto, sólo el día que mamá tuvo pataleta de tantas emociones y correr de un lado para otro. Mamá está increíble, entendía todo lo escrito en inglés y se desbrataba* perfectamente. El viernes que llegaron a la tarde dimos una vuelta por el barrio y nada más pero los cuatro días siguientes yo estuve libre y no paramos un minuto, si no hubiese sido por Carmen que estaba con la lengua afuera a la noche habríamos seguido hasta la madrugada. Eso fue sábado, domingo, lunes y martes. Después yo empecé a trabajar de mañana, al volver dormía un rato y después salíamos, con la excepción del día que mamá tuvo la pataleta y lo mismo aprovechamos para quedarnos quietos y charlar un poco. Mamá dejó con la boca abierta a todos mis amigos, sabía todo de todo, de antemano, los monumentos, las obras de arte, así que todo lo que se le va presentando lo aprecia doblemente. El domingo pasado yo trabajé hasta las 3 de la tarde, volví a dormir un rato y a las 20 salimos para París, yo por Air France y ellas por Pan-American, como los boletos eran a crédito no se podían cambiar para Air France. Llegamos con media hora de diferencia, yo antes, así que apenas tuve tiempo de llamar al hotel y cambiar unos dólares que ya estaban las dos en el aeropuerto. Fuimos a un hotel regio situado en un punto de lo más estratégico y los tres días que estuve yo aprovechamos para ir a los lugares más trasmano y le sacamos el jugo al tiempo de una manera increíble. Desde el primer día se nos unió mi amigo cubano Néstor Almendros que se quedó sonso con mamá, por su juventud de espíritu, además la encontró magníficamente conservada, para las pocas veryis...* En cuanto a Carmen al principio en New York me asusté porque la noté muy insumbrida,* no entendía nada de nada, se le cansaban los pies, un desastre, pero poco a poco entró en entrenamiento y se aligeró mucho. Además *no se fija para nada en los gastos* y tiene mucho entusiasmo por hacer compras, así que la acompaña a mamá mucho y como está contenta y dispuesta resulta buena compañía, por ahí se estufa* de museos y mientras mamá va, ella hace sus compras en las tiendas y todo el mundo contento. No tuvo ni un solo dolor de cabeza. Yo desde que las dejé el jueves vivo pensando minuto a minuto en lo que estarán haciendo, tengo unas ganas terribles de saber cómo les está yendo en Roma, mis amigos las esperaban ansiosos. Mañana lunes espero tener carta, no doy más de la impaciencia. Aquí el departamento está de una tristeza insoportable, lo tomé y lo amueblé con mucho entusiasmo pero ahora me estoy dando cuenta de que era sólo por el afán de recibir bien a mamá, ahora me queda grande tanta casa. Por suerte tengo por delante el otro viajecito dentro de cuatro semanas, nos encontraremos donde estén ellas, Venecia o Niza, una de dos, y me quedaré otros cuatro días. Después en noviembre me dan mis vacaciones y aprovecharé finalmente para hacer el viaje a Japón y Hong-Kong, porque quiero irme pronto de Air France ¿qué me cuentan?

Para fin de año me han prometido un pasaje gratis para Buenos Aires así que nos veremos, y después de eso no sé bien qué pasará.

Los de la editorial de París están entusiasmados con los últimos capítulos que he mandado, ya veremos. Me quiero imbalurdir* un poco con todos estos proyectos de viaje porque el paso de mamá por New York me ha dejado un vacío muy grande y tengo muchas ganas de estar todos juntos.

Bueno, espero que ustedes no extrañen mucho, escríbanme pronto y estén contentos que no creo que nadie nunca haya gozado y aprovechado tanto de un viaje como la Buschiazzo.

Muchos besos

*Coco_*

New York, sábado 26 de setiembre

Queridos papá y Chino:

Hace días que les quería escribir pero esperaba que me entregaran unas fotos tomadas en París para ponerlas en el sobre. Todavía no están así que me pongo ya a darles las últimas noticias: me llegan cartas de París y Roma llenas de elogios para Buschiazzo, los ha dejado a todos con la boca abierta por la vitalidad que despliega y el interés que tiene por todo. De Roma me ha escrito siempre a la disparada, así que no veo el momento de reunírmele (el 10 de octubre, sábado) para saber los detalles. Mi amigo Mario Fenelli las ha acompañado a todas partes en Roma, han conocido hasta el último rincón. El domingo último se ve que se fueron en dos coches a las afueras de Roma, donde están las viñas de Frascati, a almorzar con las tres viejas Muzi, Fenelli y otros amigos. Hoy deben estar ya en lo de Luigi. Ustedes no me han escrito, sólo una carta vieja del Chino, qué vivos. ¿Cómo la están pasando? Espero que no demasiado mal. A mí me cayó una gripe bárbara hace unos días pero del miedo de estar mal para el 10 de octubre... me decidí y gasté en médico. Me dio dos inyecciones de penicilina y se me pasó en seguida. Chino: ¿por qué no me mandaste ningún dibujo? buen falluto, contaba con eso para colgar en las paredes. Andá preparándome algo para cuando vaya a fin de año. No sé todavía dónde me encontraré con mamá, quedó en escribírmelo, según los días que esté en casa de Luigi. Yo preferiría encontrarme en Venecia, porque en la Costa Azul hay que traquetear mucho y me canso. A ellas les vino espléndidamente este paréntesis en lo de Luigi, porque habrán llegado con la lengua afuera. Pero quién las para cuando se larguen de nuevo, y será cuando nos reencontremos! Ahora les escribiré a mis amigos de Madrid, que son muchos, anunciándoles que llega mamá, eso va a ser el broche de oro. Según parece están gastando mucho, me parece que están dejando para último momento los regalos, la Bette es capaz de cualquier cosa, hasta de presentárseles con una corbata! Mi departamento me sorprende por el orden, porque mientras estuvieron ellas dejaban todo tirado, no tenían tiempo más que para pintarse y rajar a la calle, y yo tan contento de que fuera así, porque veía que le sacaban el jugo hasta el último minuto. Bueno, no dejen de escribirme, en otro momento te contestaré Gato en cuanto a lo que me decís del estatismo en la pintura, etc. Aquí, gran éxito de una muestra de F. Gowland, Puzzovío, etc., me gustó mucho. Bueno besos escriban!

*Coco_*

New York, viernes 30 de octubre

Querida familia:

Son las 8 de la mañana, estoy en Air France, me imagino que dentro de pocas horas estarán todos juntos, qué alegría van a tener, ojalá no tengan líos de aduana ni retrasos. No comprendo cómo tarda tanto Madrid-Río, qué largo, pese a que favorece la diferencia de horas. Ayer llamé a Alcoa, todavía no me saben contestar nada, me huele mal.[41] Estoy con el lío de las vacaciones, esperando de un momento a otro que asignen los días. Tengo necesidad imperiosa de vacaciones, estoy muy cansado. En Air France revuelo general por cambio de jefe, estoy podrido de este lugar, pero me retienen las gulas de viajes. *Pero no más de un año más.* Carli: arremangate a escribirme pronto ¿recibiste mi última? Preparame algo para cuando vaya a fin de año, dibujos, óleos, no seas malo. Me gustaría algo grande para encima de la cama donde puse la cruz, si tenés alguna idea para desarrollar en rojo y marrón oxidado, mis colores, haceme algo *regio*. Espero pronto poder concretar las fechas de todos los viajes que tengo in mente, qué nervios.

Sábado 31
Hoy recibí tarjeta de mamá de Segovia, veo que a lo mejor alargan unos días más el viaje ¿así que frío en Madrid? ¿qué locura es ésa? Mejor que paren en Río así cortan en dos la travesía, y ven esa belleza. Me imagino cuando se trencen a contar. ¿Y los que se quedaron en Charcas no tendrán algo que contar también? ¿Y si Bette se entera? Me llegó también una carta del Gordo. Trataré de darme maña para los encargues pero me está oliendo mal el silencio de Alcoa, el lunes llamaré a ese otro De Alean, Lana-Sarrate. Ayer vi "La terraza",[42] se estrenó en dos cines del centro (no portorriqueños) es muy lenta pero tiene sus momentos, indudablemente Torre Nilsson se avivó. Qué rabia me da llegar a Buenos Aires siempre en verano, pero no hay forma de que sea al contrario, desde el '60 que no veo Buenos Aires en invierno. Muchos besos

*Coco_*

¿Dónde estará mamá a estas horas? ¿en el Pan de Azúcar?

---

[41] Alcoa: se trata de una nueva averiguación sobre tecnología del aluminio.
[42] *La terraza* (1963).

New York, en el aire, martes 9 de noviembre

Querida familia:

Voy en el jet de vuelta a N. York, por suerte no se mueve como el subte o el ómnibus, haré menos garabatos. Bueno, lo pasé regio, interesantísimo todo, no paré un minuto, vuelvo renovado, con muchísimas ganas de escribir. Llegué el viernes a la tardecita, a las 8, me fui al Hilton, el mejor, porque tengo 50% de descuento, me salió a 7 dólares diarios nada más (dormir solamente) pero tenía una especie de habitación de mil y una noches. Esa noche me fui a dormir enseguida porque estaba muerto, trabajé a la mañana temprano y el viaje... (y todo lo que comí y tomé en 1ra. clase) me cayó un poco pesado, no me podía despertar y el avión ya estaba en tierra. Bueno, el sábado a la mañana di una vuelta por México que tiene puntos sensacionales, la Catedral barroca, los murales de Diego Rivera, los barrios pobres y viejos, tan típico, fantástico. La ciudad sacando eso es fea, como el barrio de Constitución, pero desparramados hay edificios modernos fantásticos. A la tarde fui con una excursión a ver las pirámides de los toltecas a una hora de auto. El domingo a la mañana fui en otra excursión a los jardines flotantes de Xochimilco, lindísimo, con mariachis cantando que siguen a los turistas en sus propias barcas, se me fue un dineral en música, porque cobran caro por pieza. Pero es una locura, hay piezas nuevas, muy hermosas, rancheras y boleros, además de las de siempre "ojos tapatíos", etc. A la tarde fui con un compañero de Air France a Puebla, que es una ciudad típica colonial a 2 horas de México, nos tomamos un ómnibus sin necesidad de excursión. Volvimos a México tardísimo porque hasta fuimos a bailar a una boîte. Puebla tiene mariachis por todas partes, será que era domingo, en las plazas, en los bares al aire libre, resulta todo tan agradable y alegre. Además no alcanzan los ojos para mirar toda esa arquitectura. Ayer lunes me tomé una excursión a Cuernavaca y Taxco, todo el día desde las 9 de la mañana hasta las 8 de la noche que te depositan en el hotel. Llevan grupos de a 5 o 4 en coches particulares y el chofer al mismo tiempo es guía. Cuernavaca queda en las sierras, ahí está la casa de descanso de Maximiliano y la catedral es la locura. La arruina un poco que hay tantos turistas, miles. A mediodía seguimos a Taxco, en la montaña, uno de los pueblos más viejos de México y la catedral creo que es una de las maravillas más grandes que he visto en mi vida, de estilo churrigueresco, LA LOCURA. Bueno, algo divino, no tiene desperdicio. Hoy ya de vuelta para N. York, encantado porque todo salió perfecto. Por suerte mi compañero de Air France (vinimos 5 en el avión del viernes) no se me coló más que el domingo porque yo prefiero andar por mi cuenta. La gente en México parece muy simpática en general y sencilla. Hablando de simpatías me habló el Cuquín, yo creí que me desbrataba* por la cuestión del viaje a México pero parece que se queda otra semana más, qué macana, habló como mil veces a Air France hasta que me encontró, todo para después buscar la vuelta de pelear. Qué difícil es sacarse de encima a estos tarados, haré lo posible por no verlo. Bueno, besos

*Coco_*

En Bangkok estaré dos días, en Hong-Kong seis y Tokio dos, pero siete días en el antiguo Japón.

Air France, viernes 4 de diciembre

Querida familia:

Hoy recibí carta ¡qué poco falta para vernos! Ayer estuve libre y pirlé* como loco por los pases pero todavía no los tengo completos, hasta último momento tendré que sudar, pero también mi pretensión es bárbara. En principio salgo el miércoles a la noche, paso el jueves en París, sigo el viernes a Roma y el domingo a la mañana sigo a Bangkok. En París tengo que parar porque en New York no hay Consulado de Tailandia (para Bangkok), hay que ir a Washington, entonces tengo que pedir la visa en alguna parte, y me conviene París. Me vacuné contra la fiebre amarilla. Finalmente a principios de la semana vi a Lana-Sarrate, el que me nombró el gordo en la carta, estaba fuera de New York. Muy bueno parece, me dio algunas indicaciones pero para ciertos puntos necesita la información completa. De la *Brytal*[43] por ejemplo tendría que tener todos los datos, recipientes, la pieza, tiempo, etc., para ver qué es lo que falla. De los *baños químicos sin corriente* dice que el resultado es pobre, da sólo seis micrones de espesor, sólo para artículos de interior que no se manoseen como por ejemplo una pantalla para lámpara. De las *pulidoras mecánicas* parece que son muy caras, unos 10.000 dólares. Pulidoras a pulso (dos cabezas) salen 1.500. De los *baños de abrillantado con corriente* me dijo que si el aluminio no es de 99,8 de pureza o más el resultado es igual y que como en la Argentina se usa 99,5 no tendría mayor aplicación. De los *baños de limpieza alcalinos* dijo que si el material tiene ralladuras conviene darle el baño con sulfúrico caliente. Si se quiere darle un amortendado entonces va primero el baño alcalino para desengrasar (silicato de sodio) y después el baño frío al 50% (tanque acero inoxidable) o el sulfúrico caliente. No sé si éstas serán todas cosas resabidas, pero no pude sacar más nada en limpio. Las plantas de anodizado están en Canadá, no sé hasta qué punto me sería útil verlas, eso sería para que viera papá. También me recomendó dos libros, uno teórico y otro práctico. Bueno, ¿los compro? *están en inglés ¿*? Escríbanme *ya* a

---

[43] Brytal: baño electroquímico para abrillantar el aluminio.

Hong-Kong American Express. Y a la semana de llegar ésta a Tokyo. Bueno, besos, escribiré de Europa

*Coco_*

Vi (en un momento de senilidad) "Ieri, oggi e domani"[44] empacho de la STRONZA, no la nombro siquiera... la vaca sagrada, y Mastroianni... payaso.

---

[44] *Ieri, oggi, domani / Ayer, hoy y mañana* (1963).

1965

New York, viernes

Querida flia: Recién encuentro un minuto, se me han pasado los días volando. Viajé muy bien, tuve 3 asientos, no comí mucho porque estaba un poco revuelto, pero a la mañana sirvieron un desayuno muy bueno y me lo devoré, después de dormir toda la noche. Me encontré la casa rarosa y las plantas medias machuchas de tanto calor de la calefacción con las ventanas cerradas. El martes a la mañana después de acomodar la ropa me acosté y dormí toda la mañana, a la tarde limpié bien todo y vinieron amigos de Air France y se fué el día. El miércoles fui al centro, el libro sobre la Brystal estaba en una Biblioteca Técnica lejos, cuando llegué ya no había tiempo porque cerraban a las 6, así que iré el miércoles que estoy libre de nuevo y bien munido de papel de avión copiaré todo, son unas 5 páginas. Después vi un doble programa de reposiciones de Preston Sturges, dos deliciosas "Easy living" (1937) con Jean Arthur y R. Milland y "The Palm Beach story" (1942) con la simpaticsón Claudette (feto, y su cara de funyi no?) y Joel McCrea. A la edad vieja Claudette está mucho mejor, no entiendo esa cuestión, son muchos los que están mejor ahora que de jóvenes, lo mismo que la Buschiazzo. Ya el jueves empecé a la mañana a escribir a toda máquina y a la tarde retomé Air France, todo lo más bien. Martes y miércoles traté de estar ocupado todo momento para aprovechar el tiempo y no pensar que todavía podía estar en Buenos Aires. El juego de escritorio quedó fenómeno, marrón oscuro sobre la madera más clara del escritorio, fenómeno. Cuánto salió el juego a la mañana, qué plata ¿no? ya habrá llamado me imagino. Yo llegué con la determinación de volver a Buenos Aires a principios del 66 por unos seis meses, al menos, espero en el curso del año arreglar mis cosas, principalmente la cuestión novela que pronto estará lista, espero que antes de ir a Tahiti, en febrero. Una vez arreglado ese punto ya veré más claro en el futuro. Además, a lo largo del año trataré de pintar un poco, veremos. Tengo atraso de cartas, tengo que escribir mil cartas, en estos días, encontré

New York, viernes 8 de enero

Querida familia:

Recién encuentro un minuto, se me han pasado los días volando, viajé muy bien, tuve tres asientos, no cené mucho porque estaba un poco revuelto pero a la mañana sirvieron un desayuno muy bueno. Me encontré la casa roñosa y las plantas medias pachuchas de tanto calor de la calefacción con las ventanas cerradas. El martes a la mañana dormí toda la mañana, a la tarde limpié bien todo y vinieron amigos de Air France y se fue el día. El miércoles fui al centro, el libro sobre la Brytal estaba en una Biblioteca técnica lejos, así que iré el miércoles que estoy libre de nuevo y bien munido de papel de avión copiaré todo, son unas cinco páginas. Después vi un doble programa de reposiciones de Preston Sturges, dos desilusiones "Easy Living"[1] (1937) con Jean Arthur y Ray Milland y "The Palm Beach Story"[2] (1942) con la empachadora Claudette (feto, con esa cara de fenómeno) y Joel McCrea. Ahora de vieja Claudette está mucho mejor, no entiendo esa cuestión, no son muchas las que están mejor ahora que de jóvenes, lo mismo que la Buschiazzo. Ya el jueves empecé a la mañana a escribir a toda máquina y a la tarde retomé Air France, todo lo más bien. Martes y miércoles traté de estar ocupado en todo momento para aprovechar el tiempo y no pensar que todavía podía estar en Buenos Aires. Yo llegué con la determinación de volver a Buenos Aires a principios del '66 por unos seis meses al menos, espero en el curso del año arreglar mis cosas, principalmente la cuestión novela que pronto estará lista, espero que antes de ir a Tahití en febrero. Una vez arreglado ese punto ya veré más claro en el futuro. Hay una cantidad de espectáculos para ver increíble, no sé por dónde empezar. También tengo que volver por los marcos de los cuadros y las fotos, voy a colgar sobre el escritorio unas cuantas fotos (mías y de Padua). Los cuadros tuvieron mucho éxito, sobre todo el violín, qué tarado ese Chino no seguir. No veo el momento de tener todo colgado. Cuando tenga todo listo será cuando me tenga que ir. No, espero para marzo tener todo bien, por si vienen "parientes" de Buenos Aires ¿se hará? Esperemos que todo salga

---

[1] *Easy Living / La suerte la perseguía* (1937).
[2] *The Palm Beach Story / Los amores de mi mujer* (1942).

bien, qué regio será. Bueno, cierro la carta porque quiero que salga hoy sin falta. Muchos besos

*Coco_*

New York, jueves 14 de enero

Querida familia:

Hoy se largó un frío de mil putas, es algo bárbaro, el primer día, se juntaron viento y -15º, algo bestial, más de diez minutos en la calle es imposible aguantar. Estuve libre de Air France y fui a sacar las notas de la biblioteca, ojalá sean de alguna utilidad, las mando aparte. Anoche vi "Les parapluies de Cherbourg",[3] me gustó mucho, tan cándida, pero muy triste, hacía ochocientos años que no lloraba en el cine. El sábado vuelve Primato de Buenos Aires, no veo el momento de que me cuente sus impresiones. Yo encontré mucho mejor todo que el año pasado, otra animación en el aire. Veremos el año que viene cómo me recibe. Estoy trabajando mucho en lo mío, me parece que el nuevo enfoque que le doy al capítulo tres va a ser GREAT pero es muy difícil de realizar, una concepción muy ambiciosa.[4] En estos días tengo que ver muchas cuestiones en Air France, lo de Tahití, el pase de Buschiazzo, etc. Por el momento hay unos despelotes sensacionales porque han echado a uno de los jefes, parece que robaba olímpicamente. Pasó por el aeropuerto Nina Dyer, la que se casó con el hermano de Alí, también ex-modelo creo, tuvo un lío con valijas y la tuve que atender, una maravilla, simpática, ADORABLE, muy joven. El marido un feto viejo. El actual Aga Khan también estuvo hace un tiempo (Karim), no sé si les conté, de una sencillez total y muy simpático. Los tipos verdaderamente importantes no se dan importancia. Este lunes me llegó la primera carta, también me escribió Fenelli, se ve que la Mancha todavía no le había escrito, cómo se apuran en escribirse. Mamá: cada vez que me acuerdo de tus zapatillas agujereadas y la explicación dramática que me diste me da risa y furia al mismo tiempo ¿has reflexionado en lo absurdo de la situación? Por favor pensá en la taradez que estás cometiendo cada vez que te privás de algo, a no ser que le quieras dejar todo a la garyona,* te felicito por lo desprendida. ¿Y las ojotas? ¿así que no hay en Buenos Aires? no me podés venir más

---

[3] *Les parapluies de Cherbourg / Los paraguas de Cherburgo* (1964).
[4] Se refiere al que finalmente sería el capítulo IV, "Diálogo de Choli con Mita", donde se figura un diálogo del que sólo se leen las réplicas de uno de los participantes. El cotejo de los manuscritos de la novela permite establecer que en un primer momento este capítulo estaba ubicado como tercero, mientras que el cuarto y el quinto correspondían a dos monólogos de Toto. Al cambiar el orden, los capítulos dedicados a Toto se distancian entre sí.

con ese cuento porque en este viaje miré un poco las vidrieras y había cosas a montones. ¿Cómo va el inglés? ¿o es mucho gasto tomar profesora para repasar? Muy bien pensado, si lo sabe Primo Delledonne te va a felicitar. Y no seas ganasona* y andá a comprar los adornos que te faltan para la casa, que por alguna parte algo habrá. YA NO ME TRAGO MÁS ESE CUENTO DE QUE NO HAY. Bueno, no quiero ponerme pesado pero me parece que nos basta con las economías de pantalones y zapatos que hace papá, con zapatos de vestir del Chino en la quinta! Bueno, no se enojen, es que me da pena que estando tan monos los dos no se cuiden más. Mamá! por favor llamá a la Valeria Muzi para que el marido pase a buscar el llavero, decile lo que pasó, que estuvimos casi siempre en la quinta.

Viernes 15
Bueno, hoy quiero despachar ésta sin falta, la otra ya salió. Esta mañana recibí la segunda carta del nuevo año, me alegro de que todo marche bien. Yo me conformo pensando que pronto volveré y por mucho tiempo. La temporada de teatro de New York parece que se va a poner muy buena en abril. En este fin de semana tengo que estudiar bien las fechas, etc. Mañana le escribo al Chino, muchos besos y cariños

*Coco_*

New York, viernes 29 de enero

Querida familia:

Hoy cumpleaños de Carli, ojalá lo pase muy bien. Voy en el subte, estoy libre hoy y mañana por suerte. A Carli le escribí la semana pasada, espero que le haya llegado. Esta semana se me hizo eterna, fueron siete días seguidos de trabajo, así que no daba más, para colmo el mexicano patinó con el auto en un charco de hielo y chocó contra un árbol. Se rompió la clavícula, está en la casa y tenemos que atenderlo un poco entre todos. Pero hoy no me va a ver el pelo, los días de trabajo es diferente porque en vez de hacerme la comida para mí solo la hago para los dos. Ahora no hago más bifes, meto el sobre de sopa junto con las verduras congeladas y el bife, todo junto en la olla, menos lío, no se hace humo de frituras. Vengo del departamento de objetos perdidos del subte, no hay caso, se perdieron las estampas, qué pena. Le voy a encargar otras a Fenelli. Noticia: me parece que terminé el novelón, falta hacer la copia en limpio de las últimas correcciones y *basta*. Espero terminar para antes del 23 de febrero, día en que vuelo a Papeete, qué regio. El sábado próximo (6 de febrero) me tocan los cuatro días, me voy a Jamaica con Pan-Am (75%), ahora tengo que pasar por el Consulado, esos atrasados me van a sacar $7! Tengo que andar con cuidado con la plata porque ya falta poco para estas vacaciones. Por suerte en Tahití no hay macanas que comprar, lo mismo espero que suceda con Jamaica, porque una vez ahí es imposible resistir la tentación, pensando que es un lugar donde no se va a volver más posiblemente.

Más tarde, subte
Voy de vuelta a casa, muerto de cansancio. Hace -22° C ¿qué me cuentan? Y viento. Pero el cuerpo no se alcanza a enfriar por la calefacción, basta con evitar la calle. Vi "Seance on a Wet Afternoon"[5] inglesa con Kim Stanley, fui por ella pero es muy rebuscada, de suspenso.

Sábado 30
Hoy descanso absoluto, ni siquiera fui al centro. *A la mañana le tuve que limpiar la casa al mexicano*, todos se esmaparon,* tengo que apechugar yo,

---

[5] *Seance on a Wet Afternoon / Al filo del abismo* (1964).

es para colmo un tipo tan aburrido y lleno de vueltas, nunca se sabe lo que piensa pero por más pesado que me caiga puede más la lástima que me da. Parece que el hueso se le está cicatrizando mal, el lunes se internará en el hospital porque se ve que necesita más vigilancia médica. Parece que en ese sentido este país es un desastre, los médicos son muy descuidados y saca platas. Buena chapetonada* me tocó. La única que se portó bien fue Patricia, los demás hicieron un poco de escombro los primeros días y nada más. Vi "The Visit"[6] aquí en el barrio esta tarde, en el cine de la vuelta, el Austin ¿remember? Qué purcaia,* ella (Ingrid) no da en la tecla en absoluto. Explico de Primato: le fue muy mal, al día siguiente de llegar fue a Aerolíneas para validar el boleto a Mar del Plata y lo tuvieron horas y horas, de Mar del Plata volvió desesperado, no había lugar en los hoteles que tenía señalados y se dejó embalurdir* y fue a parar a Miramar, volvió y en Pan-Am no había lugar en ningún vuelo y se fue a Ezeiza a ver si entraba en alguno, y en el primero que encontró se fue. En Buenos Aires estuvo ese fin de semana, llamó pero no contestaban, dice que lo disculpes. Se ve que no le gustó nada, aunque conmigo disimula un poco, parece que por yanqui lo trataron *como la mierda*. Bueno, muchos besos, ayer miré y no encontré un solo negocio de lavarropas, todos TV, y TV, y TV.
Besos

*Coco_*

[6] *The Visit / La visita* (1964).

Sobre el Caribe, sábado 6 de febrero

Querida familia:

Ayer quise escribir pero fue un día endiablado en Air France y no tuve tiempo. A último momento tuve que cambiar de ruta, resulta que el vuelo a Jamaica estaba repleto y me voy... a la Guadalupe! Por suerte tenía el pase preparado, ya me habían dicho que durante febrero (el peor mes de frío) hay muchos turistas para Jamaica. Ahora voy en el jet New York-San Juan (con Transcaribean) y en San Juan tomo Air France a Guadalupe, apenas una hora y media de viaje. La capital se llama Pointe-a-Pître. Qué regio. Estoy terminando de pasar a máquina las últimas correcciones... estoy bastante contento. Creo que alcanzaré a terminar todo antes del 23, así me desbrato* y mando todo a París (y a Roma para el fallo de Fenelli) antes de embarcarme para Tahití. Esta semana no he tenido carta de Charcas, seguramente llegará hoy sábado a mediodía, pero salí de casa a las 8. La encontraré si Dios quiere el martes a la noche cuando vuelva. Ésta la echaré en un buzón en el aeropuerto de San Juan. Hace unos días me llegaron de Tokyo las acuarelas que había encargado, son una maravilla. Los cuadros del Chino todavía están en la casa de marcos, no he encontrado un minuto para irlos a buscar. El frío que hace en New York es de no creer, ni siquiera la calefacción del departamento logró calentar el aire durante estos días, llevamos una semana de -10° a -20°, algo bárbaro. Febrero dicen que es siempre el peor mes, por eso mucha gente se toma las vacaciones de invierno ahora. Me he sentido muy bien últimamente, debe ser el alivio de ver que las correcciones terminaron, me parecía que nunca iba a llegar a un punto satisfactorio. Hay cosas todavía que no me convencen mucho pero quedarán así porque no todo puede ser de esa pureza de diamante que persigo. Bueno, me parece que el avión se acerca a Puerto Rico, voy a tomar sol y nadar en Pointe-a-Pître, nada más, minga de excursiones ni macanas ¡quiero descanso! Pero del dicho al hecho... Bueno, dejo aquí, en tierra seguiré, tengo que despachar esta carta en territorio americano, si no tengo que pirlar* en Guadalupe buscando estampillas. Chau.

Puerto Rico
Sigo enseguida con el otro vuelo, muchos besos

*Coco_*

Air France, viernes 19 de febrero

Querida familia:

Aprovecho un rato que no hay nada que hacer. No tengo a mano las cartas con estampillas, así que escribo en esto. Me llegó carta de Nelva anunciando su visita. Ahora estoy tan agotado que la sola idea de escurriatar* me mata. ¡*No di nient!* pero entonces espero que sea diferente porque de vuelta de Tahití me voy a tomar todo con mucha calma. Hoy ESPERO TERMINAR de pasar a máquina las correcciones, mañana despacharé las hojas de París y Roma y CHAU. Después me imagino que haré más correcciones pero solamente toquecitos. Me llevo una copia a Tahití, así unos días después de estar ahí, bien tranquilo, la leo como si fuera una obra de otro, por orden, piano piano. Me escribió Mario, está desquiciado por la idea de su viaje, le dio a leer lo mío a un escritor amigo que pasó por Roma y dice que se quedó con la boca abierta, se enloqueció y le augura éxito nunca visto. *MAGARI*. Espero que Severo[7] se mueva un poco, de él depende todo. Si no resulta, Krimer tiene un plan con Einaudi. Al volver de Tahití me voy a poner a acomodar la casa poco a poco, hay muchos toques que dar. Ya los dos cuadros de Carli están colgados, el violín no me convence mucho pero esos tonos quedan muy bien con los demás colores del living. En cuanto al otro, con marco queda REGIO. Cuando la Malisita lo vea se va a dar cuenta que tiene quien le llene la casa de cuadros. Me escribió Daniel con la buena noticia de que el Chino está pintando de nuevo, se me ocurre que eso le va a dar mucha felicidad. El desgraciado no me ha escrito. Quiero comprar de una vez por todas el combinado-mesa, me voy a comprar unos discos brutales. Vi la comedia musical de Sammy Davis, "Golden Boy", tiene cosas brutales sobre Harlem y el ambiente de box, la Malisita tiene que verla. Me voy a comprar el disco sin falta. De vistas, "Pumpkin Eater"[8] una inglesa bodrio con Anne Bancroft. Está haciendo frío fuerte de nuevo, las dos semanas de vacaciones me salvaron. Por suerte la calefacción marcha bien, se rompió un solo día a principios del invierno. Muchos besos

*Coco_*

---

[7] Severo Sarduy, lector de Du Seuil, había publicado en 1963 su primera novela, *Gestos*, de manera simultánea en castellano en Seix-Barral y en francés en Du Seuil, como intentaba Puig.
[8] *The Pumpkin Eater / Esclava y seductora* (1964).

En el aire, miércoles 10 de marzo

Querida familia:

Estoy volando de Papeete a Los Ángeles, qué pena dejar mi amada Tahití, el ensueño, la locura, más que el paisaje y las bellezas naturales lo que me conquistó fue la bondad de la gente, son ángeles, no es gente, no conocen lo que es la malicia, la ironía, las mierdas. Pienso en lo que es la Argentina en ese sentido y la desprecio desde lo más hondo, la tierra de los vivos, los piolas, los sobradores, pobres harpías, que se intoxiquen con su propio veneno. Tahití me sorprendió, pese a que esperaba mucho, superó todos mis cálculos. Les hago una recapitulación: primero estuve cinco días en Tahití mismo, es una isla de 120 km. de perímetro, llena de lugares hermosos, cambiantes, playas de arena blanca, de arena negra, valles, lagunas de coral, etc. Después fui cuatro días a Moorea que es una isla más chica, a dos horas de bote. Es más despoblada, no hay pueblos, casitas diseminadas a lo largo de toda la costa y nada más. Es una isla de volcanes, las montañas bajan a pico sobre el mar y hay dos bahías increíbles. Después volví cuatro días más a Papeete y el lunes a la mañana volé a Bora-Bora que es una isla chica que forma de un lado una bahía de corales sobre la que están los hoteles. Mi hotel era la locura, bungalows de bambú diseminados en un jardín tropical, de noche alumbrado con antorchas, y que termina sobre el mar, no hay arena, directamente da a un embarcadero de tablitas blancas desde donde te zambullís directamente a la lagoon entre pescaditos de todos los colores y formas y los corales más increíbles. Las famosas lagoons son continuación del mar pero sin oleaje porque los corales cortan las olas lejos de la costa, así que queda como una pileta de fondo de coral. En el hotel te dan todo el equipo para la pesca submarina, impresionante. El agua es totalmente cristalina, al principio me daba impresión nadar entre los pescados pero enseguida me acostumbré. Ayer de Bora-Bora tomé el hidroavión a Rangiroa, a dos horas de vuelo, es distinta a las demás, es un atolón, llano, sin montañas. Nos esperaban los músicos en el muelle, y nos llevaron a un almuerzo típico (a todos los pasajeros del hidroavión que seguían a Papeete a la tarde) con música y el mar al lado, un sueño. En Moorea una noche hubo Tamaroa, la fiesta con los bailes a la luz de las antorchas, y esos tambores, soberbio. Además en todo lugar, a toda hora basta la menor insinuación para que los tahitianos larguen todo y agarren la guitarra, he tenido música hasta decir basta. Además en Papeete hay una especie de taberna con orquesta donde no me perdí de ver una sola noche, una cosa popular tipo romerías, SUBLIME. Bueno, por suerte hay pocos europeos, los franceses tienen los puestos de gobierno y nada más, todo el comercio es de *chinos*, los tahitianos no poseen nada, no tienen la maldita proyección sobre el futuro así que no pueden ahorrar, viven el día, y GOZAN de la vida, trabajan en general como obreros cuando no tienen más remedio. ¿Qué te parece, Malisita? ¿te podrás comprar un par de zapatillas para tennis? Cada vez que me acuerdo te daría una buena patadita. Y cada vez que veo las fotos de Genzano cómo te fuiste hecha una zaparrastrosa con todas las cosas que tenés, te daría en la cabeza con el bolsito que te compré en Papeete, vieja malvada, y te daría un latigazo con el collar que te compré esta mañana.

Salí de Papeete a las 10, llego a Los Ángeles a las 19.30, y a las 23 sigo a New York, llego a las 6.30 y ahí echaré la carta.

Llegué a New York!

Besos

*Coco_*

New York, jueves 18 de marzo

Querida familia:

Estoy con luna, eternos líos en Air France y sin la carta de París referente al libro. Acabo de escribirle unas líneas a Almendros, me entró el terror de que se hayan perdido las últimas hojas que le mandé. Esta mañana ya hace una semana que volví, me quedó un recuerdo maravilloso, me traje dos adornos para la casa, dos pavadas pero quedan bien. No veo el momento de que se aclare el panorama en París y que se haga el viaje de la vieja y así dejar Air France, *NO AGUANTO MÁS*, recién ahora me doy cuenta de la hazaña increíble que fue escribir y trabajar en el aeropuerto al mismo tiempo. Ahora me ha venido una fiaca que duermo diez horas y más, y no hago nada más que ir al aeropuerto. Además estoy lleno de fermentos para escribir nuevas cosas y no es posible repetir el tour de force de los dos años pasados. En este mes de marzo se cumplieron tres años de que empecé la novela. Es posible que le agregue un capítulo más al final, pero es algo que no tiene que ver con la trama, es un adornito final,[9] veremos cuándo lo podré escribir. En Tahití, días después de estar allá, con toda calma, leí por orden la novela (no la pude terminar porque al final se juntaron muchos paseos) y me produjo una impresión REGIA, modestia aparte, me parece que me tocó la varita mágica, estoy seguro que será una bomba, pero cuándo explotará es el asunto, tengo urgencia de que sea pronto. La semana que viene veré a fondo el asunto del boleto de mamá, sería para encontrarnos en París alrededor del 26 de abril, así que ni bien lo tenga lo mandaría por carta certificada con todas las instrucciones. Me parece que va a salir bien ¿estás dispuesta? Sería así: nos encontramos en París, vamos a Londres y volvemos a New York, de aquí posiblemente vamos a San Juan y si se pudiera a Los Ángeles también, después de un tiempito aquí vamos para mis cuatro días a Grecia y de vuelta te dejo en Roma si querés así vas a Parma y de ahí te arreglás sola a volver a París y tomar el avión de vuelta a Buenos Aires. Bueno, Dios nos ayudará. Tengo que ir a trabajar, me levanté a las 11, así que termino ya. Besos

*Coco_*

---

[9] Se refiere al que sería el capítulo XIV de *La traición de Rita Hayworth*, "Anónimo dirigido al regente del internado del colegio «George Washington», 1947". En el cotejo de manuscritos se comprueba que este capítulo fue el último que se incorporó.

New York, miércoles 31 de marzo

Querida familia:

Voy en el subte de vuelta a dormir, estuve libre ayer y hoy. Estoy pasando racha negra, ojalá pase pronto. Ante todo la espera por la novela, todo atrasado por Fenelli tan tarado que no mandó los capítulos a París por la vía más rápida. Lo peor es que esto se complica con una situación terrible en Air France, hay un jefe nuevo *argentino* que está loco de atar, se le ocurren los disparates más grandes. Si no fuera por la posibilidad del viaje de mamá ya me habría ido de esa bolsa de gatos, total ya hice el viaje de vacaciones este año. Bueno, HOY o mañana será la gran intentona del boleto, es un poco riesgoso pero espero que salga bien. Mamá: lo único que necesitás es renovar el pasaporte. Para USA junto con el boleto te mandaré la tarjeta de residente, la visa para Italia la podés sacar acá si no tenés tiempo en Buenos Aires. Así que sería un poco de corre-corre pero si no OLVIDATE, yo en Air France no podré aguantar mucho más y después muy entrado el verano todos los vuelos están llenos y es un lío viajar. Se estrenó la versión musical de aquella de K. Hepburn en Venecia,[10] pese a que tiene música de Rogers (medio reblandecido) y letra del de "West Side Story"[11] no funciona muy bien. Estoy tratando de ver todas las nuevas que vos podrías ver, por si valen la pena. "Golden Boy" con Sammy Davis sí vale la pena. Volviendo al boleto, otra cosa, que sería mucho más simple, es que papá me mandara un giro a mí, pero me imagino que eso será imposible ¿pero cómo hacen los argentinos que tienen que pagar una deuda en USA? Bueno, MOVETE, no esperes que todo te caiga del cielo, que me parece que es tu actitud, no me gusta nada eso. Con el pesimismo y las lunas no se va a ninguna parte. Me vi obligado a ver "Sedotta e abbandonata"[12] (vi hasta la mitad) no me gustó. En Roma daban la de Soraya,[13] parece que salió muy interesante a pesar de todo, pero no hubo tiempo. Aquí todavía un frío bárbaro, qué invierno largo, por suerte yo me escapé todo diciembre y

---

[10] *Summertime / Locura de verano* (1956). Comentada por primera vez en carta del 30 de julio de 1956 (Tomo 1, pág. 21).
[11] *West Side Story / Amor sin barreras* (1961).
[12] *Sedotta e abbandonata / Seducida y abandonada* (1964).
[13] *I tre volti / Los tres rostros de una mujer* (1965).

después las dos semanas de Tahití. Espero que esta carta llegue a tiempo para darle unos tirones de oreja a papún y ojalá que salga la Brytal.
Muchos besos

*Coco_*

Gracias papá por dejar a Buschiazzo! sería una pena desaprovechar la ganga! Un abrazo fuerte.

New York, viernes 23 de abril

Querida familia:

Dos líneas a la carrera para comunicarles que todas las astucias, idas y venidas dieron resultado y TENGO el boleto, válido hasta noviembre, son sólo $800 dólares de diferencia con el boleto normal! El itinerario es New York - París - Londres - París - Buenos Aires - París - Milan - Roma - Atenas - Roma - París - New York, pero se puede usar del siguiente modo: Buenos Aires - París - Londres - París - New York - París - Milan - Roma - Atenas - Roma - París - Buenos Aires. ¿No es un plato? Además es casi seguro que conseguiré gratis los boletos ida y vuelta a California y Puerto Rico ($320 dólares el uno y $140 dólares el otro). Ayer fue la final, por suerte había recibido a mediodía carta diciendo que todo andaría bien para más adelante, regio. La única macana es que la cieguita Buschiazzo tendrá que entrar a USA antes del año de haber salido (setiembre 6), ése es el único engorro de fechas, el resto en cualquier momento de aquí a noviembre. Yo preferiría mayo porque no hay tanta fola* todavía (de turistas en Europa) pero lo mismo se hará en junio, julio o agosto. A mí me están por cambiar todos los horarios dentro de dos semanas, así que ni bien sepa nos pondremos de acuerdo así nos encontramos en París, vamos a Londres juntos, volvemos a París para tomar el avión a New York, aquí te quedás lo que quieras, hacemos las dos escapadas a California y Puerto Rico y después te vas a París sola, tomás el avión a Milán en seguida, y ahí estás a un paso de Iside.[14] Con ella podés hacerte alguna escapada al lago de Como y a Suiza (Lugano), es todo a un paso, después por fin Ravena y nos encontramos de nuevo en Roma para hacer la escapada a Grecia (Atenas y alguna isla ¿no? yo no conozco ninguna). Y de vuelta juntos a París donde cada uno toma su avión de vuelta. Una cosa importante: Krimer va a hotel en Buenos Aires, la madre está en casa del yerno y el hermano en cafúa. Pensé que podría ir a Bulnes,[15] conmigo se portó

---

[14] Iside: prima de Male por parte materna que vivía en Piacenza.
[15] Bulnes: calle del departamento que antes habitaba la familia, donde para esta época estaba instalado el taller de pintura de Carlos Puig.

muy bien, me hizo todo lo de Einaudi. Yo se lo dije en una carta reciente, creo que va pronto, le dije que al hablar con vos si todo estaba de acuerdo vos le dirías. Insistile.

Besos

*Coco_*

New York, jueves 29 de abril

Querida familia:

Días atrás me llevé mi correspondiente susto al encontrar debajo de la puerta el papelito del cartero para retirar expreso. Por suerte era la buena noticia de que todo se va a arreglar para hacer posible el viaje. Yo ahora espero solamente que publiquen los horarios de verano para arreglar la cuestión. Querría evitar julio por el calor y la cantidad inmensa de turistas que llenan los hoteles y los aviones pero si hay que atropellar en julio atropellaremos ¿no? Recibí una carta de Reya ayer, dice que para Semana Santa fueron a París, así que espera ver Bélgica con su hermana la cieguita.[16] Es regio el plan, ya que a ella le queda cerca. Bueno, ahora lo único que hay que tener en cuenta es no pasarse del año para la vuelta a EU, creo que fue el domingo 6 de setiembre. Pero ese asunto también lo quiero averiguar a fondo. Lo ideal creo que sería empezar el viaje a fines de agosto pero mis días libres caen justo el 4, 5, 6, y 7 de setiembre, por una teta no fue vaca, pero lo mismo no es definitiva esa fecha para mí porque todo *parece* que va a cambiar a partir de mayo 15 en cuestión días libres. En fin, una semana más de espera y ya sabremos. Mis cuatro días libres de este mes empiezan este sábado 1º de mayo, el día que nos teníamos que encontrar en París. Me voy a Acapulco, me tira mucho ese lugar. Tal vez esta postergación sea favorable, así la cieguita podrá planear más todo y saborear el itinerario de antemano ¿De las islas griegas cuál elegimos? ¿Mykonos? Dicen que es la más linda y no está tan lejos, hay que tomar un barquito, unas horas. ¿Qué se dice del viaje de Nelva y Ernesto? Vi en un festival de Orson Welles dos viejas "Jornada de terror"[17] (la vimos en un viaje a Buenos Aires, en el Princesa creo) y "El extraño",[18] qué porquerías, era todo "fumo negli occhi" como dicen los tanos, todo efectismo. Me reconcilié con la vaca sagrada! Vi "Matrimonio all'italiana", ("Filomena M.")[19] está muy bien, se ve que lo sintió, me parece que se le pasó el complejo Magnani, me parece que era

---

[16] Reya: Regina, hermana de Male, vivía en Nancy, con su hija Griselda, el yerno y un nieto.
[17] *Journey Into Fear / Jornada de terror* (1943).
[18] *The Stranger / El extraño* (1946).
[19] *Matrimonio all'italiana / Matrimonio a la italiana* (1964). La película está basada en la obra *Filomena Marturano*, de Eduardo de Filippo, sobre la que también se realizó una película argentina con Tita Merello, que es a la que alude Puig entre paréntesis. *Filomena Marturano* (1950).

eso lo que la mataba, imitar a la Magnani. Aquí está más sencilla. Ahora todos mis odios se concentran en Julie Andrews, la pelotuda máxima, se las manda de pura. Qué suerte que la Brytal marcha, qué gran cosa.

Pero como dos meses pirlando* con pruebas ¿no? Mañana viernes trabajo de mañana y salgo a las 17.30 para México y sigo a Acapulco a las 22. A las 23.30 si todo sale bien estaré instalado en el maravilloso Hilton. Voy a dormir en forma. Estoy bastante estrapasado* porque trabajé mucho en la casa, cambiaron la instalación eléctrica y estuvieron revocando, todo patas para arriba. En este mes de mayo quiero solucionar la compra del tocadiscos y la TV, así ya no tengo más vueltas que dar más adelante. Mamá: si te habla Krimer decile que lo espero aquí, y que me escriba. Creo que no le llegó a tiempo en Roma la carta en que yo le ofrecía Bulnes. Bueno muchos besos, felicitaciones por la Brytal.

Besos

*Coco_*

New York, jueves 13 de mayo

Querida familia:

Esta mañana recibí carta, por suerte, estaba con muchas saudades. Ayer y antes de ayer estuve libre, me compré el tocadiscos y la TV, un plato, además fabriqué dos mesas que irán cubiertas con unos carpetones de felpa que tapan todas las imperfecciones. Compré la madera en un corralón y mis vecinos del edificio tienen todas las herramientas, así que me fabriqué todo regiamente por una bicoca. Además era inútil buscar mesas del tamaño exacto. Hoy al volver al trabajo creí encontrarme con los horarios ya listos pero no fue así, recién el lunes 24 parece que saldrán a relucir. El tiempo está loco, en Europa parece que hace un frío loco, incluso ha nevado en París hace pocos días, y lluvia continua. En New York de golpe calor loco, pasando del sobretodo al short, así que no se puede planear nada en cuanto al tiempo, setiembre y octubre son los mejores meses pero no hay nada garantizado. Mamá: lo que podés ir haciendo es renovar el paquete, creo que el único visado que necesitás es el italiano. Carli: pronto te voy a escribir escuryas* "no aptas para padres", la verdad es que esperaba algún cambio con respecto a mi última carta, esperaba que se produjeran cambios pero como estoy en las mismas... Bueno, me escribió Almendros, no quieren hacer una cuestión que les sugerí con Editorial Gallimard, resulta que el lector de español de Gallimard es Goytisolo, ese famoso gallego, muy amigo de Almendros. Hace meses Almendros charlando le contó cosas de mi novela y Goytisolo se interesó mucho y medio se le enojó porque no le había llevado la novela a él en vez de a Sarduy (que es el lector de "Seuil"). Bueno, como yo veía las cosas tan lentas en "Seuil" les escribí proponiéndoles llevarle el manuscrito a Goytisolo para aprovechar este mes que el jefe de Seuil está en La Meca (!). Pero me dicen que no, que espere, etc ¿? De Roma ni noticias, hoy les escribí carta rajante a las Muzi pidiéndoles que me averiguaran si Einaudi recibió la copia o no, Fenelli no contesta, no sé en las que andará. Debe estar en las diez de última. Se me dio por leer poesía romántica, qué plato con Becquer, Nervo y Espronceda, por una cosa linda que les salía... setenta bodrios. Saqué también las obras completas de Neruda ¡qué maravillas tiene! sobre todo cuando se le da por la simplicidad. Todavía no leí mucho porque recién saqué el libro ayer. Ni bien sepa las fechas también le voy a escribir a Reya, a ver qué se puede combinar. En setiembre no sé si ya reanudarán las clases ¿Qué pasó con las clases de

inglés? Mamá, me vas a sacar canas verdes ¿y no tenés ayuda en la casa? Yo creí que todo este tiempo iba Dominga. Qué tonta estrapasarte...*
Bueno muchos besos

*Coco_*

New York, viernes 21 de mayo

Querida familia:

Ayer por suerte recibí carta, yo también estoy extrañando mucho en esta temporada. Mi plan de viaje a la India es el último que tengo en cuanto a Air France, ayer estuve off (libre) y fui a la oficina de turismo de la India y me dijeron que enero y febrero son muy buenos meses para ir, las lluvias son de junio a octubre, me habían macaneado en forma. Si todo va bien entonces iría en uno de esos dos meses a la India, tomando mis vacaciones del '66. Para marzo más o menos... gran desbratada* de Air France y me iría por dos o tres meses a Buenos Aires, no quiero ir más por unos pocos días, es muy desagradable la vuelta sin siquiera haber peleado una vez. Después vería qué es lo que hago. Me convendría encontrar alguien que me alquile el departamento por esos meses, qué regio. En la próxima carta tengo la esperanza de ya poder dar fechas para el viaje de Buschiazzo, me prometieron el nuevo horario para el lunes 24. De Roma ni una palabra, les escribí a las Muzi pidiéndoles noticias de Fenelli, qué bronca me ha hecho agarrar, espero que Margherita me escriba rápido. Esa cuestión me tiene mal, no sé siquiera si el manuscrito le fue entregado a la lectora de Einaudi. Ayer gran *visita*, resulta que el martes *Cuquín* se apareció por Air France a saludarme y hacerme invitaciones, entonces ayer aproveché que estaba en Manhattan y pasé un rato por el hotel a verlos y ya me desbraté.* La nena está bastante linda. Parece que están muy unidos de nuevo, no tuvimos tiempo de hablar de la familia porque llegó un amigo americano de ellos. Bueno, agárrense: alquilaron departamento a *pocas cuadras* del mío, es una casa nueva que está del otro lado de esa gran avenida donde está el subte (Queens Boulevard), sobre la avenida misma. Ahora estamos de vecinos ¡las peloteras que se armarán! Bueno, ojo con los comentarios. Aquí el tiempo divino, ojalá toquen días así en agosto. Qué plato las películas viejas por TV, es lo único que veo, y no enteras, pero lo mismo es un gran gusto. En cuanto al boleto... ya lo pagué y lo escribí yo mismo, lo tengo aquí en el cajoncito del escritorio, ya veré cómo mandarlo cuando se acerque la fecha, junto con la tarjeta de residente donde pusieron Belledonne en vez de Delledonne.[20] El boleto también está así. Ahora le

---

[20] Delledonne es el apellido de su madre.

voy a escribir dos líneas a Ema, claro que tendría que aprovechar ahora. Bueno, muchos besos, y espero que lo del "tapadito de Macy's" sea una broma ¿o querés otro más? ¡¡¡¡!!!!
Besos

*Coco_*

Air France, lunes 24 de mayo

Querida familia:

El viernes pasado después de mandar la carta me entregaron el horario de verano. Parece que no va a haber ningún cambio más así que ya podemos fijar fechas para el viaje!!! Buschiazzo tendría que salir el viernes 30 de julio!!!!!!!!! Es el vuelo "Croix du sud", que hace una sola escala en Dakar. Bueno, según como se decida te encontrarás con Reya para ir a Bruselas, etc. y después llego yo para ir a Londres el sábado 7, 8, 9 y 10 de agosto. El mismo 10 nos venimos juntos a New York donde yo trabajo el miércoles... 11 (once). Bueno, te quedás en New York quieta un poco y el martes 17 y miércoles 18 damos algún paseíto bajo el sol de Puerto Rico. El jueves 19 trabajo y por ahí arreglaré para una escapada de tres días a California (San Francisco y Los Ángeles). Tres días bastan y sobran para picotear un poco de Hollywood, etc. Bueno, para entonces sería más o menos 25 de agosto y te podés ir a Milán a encontrarte con Iside (Milán está a una hora de Piacenza) y yo puedo reunirme en Roma con vos el sábado 18 de setiembre para seguir inmediatamente a Grecia por cuatro días después de lo cual la Buschiazzo vuelve al hogar abandonado y yo a Air France. Bueno ¿qué tal? ¿de acuerdo? De vuelta de Grecia bajamos en París donde cada cual toma su avión. Creo que va a salir todo bien, con Reya podés arreglar para cuando quieras entre el 31 de julio y el 7 de agosto, ese punto queda por verse. Pero no nos adelantemos, tal vez le venga bien, te podés encontrar con ella el 2 o 3 si no puede llegar antes, ya veremos. Un día o dos de descanso en París no te vendrían mal, te iría a esperar al aeropuerto Almendros y te dejaría en el Calais, desde donde sabés moverte perfectamente. Bueno, papá ¿qué te parece? si te me echás atrás me muero, el boleto costó un mundo conseguirlo, creí que sería mucho más fácil, pero no fue así. Te prometo que es la última vez que te complico la vida de tal forma. Los gastos no serán gran cosa, aquí en Estados Unidos me hago cargo yo, lo mismo en las escapadas juntos a Londres y Grecia, así que queda sólo el tramo primero con Reya a Bélgica (por tren, no hay Air France), de poquitos días y después los veinte días en Italia principalmente en lo de los parientes, a los que esta vez no hay por qué llevar tantos regalos. Bueno, mando ya la carta, me muero si me ponen algún "pero", no, no, no, me muero si esto no se concreta ya. Bueno, espero carta prontito, me compré un long play de Magaldi regio, con "Mama llevame pal pueblo", "Afilador", "Nieve", todas, y otras más

sobre la vieja moribunda en el hospital y el hijo preso, pero no nombran para nada las liquidaciones de Macy's.
Besos

*Coco_*

Air France, domingo 30 de mayo

Querida familia:

El jueves tuve carta. Yo escribí el lunes pasado, no sé si así llegarán a tiempo para que una carta sea la contestación de la otra, habría que estudiar el asunto. Tal vez yo tendría que escribir el jueves y ustedes el lunes, no sé. Mandé hace días unas cuantas revistas francesas, para Haydée más que nada. Yo le escribí la semana pasada y al día siguiente me llegó carta de ella, me pide una estampa, decile que aquí son muy caras por ser importadas, que lo mejor es comprar una lámina antigua en París o Roma, cosa que podremos hacer en agosto-setiembre con toda facilidad. ¿Recibió Cora mi carta? ¿de qué se quejaba si una sola vez me escribió a New York? Me escribió Krimer, decile que me mande otra porque era tan cortita que no me sació el ansia de noticias, después le contestaré. De Fenelli ni noticias, les escribí a las Muzi pidiéndoles noticias. Me dio un ataque y compré unos discos fenómenos, un long play de Elvira Ríos,[21] uno de Billie Holliday (una negra que murió de tanta droga) y otro de Lena Horne, etc. Son una maravilla. Bueno, tanto hablar de pavadas y me olvidaba de la Brigitte Bardot. Pasó de México para París. SOBERBIA, muy distinta a como sale, muy alta, deslumbrante. Estuvo muy simpática, bromeando, lo cargó a un periodista muy viejo que la entrevistaba con bastón. Venía con Jeanne Moreau, se ve que están cul y pataia,* se miraban y se reían de todo. En el mismo vuelo iba la Carroll Baker (embarcada en New York) un asco, peluca, diez kilos de revoque y tarada y mersa. Las otras dos estaban sin pintarse y despeinadas, el novio de BB detrás como un perrito. Vi "Le mépris" de Godard con BB, una maravilla, algo nunca visto, qué progresos ha hecho Godard, es lo mejor que he visto en años. Ella FENOMENAL. Bueno, estoy brigitteado, hoy domingo, y mañana lunes es fiesta, tengo que aguantar hasta el martes por correo. Esta semana hice poco en la casa, pero ya no me falta tanto.

Besos

Coco

---

[21] Este long-play le serviría años más tarde para estructurar la última película que cuenta Molina en *El beso de la mujer araña*, una síntesis de varias películas mexicanas que va siguiendo el argumento de los boleros incluidos en el disco de Elvira Ríos.

[New York, jueves 3 de junio][22]

Querida familia:

No me pregunten qué hora es, ni qué día, estoy enloquecido con la cuestión Einaudi. Si "El desencuentro" (título pavo pero no encuentro otro) gustó a la lectora de Einaudi, comunacha, anti-romántica, todo lo opuesto a la novela, quiere decir que MARCHARÁ con todo el mundo, estoy enloquecido, pero necesito detalles, Mario me mandó una postal con tres palabras diciendo "sigue carta" pero tengo miedo de que tarde ¿qué pasó con Calvino?[23] ¿lo leyó? ¿lo está leyendo? ¿qué pasa? Estoy ardiendo por saber, mamá tremenda cerraste la carta sin decirme nada de Fenelli, estoy que me muero por saber de todo. Recibí carta de Reya, parece que quiere arreglar su programa para encontrarte en Bruselas, y si no es mucho gasto seguir los tres a Londres, yo la insaburí* y picó de lo lindo. Bueno, mamá te encargo una cosa, yo a Fenelli le había dejado entrever que si se animaba a ir a Buenos Aires le regalaba la máquina rusa, así que llamalo un día y decile que vaya a retirar un paquete que le mandan de Villegas. O si querés sería mucho mejor que se la dieras en presencia de los padres, que se inflan cuando alguien le tiene algún reconocimiento al hijo. No seas vaga y andá algún día un ratito y le entregás la máquina, Fenelli bien se merece un buen regalo, la novela jamás podría haberla escrito yo si no hubiese sido por las levantadas en la pala que él me hacía cuando me veía abandonarme o cuando me veía hacer bodrios.

Bueno, muchos besos, mamá plis entregale la máquina pronto.
Cariños y besos

*Coco_*

---

[22] La carta no tiene indicación de lugar ni fecha, pero está escrita en un aerograma con sello del 3 de junio.
[23] Italo Calvino, además de ser ya un escritor consagrado, hacia 1965 editaba la revista literaria de orientación izquierdista *Il Menabò di Letteratura*. A partir de ese momento, el intercambio literario seguirá por años, atestiguado por la dedicatoria en el ejemplar de la biblioteca de Puig de *Si una noche de invierno un viajero*, en la que Calvino que hace referencia a *Maldición eterna a quien lea estas páginas*.

¡Qué suerte que aflojaste, papá! si no me moría!!!

New York, miércoles 9 de junio

Querida familia:

Antes de ayer recibí carta, por suerte con la confirmación del viaje de mamá, qué regio, ya puedo empezar a planear los detalles. Miré las fechas y ya mañana que estoy libre compraré las localidades de teatro para agosto, "Funny Girl" con Barbra Streisand y "Golden Boy" con Sammy Davis que son las dos cosas mejores, además la reprise de la famosa "Carroussel" de Rogers y Hammerstein en el mismo teatro donde vieron con Carmen "La viuda alegre". El gran éxito musical de la temporada es la reprise de "The Glass Menagerie" (El zoo de cristal), la primera obra de T. Williams, así que mamá te convendría leerla, tal como ocurrió el año pasado con "The Three Sisters", es el mismo tipo de éxito. En Londres hay también muchas cosas interesantes, a lo mejor la ingüinamos,* Olivier en "Otelo" es casi imposible pero voy a escribir para que hagan lo posible, además una versión musical de "Los Barrett de Wimpole Street" y una obra nueva con Peter O'Toole. La cuestión de Reya es como resuelvan ustedes, que se encuentren antes o después me parece lo mismo ¿así que tenés ganas de Roma? Bajando de Milán a Roma para encontrarnos para ir a Grecia podés arreglar de quedarte en Roma unos días, afilátela a Reya. Ella debe estar un poco acobardada pero cuando vea que se puede mover sin gastar tanto se va a largar. Mamá: yo te pongo en el avión aquí y en París transbordás al avión que va a Milán y ahí ya estás a un paso de Iside. Escribile, a lo mejor ligás algo regio, no seas tonta, con escribir no perdés nada. *Cuestión Einaudi*: estoy con gran bronca, porque nadie se digna en darme detalles. 1º: antes de recibir carta de mamá contándome lo que Krimer te dijo que Fenelli le había dicho que la lectora le había dicho (cuatro palabras locas fue todo lo que me llegó a mí) yo desesperado le escribí a Margherita pidiéndole que llamara a la lectora y le preguntara si por lo menos había recibido los capítulos. Le contestó que sí y que el Sr. Fenelli sabía todos los detalles. BUENO, el señor Fenelli hasta ahora no me ha mandado más que una postal diciéndome que vos mamá me darás los detalles, y vos me decís que él me va a dar los detalles. Por favor, hablale, ya que ese taradísimo no escribe, y pedile todos los detalles, todo lo que dijo la lectora, y además la opinión de Fenelli sobre los tres capítulos que

le mostré al final, es decir el 3º, 4º y 6º (Toto, Choli y Teté). Bueno, mañana o pasado escribiré de nuevo con más fermentos.
Besos

*Coco_*

New York, domingo 13 de junio

Querida familia:

El viernes recibí carta. Qué mala noticia lo de Fenelli, ya me parecía raro tanta euforia, qué macana, yo todavía no he recibido carta, sólo una postal con tres palabras. Le escribí a Reya dándole todas las fechas y posibilidades de encuentros, porque si papún no quiere que andes suelta convendrá muchísimo que combines con ella, así no tenés que renunciar a Bélgica y Holanda. Ahora se me ha ocurrido que es una lástima no ir a Holanda (sólo Amsterdam) estando tan cerquita, me dice aquí una belga que trabaja conmigo que el máximo son cuatro horas de tren.

Sábado 19
Se me han pasado los días sin darme cuenta. Recibí carta, también de Fenelli, por fin, con todos los detalles, estoy encantado, la de Einaudi está esperando el regreso de Calvino para escribirme, además se encargaría ella de presentar la novela a la Editorial Fabril de Buenos Aires, regio todo, a pedir de boca, y saldría en Buenos Aires mientras se hace la traducción en Italia. Bueno, mi jefe me vio tan eufórico ayer, que me llamó a su oficina porque ya le habían llegado rumores de la novela (por Primato que es un estómago resfriado) y yo le largué el rollo y me dijo que si se producía algo grande, como un premio europeo o algo por el estilo, y si mencionaba el hecho de ser empleado de Air France me iba a hacer dar un premio aparte de Air France, lo que yo eligiera. Yo me acordé de que hay una cláusula que dice que en caso de casamiento, muerte, nacimiento o algo muy especial se pueden dar pasajes a los familiares aunque no sean dependientes (económicamente) del empleado. Entonces le dije que en ese caso me diera pasajes para papún, mamún y el Chino, y dijo que sí. Bueno, ¿no sería el plato máximo? Pero me imagino que hasta el año que viene no se producirá nada, por cuestión traducción, etc. Aunque no me den premio yo puedo armar alguna tramoya con Einaudi, como ser que me hagan una demostración, cualquier pelotudez, basta que salga en el diario, basta que sea una celebración donde tengan que presentarse los padres. Bueno, ya veremos, pero ojo mamá con echarte para atrás para el viaje del '65, si no venís me enojo. Bueno, besos

*Coco_*

New York, martes 22 de junio

Querida familia:

Estoy en mi sagrario, el hall de Air France, hace un calor asqueroso afuera, adentro se está bien. Hoy recibí carta de Reya, qué suerte, quiere ir a Bélgica, me mandó todo su itinerario y me parece bien, le mandé hoy mismo carta dándole mi opinión y proponiéndole otra ruta más económica y cómoda, ojalá le llegue pronto, así me contesta y podemos hacer las reservas de hotel. Ya estoy viendo todo más real, casi palpable. Saqué entradas para "Funny Girl" (Barbra Streisand) matinée del sábado 14 de julio, yo trabajo hasta las 4, así nos podemos encontrar a la salida. También tengo otra platea para Sammy Davis en "Golden Boy" el miércoles 11, es decir al mismo día siguiente de llegar de Londres, también matinée. Después juntos veremos "Carroussell" y algo más. Ojalá tengamos suerte en Londres, en general es fácil conseguir entradas. ¿Y en el '66? ¿No sería el plato máximo el encuentro de los cuatro en Roma? Es un poco hipotético pero no muy difícil, si la cosa de Einaudi sale, sería un hecho. Yo pensaba dejar Air France a más tardar en abril pero por una cosa así valdría la pena esperar algunas semanas más, si es que la cosa tarda mucho. Papá, no te hagas el mañero y decí que sí desde ya, aunque sea por una escapada corta, eso sí, un desvío a España que te va a enloquecer, incluyendo visita a Churanzás y Carballino. En la próxima ya espero tener contestación de Reya para sellar los planes. No he recibido carta de Ernesto, espero que vengan el 30. Yo este sábado 26 a la mañana me voy a Kingston Jamaica! Vuelvo el martes y empiezo a trabajar el miércoles 30, de mañana, así que después de una siesta volveré al aeropuerto a esperar a los Comoglios. El sábado estuve libre y quise ver la matinée de "Hello Dolly", hice la cola creo que por quinta vez y *no conseguí*. Aquella matinée del 30 de agosto del '64 fue única. Qué suerte irrepetible. Me parece que "Othello" con Laurence Olivier no estará más en cartel para julio porque leí que va a hacer un bodrio con Charlton Heston en Africa.[24] Mamá: no seas fiaca y conseguite "El zoo de cristal", así la vamos a ver juntos. Carli: mañana te voy a escribir una misiva secreta, perdoname por el largo silencio. Le escribí a Daniel hace unas semanas ¿recibió mi carta? En estos

---

[24] Se trata de *Khartoum / Kartum* (1966).

días mandaré por certificado la tarjeta de residente USA de Buschiazzo y el boleto.

Miércoles 23

Día de trabajo extenuante en Air France, un calor loco y millones de pasajeros, ha aumentado en un 20% el tráfico con respecto al año pasado, se ve que es el fermento del día, ¡viajar! Mamá: por favor llamá a Gialdini y dale el número de Fenelli para que lo llame y lo conozca, si espera que Fenelli lo llame (con las vueltas que tiene) está listo. Bueno, aunque más no sea por tener noticias frescas, estoy deseando que lleguen los Comoglios. Bueno, muchos besos, cariños

*Coco_*

New York, jueves 8 de julio

Querida familia:

Estoy esperando al cartero, los jueves generalmente tengo carta y ya es mediodía, más o menos la hora en que pasa. Yo estoy bien, con un poquito de la nerviosidad del viaje que se acerca, qué suerte. Bueno antes de ayer martes a la mañana se fueron los Comoglio. Ernesto, siempre de buen humor y haciéndome chera* constantemente. Ya les digo él hacía lo posible, pero a ella se la veía muy nerviosa. Salimos dos veces a la tarde y les mostré mil cosas. Fueron dos veces al supermercado y compraron galletitas y jugo de frutas y me compraron una pava de aluminio de regalo, qué plato. Yo encantado de la estadía porque me dieron datos y sugerencias sobre la vida matrimonial *inapreciables*.

LLEGÓ EL CARTERO!
Carta de Reya, deja Bélgica para después de tu viaje a New York, ASÍ QUE YO VOY A PARÍS a encontrarme con vos y nos vamos a Londres, además aprovecharé en París por la cuestión del libro. Cuestión viaje: todo va bien, yo pido los días de permiso para el 1º de agosto. Hacemos así: vos salís el 30 y llegás el 31 a París, entonces yo llamo desde New York aprovechando la comunicación de todos los días y pregunto si Buschiazzo está en la lista de pasajeros. Si está tomo el 31 a la noche el avión y el 1º a las 7 de la mañana estoy en París, así que vos estarías sola sólo esa tarde del 31, ya que llegás a las 5 de la tarde. Ya escribí al Calais hace unos días porque por las dudas convenía, así que está listo también eso. Papá: mamá de ese modo estará sola ese día de la llegada pero a mí me conviene hacerlo de ese modo porque por cualquier cosa que suceda y ella no pueda salir de Buenos Aires el 30 yo estoy a tiempo de cancelar mi licencia ¿comprendés? Así que si les parece bien hacemos así: mamá sale el 30, yo el 31 hablo a París (aeropuerto) y como todo seguramente irá bien me voy a París el 31 a la noche. Así que mamá te vas al hotel derechito que bien estraca morta* estarás, descansás y a la mañanita te llamaré desde el aeropuerto ¡qué alegría! ¡y qué poquito falta! ¿y el año que viene cuando venga el viejo también? ¿no es un plato? Bueno, todo REGIO, Reya te espera en Bruselas a la vuelta de New York, a fines de agosto, y *juntas* bajan por *Alemania* en excursión hasta Milán, lo único que harías sola es Milán-Roma donde yo te espero el 18 de setiembre ¿está de acuerdo

papún? A mí me parece todo redondo ¿no? Entonces sola estarías sólo para la llegada a París una noche y en el tren de Milán a Roma, nada más. Besos

*Coco_*

New York, lunes 26 de julio

Querida familia:

Cuando ésta les llegue tal vez ya estén sin la Malisita, papá viudo y el Chino huérfano. Bueno, aguántense porque me toca un poco a mí también, la visita de mamá me viene divinamente porque estoy pasando una racha fatal de neura. Todo debido principalmente a las esperas por la novela, que no sé en qué irán a parar. Si actualmente estuviese escribiendo algo no me importaría tanto, la atención se me distraería en otra cosa, pero todavía no tengo maduras las ideas para la próxima obra, aunque me parece que pronto voy a empezar, tal vez en setiembre cuando se vaya mamá. Estoy encantado con la cuestión dólares ¿cómo se avivó de ir a Air France? Yo se lo hubiese desaconsejado porque se prestaba a líos, etc., pero habrá dado con una buena persona. Según me dice era una jefa, una mujer, ¿será cierto? ¿la Malisita no habrá hecho algo malo? ¡por dinero! Me imagino lo que les espera estas semanas que no va a estar la vieja, pero todo pasa, lo bueno (para mí) y lo malo (para ustedes). Escriban aquí que estamos de vuelta el 10 de agosto, y no la dejaré ir hasta el 27 más o menos, nos vamos a dar una vuelta a Puerto Rico de dos días no más pero es suficiente para darse un idea de lo que es una isla del Caribe. Lo mismo a Los Ángeles, aunque todavía no tengo los pases en la mano, pero espero conseguirlos sin falta. Acá está haciendo calor y humedad de película, no llueve y se están acabando las reservas de agua de la ciudad ¿no es bárbaro? Espero que agosto sea mejor. El cumpleaños le cae otra vez durante el viaje, aunque siendo el 8 de setiembre me parece que estará con Reya por Alemania, ya vi una cosa en una vidriera, no me salvo. En cartas anteriores mamá me decía que Carlitos estaba preparando exámenes pero en las últimas no me dice nada con la cuestión del viaje. Mucha suerte! Pensando de nuevo en mamá y su trámite de dólares en Air France, me acuerdo de lo bien que se llevaba con la Dora Fernández (¿te acordás papá?). Por algo sería. En cambio nunca hizo migas con la de Santesteban,[25] tal vez porque ésta última era desinteresada. Con el tiempo todo se aclara. Y a mí no me importa nada porque total soy hijo de la Clementina, mientras que papá y Carlitos sí quedan cubiertos de infamia.

---

[25] Dora Fernández y Santesteban, vecinas de Villegas.

Bueno, ahora en serio mil gracias por dejarla venir, más que nunca estoy convencido de que esta oportunidad no hay que dejarla pasar.
Besos

*Coco_*

CARTAS AMERICANAS - NEW YORK - 1965

New York, martes 21 de setiembre

Querida familia:

Hoy comienzo del otoño hace un calor y humedad de locura. Mañana vuelvo a trabajar después de estos cuatro días libres, la primera vez (en dos años) que no viajo durante los cuatro días. Estoy extrañando muchísimo, sobre todo al pensar en todo lo que estarán chusmeando ustedes y cómo se reirán. No veo el momento de recibir la carta larga, que habrá de ser larguísima o si no me enfurezco, con todos los detalles de todas las reacciones habidas y por haber. Ayer recibí una cortita (escrita por los tres) que me abrió el apetito más todavía, pero por lo menos me adelantan algo ¿hubo torcidas de boca? ¿vers* raros? Quiero saber todo, de la aduana, el encuentro, todo. Yo no he hecho más que descansar, se ve que tenía un atraso bárbaro, pienso en el raid cumplido y me cuesta creerlo ¿te acordás mamá cuando al día siguiente de tener pataleta (Buckingham Palace, Londres) cenaste dos veces, antes y después de la obra de O'Toole? ¿y cuando te empacabas y decías que te volvías a Buenos Aires sin Grecia ni nada? ¿me podrás haber dado trabajo? ¡qué mañera! ¿y cuando dimos el saltito tan suave volviendo de Puerto Rico? Mi vuelo París - ~~Buenos Aires~~ - New York fue FATAL de turbulencias, se me fueron las ganas de volar, qué porquería es cuando se mueve. Estoy en ascuas por la entrevista con Salvo ayer,[26] ojalá todo marche y *pronto*, que para muladas basta y sobra con mi novela. Ahora me acostumbré a recibir tus líneas, papá, así que no dejes de escribirme como antes, qué te cuesta, siempre es un contacto más directo. Mamá: arreglando el ropero me encontré con tu pantalón verde! así que no te asustes, está aquí, te lo mandaré con el cubano Díaz, va seguro dentro de un mes, junto con las alhajas. Parece que ya estarán listas en estos días ¿Qué tal impresión causó el pilcherío nuevo? ¿y el ámbar? Hoy despaché revistas para Haydée pero a Charcas, y agregué una que tiene fotos de Atenas, para vos mamá, la Carola Lorenzini.[27] Recibí tarjeta de Almendros, se mudó a la Maison de Cuba, de la Cité, qué rabia, ya le escribí. Consiguió pasaporte español. De quien no tengo noticias es de

---

[26] Salvo, dueño de la empresa Eslabón de Lujo, importante fábrica de electrodomésticos en Argentina, con la que Baldomero establecería contacto.
[27] Carola Lorenzini, famosa aviadora argentina, ganadora de varios récords en los años cuarenta. Se refiere a su madre con este nuevo apodo.

Mario,[28] lo mataría, no sé qué espera para escribir. Les escribí a las Muzi agradeciéndoles todo ¿qué habrán decidido? Empecé a escribir otra cosa que será bodrio MONUMENTAL,[29] sin precedentes. Bueno, saludos a Angelita y a Néfer Falú.[30] Muchos besos

*Coco_*

---

[28] Mario Fenelli.
[29] Se trata del proyecto que tendrá por título provisorio *Humedad relativa 95%*, que abandonará para nunca retomar.
[30] Eduardo Falú y su esposa Néfer vivían en el mismo edificio que los Puig. Néfer y Male cultivaron una amistad que se prolongó en el tiempo.

Air France, sábado 2 de octubre

Querida familia:

Recién encuentro un minuto, entre la llegada de Mario y el trabajo brutal que hay en el aeropuerto (han empezado las primeras tormentas del otoño, nieblas, etc., y eso siempre trae lío) no he podido escribir, hasta he perdido la cuenta de los días y no me acuerdo cuándo escribí la última carta. Ayer por fin recibí carta extensa, con detalles, menos mal, ya me siento mejor. Mario llegó bien, ese mismo día fuimos a Manhattan, pero volvimos temprano, él estaba muerto por haber dormido apenas y yo tampoco había dormido mucho porque el día anterior había trabajado de tarde (hasta las 23.30) y me había levantado a las 6 para estar en el aeropuerto 7.30. Había hecho calor hasta unos días antes pero se vinieron las tormentas y ya hace fresco. Hemos hablado muchísimo aunque con mi trabajo (esta semana de tarde!) no hay mucho tiempo. Claro que no voy al centro a la mañana para después volver al aeropuerto, como hacía con cierta loba, no, eso no se repite, me quedo en casa, no me muevo a la mañana. La semana que viene estoy en el aeropuerto de mañana así que a la tarde saldremos, eso es diferente. Me está haciendo una propaganda bárbara de la Reina del Plata, para que vuelva el año que viene definitivamente. Vamos a ver. Ahora estoy en una gran campaña de ahorro, no voy a gastar un centavo, así entonces podría el año que viene pedir un permiso de unos meses en Air France, si es que me lo dan, e ir a Buenos Aires a hacer la prueba. Todo esto en el caso de que todavía para entonces (mediados del año que viene) no haya sucedido nada con la novela. Mamá: te voy a ir a buscar el vestido, no sé si estará ¿y el verde? ¿no te alcanza? ¿o es que pasó algo? Bueno, no tengo más tiempo así que cierro ya esta carta aunque sea tan corta. Me escribió la Grise pidiéndome datos para la cuestión de Reya y el nene, si lo lleva ella no paga más que el 10% de un boleto normal, más o menos unos treinta y cinco dólares. Ésa es la tarifa para bebés acompañados hasta dos años de edad. Bueno, pronto les escribo. Más besos

*Coco_*

Muchos saludos a Néfer, recibí su carta. Pronto le contestaré. Me olvidaba! Mil gracias de las chinelas, me van perfectas. El dulce regio. Ya escribiré también a Haydée y Carmen, muchas gracias si las ven. *Chau.*

Air France, domingo 10 de octubre

Querida familia:

Otra semana que se me voló, no hubo caso de encontrar un minuto antes. En Aire France[31] hay muchísimo trabajo y me piden constantemente que me quede a hacer horas extra, me conviene por la plata pero también a fin de año se cargan mucho los impuestos. La cuestión es que no me puedo zafar cuando me insisten mucho porque yo por mi parte siempre estoy pidiendo cosas. Otra cosa que no me deja un minuto es la visita fenelliana, que en esta semana no me resulta tan llevadera que digamos por el hecho de trabajar de mañana. Fuimos al Radio City, el show era más mamarracho que nunca, pero ya rayando en lo genial, la película era una comedia nueva "The Great Race"[32] con T. Curtis, Lemmon y Natalie Wood, tardaron más de seis meses en hacerla, la comedia más cara de la historia del cine, y es una hecatombe, no se salva nada, todos pésimos y dos horas y media de larga, creo que perderán muchísima plata. Otro desastre: "Ship of Fools"[33] con Vivien y S. Signoret, a la mitad pudimos llegar no más, es un Luminal,[34] ya está decidido que al cine NO SE PUEDE IR MÁS, es un desastre, cada vez me da más lástima pagar la entrada. En TV vimos "Un rostro de mujer",[35] aquella de Joan Crawford con la cara desfigurada, un disparate pero siquiera entretenida y ella qué caso, no se sabe si es linda o fea, si trabaja bien o mal, pero no podés sacarle los ojos de encima. Estuvo también por TV en un programa de Hollywood, de variedades, cada semana es un maestro de ceremonias distinto, la semana próxima es Sinatra y anoche fue la Joan, estuvo muy bien, y se mandó un número ella, un recitado, estuvo fenomenal, se rompió toda. Tengo que escribirle a Reya, me escribió preguntándome sobre las posibilidades del boleto, se me pasan los días y no hago nada al respecto, mañana lunes si Dios quiere no lo dejaré de hacer. También voy a escribir a Nelva y Carmen, ni bien pueda. Pasé por Parisette y no estaba el vestido, era un poco tarde y no había tiempo de mirar en el depósito, pare-

---

[31] Ocasionalmente, Manuel juega con el nombre de la compañía y la llama "Aire Francia" o como en este caso "Aire France".
[32] *The Great Race / La carrera del siglo (1965).*
[33] *Ship of Fools / La nave del mal (1965).*
[34] Luminal: somnífero.
[35] *A Woman's Face / Un rostro de mujer (1941).*

ce que hay posibilidad de que esté guardado. Mamá: para seguir reviviendo el viaje te voy a pedir que me hagas una lista de las diez cosas que más te impresionaron, por orden de intensidad, qué plato, así recordaré todo. Recibí carta de Almendros. Por fin se comunicó con Goytisolo, éste está todavía en St. Tropez escribiendo una novela y pidió a Gallimard que le mandaran mi copia. Almendros me mandó la carta de Goytisolo, parece muy buen tipo. Otra esperita más. De Calvino ninguna noticia.[36] Fenelli y Primato fueron a una matinée de "Hello Dolly" y suspendieron la función cuando ya estaban sentados porque explotó una instalación eléctrica diez minutos antes. Lo único que pudo ver es "Golden Boy", le gustó mucho. La Streisand dificilísimo conseguir. Bueno, espero que ésta llegue pronto, esta semana quiero normalizar la correspondencia. Fenelli se queda una semana más.

Muchos besos

*Coco_*

---

[36] Italo Calvino era lector de la editorial Einaudi. Hasta ese momento Puig había tenido la opinión de la otra lectora.

New York, lunes 18 de octubre

Querida familia:

Hoy lunes, me estoy preparando para ir a trabajar, me toca de tarde. Todavía está Fenelli en casa, se va el domingo parece. Se ha portado muy bien porque en la casa de él en Roma siempre estaba todo revuelto, aquí hace el esfuerzo de acomodar las cosas. Pero ante todo me urge estar un poco tranquilo para escribir, tengo ya unas pirladas* bárbaras. Con Fenelli el tema es siempre el mismo: la vuelta definitiva a Buenos Aires. Él está dispuesto a volver el año que viene, sin ningún rumbo definido, a lo que salga. Yo no tanto, tengo esperanzas de que en estos meses suceda algo, y entonces la vuelta sería diferente. Nunca estuve tan bien como en New York, en muchos aspectos, pero lo mismo me parece que tengo que volver a Buenos Aires. Pero quiero volver de una forma que no sea sacrificada, si empiezo a extrañar allá las comodidades que tenía aquí... sueno. Ésta tiene que ser la vuelta definitiva, y por eso quiero hacer las cosas con cuidado o nada. Porque volver para estar descontento no es programa. Se me han pasado los días sin escribirle a Carmen, en cualquier momento lo voy a hacer. Cuando llegue ésta ya estarán las Muzi en Buenos Aires, qué fenómeno. Yo estuve libre el jueves y viernes, fuimos a recorrer barrios y barrios, todo Brooklyn, que yo no conocía, barrios portorriqueños, barrios italianos, en general todo muy deprimente pero interesante. Al cine no fui más, ni al teatro tampoco. Fenelli vio finalmente "Funny Girl",[37] le gustó muchísimo. Estoy deseando que empiecen las buenas de la nueva temporada. Las que se han estrenado hasta ahora están cayendo como moscas, todos bodrios, incluso una del autor de "My Fair Lady" nada menos, el letrista, Alan Jay Lerner, se mandó una musical que parece ser insoportable.

El cubano Díaz postergó un mes su viaje, irá recién en diciembre, fue por eso que no fui a Parisette esta semana, iré en mis días libres de esta semana, aunque me parece que no te quedaba muy bien ¿qué tal el verde? Si quieren encargarme algo aprovechen porque tendré tiempo de comprarlo aquí en New York o en París porque es muy probable que para mis cuatro días libres me vaya a París, *para el viernes 29*, espero la última palabra de Almendros, si él puede estar en París iré sin falta. Será uno de los últimos

---

[37] *Funny Girl*. Puig se refiere a la comedia musical con libro de Isobel Lennard, interpretada por Barbra Streisand, que William Wyler llevaría al cine en 1968.

viajecitos cortos, me parece, no sé por qué. Se me ha ido la gana de viajar tanto, ya cuando no hay más novedad el único incentivo es volver a ver a los amigos. Bueno, así que digan enseguida si quieren algo. Con cargo por supuesto porque estoy en plan implacable de ahorro. Una cosa: mamá, de una buena vez mandame tus medidas y listo, teniendo esa guía habrá menos lío. Bueno, escriban enseguida. Fenelli se quedó muy impresionado por los cuadros, un indicio muy bueno. Acá se armó un lío con una comedia de Billy Wilder[38] bastante mala pero muy verde, con Dean Martin y Kim, hermosísima pero tarada, no aprenderá más me parece. Es un papel soberbio, lo que habría hecho Marilyn con una oportunidad así. El diálogo tan verde en inglés es inaudito en cine americano. También vi "Peau de banane",[39] qué taradez, no?

Bueno, va otra semana sin acordarme de preguntar por las revoluciones de la máquina de lavar ¡perdón! en la próxima les diré sin falta. Chino: gran auge de anteojos con vidrio VERDE y también AZUL, así que callate la boca. Okey, hasta pronto (?)

Besos

*Coco_*

Salgo a París el 29 de este mes.

---

[38] *Kiss Me, Stupid / Bésame, tonto* (1964).
[39] *Peau de banane / Cáscara de banana* (1963).

New York, lunes 25 de octubre

Querida familia:

Estoy en el trabajo, esta semana de mañana. El viernes recibí carta, qué bien que están dando esos toques a la casa ¿ya mudaron el ropero? Quiero que esté todo bien para cuando yo vaya, todo terminado. Estoy en ascuas por la colimba de Carlitos ¡tiene que salvarse! Es un año tan amargo y desperdiciado. No me dicen nada más de Salvo ¿en qué están? Me ha venido sed de plata y más plata, pronto tengo que decidir algo en cuanto a eso. Pero por otro lado, tengo ya entre manos una novelucha nueva, SENSACIONAL, BODRÍSTICA, MARAVILLOSA (como dice Krimer de sus bodrios). Esta noche se va Fenelli, estoy muy cansado, la casa es muy chica para tener visita tanto tiempo. Convivir es muy bravo. El viernes es casi seguro que voy a París por mis cuatro días, allá personalmente veré cómo se presenta el asunto Goytisolo. No hay mucho que ver en teatro, nada que realmente me entusiasme. Se presentó D. Darrieux pero parece que es un bodrio la obra.[40] Hay unas cosas de vanguardia con Delphine Seyrig ("Marienbad")[41] pero no me interesa mucho.

Martes 26
Ayer llegaron las postales y la carta con la noticia de la Muzi!!! Qué plato. Justo llegaron a tiempo a Fenelli, que se fue anoche a las nueve por TWA a Madrid. Qué alegría fue, yo había recibido carta de Margherita diciéndome que llegaban ese martes pero hasta que yo no lo veía no lo creía. Qué plato habrá sido eso, estoy ardiendo por más y más comentarios ¿En qué hablaron todas esas horas? ¿cómo hablan con papá? Ahora espero iniciar una época de mucho trabajo en las horas libres, una vez que tenga todo bien limpio y ordenado. La semana pasada le escribí a Carmela, se estará preparando para las visitas de Roma. En cuanto al viaje del cubano quedó para principios de diciembre, la pulsera les dio mucho trabajo para darle la tercera vuelta, parece que la soldaban y se quebraba al querer darle la curva. En cuanto a mi viaje a París este viernes, tengo una fiaca terrible de ir, al volver a casa espero carta de Almendros confirmándome que estará en París,

---

[40] La obra a la que hace referencia es *Secretissimo*, de Marc Camoletti.
[41] *L'Année dernière à Marienbad / El año pasado en Marienbad* (1961). Comentada por primera vez en carta del 11 de diciembre de 1961 (Tomo 1, pág. 295).

pues siempre puede ocurrir que a último momento lo manden a alguna parte para filmar exteriores, está ahora con la TV Scolaire, no muy interesante pero de sueldo seguro, le conviene por unos meses. Muchos cariños a las Muzi, besos

*Coco_*

En el aire, martes 2 de noviembre

Querida familia:

Estoy volando de vuelta a New York, tomé el avión que salió a las 5 de la tarde de París y llega a las 7 de la tarde a New York. Ya son las 12.30 de la noche hora de París y estamos ya cerca, me dormí una siesta y no estoy cansado pero sí muy estuf,* tuve tres asientos para mí por suerte. Un vuelo muy bueno, no se ha movido para nada, apenas se movió un poquito por la mitad y ya me venía el triqui-traque. Qué tarado, antes nunca, pero desde aquel famoso pozo (y a lo mejor también sugestionado por la Malisita que me ha contagiado un poco) me pongo "nerviosillo" en seguida. Vengo muy contento de mi estadía en París, vi a mucha gente, incluso a Goytisolo hoy después de almorzar. Recién llegó a París ayer y empezará la lectura enseguida. Me pareció muy tímido y con tics, muy serio, muy poco comunicativo pero según Almendros es excelente persona y muy servicial. Veremos en estos días qué pasará. También Sarduy me planteó otra salida, otra persona muy influyente en Gallimard, traductora y *argentina*, casada con Miguel Ocampo, un pintor que yo conocí en Roma hace años sobrino de la Victoria. Severo la tiene muy intrigada, en este momento no recuerdo el nombre de pila, y quiere leer la obra en seguida pero tenemos el lío de las copias, una la tiene Goytisolo y otra el famoso Calvino que todavía no ha dado señales de vida. Además traté con mucha gente de letras, estos dos (Néstor y Severo) conocen a todo el mundo, yo me sentía en el paraíso, no exagero, porque se trata de gente que confía en la opinión de estos dos, y como ellos cuentan maravillas todos me miran como a un fenómeno. Sentir un reconocimiento de parte de la gente para mí en este momento es una verdadera necesidad, si no me parece que soy un empleado de Air France aficionado a las letras y chau. En cambio para ellos soy ya una realidad luminosa, un astro en el firmamento literario, qué plato. Bueno, ojalá suceda algo pronto. Ahora que vuelvo me pongo a escribir como loco. Almendros está instalado en la Cité, en la Casa de Cuba, así que yo me fui a un hotel decentito y económico ahí a la vuelta siguiendo el plan de ahorro que me impuse ¡cómo se nota en la libreta del banco! No fuimos al teatro, vimos una película nouvelle vague en episodios hecha por casi todos nuevos, Almendros hizo la fotografía de varios de los episodios. Es un experimento, hecho con poquísima plata, por desgracia los argumentitos son todos un asco, se llama "Paris vu par..." ("París visto por...")[42] y cada episodio es un bodrio. También vimos la CATÁSTROFE... "Giulietta degli spiriti"[43] algo IMPOSIBLE. Para colmo todo repetición de las peores cosas de "8 1/2" y para colmo en colores, así que el mamarracho se vuelve feroz. Es un poco más entretenida que "8 1/2" y menos pedante pero lo mismo no marcha, ni siquiera la simpatía de ella la salva. Tiene un papel muy tonto, no se luce nada. Al llegar a casa espero encontrar carta. El 25 me acordé del cumpleaños de Huguito pero con los líos de viajes no pude escribirle, qué plato, es del mismo día que Louis Malle ("Les amants") y Annie Girardot, lo vi en una revista.

Bueno, muchos besos

*Coco_*

---

[42] *Paris vu par... / París visto por...* (1965). Néstor Almendros fotografió los episodios "Saint Germain-des-Pres" y "Place de l'Étoile".
[43] Giulietta degli spiriti / Giulietta de los espíritus (1965).

Air France, domingo 7 de noviembre

Querida familia:

Al llegar el martes a casa de París por suerte encontré carta con la descripción del té chez Fenelli, y el jueves llegó la siguiente con la descripción del asado. Qué suerte que todo salió tan bien. Esta carta última batió todos los récords, escrita un martes me llegó el jueves, dos días. Volví muy bien de París, estoy embalado con lo que estoy escribiendo nuevo, tenía miedo porque era un proyecto muy ambicioso pero me parece que me va a salir, es un experimento. Ayer y antes de ayer sobre todo anduve muy bien, pero hoy me empaqué, no me salió nada. Estoy trabajando de tarde y escribo de mañana, no sé si fue la humedad de esta mañana, no me pude despejar. Pero ya me siento otro, todos estos meses en que no escribí fueron fatales, pero eso no hay quién lo fuerce, no se puede escribir si es que no se siente interiormente la necesidad. En Air France sucedió una cosa cómica, resulta que volvió a París una pareja ultra aristócrata que había venido a New York para un baile (el famoso "April in Paris" que se hace una vez por año) y se habían ganado en uno de esos sorteos del baile una caja *llena* de perfumes. Bueno, yo les arreglé un lío que tenían con el boleto y me regalaron un brancón* de perfumes, así que la Malisita liga dos extractos, dos lociones, y un moño para el pelo en una cajita de celofán que dice GUILLAUME Avenue Matignon (aquella avenida que desemboca en el Palais de l'Elysée), así que debe ser de lo mejor. Los voy a mandar con el cubano. Un extracto es de Yves de St. Laurent, otro de Lancôme, otra loción Charles of the Ritz y otra Lilly Daché de New York. Feliz Navidad. Ya prontito me imagino que recibiré noticias de Almendros. Me olvidaba contarles que Fenelli trajo muchos discos, entre ellos uno de folklore con una canción de la Galarza que me ARREBATÓ de entusiasmo, qué buena es, me gustaría oír más de ella, tal vez encuentre algo. También una de un tal Cafrune con una letra muy poética, algo de los quebrachos. Pero la Galarza parece de veras un fenómeno. ¿Qué tal resultaron los "Myrurgia"? No le vayas a dar estos perfumes nuevos a nadie, no te hagas la esbragona* que te tienen que durar para rato.
Bueno besos

*Coco_*

CARTAS AMERICANAS - NEW YORK - 1965

Air France, sábado 13 de noviembre

Querida familia:

Hay niebla en el aeropuerto y no pueden aterrizar los aviones, estoy de brazos cruzados. Al llegar a casa espero encontrar la carta semanal que se está retrasando, con la crónica de las Muzi en La Plata. Yo estoy MUY BIEN, levantando cabeza por fin después de meses malos. Todo se debe me parece a que estoy escribiendo. Eso cambia todo lo demás, todo se justifica, todo cobra sentido, las horas en Air France vienen a rellenar el día y nada más, lo que cuenta es esas horas en que escribo. Me doy cuenta además de que siempre necesitaré un trabajo lateral porque más de cuatro horas no puedo dedicar a escribir, me quedo agotado después de cuatro horas. No sé cómo estará saliendo lo que escribo, es un experimento muy riesgoso, pero lo estoy gozando, aunque no salga tengo la seguridad de que estoy en un filón positivo. Me he desentendido de todo, no me preocupa tanto la suerte de "El desencuentro", título final del manuscrito (como lo llama Goytisolo) "manushcrito de Puch", es un catalán cerrado, la familia de origen vasco pero ya desde más de una generación radicados en Barcelona. Todo pasa a segundo término, lo importante es el presente, lo que se está escribiendo ahora. Me escribió Almendros: finalmente encontraron el manuscrito en Gallimard y lo tiene Goytisolo, quien ya se fue a Barcelona y después de leerlo lo va a presentar a Barral, el Papa de los editores españoles, parece que no hay mucha censura para lo extranjero, además Goytisolo pese a lo comunista entra y sale de España como quiere.[44] Eso sería muy bueno, lo que sugería la Laura de Einaudi, que primero saliera en español, para después empujar lo de Italia y Francia. Bueno, en manos de esos catalanes está, qué poca fe les tengo, pero no quiero ser pesimista de gusto.

Martes 16
El sábado al volver encontré por suerte carta, qué plato con las Muzi en La Plata, estarán enloquecidas, nunca oí que cantaran en ninguna parte, qué bien les ha hecho el viaje. Tienen un buen montón de recuerdos que llevarse de la Argentina. Ahora estarán en Chile con la hermana, segura-

---

[44] La amenaza de censura, que Puig sufrirá efectivamente en Argentina, se debe a que en 1965 todavía estaba en el poder el dictador Francisco Franco.

mente estarán mejor que con el hermano. Aquí está empezando un frío bestial. En diciembre, el 10, es posible que me vaya a Roma, he estado meditando mucho sobre las conversaciones que tuvimos con Mario en New York y quiero definir muchas cosas sobre planes futuros. Me voy a comprar zapatos, y algún pullover. Díganme si quieren algo. Me olvidaba, cuando pasé por París en aquella boutique libre de aduana vi una cosita linda por el precio mínimo de $18 pero no había talle. Prometieron pedirlo y una compañera me lo trajo ayer. Es un dos piezas tejido muy pobrecito insignificante pero discreto, allá me parecía mejor, de lana, pero por el precio creo que resulta conveniente. Te lo mandaré cuando pueda, *con cargo*, de regalo irá alguna otra cosa. Mañana estoy libre de tarde. Iré a ver algo, hace mil años que no veo nada. Todas las obras que se han ido presentando han sonado menos una musical con Julie Harris. Ayer y antes de ayer me estanqué con mi nuevo escrito, tengo que resolver un problema de estilo que no ME SALE!!!!

Bueno, muchos besos, pronto le escribo a Carli.
Chau

*Coco_*

Air France, martes 23 de noviembre

Querida familia:

Se me han pasado los días volando, estoy con mucho atraso de correspondencia, pero desde que empecé a escribir el tiempo no da para nada. Este viernes por fin se va María la cubana y la otra flaquita, pero no viaja el cubano porque no consiguió los días necesarios de permiso. Todo iba bien para los encargos hasta que les ofrecieron $100 para llevar una valija cada una llena de ropa nueva (cien dólares a cada una) y parece que agarran viaje. Me habían prometido también llevar whisky pero ahora se han echado atrás, en fin, no sé en qué quedará todo. Yo tenía todo arreglado regio, así me llevaban los regalos de Navidad, quería mandarle el whisky a papá, una campera a Carli (de invierno) y los perfumes a Carola Lorenzini. Ésos eran los regalos, además iba el vestido a Carola, pero con cargo. Pero no sé qué es lo que me llevarán al final. Cuestión pulsera y prendedor: resulta que no les salía una soldadura y la llevó hoy el cubano a Miami, se fue por tres días. Me la manda por correo ultracertificada mañana mismo a ver si llega a tiempo para que yo se las entregue el viernes a las dos chicas antes de que salgan. Bueno, todo más embarullado imposible. En Miami el cubano tiene la joyería del tío que es muy grande y equipada con todo. Amén. Recibí carta de Carmen y Susana con más descripciones de la estadía de las Muzi, pero qué plato, qué bien les fue. Hasta con Cora intimaron. Lo que me extraña es que Haydée no haya estado en ninguna de las tantas reuniones ¿qué pasó? Me escribió hace pocos días ¿le pasaste las revistas? Mandé otro contingente antes de ayer, o no, hace cuatro días, con algunas nuevas entremezcladas a las viejas que ya viste mamá acá. Bueno, mamá no te olvides de las medidas que si en Roma se presenta algo estoy perdido sin los misure.* Y no te hagas la sonsa y mandá la nutria a arreglar que el invierno que viene si estoy en Buenos Aires vas a tener que marchar derechita. Qué suerte que Carlitos está trabajando tanto, de golpe se va a llenar la casa de cuadros, ya me lo veo. Me olvidaba contar que cuando entró Fenelli en Talbot[45] y vio los dos cuadros (sobre todo el ocre) se quedó muy bien impresionado y dijo "parece que la Poesía visitó Bulnes" queriendo decir que él y yo estamos tocados por la varita. Qué regio. Bueno, yo no me opongo, con tal de que

---

[45] El departamento que alquilaba Manuel quedaba en la calle Talbot.

no se consagre antes que yo, así no me hace quedar mal. Creo que para el 10 voy a Roma, está la Magnani en teatro dando "La lupa", dirigida por Zeffirelli, ojalá dure hasta el 10, porque en Roma todo dura tan poquito, no hay público para nada. Para Navidad se presenta Mastroianni en una comedia musical sobre Valentino, pero los autores son unos bodrieros bárbaros, yo vi dos cosas de ellos, muy a la antigua, pesados, caches. En la TV vi... "Rumba"[46] de Carole y George Raft, qué plato, se la ve con mucho agrado todavía, qué época aquélla. Ella tiene un juego tan moderno que parece de esta época. La semana pasada fui al teatro, vi una comedia de mucho éxito "Luv", que estaban dando en uno de esos teatros de las laterales de Broadway, en la misma del Majestic ("Golden Boy"). Por fin se estrenó una obra con buena crítica, con la Bancroft pero de las brujas de Salem otra vez. Esa "Luv" fue un bodrio, las críticas eran sensacionales, pero la gente salía medio furiosa. Lo peor es cuando el teatro sale malo, después del lío de las entradas y el *precio*. Mi cuenta de banco va mejorando, se nota mucho cuando no se gastan dólares de aquí y de allá en macanas sin importancia. Pero no se asusten que comer sigo comiendo, por miedo del médico que aquí sí es una fortuna. Bueno, voy a echar la carta, ya, a lo mejor todo sale bien con la cubana María y Telma (costarricense) y me llevan algo, lo más difícil es el whisky, todos lo quieren para ellos.

Bueno, muchos besos

*Coco_*

---

[46] *Rumba* (1935).

New York, sábado 4 de diciembre

Querida familia:

Ayer y hoy tuve carta, qué lindo todos los días, como cuando estaba en el Ward. Si no hubiese sido por esas cartas me hubiese muerto en ese pupilaje, tan hermoso que era el colegio y tan dementes los profesores y celadores.[47] Cuando me acuerdo de que "por higiene" nos hacían sacar la camiseta para dormir y ponernos el piyama helado, me muero de risa. Así no andaba uno solo sin estornudar, las gripes y los catarros eran continuos. El vestido y el moño son de invierno, la pulsera sí ya la podrías usar. En fin, esperemos que no haya pasado nada raro. El jueves salió un pasajero de Avianca que seguía hasta Buenos Aires (son poquísimos) y como era empleado de Pan-American que viajaba con pase me animé a pedirle que me llevara whisky, bueno, ojalá a estas horas ya haya llamado a la fábrica, sólo dos botellas porque es el tope, y estos idiotas del aeropuerto no tenían Haig & Haig, así que mandé ese Vat 69 que aquí tiene mucho nombre. Van como regalo de Navidad, para el viejo, il vecchio Don Baldito, poquita cosa pero este año las arcas están medio pobres. Para el Chino va la campera y para la vecchia Malisita (la que aúlla) los perfumes y el moño que fueron gratis (y las pícolas llamadas a Miami para preguntar por la pulsera). Ojalá pronto llegue todo a sus manos. En estos días le voy a escribir a Néfer. Yo sigo muy bien, escribí mucho, los resultados no sé, quiero contar una historia sin valerme de lo que sucede o dicen los personajes sino por medio de esos contenidos de la conciencia que sin estar en el momento de la acción iluminados por el foco de la atención, forman un trasfondo lleno de tensiones y significados inconfesados. Bueno, no sé si me explico, pero estoy para Vieytes me parece. El viernes a la noche vuelo a Roma y se lo mostraré a Mario, veremos qué dice. Tengo que hacer un gran esfuerzo por no usar trucos de la otra novela, que fueron montones, ya que en cada capítulo, como cambiaba el personaje cambiaban los trucos. Ya veremos. Hoy fue un día de revelación sensacional, en el Museo de Arte Moderno están dando una retrospectiva de Josef von Sternberg y sin muchas ganas fui a ver "Fatalidad" (1932),[48] creo que se

---

[47] El recuerdo de la correspondencia diaria en el colegio secundario, donde los primeros años estuvo pupilo, estaba fresco en la recreación que aparece en *La traición de Rita Hayworth*, que Male había leído en forma completa durante su reciente estadía en Italia.
[48] *Dishonored / Fatalidad* (1931).

llamaba así, en inglés es "Dishonored" con Marlene de espía en la guerra del '14, y con Victor McLaglen. Algo SUBLIME, aparentemente una comedia de aventuras pero tan hermosamente contada y con un fondo escondido tan amargo y lúcido que me arrebató. Pienso ver todas las que pueda, sobre todo una de Catalina de Rusia (de 1934) con Marlene que fue muy costosa y resultó un fracaso en su época, "The Scarlet Empress".[49] Ya pedí las vacaciones para fines de enero, para ir a la India, así me saco esas ganas. Si no fuera porque me parece que me queda poco tiempo en Air France iría a Buenos Aires, pero si todo sale bien iré a casa para mediados de año y por lo menos por unos meses, esos viajecitos cortos no arreglan nada. Si no voy a la India mientras estoy con Air France después será muy difícil, porque son fabulosas las sumas que cuestan esos pasajes. Aparte de esto siempre acaricio la esperanza de que suceda algo estrambótico con "El desencuentro" (título que me convence por sencillo y medio tanguero) y pueda pedir pasaje para Don Baldito y Chino (¿la colimba de por medio?) a Europa. Para la vieja por supuesto tengo siempre un pasaje por año. Bueno, muchos besos, hasta pronto

*Coco_*

---

[49] *The Scarlet Empress / Capricho imperial* (1934).

En el aire, martes 14 de diciembre

Querida familia:

Voy rumbo a New York, un vuelo estupendo, ya falta solamente una hora para llegar, tomé el vuelo de las 9.50 esta mañana en Roma, llegué a las 11.55 a París y a la 1 tomé el boeing para New York, que llega a las 3 de la tarde. Son siempre ocho horas París-New York, menos seis horas de diferencia horaria. El viaje estupendo, todo salió muy bien, traigo muy buenas noticias. Calvino leyó la obra, le interesó mucho, el castellano de él no es muy completo así que hubo muchas cosas que no entendió, pero a la mujer que es argentina le entusiasmó. Yo no hablé con él porque acaban de publicarle un libro ("Le cosmicomiche") y ayer lunes estaba dando una conferencia de prensa en Nápoles. Le dijo a Laura que él apoyaba totalmente la publicación y que ni bien se aclarara lo de la editorial "Barral" de Barcelona en cuanto a la edición española, podían empezar los arreglos para la traducción. La copia yo le pedí que la mandara a la Cristina Ocampo de "Gallimard" en París, así que ya las cosas se están moviendo más. Por lo menos "Einaudi" está casi a punto. Ellos siempre se basan en una primera edición en castellano, con el pretexto de que como en la traducción va a perder mucho no conviene lanzarlo traducido. Así que ahora tengo que tener un poco de suerte con Barral y listo. El viaje empezó mal porque el avión de New York salió el viernes a la noche a las 11.30 en vez de las 7, cuatro horas y media de atraso, así que perdí la conexión a Roma de la mañana, llegué a Fiumicino a las 3 de la tarde y entre que llegué al hotel se hicieron las 5. Pero después fue todo bien. Le llevé a Mario las primeras veinte páginas de lo que estoy escribiendo ahora y se quedó MARAVILLADO, entusiasmado y me dio consejos formidables en cuanto a algunas dudas que yo tenía. Se portó magníficamente conmigo, me volvió a ayudar como en los momentos más tambaleantes de la otra novela. Sección compras: ni bien me bañé y afeité me fui a lo de la Fedora, la que hizo aquel Chanel blanco que salió tan bien, yo quería ver si te encargaba algo para verano para reemplazar el Chanel, y me imbalurdió* con un dos piezas pero recién lo hará para fin de año. Me arreglaré para que alguno de Alitalia de New York me lo traiga. Pero también me imbalurdió* con uno de invierno que ya tenía la tela y me lo hizo para anoche y ya me lo traje. Nosotros teníamos que encontrarnos con otra gente y yo le retiré la pollera sin que la terminara porque le iba a hacer un cambio, la cuestión es que teníamos que irnos y nos llevamos el paquete, creo que te será fácil con Haydée arreglarlo. Le llevé las medidas, ojalá esté bien. Salió treinta dólares, dos piezas, la pollera es gris pero muy viva. Yo me compré una camisa tejida de cashemere brutal y dos pares de zapatos. Ropa de hombre para el Chino y papá *había de locura*, pero yo ya no me animo más a comprarles nada que me resulte dudoso, y todas las cosas italianas tienen algo de nueva moda. Fuimos a almorzar a lo de Adele ayer lunes, no hubo caso de que no, nos hizo un banquete. Manda muchos saludos. Con Laura fuimos al Rosati de Via Veneto, adentro, es una joya. Laura estaba eufórica, muy cariñosa, un plato.

Estuve con Krimer, está muy caído, todo le está yendo mal. Me dio mucha pena. Bueno, muchos besos

*Coco_*

New York, miércoles 22 de diciembre

Querida familia:

Quería escribirles antes pero me vi en una maraña de cosas. Ante todo me vi sumido en el nerviosismo más grande[50] debido a una carta de la Editorial Barral de Barcelona diciendo que Goytisolo la presentó y están sumamente interesados, etc. Bueno, eso me trastornó y todo mezclado con un trabajo de locos en Air France. Hoy recibí carta del miércoles, tardó una semana. Estoy un poco rabioso con vos mamá porque tanto en el asunto de tu paquete como en éste de las botellas has vuelto a destilar ese pesimismo tan infundado que te he señalado otras veces y que tanto me hinchó durante el último viaje. Cada vez que me acuerdo de tus aspavientos por la falta de carta y aviones, etc., me da una gran rabia. Todo te sale al pelo y en la carta última me decís que estás meada por los perros. NO DIGAS MACANAS. Bueno, para convencerte de lo contrario espero que el próximo envío llegue pronto, pienso mandarlo con Avianca en estos días. Irán la campera de Carli y tu nuevo vestido romano. Yo lo encuentro muy lindo, es blanco y negro, la ultimísima moda por todas partes. Una harpía de Aire France te recortó ese tapado que te mandé con la foto, decía "aúú" el aullido de la loba. Dice la harpía (es autoridad en la materia) que las pieles ahora tienen que ser: 1) medio entalladas, cruzadas con dos hileras de botones, las mangas angostas y con puño en el sentido contrario de la piel como está en el dibujo. Te explico lo que pasó con la Fedora: llegamos con Mario a retirarlo y la Fedora estaba empezando a cambiar íntegra la pollera porque le había hecho una tabla y no le caía bien y empezó a hacer frunces y yo no tenía tiempo así que colocó unos alfileres y chau. Haydée te ayudará, estoy seguro de que quedará al pelo. Lo hizo siguiendo las medidas. En Roma vi "La lupa", ella una desilusión porque *no tiene voz*, y en teatro eso es todo, se le oye muy mal, pero hacia el final hay una escena toda con mímica y ahí fue la LOCURA. Zeffirelli se va mucho a lo vistoso, a lo que llena el ojo. La macana es haber repuesto una obra tan vieja (del autor de "Cavalleria rusticana!"). Muchos besos, felices fiestas

*Coco_*

El 28 lo voy a celebrar faltando al trabajo!

---

[50] La carta está escrita con una letra inusualmente grande y nerviosa.

New York, martes 28 de diciembre

Querida familia:

Se está acabando el día de mi cumpleaños, lo he pasado muy bien, recibí carta de Barcelona de la Editorial Barral diciendo que los *seis* lectores están entusiasmadísimos con la novela y que la han recomendado al Director Carlos Barral, etc. Creo que la cuestión está casi HECHA, así que ni bien se arregle la edición castellana podrán largar las otras. Yo estoy tan habituado a los inconvenientes que no lo puedo creer. Ayer recibí carta de Charcas, de María, Reya y Carmen, Gialdini y Cora y el viernes de papá y Carli. Las fiestas las pasé MAL, con luna nunca vista, no fui a ninguna parte, me tocó 24 y 25 el peor turno: de 12 a 20, así que de la rabia me volví a casa y a la media hora ya dormía. Dormí como doce horas cada noche. Qué plato papá en New York, pero me parece que si lo espero mejor me busco una silla ¿o no? Qué horror ese país, todo ahí se atranca y cuesta sangre, cuando yo pienso que hasta los atrasados gallegos aprecian mi novela y los críticos argentinos a los que mostré algo no se pronunciaban ni que sí ni que no. Yo nunca les conté pero en uno de mis viajes mostré cosas a un dirigente del Pen Club (ni me acuerdo el nombre), después al jefe de Nina que está en una Editorial que no me acuerdo, etc., y nadie decía nada (fue en el '63, cuando volví de Italia). Después bastó que Almendros la leyera para que Sarduy, etc., etc. y la comunista de Einaudi y los gallegos (tan atrasados como se los cree) me llenaran de esperanzas. Gracias, Argentina, reino de la envidia y la amargura. Perdonen, pero mi experiencia no me permite decir otra cosa. Por TV hoy tuve un maravilloso regalo: un recital de una hora de Lena Horne que fue de chuparse los dedos, algo maravilloso. Y en el Museo de Arte Moderno una película de Josef von Sternberg que en su época fue un fiasco y ahora es una joya: "La pecadora de Shanghai".[51] Ese hombre estaba completamente adelantado a su época, como sucede casi siempre con los grandes artistas. Me acuerdo que la vimos en Villegas y nos desilusionó porque era muy distinta a la versión de radioteatro que habíamos escuchado.

---

[51] *The Shanghai Gesture / La pecadora de Shanghai* (1941). El guión está basado en una obra teatral de John Cotton, que serviría de base también al radioteatro evocado por Puig.

Jueves 30
Me escribió Almendros desde Barcelona donde parece que la cosa está regia en Barral. Besos

*Coco_*

1966

```
                WESTERN UNION
                    TELEGRAM
      SYA007 SSB037
   SY CDW005 MNY033 BMB067 17 PD INTL FR=CD BARCELONA
   JUAN MANUEL TUIG=             DE VIA ITT 18 2230=
     83-52 TALBOT ST KEW GARDENS NY=

   AGUARDO BARCELONA 10 FEBRERO DISCUTIR PUBLICACION=
     CARLOS BARRAL=
```

Air France, New York, miércoles 5 de enero

Querida familia:

Estoy de mal humor, sin carta de Barcelona, ojalá reciba cuando llegue a casa. Mañana estoy off pero con esta huelga del transporte va a ser un desastre ir al centro, qué podredumbre. Ya también se me acercan las vacaciones, el jueves 20, no me gustaría irme sin tener mis cosas de Barcelona definidas, qué porquería. Además hay mucho lío con los pases dentro de la India, recién los darán allá mismo, así que en cierto modo iré a ciegas. Parece que Primato viene conmigo aunque todavía no es seguro. Además es un lío bárbaro de visas, por suerte tengo las vacunas del año pasado. Para fin de año no fui a ninguna parte porque tenía el peor turno (de mañana) para el caso, tenía que levantarme temprano el 1º. Me dormí antes de la hora del brindis. Qué fiesta más estúpida, la gente está toda enajenada, ahora para colmo habíamos salido de los mierdas feriados y nos cayó la huelga del transporte. Qué seguidilla. Mamá: veo que también vos tenés una luna bárbara por las fiestas y el paquete pero bien podrías dedicar unas líneas al envío anterior, me despachaste con cuatro palabras en una carta y chau, no me dijiste si habían gustado, especialmente la pulsera, buena viva, me liquidaste con cuatro palabras, después de las mil llamadas y viajes que hice por esas cosas. Qué plato, después de veinticinco años sin filmar la Luise Rainer se mandó un episodio de la serie "Combat" por TV,[1] me parece que está chiflada, pero todavía funciona, la macana fue que evidentemente el director la dejó que se despachara a gusto en vez de frenarla un poco. El otro día vi por TV "El gran Ziegfeld",[2] qué momentos mágicos tiene, y ella está DIVINA. Ahora está idéntica a la Pety[3] de cara, *idéntica*. El otro día (cómo sería la neura que meta ver TV) por primera vez vi "The Fugitive",[4] un episodio de una bomba en una fábrica, una taradez, pero él me pareció un actor muy interesante, de juego ultra moderno, una especie

---

[1] *Combat! / Combate*. Se proyectó en Estados Unidos entre 1962 y 1967. Entre sus directores estuvieron Robert Altman y Richard Donner. Luise Rainer interpretó a la Condesa de Armandie como artista invitada en el episodio "Finest Hour", estrenado el 21 de diciembre de 1965.
[2] *The Great Ziegfeld / El gran Ziegfeld* (1936).
[3] Pety: Ida, tía materna.
[4] *The Fugitive / El fugitivo*. Esta serie se transmitió en Estados Unidos entre 1963 y 1967 protagonizada por David Jansen, como Richard Kimble. Contó con cuarenta directores y cincuenta y seis guionistas.

de Actor's Studio post-Brando, muy sobrio, además la voz (lo que más me llamó la atención) es antimicrofónica, muy real, algo que se está imponiendo ahora. En fin, un poco mejor que Cacho Fontana y Carrizo.[5] Ahora viene la ola de voces no cultivadas (aparentemente). Vi en cine una de espías en que sale mucho Londres, "The Ipcress File",[6] es especial para Cora, la sacan en camilla. A mí me gustó, sobre lavaje de cerebro, un tema que me ENLOQUECE. Bueno, que les traigan los Reyes muchas cosas. Estoy pensando en Carlitos y su colimba, que le sea leve, qué horror pobre.

Bueno, besos

*Coco_*

---

[5] El locutor Antonio Carrizo nació, como Puig, en General Villegas.
[6] *The Ipcress File / Archivo confidencial* (1965).

CARTAS AMERICANAS - NEW YORK - 1966

Air France, sábado 8 de enero

Querida familia:

¡Estoy en órbita! Recibí carta de Barral diciendo que me esperan para discutir los detalles de la publicación, posibles cortes, etc. ¿no es un plato? Bueno, ahora recién les cuento del concurso. La cuestión se le ocurrió a Juan Goytisolo en el verano cuando Almendros le habló de la obra y él mismo la llevó a Barcelona a principios de noviembre. El premio lo dieron el 20 de diciembre y yo recibí unos días antes una circular en la que figuraba entre los veinte finalistas. Ahí empezó el suspenso más tremendo que se pueda imaginar, sobre todo al pasar el 20 y no recibir ninguna noticia. El 28, nada menos, me llegó esta otra circular, y me dio una amargura tremenda no haber ganado por un voto. Pero el modo en que sucedieron las cosas indica que la novela fue un impacto fenomenal. Les explico: los jueces son seis, en la primera votación tienen que presentar cada uno una lista de seis obras (empaté), en la segunda una lista de cuatro y empaté otra vez con el ganador, en la tercera votación una lista de tres obras y gané, en la cuarta votación una lista de dos y empaté y en la quinta votación una lista de uno y empaté. Ésa es la votación final, y según el reglamento en ese caso el premio se considera desierto. Pero el jurado decidió repetir la votación SEGURAMENTE porque el otro autor ya había estado en la misma situación en el concurso del año '63 y ES DE LA BARRA DE ELLOS, y supercomunista como todos y la novela es 100% marxista, etc. Bueno, la cuestión es que le dieron el premio, pero Almendros considera una hazaña que mi novela haya hecho tanta roncha, cuando se trataba de un jurado tan de izquierda, con obras de (en su mayoría) autores conocidos, y muchos de ellos amigos personales de los miembros del jurado. Me dice Almendros que todo el ambiente literario de Barcelona está de lo más alborotado, y que todos los que leyeron la obra hablan maravillas. Almendros me mandó una lista de gente con los números de teléfono, que me van a recibir en Barcelona y asesorar para el contrato (¡qué plato!) porque los editores a veces son unos tiburones. Así que regio, ojalá salga todo bien. Yo no les quise contar nada hasta no saber el resultado, y después que recibí la circular me quedé tan destartalado (eran *1.700 dólares* y la gloria) que decidí no comunicarles nada hasta saber si querían publicar o no. Bueno, así que ya ven, como buen capricorniano todo tengo que hacerlo con paciencia. Si me daban el premio tenía un buen motivo para pedir el pasaje para papá (Buenos Aires

París - Barcelona - París - Buenos Aires) y hubiese sido regio, el de mamá anual lo tengo siempre, así que podían venir juntos, alquilar auto en España y pasear como locos. Bueno, de todos modos, si a papá le interesa, puedo ver si sale algo, con la excusa de que la editorial me hace una recepción con motivo de la publicación puedo pedir el boleto. En el reglamento dice "por casamiento, nacimiento, muerte o motivo de gran importancia". *Así que* por favor papá contestame a vuelta de correo si te gustaría ir a España para mediados de año más o menos, entonces si estás dispuesto yo me largo a hacer el pedido, después de tener las cosas claras en Barcelona. Voy el jueves 20 y de ahí sigo a la India. Almendros me contó que mi gran defensor fue Castellet, el crítico literario Nº 1 de España en la actualidad. Los dos que votaron por mí hasta el final fueron Castellet y el hermano de Goytisolo, que también es escritor. Bueno, que se hagan el plato ahora Uds., leyendo las votaciones. El título lo eligieron ellos, de una lista de cinco títulos que yo les había dado, pero a mí no me gusta.[7] Malisita: cabezona no quisiste hacer un grupo de fotos como te dije, no me gusta nada la idea de una foto sola, tan antiguo y deprimente, en grupo y formando un volumen raro quedan tan distinto. Me habló la de Avianca, cuando pueda pasaré por la oficina a buscar los discos ESPERO QUE NO TE HAYAS FUNDIDO DESPUÉS DEL GASTO ¿son de la Galarza? La tarada de la Fedora (de Roma) con las medidas y todo hizo el saco chico, qué bestia. Veo mamá que te hizo poca gracia el vestido, en fin, que últimamente estás de lo más sin gracia y no has llevado la nutria a arreglar, tarada. Yo te insisto por un motivo "secreto".

Besos

*Coco_*

Sigo unas líneas más. Mamá: no me decís nada de Baldatti, el que llevó el whisky, tengo miedo de que se haya perdido la carta en que te mandaba el nombre sacado de la lista de pasajeros. Otra cosa: en una carta me hacías la lista de perfumes que tenías y no me decís una palabra de los dos Myrurgia que te coseguí de Air France. Que yo no sepa que regalás mis

---

[7] Se refiere al título *La traición de Rita Hayworth*, que habría sido sugerido por Juan Goytisolo. Sobre la votación trascendió que ante la intransigencia de Mario Vargas Llosa, que consideró que la novela no era "literaria", Luis Goytisolo renunció al jurado para permitir el desempate sin cambiar su voto. De ese modo el premio fue para *Últimas tardes con Teresa*, de Juan Marsé.

regalos. Ya me quedó la sangre en el ojo de la blusa roja que regalaste, que jamás te la vi puesta. Buena madre, y pretendés criticar a esa santa...
Chau

*Coco_*

New York, martes 18 de enero

Querida familia:

Tarde de euforia fenomenal: volviendo de Air France me encontré un montón de cartas y telegrama. Por fin la carta que esperaba, OPTIMISTA, de la Malisita, contestando a mi carta con las circulares, qué alivio, después de una seguidilla de cartas en que la entreveía caiducha, bueno, basta de pesimismos, hasta las botellas de Baldatti llegaron ¿vale la pena tanto pesimismo? *NO*.

Bueno, y carta por fin del Chino! con todas buenas noticias, y... telegrama de Carlos Barral (el director de la editorial) fijándome cita para el 10 de febrero de vuelta de la India. Yo le había escrito proponiéndole el 22 o el 19. Bueno, si se gastó en un telegrama este catalán debe ser porque tiene interés. Con Primato vamos a Delhi (excursión al Taj Mahal), Bombay (excursión lejísimos a la selva de las esculturas de Aurangabad), Madras (*playa* y monumentos), Calcuta y Benares, la ciudad sagrada.

Vamos a quedar exhaustos. De vuelta un día en Roma y el 19 en Barcelona. El 12 en N. York. Bueno, feliz de saberlos más contentos. Perdonen la trompa que puse por los disquitos, pero es que aquí me han hecho un lavaje de cerebro con la Navidad y sus regalos y quedé un poco celoso de los que recibieron tantas cosas entre mis conocidos.

Bueno, chau.
Besos

*Coco_*

Recibí carta de Reya y Carmen, ya les escribiré, estoy infachenda.*
No me contestan nada de papá y el viaje a España!!!!!

CARTAS AMERICANAS - NEW YORK - 1966

19 6 FEB 10 PM 12 15 5

MB 24   EAV752 JAD
BARCELONA9   10   1220
BALDOMERO PUIG CHARCAS 3497 B-AIRES

CONTRATO FIRMADO BESOS

COCO

Traigo valijas repletas de cosas para la Malisita y cía. ¡Estoy feliz! Chisme: Einaudi ya le rechazó la novela a Marsé.

Rumbo a New York, viernes 11 de febrero

Querida familia:

Ayer a la tarde volé de Barcelona a París y hoy tomé el primer avión a New York, mañana tengo que retomar servicio. Bueno, espero que el telegrama les haya comunicado toda mi alegría y que hayamos pasado el día felices bajo el signo de esta realización que tardó tanto en llegar pero que llegó de la mejor manera. Me han prometido un lanzamiento a todo vapor. Bueno, en esta carta me voy a limitar a contarles qué pasó en Barcelona, porque es lo más importante. El sábado pasado llegamos con Primato a Roma (en la India fue todo bien, pero en Roma lo tuve que hacer a un lado porque me urgía hablar con Mario y Laura) y estuvimos hasta el martes en que viajé a Barcelona vía París (todo el día en yir).* Llegué solo martes a la noche a Barcelona y llamé por teléfono a algunas personas que me había indicado Néstor. Ante todo Gonzalo Suárez, un novelista nouvelle vague al que vi a las 10 de la mañana del miércoles. Enseguida me avivó de todo lo que tenía que pedir para el contrato y ya con más coraje telefoneé a Barral (el editor). Fijamos cita para las 5. Bueno, a la 1 nos encontramos a almorzar con el crítico Gimferrer,[8] una especie de genio, niño prodigio de *veinte años* que es de los más populares de España. Hicimos grandes migas, con los dos, Suárez tiene sólo treinta y un años. Ninguno de los dos leyó mi novela pero están que arden por leerla porque en el ambiente literario de Barcelona se corrió la voz de que es sensacional ¡qué plato! Bueno, después de comer me dio el ataque y busqué en la guía el número del crítico José María Castellet, que es el más prestigioso de la vieja ola, y uno de los dos miembros del jurado (el otro es Luis Goytisolo) que me votó hasta el final. Lo llamé y nos encontramos a las 4, un plato, me habló muchísimo, y juntos a las 5 fuimos a lo de Barral. Es una editorial inmensa, llena de empleados, Carlos Barral es muy joven, de unos treinta y ocho años, se las manda de protector, un plato, se habló de pequeñas modificaciones, discutimos el contrato y por suerte le saqué una cláusula extra: los derechos de autor en

---

[8] Pere Gimferrer se convirtió en amigo de Manuel, y en 1987 prologó una edición especial de *El beso de la mujer araña*.

EU, Francia, Italia e Inglaterra íntegros para mí porque soy yo mismo quien se va a ocupar de los contratos (entre paréntesis, Einaudi ya está en firme, empezarían la traducción ni bien Barral les mande las primeras pruebas de imprenta). Así que regio. A las 8 de la noche nos despedimos, con el borrador del contrato listo. Entonces me tomé un taxi y me fui a la casa de Luis Goytisolo (hermano de Juan, novelista también, dicen que mejor que el hermano, jovencísimo, unos treinta años), caí de sopetón porque no tienen teléfono, recién mudados, un plato, buenísimo, la esposa algo maravillosa, y con el bombo. A esta altura del día ya tenía cinco invitaciones para cenar pero me fui al rato (quedamos íntimos) a ver a Adoración, la mujer separada de Germán Puig. Qué chico es el mundo: viven en el mismo edificio del que ganó (Marsé). Bueno, al rato de saludarlos (a Adoración e hijo) me volví al hotel a dormir porque estaba listo. Ayer jueves a la mañana tenía cita con Barral a las 11 y antes pasé por la casa de Gonzalo Suárez a conocer a la esposa y tres chicos, un plato. A las 11 firmé el contrato, cobré *500 dólares* de anticipo sobre las futuras ventas y almorzamos en un restaurant de lujo con... Marsé, un plato, los tres: Barral, Marsé y yo. Marsé es hijo de obreros, un plato. Del restaurant me fui directo al aeropuerto. El momento más cómico fue la tarde anterior cuando entraron al despacho de Barral... los fotógrafos. Van a salir las fotos en las revistas literarias. Bueno, desde New York les escribo de nuevo. Estuve mimado por la crema de la intelectualidad de Barcelona.
Besos

*Coco_*

New York, sábado 12 de febrero

Querida familia:

Anoche ya dormí en Talbot, salí de París a las 10 de la mañana y a las 12 del día ya estaba en New York, gracias a las seis horas de diferencia. Me encontré con un montón de correspondencia, qué amorosa Carmen le escribió a Mario y a Néstor, más tarde trataré de escribirle a ella. Bueno, ante todo les vuelvo a preguntar la cuestión del viaje a España de papá, no me contestaron nada cuando les pregunté ¿qué taradez es ésa? les rogaba que me escribieran y nada. Ahora como el Gato se salvó de la colimba también él podría ser candidato, me parece más difícil en el caso de él pero lo mismo lo intentaré. Sería para agosto-setiembre, más o menos, o setiembre-octubre, yo me mando la bali* de que en ocasión de la presentación del libro se hace una gran recepción y listo. Si ustedes me dan el sí empezaré el trabajito con los jefes de Air France. Pero *contesten*. Yo pido para la Malisita lo de siempre, si quiere venir a New York bien, y si no paciencia y para papún y Gato un boleto Buenos Aires - París - Barcelona - París - Buenos Aires, no puedo pedir más porque sería sólo para asistir a la recepción. *Otra cosa*, Malisita por favor a vuelta de correo mandame decir la medida de tu dedo porque en Bombay te ligaste un t_p_c_ _, y el cubano me lo va a engarzar ¡tarada! A papá y Carli una camisa de seda hecha a mano para usar suelta, como ellos son tan difíciles no sabía qué comprar, pero la macana es que son de limpieza a seco únicamente. Bueno Malisita tomá nota y contestame si adivinás, es un jueguito de adivinanzas, de la India te traje: 1º, un v_st_d_ con ch_l de s_d_ n_t_r_l; 2º un t_p_d_t_ de s_d_ cr_d_ para verano; 3º un p_ñ__l_ de g_s_ de s_d_; 4º un ch_l o p_ñ__l_ de s_d_ bordada en h_l_ de _r_; 5º un par de s_nd_l__s típicas; un b_ls_ típico; una c_j_ de madera labrada en cachemira, especie de joyero, conteniendo un c_ll_r de m_rf_l, un pr_nd_d_ _r de lo mismo, una p__n_ta de lo mismo y una b_q__ll_ de lo mismo. ¿Qué tal? Y encima el topacio. En Roma retiré el vestido de Fedora, muy lindo, lo hizo más grande. Ahora la cuestión es mandar todo esto. Además las Muzi te compraron un chal (rojo, tal vez se salve teñido de negro) y otro chal igual pero mejor, en beige, para Carmen. No encontraron lo que querían. Para papá un disco de Modugno, el del frac. Yo me compré mil cosas: en Bombay me encargué una robe de invierno y una de verano, de seda natural SOBERBIAS, dos sacos sport de seda, camisas y san-

dalias. Y como si fuera poco en Roma me compré saco sport de invierno y un sobretodo reversible (piloto) soberbio.
Bueno, muchos besos escriban

*Coco_*

Aeropuerto, sábado 19 de febrero

Querida familia:

Aquí estoy en la brecha. Qué plato, me ha venido gran tranquilidad en Air France, trabajo con otra calma, todo lo contrario de lo que me esperaba. Creí que me iba a venir una ansiedad insoportable y en cambio todo lo contrario. Yo interpreto esto como muy positivo, debe ser que ya no tengo el miedo de ser un empleado de Air France punto y aparte. Ahora tengo la tranquilidad de saber que estoy aquí porque me conviene en cierto sentido y basta. Es una cosa provisoria y chau. Me parece que para noviembre me las pico, no sé, si todos los planes salen (traducciones italiana, francesa e inglesa!) y puedo hacer todos los viajes de negocios necesarios, me las pico ¿y dónde caeré? Creo que a Buenos Aires ¿a qué otra parte? Bueno, esperemos que todo vaya bien. Esta semana recibí dos cartas de Charcas, el expreso y la siguiente. Yo también tengo unas ganas bárbaras de contarles todo personalmente, pero hay que conformarse. Si no fuera por Air France y las pirladas* a París y Roma nunca hubiese sucedido nada con la novela, si me hubiese quedado en la Argentina mejor no pensarlo, tal vez estaría con una lápida encima. Tengo un buen veneno contra la Argentina, hay algo ahí que no funciona, una cosa de rivalidad en el aire que tiene a la gente siempre mal dispuesta. Al volver pienso tener mucho cuidado y no darme mayormente con la gente de letras, sobre todo los viejos, que no han hecho más que orientar mal a la gente y producir bodrios. Con la juventud la cosa cambia, me parece que con los jóvenes me entendería más, pero NUNCA con los de mi generación, que fueron lo peor de lo peor. Por otra parte me ha venido un amor loco a España, cómo me gustaría que conocieran a la gente de letras que me recibió en este viaje, todos tan simpáticos y SENCILLOS, sin vueltas ni *pilladuras*. Al cubano sin falta le encajaré whisky, sólo una persona muy amiga carga con eso. Mamá: yo no le he mencionado nada de Bulnes, si a vos te parece bien decile que vaya, y si no nada. Yo no le he dicho porque tal vez Carli necesita tranquilidad para pintar, en fin, no sé. Lo dejo a tu criterio. Él te llamará al llegar. Creo que me olvidé de una cosa: con Barral firmé (como parte del contrato) una opción para el segundo libro,[9] significando que él va a tener la prioridad para la publicación, siem-

---

[9] Se refiere a *Humedad relativa 95%*, proyecto que finalmente no se concretó.

pre que me ofrezca lo mismo que el mejor postor de cualquier otra editorial ¿no es un plato? Además ya llegó un pedido de una editorial de Bucarest, quieren una copia para considerar la traducción al rumano. Como verán Seix-Barral es una editorial importantísima que te pone en órbita enseguida, otra que Losada y cía. He hecho algunas correcciones pero no veo el momento de retomar la segunda. Me vino tal locura por España que vi "Il momento della verità"[10] (una de toros) del tal Francesco Rosi (había jurado no ir a ver nada de él después de "Salvatore Giuliano")[11] y me dejó con una depresión bárbara. Es buenísima pero MUERTE por todas partes. Bueno, en la próxima les cuento de la judía. Besos

*Coco_*

---

[10] *Il momento della verità / El momento de la verdad* (1965).
[11] *Salvatore Giuliano* (1961). Nombrada en carta del 22 de mayo de 1962 (Tomo 1, pág. 330).

Air France, martes 22 de febrero

Querida familia:

Hoy con un poco de mufa, es feriado y no hay cartero, estoy deseando charlar y no tengo a nadie cerca, mis amigos de New York están en un mundo tan distinto; para macanear un poco sirven, pero nada más. Estoy trabajando de mañana, ayer a la tarde no tenía ganas de hacer nada y en vez de salir me quedé en casa esperanzado en que me vendrían las ganas después. La cuestión fue que ni salí ni hice nada, me vino una mufa bárbara. Tengo que organizarme de otro modo, no seis días seguidos de trabajo, tengo que cortar la semana con un día de libertad porque si no NO VOY a aguantar hasta octubre. Me gustaría para Navidad estar sin falta en Buenos Aires, pero no sé qué complicaciones podrán surgir. Y no me gusta tampoco caer justo en el verano, pero ya veremos. No sé qué hacer con Talbot ¿subalquilarlo? Hoy conseguí una judía que salía con Avianca a Buenos Aires, le encajé unas cuantas cosas: el traje con chal de Bombay y varias cosas que te había comprado en liquidaciones en New York enseguida después de Navidad, algunas de ellas a mitad de precio, pero todo (es de New York) con CARGO. Es la blusa blanca (de $15 rebajada a $9), una pollera para la quinta ($6,90) con su blusa (6), un batón de Macy's ($4), y un conjunto para que estés MONA cuando llega Don Baldito a las tardecitas (blusa $6 y pollera $8). Como todo esto es con cargo si algo no te gusta vendelo por lo menos al precio que costó. Ojalá todo te guste y te ande bien. Entre el cubano y algún otro de Avianca te mandaré el resto. OJO, es todo limpieza a seco excepto la blusa blanca y la de flores, todo. Todo lo de seda en la India viene con un cartelito (que le saqué por la aduana) que dice limpieza a seco y planchado del revés o con trapo húmedo encima. OJO. Por un rato largo no pienso comprar más nada, ya la cuenta se te fue alta, para colmo te compré una pollera gris de invierno muy linda de $25 a $14, tarada para que uses aquellos pulloveres de Roma "nero antracite", tarada. Así que todo suma $325. ¿Te caíste redonda? Es $185 del viaje anterior, 18 del dos piezas tejido de París, 32 cada uno de los de Fedora (2), y todo lo que te apunto más arriba, que suma 321, más los impuestos 325 más o menos. Pero tenés para rato ¿no? y todo a casi mitad del precio. Además todo lo de la India de yapa (12 cosas). Ayer lunes esperaba carta contestando a la cuestión del dedo, la medida para el anillo, y nada. Mañana será otro día. Mamá: no le digas nada al cubano de Bulnes, no nos eschanquemos,* invi-

talo un día a almorzar con ñoquis y chau, o invitalo 2 veces (una por el anillo y otra por la pulsera!!!) y chau. Si querés regalarle una billetera o cualquier macana y chau. Vi por TV "En la noche del pasado" Garson-Colman, ella era POESÍA PURA. Quiero ir al teatro, la musical basada en Cabiria[12] (pero trasplantada a N. York) con Gwen Verdon es un gran éxito ¿la verá la Malisita? ja, ja, temporada tras temporada. También espero contestación a todo eso; España / Galicia, Salamanca, Valladolid, que nada tienen que envidiarle a Italia. Y después Italia ¿Rapallo? ¿Santa Margherita? ¿Ravena? Yo tengo unas ganas bárbaras de tirarme a chanta y al mismo tiempo de escribir y adelantar la segunda novela (va a ser mucho más corta que la otra) y tantas otras cosas. Tengo que escribirle a aquel alumno de Londres que era capo de una editorial para ver qué me aconseja en Londres. Bueno, que les garúe finito, espero carta!
Besos

*Coco_*

---

[12] *Le notti di Cabiria / Las noches de Cabiria* (1957). Nombrada por primera vez el 14 de noviembre de 1957 (Tomo 1, pág. 119).

Air France, lunes 28 de febrero

Querida familia:

Aquí estoy detrás del mostrador, hay poquísimo trabajo desde hace días, estoy en la gloria, tendiendo redes para ediciones y más ediciones, escribiendo cartas y esquivándole al poco trabajo que haya. Pasé sin embargo días de neura porque Barral todavía no me ha mandado la copia fotostática que me había prometido y la necesito para seguir las correcciones porque de muchos capítulos no tengo copia. Así fue que con la espera no tuve tranquilidad para retomar la cosa nueva y no hice ni una cosa ni la otra y me aluné de lo lindo. Anoche estaba tan mal que exploté y volví a la nueva y me salió algo y ya se me pasó la bronca.

Martes 29
Ayer encontré el papelito del cartero para retirar el expreso. Hoy le voy a escribir a Luigi, se me había olvidado por completo, para Navidad le escribí ¿tampoco esa carta llegó? De Benares mandé un montón de tarjetas y veo que todo ese lote se perdió, a Reya, a Carmen, Pety y Ema, a los de L'Aiglon de Londres, y muchos más. Bueno, quería en esta carta contarles de la India pero no tengo espacio, les voy a contar de las Muzi. Con Mario nos rompíamos la cabeza tratando de encontrar una razón a la apatía en que cayeron Margherita y Elena, ni siquiera cuentan nada en detalle, no tienen ni fiá* para hablar, dicen que pasaron gracias a ustedes los días más felices que puedan recordar, y nada más. Dicen que están encantadas, que nunca sintieron tanto afecto pero no cuentan nada. Debe haber sido un golpe muy grande, por el contraste tan grande entre la vida que hicieron esos tres meses (en Chile ya sabrán todo lo que se movieron) y la vida de Roma. En fin, los viajes son armas de doble filo, eso ya se sabe.
Vi de nuevo "Misfits"[13] de Marilyn, me gustó tanto esta vez, hasta la mitad me encantó, después estufa* con esa cuestión de los caballos y la entrada de Montgomery Clift en la historia, pero hasta ese momento me arrebató, y ella está DIVINA, algo que hace temblar. Pensar que hasta esa

---

[13] *The Misfits / Los inadaptados* (1961). Nombrada por primera vez en carta del 24 de julio de 1962 (Tomo 1, pág. 341).

amargura tuvo, que los críticos no le apreciaran la película. Bueno, en la próxima les cuento de la India. Besos

*Coco_*

Importante: mandame a decir cómo se lava un pullover, uno gris de Roma, igual a uno de Carlitos.

Air France, miércoles 9 de marzo

Querida familia:

Aquí estoy de vuelta al trabajo después de los cuatro días libres. No fui a ninguna parte, preferí quedarme a descansar, he quedado un poco *grogui* después del raid a la India, etc. Espero que a estas horas el cubano haya llegado a Buenos Aires, llevaba un buen cargamento: el anillo (cache, si no lo hacés arreglar te *achuro*, creo que los joyeros funden el oro y lo hacen de nuevo, va a quedar muy bien liso y sin adornos, todas líneas rectas), la caja con las cosas de marfil, dos pañuelos, el tapado, las sandalias, tres monederos de las Muzi para las sobrinas y dos discos de Modugno para Armando.[14] El disco del uomo in frac es de ellas para papá. De mi parte para papá es el whisky, al cubano le encargué cuatro botellas, porque iba con otro muchacho de Air France (5ta Avenida), y la camisa hilada a mano de Bombay. Para Carli la misma camisa (después de comprarlas me avivé que son sólo LAVADO A SECO!!!!!!) y el blue jeans y una camisa de vaquero ¿llegó todo? Bueno, ya que hablamos de las cosas importantes pasemos a las secundarias. RECIBÍ CONTESTACIÓN DE LONDRES de mi amigo Roger Machell, el director de la Editorial Hamish Hamilton, Ltd., LONDON. Fantástico, me contestó A VUELTA DE CORREO, siendo un hombre ocupadísimo, proponiéndome un plan fenómeno: resulta que ellos no tienen lector de español entonces me dice que mande copia a la editorial americana (New York) que trabaja más con ellos (la "Knopf") y que la dirija a un conocido de él. Ni bien Knopf haga el informe, Machell va a pedirlo y listo. De paso hago contacto con editoriales americanas. Una vez que tenga el informe (que espera sea SENSACIONAL) puede proponer el libro al directorio y chau. Parece que por los líos de impuestos conviene hacer dos ediciones separadas, una americana y otra inglesa. Bueno, soñar no cuesta nada. Bueno, les cuento de la India! La llegada fue un desastre, Delhi se divide en dos partes, la ciudad nueva y la vieja. Se entra por la nueva que es una especie de... Junín. Algo horrible. La parte vieja es de una mugre y miseria NUNCA VISTAS pero muy colorida, un enjambre humano y con algunos monumentos bárbaros, el fuerte es de no creer. Salimos despavoridos. La verdad es que la miseria se vuelve una obsesión, a la tarde las veredas se empiezan a cubrir de gente con sus frazadas, son miles los que no tienen dónde dormir! Eso es en toda la India con la

---

[14] Armando: hermano de las Muzi, que vivía en Argentina.

excepción de Bombay, donde hay mucho más bienestar. Cerquita de Delhi (en Delhi vimos todo en una tarde, tomamos uno de esos rickshanos) está Agra con el Taj Mahal y otras cosas, una hermosura. De ahí (estuvimos un día) a Kajiraho en tren y ómnibus (toda una noche de tren y cuatro horas de ómnibus!). Es una aldea maravillosa, detenida en el tiempo, más primitivo todo imposible. Ahí hay unos templos fenomenales, de una dinastía medieval que después se fue al tacho. De ahí en tren y auto de alquiler (por suerte todo muy barato) a BENARES, lo más enloquecedor que se pueda imaginar. Fue la gran maravilla del viaje. Hay unos templos rarísimos, con unos ceremoniales increíbles. Uno sobre todo especial para Cora y vos mamá, con monos sueltos que te vienen encima y toda esa gente media en trance y tirando flores y mil campanitas que suenan. El Ganges es de no creer, toda una fola* de creyentes y todo con unos colores y una grandiosidad únicas. Las ceremonias son realmente emocionantes. Quema de los muertos. Pero todo en Benares está tocado por una magia que te envuelve desde el primer momento. Es todo ese mundo de los fakires, del fanatismo religioso, del MASOQUISMO, del complacerse en el dolor, muy repelente pero FASCINANTE. Bueno en la carta próxima sigo. El sábado vi una musical con Julie Harris mala "Skyscraper".[15]

Bueno, muchos besos

*Coco_*

---

[15] *Skyscraper* (1965).

Air France, viernes 11 de marzo

Querida familia:

Esta mañana hablé al Consulado Argentino y me dijeron que todavía sigue la huelga del correo, así que se me ocurrió escribir unas líneas a la disparada y dárselas a algún pasajero de Aerolíneas, el único modo. Yo no tuve más carta después de la llegada del cubano. Antes de esas cartas (la de mamá y la de Carli) había recibido otra de mamá que me desató las furias más increíbles, estaba tan rabioso que le escribí una a Haydée despachándome con ella para que se lo dijera a mamá: todo fue porque al recibir las cosas de la India mamá no escribió en seguida, se esperó todo un día y cuando le llegó el momento me mandó una carta cortísima sin ningún detalle porque tenía que ir al centro con la Pety. Yo estaba pasando días malos por muchas razones, entre ellas el arresto de Carlos Barral con ese lío de los estudiantes y los capuchinos en Barcelona, ahora ya está libre. Bueno, después de tantas vicisitudes con las compras en la India y los consiguientes envíos estaba ansioso por recibir la carta que me liberara de todas las acechanzas de pérdidas, etc. Bueno, la carta era de no creer, apenas si nombraba las cosas de mamá, ni una palabra del whisky y las otras cosas. "Todo divino, maravilloso" y chau, ni el más mínimo detalle, ni un comentario sobre la carta que les mandé aclarando que el engarce del anillo era un bodrio. NADA. Bueno, eso me cayó como una piedra, me dio un ataque de nervios, rompí cosas, falté al trabajo, en fin, un desastre, y quedé muy alterado por varios días. Yo no sé si exageré, es posible, pero estando tan jodido por otras cosas ésa fue la gota que colmó la medida. Esperaba tanto esa carta y fue tal la desilusión que hasta un ataque de nervios me dio. Ahora ya estoy mejor pero lo mismo un poco de bronca me dura. El dulce muy rico, ya está bajando. El disco de folklore tiene algunas piezas que me gustan muchísimo, lo oigo todos los días tres y cuatro veces. El de Borges es una catástrofe, estoy seguro que la Malisita no lo oyó, claro, cualquier día va a perder un rato en elegirme un disco, yo sí puedo pirlar* por cosas de ella, buena viva es. Pero me resultó utilísimo el disco de Borges, porque no hay nada que enseñe más que el error de los demás, pobre Borges qué letras más pavas le salieron, qué pobres, y del tarado de Piazzolla no se habla, habría que ahorcarlo, qué asco es. Si yo hubiese sabido que existía ese disco me habría desvivido por tenerlo. Es un engendro. Comparado con eso mi capítulo 12 (tanguístico) es una joya, el kohinoor.[16] Tuve buenas noticias: mi amigo Roger de Londres director de la editorial Hamish Hamilton está dispuestísimo para la edición inglesa, como ellos no tienen lector de español me dio el nombre del lector de español de la Editorial Knopf de New York, en quien el viejo Hamish (el dueño) tiene total confianza. Así que ni bien termine la corrección (ya en estos días) y mande la copia a Barcelona me harán allá en una semana copias limpias dactilográficas y podré dar a Knopf, etc. Otra cosa: no sé si les conté que me hice amigo de Francisco Ayala, un español escritor y profesor y conferencista que estuvo exilado en Buenos Aires entre 1939 y 1951 y después rajó por Perón, bueno, resulta que está de profesor titular de Literatura Española en la Universidad de Columbia (New York), la que está frente a Washington Square en el Village. Bueno resulta que a la disparada le di una copia y le pareció MAGISTRAL, textual. No me habló mucho en detalle, sólo nombró aparte el último capítulo, el de papá, que le pareció de un "refinamiento supremo por la limpieza de los recursos". Alabate cola. Bueno, espero que Ayala me sirva para empujar la edición americana. Ojalá ésta les llegue pronto.

Besos

*Coco_*

¿Qué me dicen de la desgracia del whisky?
¡Era todo Haig & Haig!

---

[16] Recién llegado de la India, Manuel utiliza el diamante Kohinoor como elemento de comparación. El capítulo 12 al que hace referencia es "Diario de Esther": "Tendría que estar contenta y no lo estoy, una pena que no es honda pero es pena quiere anidar en mi pecho. ¿Será la luz mortecina de este crepúsculo?"

New York, jueves 7 de abril

Querida familia:

Ayer cumpleaños de papá, estuve acordándome todo el día, espero que mi carta anterior haya llegado a tiempo, con todos los datos de posibles rutas de España para octubre ¡qué plato! Bueno, yo recibí sólo una por expreso que tardó *diez días*, y por expreso, no sé cuándo llegará ésta. Estoy podrido de esta huelga; se hace interminable. Estoy en el trabajo, es ya una tortura, si hay trabajo porque hay trabajo, si no hay trabajo me aburro más todavía. Tengo mufa porque pensaba ir a Barcelona para el 15 (los cuatro días libres) pero al escribirle a mi agente (era para discutir las ventas que yo quería ir principalmente) me contestó que justamente el 16 sale para Milán y me pide si puedo posponer el viaje una semana. Eso es imposible por mis horarios, así que no sé qué hacer, después ya se acerca el verano y los aviones están todos llenos. Qué macana. Además parece que habrá huelga en Air France el mismo 15, terminaré por no ir a ninguna parte. Ay qué macana si vienen los Cañibano! No estoy de humor para nada, ando muy nervioso, duermo mal, no me explico qué pasa. Tal vez sea un poco cansancio, cuando trabajo de tarde me parece que se me va el día sin aprovechar nada, aguanto estos meses más porque necesito hacer los viajes, si no sería imposible. Esta cuestión del desencuentro con la Balcells[17] me puso los nervios de punta, qué coincidencia más estúpida. Cuando estuve en enero ella estaba en París y ahora otra vez lo mismo, y es fundamental que la vea y le pueda lavar el cerebro repitiéndole mil veces lo que quiero. Me da fiaca ir a Roma, un viaje tan largo por tan poquitos días, habiendo estado hace tan poco tiempo. Qué caro te cobra el peletero, mamá, me quedé sonso, que te haga un bonete de yapa. La vi a Jacqueline Kennedy por casualidad, saliendo del comedor de empleados de Pan-Am me la enfrenté justo que pasaba con los chicos (el nene es muy simpático pero monstruo) que iba a tomar el avión para Buenos Aires. Muy alta, muy linda la cara, mucho mejor que en fotos. La relojeé un rato al pasar las formalidades del embarque, estaba muy natural, no tiene ninguna pilladura. Aparenta treinta años, no treinta y siete como tiene, está regia, con todas las que pasó. El charlatán de Barral dice que era putísima antes de casarse y que ahora está de gran programa con ese gallego Garrigues, pero no le creo nada.

---

[17] Carmen Balcells, su agente literaria en ese momento.

Vi la musical basada en "Cabiria", se llama "Sweet Charity" (Dulce caridad), no es para tanto en conjunto pero algunos números son brutales. También vi la musical de "Superman", está de moda todo lo que sea historietas. Tiene partes lindas y parece que va a durar mucho. *Aprendí a bailar frug y watusi*, no me quiero quedar atrás, mi época de oro fue la del mambo, pero ya está pasado de moda como el valse brune, el mambo salió hace *15 años*. En "Superman" tocan un frug que hace bailar hasta las butacas, la locura. Por TV vi "Lo que sucedió aquella noche",[18] la de Colbert-Gable, del 1934, hace 32 años!!!!!!, todavía lindísima, me parece que fue lo mejor que hicieron los dos en sus carreras, él no se hacía el canchero en absoluto. Después se puso tan insoportable... ya terminé el dulce de leche, el otro va por la mitad. El alfajor duró dos sesiones, me lo comí en dos sentadas. ¿Qué tal el anillo? Si te cobran caro no lo hagas hacer que en tu próximo viaje el cubano prometió modificarlo a la perfección. Le dije de todo, qué bodrio hizo hacer, todo por el apuro. Lo del whisky no se lo perdonaré jamás, cuatro botellas! Nadie quiere cargar con botellas, qué lío.

Bueno. Besos

*Coco_*

---

[18] It Happened One Night / Lo que sucedió aquella noche (1934).

New York, martes 19 de abril

Querida familia:

Esta mañana les escribí una postal en Barcelona y ahora ya estoy de nuevo en Talbot. Por suerte encontré dos cartas, la que despachó el Cuquín y la siguiente del martes 12 por expreso. Llegó ayer, así que se ve que todavía el correo está mal, tardó siete días y por expreso. Yo escribí varias, espero que poco a poco vayan llegando. El viaje de vuelta muy bueno, no se movió ni una sola vez, dormí mucho. Salí de Barcelona 10 y 30 de la mañana, a las 12 estaba en París. Llamé a Almendros y no lo pesqué, si me hubiese quedado lo habría visto seguramente más tarde pero resulta que a las 21 empezaba huelga general de luz y gas por veinticuatro horas, así que aprovechando que no contestaba me tomé el avión de la 1, apenas si lo alcancé. Quién sabe si mañana podría tomar el primer avión para llegar a tiempo a trabajar, mejor haberme ya venido y listo. Traje un saldo muy bueno de Barcelona, ante todo la Carmen Balcells me impresionó regio, es de unos cuarenta años, muy simpática, muy clara, me expuso sus planes, está siempre tomando aviones a París, Milán, Londres y Frankfurt por sus *affari*, se mueve mucho, aunque le tiene poca simpatía al avión, resulta que una vez la agarró un pozo de aire y cayó con una pierna mal y se le quebró, peor que lo nuestro de Puerto Rico. Yo voy con el cinturón colocado *todo el viaje*, mientras estoy sentado no me molesta y cuando me estiro para dormir me lo coloco a la altura del pecho y duermo tranquilo. Ella todavía no leyó la novela por la famosa falla de copia, pero dice que si es tan buena como le han dicho me tengo que quedar tranquilo que va a entrar GUITA. Barral quiere poner en la tapa una foto de calle de pueblo, bien chata y sin interés, en contraste con la exuberancia del título. No sé de dónde la voy a rascar a la foto ¿quién puede tener una foto de una calle de Villegas? Díganle al Jorge, a lo mejor él puede conseguir una, preferiblemente sin gente. Bastaría con un negativo pasable, ellos después tienen unos magos que hacen maravillas. Vi el lanzamiento publicitario de la novela de Marsé (la ganadora), una maravilla, en negro y amarillo unos carteles con la foto de él, que es un mico y lo transformaron en Rodolfo Valentino. Es un primer plano de la cabeza de perfil con todo el pelo revuelto, qué bluff.

Miércoles 20
Sigo hoy. Estoy en el trabajo, qué fiaca volver a esta rutina, ya terminará pronto si todo va bien. A fin de año se terminó! El único problema que

puede surgir es que si se hace la traducción inglesa la empiecen demasiado tarde. Y para eso yo tengo que estar presente. No sé qué saldrá, la macana es que estos tarados de Barcelona tardan tanto en hacer las copias. Si sucediera algo regio y la tomaran pronto en New York podrían empezar la traducción dentro de este año mientras estoy yo aquí. Bueno, eso es demasiado adelantarse. Para la tapa de atrás le mostré a Barral las fotos de Fenelli, elegimos ésa en que estoy con la vista baja leyendo, con manga corta. Una camisa de color. Bueno, ya esta vez vi las cosas tan cerca de la realidad que me volví más tranquilo. Le escribí a Rita para el permiso,[19] en estos días espero la respuesta. Mamá: no tires ni des a nadie aquel vestido de seda a rayas de Rolands porque lo voy a aprovechar para arreglar una cosa de la casa, lo vi en Barcelona fenómeno, como una especie de almohadón. Recibí carta de Fenelli que está en las últimas, qué tonto, todo por estancarse en sus escritos. Ésa es la única fuente de aliento: el trabajo. El resto es mierda.

Bueno, besos

*Coco_*

---

[19] La carta a Rita Hayworth ha sido incluida en *Materiales iniciales para "La traición de Rita Hayworth"*, José Amícola (comp.), publicación de la Universidad Nacional de La Plata que incluye también manuscritos de la novela.

Air France, lunes 25 de abril

Querida familia:

Son las 10.30 de la noche, media hora más y ya me voy a casa. Otra vez me está viniendo mufa del trabajo. Pasé una semana buena porque conseguí levantarme a las 9.30 todas las mañanas, menos hoy, por eso tengo mufa. El secreto está en eso, el día que me hago tiempo para trabajar, lo demás no lo siento. Esta mañana me dormí porque tengo una especie de resfrío raro, aquí me han atacado ya otras veces, no son resfríos por enfriamiento ni nada por el estilo, sino causados por virus. Vienen de golpe y se van pronto pero dan dos o tres días de estado gripal, qué porquería. En estos días que tuve poco que hacer en Air France aproveché para escribirles a María y Ema, que les debía carta. No llegó nada de Carmen. Las Muzi no me escribieron más, desde hace muchísimo, no sé qué pasa. Mario me escribió, pero nada más que tarjetas, anda por el suelo, dice mamá que pronto te escribirá. Yo iré a Roma a fines de mayo si no me cambian los horarios. Les cuento de Víctor Seix: es una especie de administrador, no tiene ninguna injerencia en la parte propiamente literaria, *jamás* me lo nombró nadie en ningún momento. El contrato lo preparó Barral, lo firmó él en representación de la firma "Seix-Barral", pero sin consultar en ningún momento a Seix. De todos modos me extraña que no me haya nombrado a esa gente que le hizo la entrevista porque no editan muchos libros por año, y el mío es el que va a abrir la temporada '66-'67, porque por supuesto en Europa la temporada empieza en setiembre, al terminar el verano. Se me ocurre que es por envidia y veneno de los argentinos que no me mencionan para nada. Haciendo un gran esfuerzo estoy leyendo (sacados de la Biblioteca Municipal de la calle 53, frente al Museo de Arte Moderno) a todos los autores de habla hispana que están *tallando* en el momento, sobre todo los que gozan de la aprobación de Carlos Barral. Y la verdad es que el cuadro me está resultando de una pobreza terrible, sobre todo después de leer el chatísimo "Siglo de las luces" de Alejo Carpentier, un cubano que en París han llevado a la cumbre, y es NADA. Después de leer tantos autores veo que esa novela de Sabato que tanto me pudrió, tiene por lo menos el mérito de intentar nuevas formas. Y ese mérito sí que lo tengo yo, estoy siempre ensayando con algún procedimiento nuevo de narración. Bueno, alabate cola. Espero que escriban mucho, el Chino me debe dos cartas ¿las recibió? Bueno, muchos besos

*Coco_*

CARTAS AMERICANAS - NEW YORK - 1966

New York, miércoles 4 de mayo

Querida familia:

Hoy estoy libre, dentro de un rato me encuentro con los Cañibano[20] para dar una vuelta y acompañarlos a sacar el boleto de ómnibus. Parece que mañana se van. Les cuento todo lo que pasó desde que llegaron el viernes. Ese viernes falté a trabajar porque venía arrastrando una gripe desde hacía días, y ya ese día no pude aguantar el trabajo. Les dejé una nota en Aerolíneas diciéndoles que me llamaran a casa enseguida pero no se la entregaron, pero ni bien llegaron al hotel llamaron. Yo les había reservado en un hotel decente y económico para New York, pero ellos se fueron a uno a tres cuadras de Macy's, una calle impresionante. Ni bien me llamaron yo salí para ver al médico y después me encontré con ellos. El médico me dio dos pichicatas y antibióticos. Finalmente vi a los Cañibano, me trajeron el libro, el disco y los dulces, mil gracias. Al libro todavía no lo agarré porque estoy metido en unas lecturas hispanoamericanas recomendadas por Barral y que son BOSTA, estos comunistas son tan tontos, basta que alguien sea marxista para que goce de su aprobación incondicional. El disco es muy lindo, ella es media partera[21] pero tiene algo que gusta y las canciones son todas lindas, sobre todo "Los inundados" me gusta enloquecidamente. Los alfajores ya fenecieron. Ellos me trajeron una caja de bombones, un alfajor y una cubierta de libros con motivos gauchescos. Esa noche los invité a cenar a un restaurant regio, anexo a un hotel donde había mandado muchos pasajeros y me habían ofrecido ir a cenar mil veces. Comimos langosta, un cenón bárbaro. Al día siguiente sábado y el domingo me quedé en casa sin ir a trabajar porque estaba todavía con una gripe bárbara. Nos hablamos por teléfono y chau. El lunes fui a trabajar de 8 a 16 y después no me sentí con fuerzas de venir al centro como había concertado y les hablé prometiendo la cena para el día siguiente, ayer martes. Los llevé a Greenwich Village y después los invité a cenar al Barrio Chino que es bien barato y divertido. Hoy daremos una vuelta y después yo tengo que hacer. Recibí una notita

---

[20] Cañibano: familia amiga de Villegas. Con el correr de los años, será Susana Cañibano quien junto a Patricia Bargero iniciarán el movimiento de reconocimiento del valor literario de Puig en su propio pueblo.
[21] "Partera": expresión familiar por "mandarse la parte", exagerar, usada en carta del 26 de enero de 1964. Se refiere a un disco de Mercedes Sosa.

del abogado de Rita diciendo que recién les llegó la carta y que pronto me contestarán. No me importa si se niegan, le pongo otro título. Bueno, perdón por la letra, pero voy en el subte. Ya estoy perfectamente de salud.
Besos

*Coco_*

New York, lunes 9 de mayo

Querida familia:

Aquí estoy en el mostrador, por suerte ya es mayo, falta poco, ya me estoy conformando. Hace cuatro días que retomé la novela y con eso aguanto cualquier cosa. No es que me sienta muy bien físicamente porque se terminó la gripe y me empezó un malestar de estómago, todo me cae mal ¿? Hoy empecé a comer todo hervido, veremos. Esta semana trabajo de tarde pero lo mismo estoy consiguiendo levantarme a las 10 más o menos y hasta las 2 menos cuarto puedo hacer algo, ya a esa hora me empiezo a preparar para entrar a Air France a las 15.30... hasta las 23.30. La semana entrante estoy de mañana, así que espero con más tiempo empezar un capítulo bravo que necesita mucha concentración. Me parece que a fines de mayo voy a Roma, ojalá para entonces tenga algo más para mostrarle a Mario. Parece que está muy mal, no me ha vuelto a escribir, ése es el peor síntoma. Ya me parece que pronto tenemos que enfrentar la cuestión del boleto de papá y Chino, aquí hay cambio de jefes pero el canadiense que ha venido parece buen tipo. Bueno, así que les pido una respuesta seria porque en caso de que haya que pelear mucho quiero estar seguro de que papá va a venir. Barcelona - París - Buenos Aires. Tengo que saber con tiempo también porque habrá que coordinar algo con Barral, para que haga fenta* de alguna celebración por la salida del libro (motivo aparente por el cual papá y Chino viajarían a España). Lo del Chino me parece muy pero muy difícil, pero no lo de papá, no sé si me darán el 90% como a mamá que es dependiente pero ya veremos. Así que les ruego que me contesten enseguida. Aquí todavía hace frío, de golpe va a venir el calorazo. Leí "El grupo" de Mary McCarthy que tiene tanto prestigio, no me gustó nada, es de lo más corriente. Veo que el mundo de la literatura está lleno de bluffs. Ayala me regaló dos libros de él de relatos cortos, con prefacio de Murena (que fue su alumno de la Facultad de Letras de Buenos Aires, buen bodriero él también), y no me gustaron nada ¿qué le digo la próxima que lo vea? Otro conocido de Barcelona, Pedro Gimferrer, crítico y poeta, me regaló en el último viaje su último libro de poemas, y me parece que vale mucho pero qué género fue a buscar, me parece que la poesía ~~moderna~~ no se presta para expresar las cuestiones del presente. Le escribí una carta dando mil vueltas para no sonar deprimente. No sé nada de Rita, sólo llegó una carta muy amable de los abogados diciendo que pronto me mandarían una respuesta.

Seguramente estarán haciendo averiguaciones en Barcelona. Vi en teatro algo maravilloso: la reprise de "Vive como quieras",[22] está la obra envejecidísima pero la obra está dirigida en solfa, como una caricatura de esa época (1935), entonces todo funciona. Me quedé con la boca abierta. Ahora están John Gielgud y Vivien Leigh en "Ivanov" de Chejov por un mes nada más, en gira. Tuvieron crítica muy mala. Ah! se estrenó por fin una policial de categoría B con RITA en un papel corto y Glenn Ford y la taradita de Elke Sommer (la nulidad) como protagonistas.[23] Rita DECRÉPITA pero muy sugestiva y con mucho calor. No sé por qué no le ofrecen algo mejor. Yo ya estoy empezando a levantar presión contra Barral y la Balcells que no me mandan nada. La macana es que Ayala se va todo el verano a Europa y yo lo quería utilizar con las editoriales americanas. En fin, una lástima. Se va a fines de mayo. El dulce de leche está casi terminado. Los alfajores duraron dos días.

Besos

*Coco_*

---

[22] *You Can't Take It with You / Vive como quieras* (1938).
[23] *The Money Trap / La trampa del oro* (1965).

CARTAS AMERICANAS - NEW YORK - 1966

Air France, martes 17 de mayo

Querida familia:

Ayer por suerte recibí carta, tardó siete días, veo que las cosas andan raras en el correo otra vez. Hace un ratito salió un vuelo de American a Buenos Aires, resulta que muy raramente hay pasajeros para Buenos Aires que embarquen en New York, pero hoy cayó como un chorlito un pituco de La Plata, Condomí Alcorta, muy buen tipo, nada afectado, digo pituco por el apellido, pero el hombre se portó fenómeno y acarreó una valijita llena de revistas, son como veinte, algunas nuevitas de este mes. Tengo mucha fiaca de ir a Roma el viernes 27 pero voy a ir lo mismo, lo pesado es el viaje de vuelta. Si fuera a París sólo sería distinto pero la conexión a Roma son casi dos horas más, se hace tan largo ¿te acordás mamá mi llegada a Venecia? qué bien salió todo. ¿Carmen no habla de más viajes? Yo estoy ya con una furia nunca vista contra la gente de Barcelona tan lenta con mis copias, se me están desmoronando los planes, yo lo que quiero es apurar la venta a EU (algo me dice que se hará) para poder supervisar la traducción mientras estoy aquí. Todo por no pagar unas pesetas más a otro copista, es absurdo. Una cosa que se me ocurre también es que Barral no quiera que la novela entre a circular tan pronto, juntándose con la de Marsé, que él quiere proteger, ya todos saben lo del premio y la comparación parece que le va a ser muy adversa. Parece ser que la campaña pro Marsé estaba preparada desde hacía tiempo, sobre todo para valorizar sus dos novelas anteriores, capital muerto de la editorial, editadas pero poco vendidas. Mi novela cayó a último momento y le enredó todos los planes a Barral. Bueno, a mí no me importa, porque modestia aparte, lo mío está infinitamente por encima de esos autores, muy pobres y para completarla tradicionalistas como estilo, el pecado mortal del momento. Aquí hay un fermento fenomenal con lo pop, se está contagiando a todas las ramas, el cine, el teatro, las modas. Tengo que mostrarle a Mario las últimas cosas que hice, muy pop, tengo miedo de que se me haya ido la mano. De salud ya estoy perfectamente, mangio de todo. Qué plato. Mamá: te compré en liquidación sin cargo tres porquerías de verano para excursiones, acordate el año pasado. ¿Te acordás el olor de la ropa en tu valijita al terminar la gira griega? Antonieta te lleva de mi parte un estuche para anteojos como el que perdiste en el cabo Sumión. Bueno, CONTESTAME DE PAPÁ!!! Besos

*Coco_*

Me escribió Balcells, ya están las copias a máquina, está en tratos con... ALEMANIA!!!!!

New York, martes 24 de mayo

Querida familia:

Hoy recibí carta, en contestación a las revistas, qué bien se portó ese tipo, cargó con el paquete como un santo, y me ahorró como cinco dólares de franqueo. Il siñur indurment.* También recibí cartita (cortísima) del Chino. Mamá: no me decís bien claro si papá agarra viaje o no, así ya me largo a pedir el boleto. Por favor, rápido. A mí me parece que papá la pasaría maravillosamente, en España sobre todo. Cañibano me habló mucho de los experimentos que están haciendo con el baño y los inconvenientes, etc., así que me fui a la biblioteca a ver si había llegado algo nuevo. No hay nada, sólo la nueva edición (revisada) de un libro en alemán. Como no se puede llevar a la casa, saqué fotocopias, ahí en la biblioteca misma, de las páginas en que trata el baño Brytal. Trataré de traducirlas con los compañeros alemanes de Air France antes del viernes, día en que viajo a Roma. Estoy medio arrepentido de haber preparado este viaje a Roma, es tanta estrapasada* por cuatro días, pero ya está hecho. Escucho casi todos los días el disco de la Sosa, cada vez me gusta más, no tanto ella como las canciones, ella me parece que tiene gusto pero poca voz. El libro no lo empecé todavía porque estoy con todos los hispanoamericanos, ya estoy saturado, pronto agarraré el hinduismo para variar, y me interesa mucho, qué suerte que me lo mandaron. El sábado fui a ver "Ivanov" la primera obra de Chejov, está considerada como lo más flojo de él pero lo mismo tiene encanto. Sobre todo el personaje de la moribunda (Vivien Leigh) tiene mucha poesía, cada aparición de ella es un deleite, no tiene garra para las grandes escenas pero tanta clase y gracia para los movimientos. John Gielgud como siempre frío y medio afónico, no sé dónde le encuentran la grandeza. Ya termina pronto, es un fracaso y merecido porque aparte de ella el resto es un desastre, la dirección es de Gielgud mismo, per després,* yo me acordaba de "Las tres hermanas", qué diferencia. Qué suerte tuviste mamá, es lo mejor (en lo musical) que he visto en Broadway. Esta noche empieza "Mame", la musical de "Auntie Mame",[24] parece que es muy

---

[24] *Auntie Mame / Vivir es mi deseo* (1958). Nombrada por primera vez en carta del 24 de marzo de 1958 (Tomo 1, pág. 145).

buena. Vi "Arabesque",[25] me convertí al lorenismo. La vista es un asco, a la moda, de espías media en broma, llena de detalles sádicos, muertes violentas, torturas, y la gente aplaude ¡qué porquería! Gregory Peck con un golpe de vejez que le cayó de buenas a primeras, qué plato, hacía unos años que no lo veía, decrépito, da lástima, como galán cómico. La vaca sagrada está muy bien, no tiene simpatía pero muy segura y de una belleza fenomenal, y qué bien sabe presentarse. Saca unos anteojos blancos iguales a los que te lleva Antonieta. Anoche qué impresión rara: por TV "Las infieles",[26] cuántos recuerdos, hace ya trece años que se filmó, Irene Papas, Marina Vlady, la May Britt y la más burra de todas era la Gina. Bueno, papá *decidite*, después estarás contento.

Besos

*Coco_*

---

[25] *Arabesque* (1966).
[26] *Le infideli / Las infieles* (1952). Nombrada por primera vez en carta del 31 de agosto de 1956 (Tomo 1, pág. 33).

Volando de Puerto Rico a N. York, martes 31 de mayo

Querida familia:

Aquí voy de vuelta, mañana trabajo a las 8 de la mañana. En vez de ir a Roma me vine a San Juan porque se produjo una huelga de Alitalia y del personal del aeropuerto en Roma que me hubiese traído mil complicaciones. A mí me vino muy bien la huelga porque estaba muy cansado para tanto viaje y después tanto correteo en Roma. Tenía muchas cosas para discutir con Mario y mostrarle los últimos experimentos que hice. Me parece que no me han salido muy bien, sé los efectos que quiero pero no sé cómo conseguirlos.[27] Así que la huelga me sirvió de excusa, volviendo al tema, para no ir y estrapasarme* tanto. Por suerte tenía este boleto de Pan-Am para San Juan desde hacía meses. Salí el viernes del trabajo en Air France a las 4 de la tarde y a las 5 ya levantaba vuelo con Pan-Am. Pasé sábado, domingo y lunes sin más que tirarme en la arena y nadar un poco, llovió mucho pero de a ratos, como sucede en el trópico. Qué suerte tuvo mamá que no llovió nada aquellos tres días que estuvimos. En el aeropuerto, en el bar, hablé con una hostess de Transcaribean y le pregunté si había tenido muchos pozos de aire en sus vuelos me dijo que NINGUNO, y esa compañía no vuela más que New York-San Juan, así que es un vuelo que ella hará por lo menos cuatro veces por semana y NUNCA le pasó. Qué feo fue, y desde entonces a mí también me quedó un "poco" de impresión cada vez que vuelo. Pronto se avecinan épocas de mucho volar para los de Charcas, así que Malisita por favor convencete de que el avión es parte de la vida moderna, que no presenta más peligros que un automóvil, así que no seas tara y a no viajar asustada como de New York a París, llegando "demudada" como me decís en una carta ¿así que Reya se asustó? Bueno, espero retomar Air France con calma después de estos días de descanso, ya me quedan sólo siete meses, salga pato o gallareta a fin de año me voy. Me tenté de ver "Doctor Zhivago",[28] un plato la vista, se ve que no sabían cómo contar tantas cosas en tres horas y media, la primera parte ni fu ni fa pero la segunda es muy lacrimógena y romántica, muy populachera, así que me terminó gustando.

---

[27] Se refiere a *Humedad relativa 95%*. Puig solía realizar sus anotaciones en hojas ya escritas, como telex o cartas comerciales; las últimas fechas registradas en los dorsos de este proyecto corresponden al capítulo IV (bastante desarrollado), de 1967.
[28] *Dr. Zhivago* (1965).

El turco Sharif no da mucho en la tecla, qué plato, me hace acordar a los Nihany.[29] Le hicieron una afeitada bárbara en la frente para desturcarlo. Espero tener noticias de Barcelona al llegar, qué mezcla de cosas va a haber en los próximos meses, los viajes, la publicación, voy a quedar de cama. Ahora corre un rumor en Air France de que mandarán cuatro empleados a París por seis semanas a fines de julio, para ocuparse de los pasajeros americanos que vuelven de las vacaciones en esa época. Yo pedí en seguida ir, ojalá me manden, así estaría cuando lleguen ustedes (después venimos juntos a New York) y podría hacer saltos a Barcelona seguido y tratar la venta a Gallimard personalmente. Ojalá me manden, la macana es que como dan un viático diario muy alto todos quieren ir y hay algunos con *cuñas* en la compañía que me pueden jorobar. Ya veremos. Una pirlada* más en mi cabeza, y no me caben más! Este viaje a Puerto Rico fue mi despedida, porque no creo que en lo que queda del año pueda volver. Y después va a ser difícil dar el salto, si dejo Nueva York. No sé qué hacer con los muebles de Talbot, etc. En estos meses próximos habrá que tomar más de una decisión...

Bueno, muchos besos, hasta pronto

*Coco_*

---

[29] Nihany, vecinos de Villegas.

New York, miércoles 8 de junio

Querida familia:

Hoy estuve libre, hace ya bastante calor pero está muy agradable. Qué fiaca mañana ir a trabajar, pero ya falta poco, medio año pasa volando. Una novedad: parece que hay una posibilidad fuerte de que me manden a París por seis semanas a fines de julio. Sería ideal porque así estaría cerca de Barcelona cuando se cocina el estofado, y cerca de Gallimard. Según la Balcells ya hace cerca de veinte días que salieron las copias dactilográficas a Einaudi, Gallimard, Hamish Hamilton (de Londres) y a una editorial de Frankfurt, además del original y una copia para mí, para llevarle a "Knopf" de New York. Bueno, resulta que todavía no me llegó (vía aérea!) por lo cual llamé al correo y me dijeron que hay una ley nueva de aduana que detiene todos los paquetes para revisación!!!! La ligué, parece que tienen un atraso bárbaro. La Balcells me escribió el lunes dándome las instrucciones para verlo al encargado de "Knopf", el cual también es amigo de mi cuña de Londres, esperemos que lo lean rápido. Yo primero tengo que darle una ojeada a la copia por si la dactilógrafa hizo muchos errores y después se la llevo a Mr. William Koshland. Amén. Bueno, casi me dio un ataque cuando me enteré de la aduana, pero por suerte tuve un aliciente el mismo lunes, que me compensó: resulta que la copia que tenía Ayala (ya se fue) pasó a retirársela un conocido mío, cubano, Figueredo, amigo de Néstor, que vive hace muchos años aquí y es crítico de cine y ensayista. Me habló el lunes diciéndome que la novela es una maravilla increíble, y superlativos, y exclamaciones, se ve que se entusiasmó como loco. Para mí es un signo buenísimo porque se trata de un tipo que representa lo más actual en gustos, está metido en todo el ambiente pop, etc. Me interesa mil veces más la opinión de él que la de Barral, etc., que son de otra escuela, muy "passé", además de estar siempre cegados por la fiebre comunista. En estos meses he estado leyendo muchos de los "grandes" de Barral, no me gusta ninguno, el mejorcito es el peruano Vargas Llosa. En estos días leí uno que me regaló el mismo Barral, de Luis Martín Santos, un tipo que dio un gran campanazo con su primera novela, "Tiempo de silencio". Es un plomo. Estos comunistas siempre en el mismo error, escriben las cosas más ajenas al gusto popular, con el afán de enfocar todo desde el ángulo social se mandan unos plomos impresionantes. Tanto que hablan del pueblo y no saben dirigirse al pueblo. Barral especialmente es un caso, en el fondo es un niño bien recalcitrante, se muere si le faltan sus

bebidas, sus cigarrillos importados, sus camisas con iniciales. Bueno, volvamos al viaje que se aproxima: si estoy en París en agosto sería ideal que ya vinieran entonces, y yo me hago saltos de París a Barcelona, Roma, etc. Si esto se define (mi traslado) en la semana les escribiré inmediatamente. ¡Qué lío va a ser combinar todo! Pero me parece que va a salir todo al pelo. La traducción sobre la Brytal se la llevó a la casa un compañero mío alemán y me la prometió para mañana. Está casi terminada pero había palabras científicas que no las sabía. Si puedo la despacho mañana. Pero me parece que es muy superficial. Bueno, me siento bien dentro del enredo de cosas en que estoy metido, lo de Figueredo me llenó de esperanzas. Pensar que están leyendo la novela todos esos tiburones... Hoy vi en el Lincoln Center "Annie Get Your Gun"[30] ("Annie la reina del circo", aquélla de Betty Hutton) con Ethel Merman, que la estrenó hace veinte años. En agosto-setiembre estará en cartel "Show Boat".[31] Parece que "Mame" es regia, aquella "Auntie Mame" era con R. Russell sobre la tía loca y el sobrino. Bueno, cuando en Hawai se despiden dicen Aloha!
Besos

*Coco_*

---

[30] *Annie Get Your Gun / Annie la reina del circo* (1950).
[31] *Show Boat* es una exitosa comedia musical basada en una novela de Edna Ferber. Hollywood ha realizado tres versiones: 1929, con dirección de Harry Pollard, interpretada por Laura La Plante y Joseph Schildkraut; 1936, con dirección de James Whale, interpretada por Irene Dunne y Allan Jones; y la más popular, dirigida en 1951 por George Sidney e interpretada por Kathryn Grayson, Ava Gardner y Howard Keel.

Air France, viernes 17 de junio

Querida familia:

Ayer estuve off, hoy de vuelta al trabajo, pero ya me pasó la desesperación de Air France, sobre todo sabiendo que estaré seis semanas en París (me confirmaron el traslado!). Ayer recibí carta, qué ganas que tenía de saber de los envíos. Yo arreglé para que le llevaran dos botellas a papá, por supuesto que van de regalo ¿estás loca Malisita?, pero mejor dicho *va* de regalo porque la que las llevaba lo rebajó a una. Agárrense, me llamaron de "Knopf", la editorial americana con que empezó gestiones la Balcells, para preguntarme por qué todavía no les llevé la copia. Según ellos lo de la aduana es imposible, no pueden retener tanto un paquete, así que escribí inmediatamente a la Balcells pidiéndole otra copia. No comprendo esta serie de retrasos, para mí que hay algo. De parte de Barral, no de ella. Para mí que no quiere que nadie lea la novela para que no la comparen con la premiada, que está recién publicada. Bueno, a lo mejor me equivoco. Si se hace lo de "Knopf" me pongo las botas,[32] o las chancletas, lo que sea, pero sería un golazo. En Buenos Aires los Mallea se desplomarán. El hombre de Knopf (por teléfono) parecía muy interesado, cuando sonó el teléfono casi me caigo al piso. Importante: hablé por el boleto, no definitivamente porque espero al otro jefe, pero me dijeron que a papá sin duda me daban el boleto, pero sólo 50% de rebaja, y que al Chino no sabían porque en el reglamento dice exclusivamente madre y padre. Pero como todavía el jefe no sabe nada, no sé. Lo del 50% me lo aseguraron, porque dicen que en todos los casos de casamientos y nacimientos, etc., siempre se ha dado el 50 como máximo de rebaja. Algo es pero no mucho, el boleto Buenos Aires-París ida y vuelta sale $879, así que lo mismo la mitad $440 es un montón de plata. La reina del descuento es la Malisita. Espero que ya hayan recibido la traducción del Brytal, la parte última con ese baño para quitar la cutícula me pareció lo más raro, no recuerdo haberlo leído antes. Ojalá sirva!!! Volviendo al boleto de papá, mi intención había sido regalárselo, pensando que saldría $80, el 10% del precio, pero si es $440 no puedo, tengo mucho con la ida a Hawai, etc., y sobre todo con la perspectiva de dejar Air France a fin de año. Qué papelón estoy haciendo a fin de cuentas, prometiendo,

---

[32] "Ponerse las botas": pelechar, progresar económicamente.

insaburiendo* y después nada. Dieron ayer los premios de teatro (los "Tony"), lo ganó Angela Lansbury por "Mame". Mejor musical resultó "Man of the La Mancha" una sobre Don Quijote que parece ser regia, veremos. Mamá: hay una francesa entre las chicas nuevas que han tomado para la temporada de verano, que es siñura indurment,* resulta que es modista de primera y se especializa en remodelar ropa vieja y se ofreció para hacerte lo que quieras cuando vengas. Ojo le exageré que vivías mirando las revistas francesas de modas, etc., y está embalada, así que si tenés algo que arreglar traelo. Andá pensándolo. Así también aliviás un poco a Haydée. Recibí carta de Cora, media caiducha parece, desilusionada de la Argentina. Yo cuando pienso en las opiniones que me dieron allá sobre la novela y las que me está dando la gente ahora me pregunto si allá la comen o la llevan en el bolsillo. ¡Qué caso! Vi una película, escrita por Marguerite Duras, de hace años, "Une aussi longue absence",[33] con Alida Valli. Me gustó muchísimo. Estoy leyendo una novela de ella, bastante linda también. Bueno, les escribiré ni bien sepa algo más.

Besos

*Coco_*

---

[33] *Une aussi longue absence / Una larga ausencia* (1960).

Importante: para España no se necesita más visa.

New York, sábado 25 de junio

Querido papá:

Acabo de recibir carta de mamá en la que me dice que las pruebas que estás haciendo según lo que encontré en la biblioteca, no dan resultado. Esto es algo muy serio, habría que hacer lo posible para resolverlo. Yo creo que se podría hacer la prueba de ir a ver a aquel tipo (no recuerdo el nombre) que vi la otra vez, ustedes me habían mandado el nombre y la dirección. Él me dijo sólo que consultara los libros, que los casos son variadísimos, etc., etc. Se me ocurre que si ustedes me mandan una explicación a fondo del proceso que están empleando, con todos los datos, 1º artículos que tratan, 2º la instalación (cubas, etc.), 3º el proceso en sí y los ingredientes y 4º las fallas, yo con eso iría a ver al tipo y si agarra viaje él lo puede presentar a los técnicos para que den su opinión. A lo mejor está fallando un elemento x que alguno de ahí por casualidad conozca. Mandame la descripción, si te parece bien mi idea, lo antes posible, así puedo intentar algo antes del 23 que salgo para París.

Pasemos a otra cosa: tu boleto Buenos Aires-París al 50% será válido sin restricción en setiembre (o agosto) y con derecho a reservación! En cambio mamá no puede viajar Sud América-Europa con su tipo de boleto. La solución para ella es por medio de Aerolíneas que me acaban de decir que *sí*, gratis. Pero Buenos Aires - New York - Buenos Aires, porque figura como que vive conmigo. Así que ya está arreglado el guiso, lo único que falta es que vos te decidas. Mamá tendría que estar aquí en New York alrededor del 20 de julio para seguir conmigo a París el 23. Después en París nos encontramos todos. Yo vuelvo a New York el 6 de setiembre y ella se puede quedar con vos en Europa todo lo que quiera. Claro que de vuelta tiene que volar a Buenos Aires vía New York, por el boleto de Aerolíneas, sería entonces que aprovecharíamos para ir a Hawai (viaje espantosamente caro que a mí me saldría $50 a cada uno, en vez de $500!!!!) mamá y yo. Una oportunidad que sería un pecado perder. Así que está en vos (1º) decidirte a venir vos y (2º) darle el vía libre a mamá para que se venga el 20 de julio con Aerolíneas. Es una pena que no lo haga, costando una miseria. Bueno, quedo esperando ansioso el *sí* doble. Por otra parte tengo el suspenso de la editorial americana. La novela está en manos de dos lectores que tienen que pasar el informe al Director ¡socorro! ¡auxilio! Bueno, A DECIDIRSE que si no nos encontramos cuando me vengan a visitar a Vieytes. Besos

*Coco_*

New York, martes 4 de octubre

Querida familia:

Voy en el subte rumbo a Manhattan. Hoy es el último de los cuatro días libres, mañana empiezo seis días de tarde. Pero si todo va bien me falta poquito tiempo, tres meses. En enero me tomo las vacaciones y en febrero chau. Para dónde agarraré inmediatamente después no sé, por todos los interrogantes de la novela. La cuestión de Monegal me gusta mucho,[34] estuve en la biblioteca viendo los tres primeros números de la revista "Mundo Nuevo" y son muy interesantes y muy serios, deben estar en Buenos Aires. Creo que el primer número es el de julio '66. A ése no lo vi casi. Ya le escribí diciéndole que sí. También escribí a la Balcells para que le pida a Barral el permiso de publicar un capítulo, todavía no ha dado la menor señal de vida. Tuve una mala noticia: un compañero que fue a México telefoneó a la editorial Mortiz para preguntar si mi manuscrito había llegado y le dijeron que *no*. Eso fue el 21 de setiembre. Ni bien me enteré llamé a los de Knopf, que son los que enviaron la copia. Bueno, la secretaria fue al archivo y me asegura que figura el manuscrito como mandado el 29 de agosto y por vía aérea ¿? Si se perdió buen lío. No sé si Barral habrá mandado uno como le corresponde. Un amigo de Londres quedó en mandarme su copia para pasársela a "Scribner's", la editorial de que es lector Monegal ¿no es interminable este asunto? Menos mal que engrané en la segunda novela, quise retomar el tercer capítulo y NO ME SALE, pero agarré primero y segundo y les hice las correcciones que faltaban. El primero me parece que quedó SENSACIONAL,[35] el segundo no tanto, no sé por qué se me pegaron cosas de un francés que está muy en la picota, Robbe-Grillet, el argumento de "Marienbad", sin querer, porque no me entusiasman sus cosas para nada. Qué plato mamá con tu descripción de Ezeiza, qué desesperantes son esos primeros días, pero la llegada al puerto en ese sentido es insuperable, nada más subdesarrollado. ¿Qué pasó con las uvas? ¿por qué quedaron mal en la mesita? ¿y dónde fue a parar el durazno de ónix? ¿a la pieza de servicio? Ayer me llegó tu segunda carta mamá, no me había dado cuenta todavía de que

---

[34] Emir Rodríguez Monegal, crítico uruguayo, era director de *Mundo Nuevo*, revista fundamental en la difusión de nuevos escritores latinoamericanos. En 1967 se publica en *Mundo Nuevo* el capítulo V de la novela aún inédita.
[35] Parte de este primer capítulo fue publicado en el suplemento literario de *Página/12*, a la muerte de Manuel Puig.

me faltaba la tarjeta, por favor mandámela inmediatamente por certificada. Aquí un tiempo pésimo, llueve constantemente. Vi la de Hitchcock, "Torn Curtain"[36] con Paul Newman y la insoportable fachalonga Julie Andrews, que no puedo mirar, es una cara imposible para cine. La vista es el asco supremo, me parece que Hitchcock está senil. También caí en la última de Godard "Masculin, féminin",[37] que es IMPOSIBLE, se le fue la mano en forma, lo peor de todo es que aburre bestialmente. Díganme bien con detalles cómo quiere papá que se haga la cuestión del departamento, yo encantado con ligar semejante regalo, hagan como les parezca, canjearlo o lo que sea, lo importante es que si se vende enseguida se compre otra cosa.[38] Yo para mí querría algo parecido a Talbot pero me imagino que no se podrá. Si la plata alcanza sólo para un departamento de una pieza no importa. Cocina es lo que menos me interesa. El barrio es fundamental, cerca de Charcas y si es posible no más allá de Soler!!!! ¿cuántas pretensiones, no? Como mamá conoce Talbot ella puede explicarles bien qué es lo que para mí sería ideal. Yo me imagino que sin tener el lío del alojamiento ya no hay nada que me pueda impedir volver a Buenos Aires, esperemos que todo salga bien, todavía hay algunas cosas de por medio, bastante importantes. ¡Qué complicada es la vida! Bueno, ante todo mil gracias papá por la cuestión Bulnes, para mí es algo SENSACIONAL.

Cariños y besos

*Coco_*

---

[36] *Torn Curtain / Cortina rasgada* (1966).
[37] *Masculin, féminin / Masculino, femenino* (1966).
[38] La idea original era vender el departamento de Bulnes, pero finalmente se compró un departamento para Manuel en el pasaje Del Signo, a pocos metros de Charcas, y muy cerca también de Bulnes, que quedó para Carlos.

New York, martes 11 de octubre

Querida familia:

Voy en el subte rumbo a Manhattan, estoy libre hoy y mañana. La semana de trabajo me dejó un saldo modesto pero algo adelanté, siempre el trabajo de mañana es más reducido porque entre que me decido a levantarme y estar listo a las 14.30 para ir a Air France no me queda mucho margen. Corregí el primer capítulo y quedó muy bien me parece, el segundo más o menos y el tercero es un lío que no adelanta mucho. En esta semana no hubo ninguna novedad. Escribí al hermano del mexicano para que hable a la editorial Mortiz y pregunte si llegó la copia, qué escándalo. El mexicano habla por teléfono con la familia todas las semanas, así que el domingo a la noche sabré. Tampoco me llegó la copia de Londres que tengo que llevar a Scribner's. Qué maraña es ésta. Nunca me lo hubiese esperado. Mañana matinée trataré de ver "Mame", no pude entrar el sábado pasado ¡qué plato, van como cinco veces ya! Si no consigo me corro a ver "La Bibbia",[39] la crítica la despedazó. Ayer se estrenó "Hawaii"[40] y parece que es un asco, ni siquiera lucen los panoramas dicen. ¿No apareció más Madame Rouch? Estoy intrigado. Recibí carta de Mario, parece que está empezando despacio a corregir y quiere que yo vaya a ayudarlo si dejo Air France. Yo únicamente iría si se tratara de un viaje necesario. Ni bien tenga alguna noticia de México voy a escribir a Calvino para decirle de la censura española, porque según la sigueleta* de Einaudi no esperaban más que las pruebas de imprenta de Barral para concretar el contrato. No sé si les conté que estuve en la biblioteca leyendo dos números de "Mundo Nuevo" y me gustaron mucho, tienen mucha altura, todos los colaboradores son personajes como Neruda, Saul Bellow, Borges y metidos entre todos ellos Severo Sarduy. También le hacen el caldo gordo al asqueroso Vargas Llosa. Mamá: decile a Haydée que la mato si compra el libro de Marsé. Es una porquería, dicho por todos. Que se mueran todos los barralistas. Ya estoy estudiando los días de enero para planear las vacaciones, claro que no sé en absoluto para dónde agarrar. Si voy a la Argentina enseguida después, no me conviene gastar el 75% de Pan-Am, ya veremos. Si lo de México se aclarara pronto sería otro mundo.

[39] *La Bibbia / The Bible... In the Beginning / La Biblia* (1966).
[40] *Hawaii / Hawai* (1966).

¿Qué dijo Don José de la radio?[41] Yo tengo que empezar a averiguar de los fletes de muebles, si es muy caro no convendría, pero me gustaría llevarme a Buenos Aires casi todos. Sigo escribiendo porque el subte se descompuso, hace quince minutos que está parado entre dos estaciones. Qué plato hay una nueva estación de TV en español, todo el tiempo, dan montones de películas argentinas, vi "Así es la vida",[42] con la pareja más espectral de la historia del cine: Sabina y García Buhr! Qué dos. Otra cosa que me impresionó fue ver "La condesa descalza"[43] (un pedazo no más) en TV, es del '54 y parece algo ya tan lejano y pasado de moda. Cómo envejece el cine. Bueno, se puso en movimiento el subte. Hoy voy a retirar las fotos de París, encargué un montón de copias ¿dónde fueron a parar las que teníamos? ¿les quedaron a las chicas? Bueno besos y cariños

*Coco_*

---

[41] Don José era el casero de la quinta, a quien Manuel había enviado una radio de regalo. Era inmigrante polaco (de Cracovia) y muy querido por la familia.
[42] *Así es la vida* (1939).
[43] *The Barefoot Contessa / La condesa descalza* (1954).

New York, viernes 21 de octubre

Querida familia:

Hoy por fin llegó la carta, sólo un día atrasada, pero ya me parecía tanto. Yo me atrasé esta semana en contestar, perdonen, pero estuve boleado. El domingo pasado por intermedio del mexicano tuve la mala noticia de que el viernes 14 el manuscrito no había llegado todavía a "Mortiz". Es un plato porque salieron de N. York y de Barcelona sendas copias y ninguna llegó todavía. Es ya cómico. Yo me lo estoy empezando a tomar con más calma, porque es inútil preocuparse cuando es evidente que lo que tiene que desmoronarse se va a desmoronar por más que me mueva. Por otra parte tuve una carta muy linda de Goytisolo recién vuelto de Rusia donde fue a pasar dos semanas de vacaciones y a gastar sus derechos de autor en Rusia, que por ser en rublos no los puede sacar fuera de la cortina de hierro. Dice que en Gallimard todo está casi listo para el contrato, qué regio sería, sobre todo querría dejar la traducción por lo menos encaminada antes de salir de Air France, porque algún viaje tendré que hacerme. También me escribió Monegal, me mandó un cuestionario para datos biográficos, etc. Qué bueno sería que me escribiera un artículo como el que le hizo a Vargas Llosa. Seguramente hará una introducción al capítulo. Yo quiero que publique el Nº 5, el segundo del chico (en la fiesta de cumpleaños) que fue el que leímos en Padua. Hace sólo dos años de eso y a mí me parece un siglo. Así que todo lo de París va saliendo bien, qué ciudad que siempre me trajo suerte. Dice Goytisolo además que Diez Canedo, el director de "Mortiz" viajará a París a fin de este mes, así que él lo agarrará allá para hacerle su correspondiente lavado cerebral. La macana es que la versión española vaya tan lenta, porque estoy seguro de que allí iría saliendo todo. Bueno, esta semana repunté mucho en la nueva, hice poquísimo pero muy importante, estoy medio entusiasmado, es una cosa cada vez más complicada pero muy ambiciosa. Mamá, me preguntabas si había leído algo de Donoso. Sí, hice un gran esfuerzo y leí dos, salteándome muchísimo porque es de una pobreza y chatura de no creer, escribe como un escritor mediocre... de hace cien años, es lo más tonto que hay. Lo que no me gusta de "Mortiz" es que haya rechazado la novela de Severo, yo lo que leí lo encontré fenomenal.[44] Ni

---

[44] La novela es *De dónde son los cantantes*.

comparación con todos los demás. Vi una vista, "Hotel Paradiso"[45] de la Gina y Alec Guinness, muy boba, ella más o menos pero DIVINA físicamente, algo de sueño. Así que cayeron con "The Knack",[46] qué clavo es, yo también caí pero me fui por la mitad, qué asco, le hice la cruz a estas comedias inglesas de falsa vanguardia, son un asco y acá la crítica las pone por las nubes. Es el momento de todo lo inglés. Me escribió Almendros, a último momento el productor que le financiaba el corto (un tipo que se ofreció sin que Almendros se lo pidiera) se echó atrás y lo dejó en banda sin tiempo de buscar la plata ni nada. Una canallada bárbara. Era el catalán Rovira-Beleta, el director de "Los tarantos".[47]

Bueno, no tengo más tiempo y se me va el auto en que me llevan de vuelta a casa, son las 23.30 y estoy en Air France.

Besos

*Coco_*

---

[45] *Hotel Paradiso* (1966).
[46] *The Knack ...and How to Get It / El knack y cómo lograrlo* (1965).
[47] *Los tarantos* (1963).

Nueva York, viernes 28 de octubre[48]

Querida familia:

Voy electroshockeado rumbo a Manhattan. Un tiempo regio, dejó de llover y está ni frío ni caluroso. Durará poco. Estoy medio neurotizado porque de nuevo me paralicé en mi trabajo. En febrero me voy volando de Air France y no quiero hacer nada por al menos seis meses, a ver si logro encarrilar la nueva novela. Pasó rumbo a México el rengo Moravia con la asquerosa de Maraini, odiada por todos por haber ganado un Formentor de la manera más absurda.[49] El viejo estaba vestido todo normal pero con una bestial corbata "pop" que no le pegaba con el resto, llena de flores y para colmo el saco era a cuadros (pero corte normal). Dejó mal parada a la elegancia romana. Ella debe ser una psicótica de primera, se le pianta la mirada para todas partes. Bueno, ya descargué un poco de veneno. De lo mío no supe nada. Qué cosa increíble. No sé si les dije que me escribió la Balcells, parece que tiene un plan con otra compañía de New York. Mamá: si la madame Rouch está todavía convendría que la invitaras a almorzar un día que estés tranquila, conviene por Carlitos, ella le puede presentar a mucha gente en París. A mí me pareció muy simpática, es de lo más esbalado* y bohemio que pueda haber, no te tenés que preocupar por nada, todo le viene bien y además es muy interesante. Broadway está imposible, no pude ver "Mame" (ya fui como tres veces más) ni "La Biblia", nada. Las nuevas que se están presentando parecen todas malas.

En el cine se estrenó una de Mercouri-Dassin sobre un libro *de la Duras*[50] (mi yirada)* y los críticos la demolieron. Yo lo mismo la veré, tal vez no la hayan entendido estas bestias, son lo más animal que hay. Parece que la Duras le lavó el cerebro a Dassin y se ha mandado una película nada hollywoodiana. La macana es que también está la Romy, bajaré la vista cuando aparezca. Recibí carta de Mario, bastante animado, no sé de dónde le vienen los ánimos, qué plato, me dice "Male es

---

[48] La idea de volver a Argentina se cuela en la denominación "Nueva York", que aparece por primera vez en castellano.
[49] Dacia Maraini, narradora y guionista, por esos años era pareja de Alberto Moravia y había ganado el premio Formentor por su *L'età del malessere*, que sería llevada al cine en 1968.
[50] *10:30 P.M. Summer / Verano a las 10:30* (1966).

encantadora al extremo, es una madre-joya". De Carmen no me dice nada, stas yo* no digas nada porque le daría un ataque a Carmela.

Bueno, muchos besos y cariños

*Coco_*

Nueva York, sábado 5 de noviembre

Querida familia:

Recién acaba de llegar la carta de la semana, cada vez tardan más. Voy en el subte rumbo a Manhattan, con un frío bárbaro. No tengo ninguna novedad. A mí también me parece raro lo de Mortiz (me refiero al extravío de las dos copias), me temo que sea alguna treta más. Almendros estuvo en Barcelona en un festival de cine de color, invitado, así que espero que me mande algún chisme pronto. Por suerte Diez Canedo (el director de "Mortiz") debe estar ya en París y a Goytisolo le tengo fe para que me escriba pronto y con novedades. A mí lo que no me gusta de Mortiz es que no le publique la novela a Severo que es mil veces mejor que las cosas de Vargas, etc. Me parece que está muy influenciado por Barral (Barral odia a Severo por haberse exilado de Cuba). En fin, que el hecho de pertenecer a un país subdesarrollado como la Argentina y tener que negociar con España y México, subdesarrollados también, no ayuda a nadie. Esos países están como están porque se lo merecen, todos unos haraganes y politiqueros que no quieren admitir la calidad cuando la tienen delante, siempre actuando por simpatía y pavadas. El pobre Almendros también está desesperado en ese sentido porque ve que los demás compañeros que no tienen que lidiar con España van adelante y él siempre atrancado por pavadas. Estoy esperando su carta con ansias. Esta semana fue mala, no escribí NADA, corregí un poco del segundo capítulo, no sé por qué se me ocurrió meter unas cosas medias a la Robbe-Grillet, es un plato, las voy a sacar. A propósito mamá de lo que me decís en la carta, este Robbe-Grillet es importantísimo, su movimiento se llama "nouveau roman" (nueva novela) porque pretende renovar técnicas viejas, etc. Es muy interesante y refinado pero un PLOMO para el lector, interesante nada más que para los escritores, por los experimentos que hace. Ante todo pretendió eliminar la visión subjetiva de las cosas, quiere describir las cosas como son (sobre todo el marco material en que se mueven los personajes) y no como las siente el escritor. A mí me gustó "La jalousie" un poco más que las otras, que nunca pude terminar. Para cine escribió "Marienbad" que no tiene nada que ver con sus novelas. Si querés echar una ojeada a todos los latinoamericanos modernos y a este Robbe-Grillet yo creo que lo mejor es hacerse socio de una de esas bibliotecas circulantes. Hay muchas en Buenos Aires. Hay una tal Natalie Sarraute que también forma parte del "nouveau roman" y es sí ya lo máximo en plomo. La Duras flirteó un poco con el "nouveau roman" pero no se metió muy a fondo por suerte. Vi el asco: "This Property Is Condemned"[51] de Tennessee Williams con Natalie Wood, es una cara que se me ha hecho insoportable. Recibí la tarjeta de residente. Gracias! También recibí carta de Margherita, parece que lo pasaron divinamente, me mandó las fotos, más o menos. Veo que pasa el tiempo y todavía no resuelvo nada de las vacaciones (enero o principios de febrero), hay muchas cosas en juego, *muchísimas*. El otro día fui a un cocktail de una amiga de la Balcells, también agenta literaria, judía de New York, un plato. Me vino bien porque conocí a gente de editoriales que puedo necesitar. Una editora de "MacMillan" (compañía muy fuerte) quiere una copia pronto. No sé la tarada de la Balcells en qué andará con Scribner's. Qué lentitud. Bueno, besos y cariños

*Coco_*

---

[51] *This Property Is Condemned / Una mujer sin horizonte* (1966).

Nueva York, jueves 10 de noviembre

Querida familia:

Aquí estoy de gran libertad porque me pegué un faltazo! Por suerte acabo de recibir carta, esta semana llegó bien. Recibí el lunes un montón de cartas, una de Goytisolo diciéndome que el tercer lector de Gallimard también se entusiasmó así que presentaron al capo tres informes espléndidos. El capo se llama Maurice Coindreau y el asunto parece que está casi hecho. ¿Será posible? Dice Goytisolo: "Ahora el libro está en manos de él y, si como estoy seguro, le gusta, l'affaire est dans le sac. Mi opinión es, pues, francamente optimista." También me escribió Monegal: "Acabo de recibir la autorización de Carmen Balcells para publicar el capítulo V de tu novela. Irá en el número de marzo de 1967. No lo doy antes porque los meses de enero y febrero en América Latina son meses de veraneo y carnestolendas, como tú sabes mejor que yo. De Scribner's me escriben que están muy interesados en la novela y que ya te han hablado por teléfono al respecto. Ojalá se llegue a concretar algo. De todos modos *ya somos varios los que estamos fanatizados por ella.*" ¡Hurra! Me enloquece ese final de frase. Me escribió también otro argentino, un crítico de arte muy conocido, Damián Carlos Bayón, radicado en París. Yo lo conocí por intermedio de Sarduy, no estaba este verano en París pero yo le escribí y me contestó enseguida, quiere leer la novela enseguida para agarrar a Diez Canedo en París cuando llegue el día 20. Recién entonces llegará, según Goytisolo viajaba a París a fines de octubre. En fin, todo siempre con retraso. Yo creo que Goytisolo se está eschancando* tanto porque se siente culpable de haberme metido en el lío de Barral. Fue él quien sugirió presentar la novela al concurso aquel. Bueno, también me escribió Néstor, el pobre abatido por la asquerosa de la hermana (relaciones frías por diferencia de opinión política) que pasó por Europa y no lo buscó, después de cuatro años sin verse. El que se arremangó a escribirme en forma fue Mario, una carta de cinco hojas. Yo le había pedido de rodillas que me hiciera un estudio comparativo de mi novela con las cosas de los demás latinoamericanos modernos. Además me manda buenos consejos para el fatigoso capítulo segundo de la nueva novela. Según él mis cosas están a leguas de todo lo escrito en español (contemporáneo). Qué plato. Almendros empieza tres cortos para la TV Escolar, por suerte le cayó eso así por lo menos no tendrá apuros económicos. Tomó departamento, por

Invalides, dice que es lindísimo, 7 Rue Rousselet, París 7. Todo con 7. Bueno, hoy que no voy al asco de Air France iré al centro a darme una linda vuelta. Ya me queda poco que aguantar, creo que casi seguramente me tomaré las vacaciones en enero, alrededor del 20, y seguramente iré a Buenos Aires, pero de la vuelta definitiva no sé nada con todas mis cosas tan revueltas como están. Me olvidaba, fui a lo de las Font! Como nunca coincidíamos tuve que ir a la hora de almorzar, no hubo otro modo, un plato, la fuimos a buscar al colegio a la Heidi, volvimos, comimos unos menjunjes de Haydée y llevamos de nuevo a la nena y a mí me dejó en casa porque quise venir a ver si había carta (qué tortura). Me dieron varios dulces: manjares, me quedé tonto, y la comida que hizo también. Se ve que sabe cocinar.

Bueno, muchos besos, hasta pronto

*Coco_*

N. York, viernes 18 de noviembre

Querida familia:

Estoy en el trabajo. Espero encontrar carta al volver a casa, ayer no llegó. Estoy muy contento porque me han dado un tipo de trabajo nuevo, estoy mucho más tranquilo, así que por suerte estos últimos dos o tres meses que me quedan los pasaré mejor. Recibí otra carta de Goytisolo me dice que el tercer lector (me equivoco, ya la leyeron tres, éste es Maurice Coindreau, el director de la colección española) le escribió de Niza diciéndole lo siguiente: "J'ai lu le manuscrit argentin et trouve le livre excellent, surtout la première partie. Il y a là un mélange de fantaisie et de realité, de drôlerie et de crudité très savoureux. De plus la facture en est originale. J'enverrai certainement un avis favorable."[52] Recibí también tarjeta de Mario, quiere que vaya seis meses a Roma cuando deje Air France, así mientras vigilo las traducciones (si se concretan!) de la novela lo ayudo a corregir sus cuentos. Pero me parece que no se va a hacer. Esta tarde viene a Talbot el representante de una compañía de mudanzas para medir los muebles y darme un presupuesto del flete a Buenos Aires. Tengo que hacerme de una idea de lo que cuesta para ver si vale la pena. Haydée Font me dijo que es un disparate, algo bestial. Yo no sé cuándo y cómo se realizará mi vuelta a Buenos Aires, tengo muchas *pirladas*.* Para las fiestas de Navidad me caen justo los cuatro días libres, menos mal, tendré que ir a alguna parte, a lo mejor Roma, Buenos Aires imposible por tan poquito. Después las vacaciones a Buenos Aires, en enero o febrero. Le escribí a la Balcells en términos muy serios, espero que pronto me conteste. Estoy seguro de que algo raro está pasando con Mortiz y no me lo quieren decir. Pero a esta carta me tiene que contestar. Más párrafos de Goytisolo: "Como ves la cosa no podía salir mejor. En cuanto llegue el informe de Coindreau pediré una decisión rápida a Claude Gallimard."

Más tarde
Por suerte encontré carta. Tengo unas ganas de ir a Villegas que reviento, me parece que en este viaje no dejaré de ir. A mí también me dan ata-

---

[52] "He leído el manuscrito argentino y encuentro el libro excelente, sobre todo la primera parte. Hay ahí una mezcla muy sabrosa de fantasía y de realidad, de gracia y de crudeza. Además su construcción es original. Enviaré desde luego una opinión favorable."

ques cuando veo algo sobre Marsé, pero hay que pensar que todo llegará, por lo pronto a él no se le presenta ninguna traducción. Tenemos que conformarnos con la gran suerte de haber dado con un Goytisolo que es oro en polvo, son muy pocas las personas "colocadas" que pierden tiempo en ocuparse de alguien. También tenemos a Monegal de nuestro lado, ya es mucho. Si los tejemanejes me salen bien leerá la novela (o ya la habrá leído o la estará leyendo) Damián Bayón, y pasado mañana 20 que llega a París Diez Canedo entre todos algo lo sacudirán. Qué misterio el de las copias. Pero ya pronto sabré. Vi el asco máximo: "Farenheit 451"[53] de Truffaut ("Los 400 golpes"[54] y "Jules et Jim"),[55] algo catastrófico, en qué quedó la nueva ola francesa, Louis Malle terminado con "Viva María"[56] y ahora Truffaut. Oskar Werner insoportable pero JULIE CHRISTIE me terminó de conquistar, se ve que va mejorando a pasos agigantados. Muy humana, sin ninguna vuelta, me parece que se va a las nubes. Saqué de la biblioteca "La Rayuela" de Cortázar, bastante simpática pero media pobretona. Al principio me gustaba mucho pero después entra a repetirse y chau. Tiene menos escrúpulos que yo, que tengo terror a repetir los trucos, la nueva novela es novedad tras novedad. Ayer y hoy se me prendió la lamparita me parece. Estoy en el capítulo cuatro. El tres lo tuve que abandonar porque me pasé como tres meses empantanado. Ya volveremos, como los yanquis a la isla de Wake. ¿Y Waikiki? ¿Sigüitarán* hacer surfing? ¿Te acordás mamá de las comidas? Acá en la Pan-Am la comida está imposible, no se sabe dónde comer en este país. ÚLTIMA NOVEDAD: vino el perito en fletes y me dio el presupuesto: $575. Incluyendo alfombras, etc. Qué barbaridad. Bueno, muchos besos. HASTA PRONTO

*Coco_*

---

[53] *Farenheit 451* (1966).
[54] *Les quatre cents coups / Los 400 golpes* (1959).
[55] *Jules et Jim / Jules y Jim* (1962).
[56] *Viva María! / ¡Viva María!* (1965).

Nueva York, miércoles 23 de noviembre

Querida familia:

Hoy día de descanso, por fin pude ver "Mame", me gustó con locura. Sucedió igual que con mamá para "Sweet Charity": pasé ayer de casualidad, pregunté si tenían una orchestra para la matinée de hoy y me dieron fila E al costado, igual que vos mamá. No creí que me gustara tanto, le había tomado idea de tantos plantones, pero valió la pena. Me gustó sobre todo la primera parte con ese número final de los banjos, qué lindo cuando él le propone matrimonio y baila con los de la cacería. Y qué emocionante es, la cola del zorro tres o cuatro veces, al principio nomás cuando recién llega el chico y ella lo presenta a los invitados. La Rosalind Russell[57] lo hacía todo más cómico, pero ésta le gana en la parte emocional. Qué suerte mamá que la viste. El lunes se estrenó otra musical, "Cabaret", que parece ser buenísima, la primera que pega esta temporada, no hay actores conocidos, está basada en una película de hace unos años, muy buena, "I Am a Camera"[58] con (perdón) Laurence Harvey-Julie Harris que no sé cómo se llamaba en castellano. Si la dan en el Lorraine hay que ir a verla! La semana que viene empieza la versión musical de "La cama"[59] con Mary Martin-Robert Preston, eso va a ser para llevar una sábana en vez de un pañuelo, para colmo ella se especializa en hacer llorar a las piedras. Bueno, y eso va a ser todo esta temporada parece, lo demás ha fracasado casi todo. Aquí ya empiezan a hinchar con Navidad, qué tarados son, yo tengo un conflicto porque me caen los cuatro días para el 23 y después puedo pedir si quiero cinco días más, pero para ir a Buenos Aires, con pases es imposible, está todo llenísimo, Aerolíneas, Pan-Am y Varig. Después hacia fines de enero sí me puedo tomar las vacaciones e ir tranquilo. Para Navidad entonces tendré que hacer algún vers,* posiblemente Roma. Entre New York y París no hay problema para el asiento pero entre París y Roma va a ser el lío. Bueno, ya veremos. Me escribió la Balcells, dice que Barral fue a París a conferenciar con Diez Canedo (el jefe de "Mortiz"), según ella la cuestión censura no está muy clara y Barral todavía no descarta la posibilidad de publicar él

---

[57] Rosalind Russell era protagonista de *Auntie Mame / Vivir es mi deseo*, comedia cuya versión musical es "Mame".
[58] *I Am a Camera / La historia de mi pasado* (1955).
[59] Versión teatral de *The Four Poster / Lecho nupcial*, de Jan de Hartog, llevada al cine en 1952 con la dirección de Irving Reis y las interpretaciones de Lilli Palmer y Rex Harrison.

la novela ¿qué me dicen?[60] Yo estoy en ascuas porque lo de Gallimard también se resuelve en estos días ¡que París me sea propicia! De un día para otro recibiré alguna novedad por intermedio de Goytisolo, que no tiene pereza para escribir cartas, unas pocas líneas pero suficiente para tranquilizarme siempre. Le escribí a Mario para que me prepare algún cuento y se lo paso a Monegal. No sé si la entenderá. Debe ser un plato en París entre Goytisolo y Monegal que se dicen "fanatizados por la novela", lavándoles el cerebro a Diez Canedo y Barral. Ojalá a estas horas también Bayón (¿leyeron sus artículos en Mundo Nuevo?) haya leído la novela como me lo prometió, porque es íntimo de Diez Canedo y su opinión es muy respetada. Algo importante: fui al Consulado Argentino a preguntar lo que se puede llevar a la Argentina, después de X años de ausencia, porque quiero aprovechar este viaje aunque no sea definitiva todavía la vuelta. Se puede llevar hasta $1.500 en cosas de la casa así que podría llevarme los muebles, etc. Pregunté por AUTOS, y dicen que sólo le permiten a técnicos y científicos que vuelven a la Argentina ¡tarados! De todos modos si ocurriera algo pronto con la novela, algo espectacular, podría ver al Cónsul y tratar la cuestión. Claro que eso es si papá quiere un auto nuevo. Me tendría que mandar la plata y se arma de auto por una miseria. Bueno, contéstenme pronto a esto.

Besos

*Coco_*

---

[60] En España seguía la dictadura de Francisco Franco y había una oficina de censura que finalmente opuso tantas objeciones a la novela que no se pudo publicar.

Nueva York, jueves 1º de diciembre

Querida familia:

Hoy pensaba poder escribirles con noticias pero todavía no sé nada. Ya hace once días que está Diez Canedo en París. Debe haber alguna complicación muy especial porque si no Goytisolo me hubiese escrito inmediatamente después de haberlo visto. A no ser que Diez Canedo no haya viajado el 20. Mi idea es que debe haber una situación complicada y por eso no me escribe, al no ver una solución buena o mala. Esta semana ha sido bárbara. Para colmo tu carta mamá del lunes anterior llegó recién antes de ayer martes! Tardó ocho días y llegó junto con la del miércoles (con el recorte) que tardó muchísimo también (seis días!). Bueno, yo ya no sabía qué pensar. En Air France hubo unos líos espeluznantes, rajaron a dos de los jefes y metieron a dos nuevos, acomodados, que no saben nada. Es un escándalo, todo el mundo está descontento. El idiota de Dominique se puso de parte de los nuevos, yo ya sabía que en el fondo es una porquería, por eso lo quise ralear desde hace tiempo. El cubano en cambio se portó muy bien. Por suerte me queda tan poco tiempo, entre los días libres de Navidad (nada menos que ocho!) y los veinte de vacaciones en enero se va a pasar el tiempo sin sentirlo. Según como estén las cosas en París veré si me quedo más de un día o si aprovecho a dar un salto a Marrakech, lo tengo en el gos* y ésta es la última oportunidad. Me quedaría cuatro días en Roma, uno en París y dos en Marrakech, el octavo día viajo de vuelta a New York. Me tienta mucho la idea de ir a la Argentina para las fiestas pero es mucha nerviosidad con el pasaje. Hay asientos el día 25 a la noche pero yo ya estoy libre el 23, así que me paso dos días esperando, llego después de Navidad, por unos días miserables y con el miedo de no tener asiento a la vuelta (el 31 nada menos). Bueno, total enero vendrá pronto. La puta que las parió a las mierdas fiestas, joden y nada más. El mes de noviembre ha sido histórico para mí, por todas las expectativas. Mamá: me gustaría ver bien ese número de "Comentario", por favor compreme un número de esa fecha. Cuando vaya lo veo. Espero que esta racha de esperas termine porque no podría resistir más tiempo así. A Scribner's fue imposible mandarles una copia porque *no hay más*. La Balcells escribió a Mortiz pidiendo que si tenían dos mandaran una a Scribner's. Cuando me llegue carta de Goytisolo no sé si me animaré a abrirla, porque ahí va a venir la aclaración de todo. Yo creo que si lo de Gallimard se hace (el único temor de Goytisolo es que no quieran publicar otro sudamericano más, los últimos les han dado mucha pérdida) eso me va a dar mucho prestigio y las ventas siguientes se harán mucho más fácil. Ayer vi la musical esa de tanto éxito: "Cabaret", más o menos, empieza muy bien pero después se hunde, es muy repetida. El primer número es una de las cosas más hermosas que he visto en mi vida, una recreación de los cabarets de Berlín 1929, la época del "Ángel azul",[61] deslumbrante. Pero ahí termina todo. Cada vez "Mame" me parece mejor, ¡qué poroto se anotaron los de Broadway! ¿Dónde se va a encontrar un espectáculo de tanta clase y que llegue a todos? Para mí es un ejemplo de alto teatro popular. He dicho. Bueno, ojalá mañana tenga noticias, les escribiré ni bien sepa algo. Me escribió María, dice que la nena del Jorge es preciosa ¡qué plato, casi ni la va a cuidar de los muchachos! Eso va a ser fenomenal, aunque dentro de quince años yo creo que las madres van a servir las "píldoras" en la mesa, junto con la sal, el aceite, la soda y el puchero ¿no? Mamá, andá a verla y me contás. Besos

*Coco_*

---

[61] *Der Blaue Engel / El ángel azul* (1930).

New York, viernes 9 de diciembre

Querida familia:

Voy en el subte. Es de no creer pero todavía no tuve noticias de París. No me puedo ya explicar las razones. Antes de ayer decidí escribirle a Goytisolo para pedirle noticias, buenas o malas, así que hoy ya habrá tenido la carta. Si me contesta enseguida el lunes tendré la carta. Yo no le quise escribir antes para no cargosearlo pero llegué a un punto en que fue imposible aguantarme más. Yo creo que pueden ocurrir dos cosas: o que todo está muy mal y no me quiere escribir hasta poder arreglar algo o que todo va muy bien y no me quiere ilusionar hasta tener todo bien concretado. La verdad es que nunca me imaginé ñulada* semejante, mes tras mes pendiente de esos tarados. (Me refiero siempre a Barral y el otro. Lo de Gallimard no me inquieta porque es una jugada más limpia. Si sale sale.) Encima de eso tengo problemas de otra índole, estoy podrido de los problemas. Para colmo la carta de ayer mamá con dos malas noticias, lo del camping de mi hermano en febrero y lo del anillo. Yo ya pedí las vacaciones, firmé todos los papeles y me las acordaron, así que ya es tarde para cambios, empiezo el 27 de enero, y si puedo saldré el 26 a la noche. Esto me ha dado una rabia bárbara porque si él me hubiese escrito, me habría muy posiblemente mencionado algo y yo me habría puesto en guardia. Mejor cambio de tema porque no tengo nada agradable que agregar. Cuestión anillo: le hablé al cubano y *barbutó* mil cosas, así que lo mejor mamá es que lo lleves a un joyero, que es lo que deberías haber hecho desde el principio. Veo que estoy smurdént* a más no poder. Estoy saturado de cosas que no marchan, lo único que me alivia la neura es pensar que Air France se termina tan pronto. Las cosas ahí están tan mal con el nuevo régimen que son muchos los que están planeando irse. Hoy en la biblioteca estuve viendo revistas italianas de la inundación, qué lástima más grande. Y Venecia toda tapada, la plaza ni que hablar. Y pensar que hay gente que va de excursiones en invierno, es suicidio puro, a no ser España que se ve regiamente en invierno también. Nunca me voy a olvidar de mi llegada en barco a Vigo, un 8 de marzo creo, con la primavera incipiente, una belleza. Qué belleza es Galicia, quiero volver alguna vez, con tiempo y tranquilidad. Pero no hay lugar que tenga más ganas de visitar que... Villegas. Me parece que en este viaje no se me escapa. Aquí la Navidad me tiene harto, los negocios están llenos de cosas, hay tentaciones implacables, creo que ni Ernesto

Comoglio se salvaría. Es una obsesión ya tanta vidriera y propaganda. Aquí hay una gran temporada de teatro por TV, obras enteras con grandes repartos, pero ya me mandé dos y les hice la cruz, todo lo que es TV está maldito, debe ser porque ensayan poco, todo para ahorrar y salen las cosas mal. Dieron "Espíritu travieso" de Noel Coward, la obra ya no se aguanta más, y Dirk Bogarde (ya es una mala palabra, como Luis Sandrini y Laurence Harvey) es el Osvaldo Miranda inglés, con Rachel Roberts (la mujer de Rex Harrison) una sierva haciéndose la fina, a quién quiere embromar ésa, si es de un pueblo de Gales. Y también dieron "El zoo de cristal" con Shirley Booth sin fiacarse para nada, haciendo lo de siempre. Bueno dejo un espacio por si llega el correo.

Sábado de resurrección, acaba de llegar telegrama:

"Gallimard publicará el libro. Tendrás noticias pronto, quédate tranquilo abrazos. Balcells."

Bueno, ahora todo se arregló!!!!!!!
Besos

*Coco_*

Nueva York, viernes 16 de diciembre!!!!

Querida familia:

Qué divino haber hablado por teléfono, qué cerca estuvimos por un ratito. Lástima que no estaba papá ¿qué pasó? yo ni siquiera vi la hora, aquí era oscuro todavía y me quedé en la cama hasta que me dormí de nuevo, hoy estuve libre y anoche había trabajado hasta tarde. Pero qué dineral se gastaron, ojalá no hayan pasado los tres minutos, pero creo que pasaron de largo... ojalá que no les cobren tanto. Yo estoy contentísimo, hoy fue el primer día libre desde que recibí la noticia, me daban ganas de comprar todo lo que veía, para colmo con todas las vidrieras de Navidad. Cada vez que lo pienso de nuevo me cuesta creerlo ¡publicado por Gallimard! debe ser un caso único en la historia de la literatura argentina, qué poroto, si es una cosa de no creer. Me parece que esto va a ayudarme mucho para las demás ventas, porque Francia en literatura es siempre la que mueve la batuta. Pero si es una cosa INCREÍBLE. Yo no sé cómo tuve el coraje de proponerme algo así, un desconocido pretender que le traduzcan una obra de buenas a primeras. Porque en general se traduce a alguien después de haber consolidado su prestigio en su idioma. Siempre una traducción entraña primero el gasto enorme de la traducción y segundo el riesgo de que la obra traducida pierda mucho del valor original, así que "Gallimard" estará más que entusiasmada para embarcarse en tal lío. Hoy estuve en las oficinas de Air France del centro porque se enteraron y el servicio de prensa quería saber todo. Voy a tratar de sacar partido de eso, ya veré cómo. En París (estaré dos días) también tengo que ver al encargado de prensa de allá. Les ruego que no se hagan ninguna ilusión pero quiero saber si los tres estarían dispuestos a viajar con boleto gratis a España y Francia a mediados de marzo más o menos. Porque si quieren hay una posibilidad de conseguirlo. De todos modos les ruego que no se ilusionen (sobre todo el Chino, que es seguramente de los tres el que más impaciente estará). Yo digo marzo porque yo quiero renunciar lo antes posible, ni bien completaran ustedes el viaje. Podrían ir Buenos Aires - Río - Lisboa y de ahí por carretera a Galicia, una buena vuelta por España, París (Roma si es posible) y vuelta. Yo no se los quería decir todavía pero no aguanto más de las ganas. Lo voy a pedir en estos días. Esto no afectaría mi viaje de febrero. Hoy también fui al Consulado Argentino, revalidé el pasaporte que ya expiraba (hace ya dos años que lo revalidé en Buenos Aires, cuando fui de vuelta de Hong-Kong, etc.). Hablé con la cónsul, una pelotuda provinciana, me explicó todo lo que hay que hacer para el coche. Ella me va a validar todas las pruebas del contrato, etc., los años de residencia, etc., pero es una comisión de Buenos Aires la que lo decide, se llama Consejo Nacional de Investigaciones Científicas y Técnicas, Rivadavia 1917. Dice la boluda esa que una vez legalizados todos los papeles (incluso el documento de compra del auto, *con un año de uso*) alguien en Buenos Aires tiene que ocuparse de hacer el trámite. Si vos querés mamá podés ir a presentarles el caso antes de intentar nada, y si notás posibilidad yo trataré de conseguir el documento de la compra del auto un año atrás. Seguro que alguien me lo daría. Lo peor de este asunto es el artículo séptimo del decreto, que pide que el propietario del coche una vez en Buenos Aires se presente cada seis meses a la Dirección de Aduanas para certificar que sigue viviendo en el país y que no se ha ausentado más de noventa días por año, hasta tres años después de la vuelta al país. Es un lío horrible pero si papá quiere el auto se puede intentar. Si no es ahora siempre se podrá intentar más adelante, porque si las cosas siguen bien ya me haré de más nombre y en pocos meses más. Bueno, querida familia, por favor contéstenme del viaje (marzo sería perfecto para España) y del auto.

Mil besos del genio primero (ya se sabe quién es el segundo: miau!)

*Coco_*

Al enterarse que pasaría por París me escribió Monegal diciéndome que lo llame sin falta que tiene muchísimas ganas de conocerme.

Nueva York, jueves 22 de diciembre

Querida familia:

Estoy en plena neura navideña, hay un trabajo de locura en el aeropuerto, todos los aviones llenos, un asco. Por suerte ya mañana es el último día y rajo, no me ven hasta el 5. Después son unos pocos días más y ya tengo las vacaciones el 27 y chau, al volver unos pocos días más y se acabó. No doy más, me ha venido una especie de desesperación por irme, si no fuera por estas vacaciones dejaría hoy mismo. Hace no sé cuántas semanas que no escribo ni una línea, no hay caso, es demasiada excitación. Antes cuando no tenía ningún problema de publicación era posible aprovechar las pocas horas libres pero ahora todo es problemas. Me imagino que no trabajando en otra cosa que lo mío será diferente. Estoy con un poco de bronca también porque no he recibido carta de la Balcells, seguramente estará esperando tener todos los detalles para escribirme, pero todo lo que viene de Barcelona ahora me pone neura, he esperado tantas veces que esta vez aunque no haya razón lo mismo estoy rabiando. Bueno, ya ésta es una era que se cierra, y más vale así porque la situación es insostenible. Vi la última de Antonioni, "Blow-up"[62] (la ampliación) hecha en Londres, es media podrida pero interesante aunque me parece que en ningún momento tuvo una idea clara de lo que quiso hacer. La Vanessa Redgrave ahora está en el candelero, en la película tiene poco que hacer, es una flaca rara. Aquí es el gran éxito del momento. Se basa en un cuento del argentino Cortázar ¿qué me cuentan de los argentinos? Pero parece que cambió mucho la idea original de Cortázar, para meter cosas actuales de la locura londinense, y eso es lo peor de la película. Antonioni es muy viejo para comprender a la juventud de ahora, no se debió haber metido con eso. Espero encontrar carta en Roma, hoy no llegó nada, pero tuve hace unos días la escrita al recibir la noticia. Y días antes recibí una de Carli. En cuanto al disco me hago confusión porque me llegaron dos o tres juntos ¿te referís al de

---

[62] *Blow-Up* (1966).

Gelman? Me interesó mucho como cosa actual argentina, muy útil para mí, pero no me gusta. Bueno, mil cariños y feliz '67, hasta pronto, besos

*Coco_*

1967

Volando a New York, miércoles 4 de enero

Querida familia:

Aquí voy de vuelta a Talbot, cuánto tiempo sin escribir, pero fue imposible tener un minuto para agarrar el lápiz. Mandé postal desde Roma y Marrakech y nada más. Bueno les empiezo a contar desde el viernes 23: trabajé de 7.30 a 3.30 y a las 5 intenté volar a Jamaica pero estaba lleno. A la mañana siguiente rajé con Pan-Am y a las 2 de la tarde ya estaba en Kingston. Lo de Jamaica no sabía si se realizaría hasta último momento porque todo estaba lleno. Ahí tengo amistades (secretos, ja, ja) y pasé muy bien Noche Buena y Navidad. Después el martes a la mañana rajé a New York y esa misma tarde a las 19 salí para París. Llegué a las 8 de la mañana, hablé a Néstor,[1] etc. y enseguida seguí para Roma, ya a las 10.50 estaba en Roma, día de mi cumpleaños. La pasé regio, fui al due Torri donde me esperaba Mario, almorzamos con Enzo en otra trattoria frente a Carolina, me dormí una siesta y con lluvia y todo salimos a dar una vuelta con Mario. Había maravillas en las vidrieras pero al final me taré y no compré nada. Hablamos horas sin parar, incluso en el cine, no resistí la tentación y lo arrastré a ver en estreno carísimo el bodrio "Scusi, lei è favorevole o contrario?",[2] la segunda película dirigida por Sordi, asco, pero caí porque estaban Mangano - Ekberg - Masina en el reparto. Pero no se sabe cuál es la peor de todas. Una catástrofe. Bueno, al día siguiente a la mañana la vi a Laura, entusiasmada con lo de Gallimard, dice que espera apurar la cosa con Calvino (estaba pasando unos días "in montagna") ni bien le llegue una copia. Resulta entonces que la copia de la Balcells no le llegó. Qué canas verdes me está sacando la Balcells. Le voy a escribir una carta como es debido. Pero la impresión de Laura es que con lo de Gallimard sería mucho más fácil de convencer a los accionistas. Bueno, después fuimos a lo de Enzo para que grabara unos discos que le llevé de la biblioteca de New York, de teatro (Tallulah Bankhead,[3] etc.) y a la noche cenamos Mario y yo en lo de las Muzi, saltimbocca y albacchio al forno. Están muy bien las tres, muchísimos saludos. De regalo les llevé dos botellas chicas que compré en el

---

[1] Néstor Almendros.
[2] *Scusi, lei è favorevole o contrario?* (1967).
[3] Tallulah Bankhead (1903-1968), comenzó su carrera de actuación en películas mudas, pero se destacó principalmente como actriz de teatro en Broadway y en Londres.

avión, una de cognac y otra de whisky. A Mario le llevé cinco affiches grandes de cine, muy lindos, que han salido ahora en Nueva York. Bueno, el viernes a la mañana temprano rajé a París y fui directamente al departamento de Néstor, dos piezas grandes, cocina, todo, muy lindo, cerca de Invalides y del museo Rodin. Él no estaba porque trabajaba hasta tarde en montaje (está filmando para la TV un documental sobre arte del siglo XIII). Me dormí una siesta y después rajé a lo de Goytisolo a cenar. Conocí a la Monique, muy simpática y sencillísima. Después con una excusa rajé y vi a Danielle Darrieux en una obra, bastante mala, pero ella gloriosa. De todos modos me estufé* y salí antes del final. Al volver al departamento ya estaba Néstor y charlamos horas. A la mañana siguiente (31) me fui a Marrakech, divino, muy chiquito, se ve enseguida, y ahí pasé el fin de semana solo pero FELICÍSIMO porque cuando pienso en lo que he logrado no lo puedo creer. El chisme se corre en París de que Sarduy y yo somos las dos súper revelaciones castellanas y que todo lo demás queda superado. ¿Qué me cuentan? Bueno, el domingo a la tarde (1º) me volví a París. El lunes toda la mañana con Monegal, él y la mujer son cinemaniáticos así que hubo tema de sobra. Tiene 45 años, casado en segundas nupcias con ésta medio pituca, un plato, ella no tiene desperdicio, exageradísima. A la tarde corregí la copia del capítulo y después me encontré con Sarduy. Después fui a cenar con Néstor y muerto a dormir. Ayer martes almorzamos Severo y yo en lo de Monegal (le llevé de regalo un disco de la Libertad Lamarque), después fui a Gallimard a saludar a uno (el capo no está en París ahora) y me dieron una de las dos copias de ellos para Scribner's en New York. La otra ya la tiene la traductora! Es Laure Bataillon, la traductora de Borges y Cortázar ¿regio verdad? Bueno, mañana escribo de nuevo.

Besos

*Coco_*

CARTAS AMERICANAS - NEW YORK - 1967

Air France, jueves 5 de enero

Querida familia:

Son las 8.30 de la mañana y aprovecho un rato de calma para seguir charlando. Anoche llegué bastante tarde porque era un nuevo vuelo que para en Boston antes de N. York. Al salir de la aduana eché la carta a Charcas. En Talbot me encontré carta escrita el 26 y el reglamento de Houssay que todavía no lo leí porque era tarde y estaba molido. Me temo de todos modos que había mucho inconveniente. También encontré carta muy afectuosa de Luis Goytisolo y esposa, de Néfer, de Gialdini, tarjeta de la Balcells prometiéndome carta explicativa inminente, y no me acuerdo cuántas más. De Mortiz en cambio nada. Goytisolo y Monegal me dijeron que Diez Canedo prometió que la haría, la iba a leer al llegar a México pero que aún sin leerla daba el asunto como hecho ya que las recomendaciones eran tan fuertes. Por fin supe lo que significa el nombre de la editorial: "Joaquín Mortiz". Es el nombre que él mismo, Joaquín Diez Canedo, usó durante la guerra civil española. También sacará la novela de Sarduy.[4] Esperemos que lo haga pronto. Parece que se esperan estas dos novelas como dos bombas. Dice Monegal que me va a hacer una presentación al capítulo, una especie de prologuito. Me propuso una entrevista larga pero no quise porque no me gustan las entrevistas, me parece que se vuelven puro macaneo, lo que el escritor tiene que decir ya está dicho en su obra o lo dirá en su obra siguiente. Bueno, ahora una cosa medio fulera: fui a Air France en París, primero hablé con el encargado de prensa y se mostró dispuesto a cualquier arreglo pero después pasamos juntos a ver al jefe de publicidad y no sé si le dio rabia que ya había hablado con el otro primero, la cuestión es que estaba medio revirado y cuando le propuse lo de los boletos de ustedes dijo que sí, *pero con suerte en el momento de la publicación*, no antes. Ahí me mató, porque es un imposible aguantar por lo menos hasta setiembre. Yo hubiese preferido haber cerrado la cuestión ya en París para MARZO pero de todos modos puedo intentarlo con los de New York y veré a fondo la cuestión. Pero la gracia es si papá agarra trote, si no se pierde la gracia. La Malisita (tan viajera que la podemos apodar "El gato con botas")

---

[4] Se refiere a *De dónde son los cantantes*, que efectivamente se publicó en la editorial Joaquín Mortiz en 1967. La novela de Puig debería esperar un año más para ver la luz en la editorial independiente argentina Jorge Álvarez.

por supuesto tiene siempre su boleto "legal". La cuestión traducción me tiene muy contento porque dicen que esta Laure Bataillon (se pronuncia Bataión) es muy buena y minuciosa, ha traducido todo Borges y Cortázar, incluida "Rayuela" que es muy argentina como lenguaje, así que debe tener mucha experiencia. Bataillon es el nombre del marido, hijo de un hispanista muy famoso en París, así que se ve ya que es toda una familia dedicada al estudio del español y su traducción. Ese punto me tenía muy preocupado porque dicen que en general las traducciones al francés son muy malas, debido a lo poco que pagan las editoriales. En Gallimard me dijeron que es la segunda vez, en toda la historia de la compañía, que toman una novela extranjera no publicada todavía. El primer caso fue un español hace unos años, no me acuerdo el nombre, perseguido por Franco. Pero no tuvo éxito, espero que conmigo no suceda lo mismo. También fui un rato a verlo a Damián Bayón, el amigo de Sarduy que me presentó a Ayala. El tipo dice que lo de Gallimard es totalmente insólito. Él sabe de muchos que lo intentaron, meses y meses, estando en París de cuerpo presente escorchando a medio mundo. Este Bayón es de la camarilla de Sur (la Ocampo, Murena, etc.) y no tuvo la copia nunca para leerla, yo estoy deseando que la lea porque por intermedio de él le va a llegar el cuento a las otras víboras. Él estaba un poco raro, argentino tenía que ser, se ve que no salen del asombro. El número de "Mundo Nuevo"[5] estará listo a fin de mes! A lo mejor lo tengo para llevarlo a Buenos Aires. Bueno, mil besos, estoy eufórico a pesar del aire del aeropuerto (podrido como de costumbre).

Bueno, hasta prontito besos

*Coco_*

---

[5] *Mundo Nuevo* es la revista uruguaya que dirigía Emir Rodríguez Monegal.

New York, miércoles 11 de enero

Querida familia:

¡Qué poquito falta! Todavía no sé la fecha exacta porque pedí un pase gratis a Aerolíneas (que ahora tiene Boeing igual que Air France) y si me lo dan saldré el 27 a la noche. Si no saldré el 26 con Pan-Am que es 75% y son siempre $130 que vuelan del bolsillo. No tengo ninguna novedad, mañana volveré a las oficinas del centro de Air France donde estuve esta mañana sin haber sacado nada en limpio. Así que mañana si es posible aclararé lo de los boletos.

Leí bien la cuestión del auto que me mandó mamá por correo. En Buenos Aires iré personalmente y listo. Se me ocurre que se puede hacer, claro que todo depende de si das con una persona razonable o no.

Cuestión raqueta: hoy fui a comprarla y el empleado me preguntó si la quería encordada o no. En la carta Carli no me dice nada. Si la querés encordada escribime inmediatamente, y me decís si la querés con cuerda de nylon o de tripa.

Vi "La Biblia", una mierda. Estoy muy nervioso, pronto charlaremos a gusto. Besos

*Coco_*

New York, miércoles 18 de enero

Querida familia:

¡Ésta es la última! Espero estar con ustedes el 28 a mediodía. ¡Me conseguí pase gratis con Aerolíneas! Yo podría salir el 26 a la noche pero no hay vuelo, así que tengo que esperar un día, paciencia. Pero me ahorro los ciento y pico de Pan-Am. ¡También conseguí para la Malisita! el mismo boleto New York - Buenos Aires - New York, así que espero que se venga aunque sea por una semana en la primavera, si es que no se hace el viaje de la familia completa. De todos modos ella tiene que venir por New York porque los pases gratis serían sólo para papá y Chino (los de Air France), para Malisita sería los de costumbre, Buenos Aires-New York (este año por suerte gratis con Aerolíneas) y después New York a Europa y vuelta con Air France. La familia se reuniría en París. Yo estuve de nuevo en las oficinas del centro y no hubo caso, todo lo quieren dejar para cuando el libro salga a la venta... en New York. Los de Air France en París quieren esperar a cuando salga en París. Me quedan todavía dos posibilidades: 1º hablarle directamente al gran jefe de acá y 2º ver a los de Air France en Buenos Aires a ver si les interesa la idea de hacerlo por publicidad. Veremos. Yo voy a intentarlo todo.

No tengo ninguna otra noticia, *no hubo carta de nadie*, el lunes le escribí a la Balcells una carta rajante. Espero tener noticias claras antes de dejar New York así puedo descansar tranquilo en el hemisferio sur. "Scribner's" tiene la copia desde hace ya como dos semanas, pronto espero saber algo.

Espero carta del Chino con las indicaciones de la raqueta (del encordado). ¡Tengo unas ganas bárbaras de ir a Villegas! Estoy trabajando muy bien en la novela nueva, corregí por enésima vez el capítulo II y quedó finalmente como yo quería, fue Mario quien me puso en la pista de lo que había que cambiar. Quedó sensacional. Alabate cola. Qué ganas tengo de ver las cosas del Chino ¿no la entendió todavía de pintar algo Nuremberg? Hoy hace un frío de muerte, qué regio agarrar el calor allá, mañana estaré libre y con el frío no se sabe cómo abrigarse, es bárbaro.

Tendrán que perdonarme la falta de regalos pero es que la cuestión de dejar Air France me asusta. Por favor que no venga nadie a Ezeiza, ustedes solos PLEASE! Porque es horrible la confusión y no poder decir lo que uno quiere. Sobre todo eso. Digan a quien llame que hasta último momento no sabré si vengo por Aerolíneas o Pan-Am. Ah! me olvidaba decirles que

Aerolíneas ahora tiene Boeing 707 como Air France y Pan-Am, el vuelo sale 20.30, para en Río solamente y llega a Ezeiza a mediodía. Por favor mamá no te pongas a hacer comidas complicadas, nada de estrapasamientos.*
Besos

*Coco_*

Volando a New York, domingo 12 de febrero

Querida familia:

Ya falta poco para llegar. El vuelo ha sido muy bueno, tuve tres asientos así que después de Río dormí más de seis horas seguidas. Entre Buenos Aires y Río son dos horas veinte minutos nada más y se pasó enseguida entre cenas y macanas.

Al llegar echaré esta carta así la reciben pronto. Ya le escribí también a Mario. El avión llega a las 7 y pico hora de New York, así que voy a poder acomodar todo en Talbot y dormir un rato más hasta las 3 de la tarde.

La temperatura en New York... 7 bajo cero. Casi nada. Espero encontrar el número Mundo Nuevo! qué ganas. Ahora son las 9 menos 20 hora de Buenos Aires así que me imagino que estarán rumbeando para la quinta. Bueno, ni bien vaya a ver a los de la patente (el martes) escribiré. También trataré de averiguar lo de las excursiones a Rusia. Bueno, será hasta pronto, metele papá con la máquina así venís pronto.

Besos

*Coco_*

Sueño con el departamento mío de Buenos Aires!

New York, miércoles 15 de febrero

Querida familia:

Ayer y hoy estuve libre así que aproveché para hacer todos los mandados. *Primero la patente:* hablé con el tipo, me mostró la carpeta con el expediente, dice que están empezando a llegar las contestaciones a los pedidos de hace dos años, enero '65, así que espera tenerla a más tardar dentro de dos meses. Ahora bien, la contestación puede ser de aprobación total o parcial. En el primero de los casos siguen dos tramitaciones más que llevan de cuatro a seis meses y ya está la patente final. Si en cambio la aprobación es parcial entonces ellos tienen que volver a presentar el caso, circunscribiéndolo a los puntos aprobados, ya que puede ser que se haya invadido terreno ya patentado, etc. Eso es una cuestión más formal que otra cosa, ya que ellos vuelven a presentar la petición, con algún detalle cambiado y basta. Bueno, en ese caso hay que esperar unos tres meses más por la nueva contestación, a lo que siguen los cuatro o seis meses de tramitación final que ya nombré. Es decir que en el mejor de los casos la patente tardaría esos cuatro o seis meses a partir de la primera contestación (y final) y si hay que modificar el pedido, tres meses y después los cuatro o seis de rigor. *PERO*, el tipo asegura que se pueden firmar contratos, etc., en base al pedido de patente simplemente, basta que tenga seis meses ya de antigüedad. Dice que constantemente se hacen negociaciones y se las lleva a cabo sin esperar la salida de la patente, debido al tiempo absurdo que hay que esperar. Yo le dije que vos papá pensabas venir para mayo y él contestó que te largaras nomás, que no habrá inconveniente. Así que apurate y vení pronto. *Cuestión resina*: no conseguí nada todavía, quedaron en contestarme de una casa muy grande. *Cuestión viaje*: averigüé de Rusia. El boleto con Air France sólo puede ir hasta Varsovia. De ahí tren, con cama, todo muy confortable, en compartimentos para dos. Tiene que fijarse fecha de entrada y salida al país, religiosamente, y pagar por adelantado todos los hoteles y excursiones. Una vez que se tiene eso resuelto la agencia de viajes te entrega un vale con el que se va al Consulado para pedir la visa. El viernes me contestarán dándome el costo total. Es muy caro, como 300 dólares cada uno, por ocho días de estadía y todo el transporte y excursiones desde Varsovia a Moscú, Leningrado, Vilna y vuelta a Varsovia. El visado se puede sacar en Roma (para Rusia) y en Buenos Aires ya convendría sacar el visado para Polonia, en hoja aparte si es posible. Visado para 2 entradas. Entonces si están Uds.

de acuerdo pediré el boleto de mamá ya. El del Gato tendría que ser Bs. Aires - N. York - Madrid - Roma - Varsovia - París - Londres - Buenos Aires. ¿Qué les parece? Yo digo que llegando a New York el 18 de marzo pueden continuar a Madrid el 29 (mamá mientras tanto va a México conmigo), estar por el norte de España diez o doce días, después ocho en Roma, dos en Varsovia y el 21 de abril saldrían para Moscú en tren. Esa fecha hay que respetarla, si quieren cambiarla escríbanme enseguida. Entonces para fines de abril ya estarían los dos de vuelta en París, donde el Chino se queda. Vos mamá seguís enseguida a New York donde yo te espero ya libre de Air France y nos vamos juntos ni bien te reponés, a Jamaica unos cuatro días y chau. Así que para antes del 10 de mayo ya podrás estar de vuelta en Ezeiza. ¿Qué tal? Entonces lo principal es renovar el pasaporte y sacar las visas de Italia y Polonia (*dos* entradas). Lo de Rusia se los pago yo todo aquí y cuando vienen me lo arreglan y chau. Se hace todo por intermedio de la agencia mejor: Cook's. Yo creo que Carli estará conforme, porque queda libre en París y después Londres, los dos lugares más "nueva ola" para que se divierta. De Roma con mamá puede dar un salto a Florencia y chau. Bueno, muchos besos. Estoy planeando para volver a Buenos Aires. Ah! recibí carta de la Bataillon, me dice que la novela le pareció merveilleuse.[6]

---

[6] Ésta es la única carta en que Manuel no encuentra lugar para incluir saludos ni su firma (está escribiendo en un aerograma, como la gran mayoría de cartas de New York), y casualmente escribe una carta al día siguiente.

Nueva York, jueves 16 de febrero

Querida Mamá:

Te escribo de nuevo porque hubo una confusión en las fechas. Una gran macana porque todo tiene que ser anticipado una semana! Resulta que aquí en Air France se equivocaron con las fechas de los días libres y para ir a México tenemos que salir una semana antes de lo que yo pensaba. Bueno, por vos no hay inconveniente, pero sí con el Chino que va a tener que correr como loco. Esperemos que todo salga bien. Lo de Rusia todo arreglado y más barato de lo que te dije ayer. Vos mamá en Buenos As. tenés que sacar la visa italiana (primero renovar el pasaporte), y después en el Consulado de Polonia pedí visa de tránsito con parada para la vuelta (válido por cuarenta y ocho horas). Uds. llegan a Varsovia por avión el día *11 de abril* a la noche, y salen en tren a mediodía el 14 rumbo a Moscú. Vuelven a entrar a Polonia el día 24 procedentes de Vilna, en tren, y salen en el mismo día en avión (si alcanzan la conexión) rumbo a París. Si no el día siguiente. En lo posible habría que conseguir esa visa en hoja aparte. Bueno, entonces vos mamá tené eso listo (reválida, visa italiana y visa de tránsito polaca) y si tenés tiempo pasá por el Consulado de México para que te hagan la tarjeta de turismo (un minuto). El lío es Carlitos: necesita pasaporte y visa americana! Si puede convendría que llegara aquí con la visa polaca hecha (lo mismo que la tuya), pero si no le da el tiempo la puede hacer aquí. La visa italiana no es problema porque la hace aquí en un momento. Las visas rusas las sacan en Roma, ya para entonces tendré todos los vales pagos, sin eso no dan la visa. Bueno, ahora a apurarse, porque para hacer México la Malisita tiene que rajar de Buenos Aires con el Gato el viernes 10 de marzo! esperemos que todo salga bien. Si al Gato le dan el pasaporte pronto no habría problema. La cuestión es que vuelva del mar pronto! Bueno, si los polacos no quieren dar la visa porque todavía no tienen la visa rusa *no se preocupen*, se hará también en Roma y listo.

El boleto del Chino siempre el mismo: Buenos Aires - New York - Madrid - Roma - Varsovia - París - Londres - Río (si quiere) - Buenos Aires.

En Aerolíneas para los grandes trechos, pero dentro de Europa que se lo hagan flexible, para más de una compañía.

Bueno, mil besos

*Coco_*

De vuelta en Bs. As., calculo para mamá el 2 de mayo más o menos.

Esto sólo en caso inevitable: en caso extremo que el Chino volviera tarde del mar o cualquier otro lío, se podría invertir su itinerario: Buenos Aires - Madrid - Roma - Varsovia - París - Londres - New York - Buenos Aires, así les da diez días más de tiempo y se encontraría con mamá en Madrid el día 23 de marzo.

Mamá: pensándolo bien creo que te conviene traer cosas buenas de invierno, si es mucho lío las dejás en New York y listo. Pero lo importantísimo es que también traigas de gran fajina.

New York, sábado 18 de febrero

Querida mamá:

Sigo hoy con más comentarios. Tengo los vuelos exactos de llegada a Varsovia. El día miércoles 12 de abril salen de Roma a las 9, no! recién me avivo que estoy mirando el horario de marzo y en abril cambia todo. Bueno, en el aeropuerto voy a mirar en el libro grande. Mientras tanto les quiero prevenir de algunas cuestiones de ropa: para el Chino *todo* de invierno, que se traiga un sobretodo decente pero sufrido (no ése clarito) y un traje para ir al teatro o salir de noche (algo de calle, nada demasiado paquetón, que le sirva también para la tarde cuando se quiere empilchar de tarde) y después todo fajina: el gabán ese que le llevé usado especial para excursiones, además pantalones y sacos y pulloveres de fajina. En total yo diría que basta con un empliche decente (sobretodo y traje) para tarde y noche, y después el gabán, un saco, dos pantalones y dos pulloveres y piloto y *basta*. Que se cargue lo menos posible. Ahora mamá: traete bastante de verano, total lo dejás en Talbot y lo pasás a buscar a la vuelta. Digo bastante... dos pilchas frescas, malla, salida, traje de noche, y chau (para Acapulco y Jamaica). Después para New York y Europa tendrías que traer un tapado para salir (el de gamuza?) y otro para hacer bolsa en las excursiones, te podés traer ése negro o ese sacón marrón de colores. Por favor traete algo así porque si no se te va a deshacer todo. *Pantalones, pulloveres,* aprovechá para usar ese pullover grueso beige, y tenés esa pollera verde de corderoy, y el traje rosa tejido. Yo digo que basta con *un* empilche bueno de invierno (un traje de saco y tapado), el resto todo de batalla, porque quién te va a ver en España, Polonia y Rusia. El único punto es Roma, y basta con un empilche bueno. Creo mamá que en París no habrá necesidad de que te quedes más que una noche, o algo así, para tomar la conexión a New York. La cuestión valijas me preocupa sobre todo para el tramo español, que va a ser de estar una noche en cada lugar, para ir más cómodos lo ideal sería que vos mamá te llevaras una de mis valijas chicas y basta.

Domingo 19

Bueno, tengo los horarios, la gran macana es que no se puede hacer la conexión Roma - París - Varsovia en el mismo día, hay que dormir en París. Por eso me parece que mejor que Carli pida lo mismo (Roma - París - Varsovia) total si toma la primera conexión disponible no paga más. Los vuelos serían entre Roma y París, cualquiera de los cinco vuelos del día tanto Air France como Alitalia (mamá puede viajar en las dos líneas), el miércoles 12 de abril, y el jueves salen a las 9.15 en el vuelo Air France 724 non stop a Varsovia. Así que el Chino puede pedir su boleto Buenos Aires - New York - Madrid - Roma - París - Varsovia - París - Londres - Río - Buenos Aires, con parada en París sólo al volver de Varsovia ¿de acuerdo? Bueno, mañana ya tengo que hacer el depósito para el pago de la excursión a Moscú, si la cosa falla se perderá el depósito. Ojalá Carli vuelva pronto así se hace todo bien. De lo contrario siempre está la solución de invertir el orden y volar él directo a Madrid para después venir a New York al final. Para el Consulado de Polonia, mamá insistiles para que te den la visa de tránsito allá en Buenos Aires, a lo mejor ponen inconveniente porque todavía no tenés la visa rusa, pero insistiles, así después estás más libre en Roma. *Entrada a Varsovia*: día jueves 13 de abril procedente de París en vuelo 724, continuando a Moscú en tren el sábado 15 a mediodía. De vuelta entrada procedente de Vilna en tren el martes 25, continuando el mismo día en vuelo Aire France 725 rumbo a París. Bueno; ojalá tengan suerte con los preparativos. Yo el miércoles que estoy libre iré al Turismo Español para tener los horarios de tren para la vuelta al norte. Bueno mil besos

*Coco_*

Ya cambié el vestido. Un amigo va a Alemania pronto y me traerá la resina.

New York, martes 21 de febrero

Querida mamá:

Otra vez cambios! Líos de todas clases a causa de los vuelos a México, etc. Puede ser que no haya mal que por bien no venga, la cuestión es que no podemos salir a México hasta el viernes 17 por lo cual pienso que podrían postergar la salida de Buenos Aires hasta el día 13, lunes a las 20 horas. Eso le dará a Carlitos más tiempo, todo el lunes ese. Bueno, contéstenme cuando puedan si prefieren venir el 10 o el 13. De todos modos hasta el 17 no podemos ir a México. Entonces no podés mamá seguir a España hasta el viernes 24, por cualquier cosa (que Carli tuviera que ir directo a España) no estarás en Madrid hasta el sábado 25! Bueno, todo tiene que correrse unos días; entonces, la entrada a Varsovia es el día domingo 16 procedente de París en vuelo Air France 724 y la salida el martes 18 en tren a mediodía rumbo a Moscú. La segunda entrada el jueves 27 procedente de Moscú y la salida ese mismo día en vuelo Air France 725.
Buena suerte!
Aquí estoy arreglando todo lo de Rusia (un rompecabezas) y los trenes en España, así aprovechan hasta el último minuto. El itinerario completo: salida de Buenos Aires el lunes 13, viaje a México el 17, vuelta a New York el 23, vuelo a Madrid el 24, estadía en España hasta el 6 más o menos, entonces rumbo a Roma ocho días más o menos. Lo importante es tomar el vuelo París-Varsovia el domingo 16. El tiempo hasta entonces lo dividen como quieren entre España y Roma. De vuelta en París (de Varsovia) el 27, mamá sigue el 28 a New York, estamos unos días tranquilos y después Jamaica y chau.
Bueno, ojalá este cambio les sea beneficioso, por lo menos tendrán más tiempo para preparativos. Besos

*Coco_*

Por cualquier cosa cablegrafíen!

Air France, domingo 26 de febrero

Querida familia:

Hoy ya dos semanas que llegué,[7] me parece un siglo, tan podrido estoy de esta situación. En los dos días libres (miércoles y jueves) fui a las agencias de turismo y arreglé todo para Rusia. Tuve que caer finalmente en American Express, porque por intermedio de Air France me hicieron precio, es decir no me cobraron más que los precios señalados en Rusia sin agregar ninguna comisión de agencia. El total no lo sé todavía, lo mandan de Rusia, pero será muchísimo menos que Cook's, ladrones increíbles. De todos modos para poner en marcha la cosa tuve que ya dar un depósito de $125, así que ojalá no pase nada y lo puedan aprovechar. Parte de esa plata no tiene devolución porque son los gastos de telegramas, etc. Las fechas siguen todas en pie, ojalá en Buenos Aires consigan las visas de tránsito polacas!

Espero carta en la que confirmen la llegada el 14. No es el non stop pero lo mismo llega rapidísimo, mientras se cena ya llega a Río, y después ya queda el rato largo para dormir y tempranito llegan. Está haciendo unos fríos bárbaros, ojalá les toque más calor. Mamá por favor traete cosas de fajina, el bolso de *Córdoba*, sí, por lo menos un equipo de crota. Ya tengo todos los horarios de trenes para España. En la oficina de Turismo Español de Galerías Pacífico pueden pedir prospectos de Galicia, León, Burgos, Salamanca y Valladolid, aquí no tienen gran cosa.

Me escribió Monegal, dice que la semana próxima tendrá lista la revista para mandármela. De México parece que todo va bien, el mexicano vecino habló con Diez Canedo y le dijo que la decisión final del directorio se tomaría en estos días y que casi seguro sería favorable. Bueno, en estos días les escribo de nuevo.

Hasta el 14! Besos

*Coco_*

Papá: no han podido conseguir la laca Tarset en New York, mañana intentaré de nuevo llamando a todas las droguerías de la guía pero me pare-

---

[7] Puig regresa a Nueva York de su última visita a la familia en Buenos Aires, el lunes 13 de febrero (según carta del 12 de febrero).

ce difícil porque las dos más grandes no las consiguieron. De todos modos las puedo encargar a una compañera que va a Alemania. Besos

*Coco_*

New York, viernes 3 de marzo

Querida familia:

Aquí estoy pegando saltos de alegría por haber recibido carta recién en la que me dicen que ya el Gato volvió y todo está en marcha. Me había atacado miedo de que se le ocurriera quedarse más tiempo en el mar o algo por el estilo. Bueno, los espero cuando quieran, el 11 o el 14, como les parezca, trataré de estar en contacto con Aerolíneas. Yo el sábado 11 no trabajo así que si llegan puedo ir a buscarlos. El 14 pego el faltazo y chau. Como les venga mejor. Averigüen cómo están los vuelos!

Mamá, siempre me olvido de aclararte que es por la audición "Meridiano cultural" de TV que iban a comentar algo. Lo de "Pantalla hogareña" era en caso de que quisiera presentarme. Cualquier día...

Lo de Mortiz se tiene que aclarar en estos días, por fin. La revista de Monegal llegará de un momento a otro, qué nervios. Bueno, que Carli se venga con ropa como para tirar hasta Roma, porque aquí las lanas son carísimas, cuestión saco sport, etc., es carísimo en New York. Bueno, quiero mandar esta carta enseguida. Otra cosa, mamá, si tenés tiempo intentá la visa rusa en Buenos Aires, la de Carli la puede hacer en New York porque puede mandar el pasaporte a Washington, total él no sale de New York. Sos vos la pata de perro que te vas a México y no podés dejar el pasaporte, así que si lo podés hacer intentalo, es una cosa menos que hacer en Roma, quedarías ya libre de todo lío. Ya sabés que salís de Varsovia en tren, entrás a Rusia el 18 por Brest y lo mismo a la vuelta salís por Brest el 27. Ya tenés platea para Mary Martin segunda fila el jueves 16.

Besos, ¿cómo se prepara papún para la ausencia?
Pobre!!!!!!! Qué cuntintén!!!*
Chau

*Coco_*

1968-1979

Cartas que faltan, cartas perdidas

Aunque Manuel siguió escribiendo varias cartas a su familia hasta su encuentro los primeros meses de 1968, éstas no se conservan. En *Mundo Nuevo* apareció el adelanto de la novela, el viaje se concretó con felicidad, y Puig regresó a su país para publicar *La traición de Rita Hayworth*, tres años después de terminada.

Sudamericana tomó el libro, pero el linotipista que componía los originales advirtió palabras obscenas y la editorial, que ya había sufrido la censura durante el gobierno del general Onganía, no se quiso arriesgar a otro allanamiento. Fue entonces que su amiga Pirí Lugones, asesora literaria de la mítica empresa Jorge Álvarez, logró que la novela se publicara en junio de 1968 con las mismas pruebas de imprenta rechazadas, las que se volverían a utilizar cuando Sudamericana, en 1970, se hiciera cargo de la reedición luego de publicar su segunda novela, *Boquitas pintadas*, en 1969. Mientras tanto, se concretó la edición en Gallimard de *La traición de Rita Hayworth*, y *Le Monde* la eligió como uno de los diez mejores libros extranjeros del año. Puig se consagró, siguió viajando, escribió crónicas para el semanario *Siete Días Ilustrados* y se abocó a redactar *The Buenos Aires Affair*. En 1973, Sudamericana publicó la tercera novela de Puig, ya un escritor famoso. Leopoldo Torre Nilsson le propuso filmar *Boquitas pintadas*, que en 1974 ganaría el premio "Pluma de oro" en el Festival de San Sebastián al mejor guión. Manuel Puig no asistió a la ceremonia, se encontraba en México, exiliado frente a las amenazas de muerte por parte de la llamada Alianza Anticomunista Argentina (Triple A). La correspondencia de ese período, imaginamos, habrá sido intensa, pero no se conserva. No es raro pensar que las cartas se destruyeron frente al temor de que alguien descubriera la dirección del remitente, pero nadie recuerda haberlas tirado, quemado o escondido.

La carrera profesional de Manuel Puig continuó en el extranjero, sus libros se empezaron a publicar en España por Seix-Barral y en Italia, Estados Unidos, Gran Bretaña, Alemania, Francia, Brasil, en las más prestigiosas editoriales. En México reescribió *El beso de la mujer araña*, que había comenzado a redactar en Buenos Aires, y teminó *Pubis angelical*, cuyos primeros capítulos habían sido escritos en un departamento de Nueva York, donde se instaló con intermitencias entre 1975 y 1979. También escribió las comedias musicales *Amor del bueno* y *Muy señor mío*, y los guiones *Urge marido*, *El lugar sin límites* y *Recuerdo de Tijuana*. En esos años fue invitado a Venezuela para dictar un taller de escritura y montar una obra con canciones folklóricas que se llamó *Pilón*. De su estadía en Nueva York sabemos que lo entusiasmó dirigir talleres de escritura en la Universidad de Columbia, donde tuvo como alumna y amiga a Victoria Slavuski. En las calles de Washington Square, a pocas cuadras de Bedford, donde tenía su departamento, Puig hace transcurrir su novela más amarga, *Maldición eterna a quien lea estas páginas*, donde el exilio se muestra en su cara más amenazante: la pérdida de la memoria, y junto con ella del idioma. Esta novela, escrita en inglés y en castellano a partir de conversaciones con un joven neoyorquino, es la que está por publicarse cuando se retoma el diálogo epistolar.

G. G.

Segunda parte:
Río de Janeiro (1980-1983)

1980

También hice el prólogo para la edición de Morino de los guiones. Tuve sólo tres días de playa, llovió los primeros ocho días sin parar.[1]

En vuelo de Río a New York, martes 22 de enero

Querida familia:

Ya estamos llegando a New York, ahí tengo que cambiar de aeropuerto (La Guardia) y volar una hora a Montreal, llego a las 10 de la mañana y me espera la producer (pronunciado prodiúcer) Rita Schafer. Veremos qué pasa. A mí se me ocurrió la idea de viajar, indirectamente. Resulta que cambiando los dólares en Río me gano 20% en la compra del departamento, en cambio si me los hago mandar por el banco me los dan a precio oficial. Hay mercado paralelo pero permitido. Fue entonces que la llamé a la Schafer para proponerle mi viaje, yo estaba dispuesto a pagarme la mitad o todo, porque así discutíamos el proyecto de adaptación que ella tiene que presentar a los inversionistas.[2] Parece que a todos les gustó la novela pero no ven bien cómo se puede adaptar. Imagínense mi alegría cuando la mujer esta me dijo que ella pagaba todo! En seguida me puse a trabajar como loco en traducir al inglés, y retocar, el resumen que les hice en Parma a los italianos. Espero que le guste y no tener que rehacerlo mucho. Mi plan es volar a New York el jueves a la noche, dormir ahí y el viernes ir a Bloomingdale's a comprar sábanas y toallas para el departamento en Río, ir al banco a sacar guita, comprar una valijota o dos y llevarme libros y cosas que necesite tener en Río, aprovechando que se pueden llevar esas dos valijas pesen lo que pesen. Quiero hacer de Río mi base, mantener New York por el momento,[3] pero con tendencia a pasar más tiempo en Río que en ninguna parte. Eso creo que nos favorece, el departamento será grande, con por lo menos living y dos dormitorios, así que podrán venir cuando quieran. Yo querría que viniesen para Carnaval ¡el 16! pero no sé si tendré todo en orden para entonces. He visto muchos, me gusta Leme, la otra punta de Copacabana,

---

[1] Angelo Morino es el traductor y curador de la obra de Puig en Italia. En 1980 publicó los guiones *L'impostore - Ricordo di Tijuana*, con un prólogo de Puig donde recorre toda su producción para cine hasta el momento.
[2] Se trata de la adaptación teatral de *El beso de la mujer araña*.
[3] Puig alquilaba un departamento en Nueva York, en la calle Bedford, que subalquilaba en ocasiones a su amigo Felipe del Canto. Cuando se instala en Río, deja el alquiler en manos de su amigo.

que tiene una sección muy tranquila y el mejor pedazo de playa. Viene a ser la punta opuesta del Riviera.[4] Lo que tardará es el asunto muebles porque quiero comprarme cosas lindas a mi gusto. Tendré las camas y alguna silla y mesa apenas, pero lo principal en Río es la playa. Yo creo que ésta es la gran solución. Yo necesito ciudad y al mismo tiempo playa ¿qué mejor? Bueno, telefonearé al tener alguna novedad.

Besos

*Coco_*

---

[4] Una flecha señala el membrete del Hotel Riviera, en Copacabana, donde Puig se estaba alojando. Las primeras cartas, hasta la del 6 de marzo inclusive, son enviadas desde el Riviera.

Mejor escriban aquí: Hotel Riviera, Av. Atlantica 4122, Copacabana, Posto 6, Río de Janeiro, Brasil.

Río, martes 29 de enero

Querida familia:

Unas líneas a la disparada. Estoy buscando departamento, hay cosas regias, tengo que elegir con calma. Buenas noticias de New York: la mejor casa de libros de bolsillo, "Vintage" (significa cosecha de uva) tomó los cuatro libros traducidos hasta ahora, los lanza juntos en agosto, algo de locura, en colección de "clásicos modernos".[5] En Montreal bien, parece que despacito puede suceder algo, la productora muy simpática, una judiaza. Hacía 20 bajo cero! Me traje cosas de Bedford y compré sábanas en Bloomingdale's y unas cubrecamas decentitas en... Azuma. Pero lo mejor de todo es lo bien que marcha la novela nueva,[6] me estoy sorprendiendo YO MISMO de lo bien que está resultando al quitar unos grumos que había por ahí. Hoy cumpleaños de Carli, lo llamaría pero ya no sé si está en su casa. Ni bien compre llamo. Besos, *hasta pronto*

*Coco_*

Me olvidaba, me mandó recorte a New York aquel gordo peruano que conocí en Huelva, en efecto dieron "El beso de la mujer araña" en Perú en teatro, con fotos y todo la nota. Y el permiso y los derechos de autor pa' qué ¿no? Aunque supongo que en Lima no durará mucho una obra.

---

[5] Random House, colección "Vintage". *La traición de Rita Hayworth / Betrayed by Rita Hayworth, Boquitas pintadas / Heartbreak Tango,* y *The Buenos Aires Affair*, traducidas por Suzanne Jill Levine, fueron publicadas en editorial Dutton; *El beso de la mujer araña / Kiss of the Spiderwoman*, traducido por Thomas Colchie, en editorial Alfred Knopf.
[6] Se refiere a *Maldición eterna a quien lea estas páginas*, que había comenzado a escribir en 1978, en inglés y castellano simultáneamente.

Río, martes 5 de febrero

Querida familia:

Segunda carta desde Río. Me llegó hasta ahora una sola de Charcas, del 25 de enero, la primera no, empezamos bien. Aquí sin mucha novedad, sigo buscando departamento. Hay cosas muy lindas, el barrio que quiero es Leme, la punta de Copacabana opuesta al Riviera, que se extiende por un lado fuera de la fola y es muy tranquilo, pegado al morro (cerro). Al mismo tiempo más cerca del centro y de las otras partes de Copacabana que Ipanema, que ya es un poco alejado. Sigo con los líos de contratos con las editoriales, está todo muy complicado porque tengo para elegir entre tres ofertas. De New York aproveché también para traer la traducción de "O beijo da mulher aranha" porque la carta que le mandé a la traductora con todas las correcciones nunca llegó. Tampoco le llegó "Pubis", para mí que es lío con el portero o el cartero, no le darán propina, vaya a saber. Empezamos la revisión, buena estufarela,* pero hay que hacerla. Ella es muy buena, las sutilezas es lo que mejor hace, pero igual que la Bataillon es distraída y se le pasan cosas, así que hay que vigilarla.[7] Bueno las buenas noticias son ante todo referentes a la novela nueva.[8] Está prácticamente terminada, no lo puedo creer. Ayer terminé la revisión. Ahora la voy a dejar una semanita, algo así, y ya me pondré a pasar definitivamente en limpio las correcciones y chau. Después agarraré la versión en inglés, tengo que ir pasando todas las revisiones, aunque sea con errores míos de inglés no neoyorkino, pero total eso me lo revisa la chica de Knopf. Así que gran desbratada,* sería perfecto ahora encontrar el departamento porque tendría una temporada libre para comprar muebles, etc. Ya después llegarán las traducciones de "Pubis", todavía no recibí contestación de Morino acusando recibo de la introducción que le mandé al libro de los guiones. Se la mandé certificada. Bueno, voy al correo, espero encontrar carta en Poste Restante.

Correo
Por suerte me encontré la carta del 29 (la número tres), la primera sonó. Llegó ayer 5, en siete días. También carta de Seix-Barral con los contratos

---

[7] Se refiere a Gloria Ramírez, traductora al portugués de *El beso de la mujer araña / O beijo da mulher aranha*, que se publicó por Codecrí en 1981.
[8] *Maldición eterna a quien lea estas páginas*.

de las cinco obras en edición de bolsillo.⁹ Las otras no son de tapa dura pero sí medio lujosas. Éstas serán daspradas.*

Cariños y besos

*Coco_*

---

⁹ En este caso se trata de las cinco novelas publicadas por Puig hasta el momento: *La traición de Rita Hayworth, Boquitas pintadas, The Buenos Aires Affair, Pubis angelical* y *El beso de la mujer araña.*

Río, jueves 14 de febrero

Querida familia:

Ayer me llegó la carta con la entrevista de "Radiolandia", buena señal ¿verdad? Lástima que me hizo decir tantas macanas, interpretó lo que quiso. Yo no le di entrevista a Puente, él la sacó de lo que dije en aquella charla de Huelva, en el hall del hotel. Tengo noticias del departamento, ya estoy por dar la seña, todo se demora porque hay que hacerlo con abogado, acá parece que las inmobiliarias trabajan de modo muy descuidado y después vienen los líos. El abogado es el de la Bella,[10] conoce estos problemas al dedillo. El departamento es bastante bueno, no me gusta mucho como diseño pero se puede modificar tirando una pared. Es living y tres piezas chicas, todas con placard. Se puede tirar una pared y queda un living mejor. Pero lo bárbaro es el lugar, residencial a dos cuadras de la playa, en Leblon, que es zona cara. Un poco lejos para lo que yo quería, pero no hubo caso en Leme. Leblon es el final de Ipanema, la misma calidad de playa (la mejor de Río) pero más tranquilo. Está al pie de un morro (cerro) precioso, en fin, esperemos que se haga. Tal vez cuando llegue esta carta les habré hablado por teléfono. Suponen que la entrega, escritura, etc., será a principios de marzo. Yo digo que el viaje de ustedes podría ser hacia el 20 de marzo más o menos, no sé acá cómo será la entrega de muebles, etc., empezaré por las camas y las cortinas, una mesa y silla, lo otro se verá, y claro los chirimbolos de la cocina. Mamá: esta receta es para el nieto de Bella, si le podés traer la mayor cantidad posible, acá no hay y ellos lo mandan traer siempre de la Argentina. *PLEASE*. Otras buenas noticias: arreglé acá con una editorial, relanzan todo, empiezan con la "araña" a fines de abril. Es la editorial de más éxito ahora, es nueva, de un grupo de escritores e intelectuales muy conocidos aquí, entre ellos Jaguar, aquel humorista que estuvo en Argentina. Se llama CODECRÍ. Otra cosa buena: me escribió la chica de Knopf, "Kiss of the Spider Woman" fue seleccionada por la Asociación de Bibliotecas como uno de los Notable Books del año, son unas veinte novelas en total. Eso aumentará

---

[10] Bella Jozef, amiga de Manuel, profesora de Literatura Hispanoamericana en la Facultad de Letras de la Universidad Federal de Río. En 1971 publicó *História da Literatura Hispano-americana. Das origenes à atualidade*, donde incluye dentro de las nuevas generaciones a Manuel Puig, quien había publicado sólo dos novelas.

las ventas, porque lo tendrán que comprar hasta en el último pueblito de Estados Unidos, para la biblioteca.

Qué horror las muertes en Italia. Mejor que no se hizo nada allá, todo va muy jodido ahí. De Mario ni una palabra. Bueno, HASTA PRONTITO.

Mil cariños y besos

*Coco_*

Río, jueves 28 de febrero

Querida familia:

Perdonen lo poco que escribí la semana pasada, es que fue un remolino de cosas. Para qué hablar esta semana, empezó pésima pero va todo *regio*, a último momento falló el departamento de Leblon. Yo en el fondo me alegré porque el departamento no me convencía del todo. Ahora estoy encantado porque encontré otro que me gusta mucho más y más barato. Es un último piso, duplex, en el mismo barrio maravilloso, más linda calle todavía. Es un tercer piso pero el primero es planta baja, así que son tres pisos de subir SIN ASCENSOR, ésa es la única contra, pero el resto es bárbaro, con terraza grande y vista al morro. Abajo es una gran sala y la cocina, arriba dos habitaciones, cada una con una especie de cuartito de vestir, un patio chiquito para lavadero, la terraza, la pieza de servicio que tiene salida directa al cuarto piso y baño de servicio. Todo muy amplio y luminoso. No hay un solo rincón donde se necesite luz durante el día. La escalera es corta, nada cansadora, yo creo que no los va a jorobar demasiado. Y a cinco minutos de camino de la playa, serán unos doscientos cincuenta metros, y de una playa bárbara, porque ahora la de Copacabana está imposible de sucia. En la otra carta me olvidé de comentarles del Carnaval, fui dos noches, una al gran desfile, que fue deslumbrante pero muy cansador, no es en la calle sino en una especie de estadio que preparan para eso, de 7 de la tarde a 9 de la mañana!! Yo a las 4 de la madrugada tiré la esponja, me perdí una buena parte pero no podía más. Son esas escolas do samba, comparsas lujosísimas de más de tres mil personas cada una. La otra noche fue mejor, el Jaguar me llevó a un barrio alejadísimo a un carnaval de calle, lindísimo. Me recordó los de Villegas hasta el '40. Después se pusieron feos. Me acordé de la luna que me agarró una noche que me llevó Regueiro y me puse a extrañar los papis, cosa de cuarenta y pico años atrás.

Hay varias películas para ver pero no he tenido tiempo, estoy haciendo un poco de relaciones públicas para el lanzamiento de "O beijo da mulher aranha", en fin, la locura. Importante: por favor mamá llamalo a Pezzoni[11]

---

[11] Enrique Pezzoni, prestigioso crítico literario argentino, profesor de la Universidad de Buenos Aires y uno de los primeros en reconocer el valor literario de Puig, en ese momento era lector de la editorial Sudamericana.

y decile que no me contestó respecto a dejar sin efecto los contratos. Creo que para ellos es mejor, creo que el directorio nuevo es una pitucada asquerosa. Pero que de una vez me den el papel dejándome libre. Bueno, espero que a más tardar el 25 de marzo esté la casa en orden. Besos

*Coco_*

Río, jueves 6 de marzo

Querida familia:

Estoy en el estudio del abogado, esperando que lleguen unos papeles ¡y ya parece que la cosa marcha! Me pegué un susto hace dos días porque cometieron un error en la inmobiliaria y pusieron de nuevo en venta el departamento. Qué trago, era desesperante perder este lugar, barato y lleno de ventajas, y ponerme a buscar otro. Estoy ya bastante cansado del hotel y de corretear departamentos. Si hoy avanza la cosa voy a llamar a Charcas, pero parece que la cosa va bien, el problema es de papeles de propiedad que están enredados, ¡qué alivio va a ser cuando se firme! Lo que es sorprendente acá es lo rápido que entregan muebles, etc., esa parte va a ser más fácil. Yo no sé bien qué fecha indicarles para venir, creo que hacia el 20 y algo, pero eso por teléfono se hace fácil, ponerse de acuerdo para un vuelo determinado. Si estoy en julio me gustaría que viniera Carli con Mara,[12] para las vacaciones ¿qué más? No sé si les conté en cartas de una famosa psicoanalista argentina, Susana Pravaz, que vive acá. Le di la novela a leer y me dio indicaciones muy útiles, estoy haciendo un montón de correcciones. Pensaba ya mandarla este mes a Seix-Barral pero mejor dejarla asentarse un poco, así le doy otra revisada, total está de por medio todo el verano europeo, y antes de octubre no tiene sentido que aparezca. La psicoanalista ha escrito un estudio comparado sobre la mujer argentina y la brasileña y mañana me lo pasa para que se lo corrija yo, qué lata, pero tengo que devolverle el favor. Caí a ver una película canadiense, para darme una idea, "La isla de los osos",[13] de aventuras en el Ártico con Vanessa Redgrave en un papel de nada, y Donald Sutherland, que es canadiense. Una porquería pero hecha con muchos medios. También me tenté y fui a ver "La dolce vita",[14] tiene veinte años exactamente, algunas cosas todavía están muy lindas, pero otras..., se hace difícil aguantarla toda, mucho artificio (de todos modos resulta oro comparado con lo que hizo después, "8 1/2", "Giulietta degli spiriti", y peor todavía "Satiricón"[15] y

---

[12] Mara Puig, hija de Carlos, en ese momento de nueve años, llegaría a ocuparse de la preservación del legado escritural de Puig a través de la digitalización completa de sus manuscritos, con la colaboración de Pedro Ghergo.
[13] *Bear Island / La isla de los osos* (1979).
[14] *La dolce vita* (1960).
[15] *Satyricon / Satiricón* (1969).

"Casanova").[16] Lo mejor de todo es la secuencia de Anita Ekberg, increíble lo fantástica que está, y pensar que nunca más fue aprovechada.

El tiempo está bárbaro, todos los días sol, pensar que enero llovió todo el mes, y para carnaval dos días se arruinaron también con la lluvia, esperemos que ahora ya quede así. Lo que tengo que encontrar es un buen lugar de plantas, porque en este departamento cabe un bosque entero. Me olvidaba de mencionar la carta última con la noticia de Susana,[17] ojalá se salve, qué cosa más feroz. Le voy a escribir, también le quiero escribir a Malú, pero con esta inestabilidad actual me resulta difícil, además estoy esperando tener una dirección definitiva que dar a la gente. Lo de Susana me dejó mal a mí también. Espero que las gripes hayan pasado. ¿Cuándo se muda Carlitos? ¿qué dirección va a tener? Bueno, dejo espacio para más tarde.

Parece que todo bien, telefonearé mañana viernes o cuando tenga todo segurísimo.

Besos

*Coco_*

---

[16] *Il Casanova di Federico Fellini / Casanova* (1976).
[17] Su prima Susana, hija de Carmen, estaba enferma de cáncer.

Río, domingo del *bel* 25 de mayo

Querida familia:

Primera carta del nuevo ciclo. Todo tranquilo por aquí ¿así que viaje de primera? ¿don Puig tomó whisky? cuéntenme. Llovió jueves y viernes, los albañiles no pudieron hacer nada pese a que habían llegado unas bolsas de material. Sábado y domingo frescos pero fui a la playa a mi nadadita. Quedó una inmovilidad en la casa total, se fue la Dina,[18] todo cambió desde el jueves. Estoy bastante aliviado de trabajo. Hoy terminé la primera mitad de la adaptación teatral, y por suerte no quedó demasiado larga. La segunda mitad la haré bastante rápido, ahora aprovecho para retomar la traducción francesa de "Pubis" así el sábado a más tardar la mando, es una vergüenza. Después retomo la obra unos días que llega la Dina, 3 o 4 ya está aquí, se va tres días y vuelve el 8. Es ahí que espero con ella ya dar los últimos toques y CHAU. Mientras tanto tendré que ocuparme también de Morino. Sigo sin noticias de Milán,[19] seguro que no se hizo ¿no? si no sabría algo. Ni bien tuviese la certeza le escribiría a Patroni Griffi. Qué gusura* aquel teatrito. Bueno, por ese lado contento. El viernes a la mañana fui a Codecrí y aproveché para pasar por unos boliches que hay de muebles al principio de Ipanema, pegado a Copacabana, para el precio de las camas. Casi el doble que mi mueblería de la Barra de Tijuca, y un asco, así que volviendo le encargué a la Luiza por teléfono la cama igual a la mía, y ayer sábado ya la mandó. La Sheila trajo pegatodo y el cenicero quedó intacto. Ese viernes con la lluvia una vez en la calle me dio ataque y compré jarrón en la casa de antigüedades, tan barato, increíble, setecientos cincuenta de bronce y cristal, para el dormitorio al pie del estrado ese donde va la TV, el dormitorio de la cama grande. Y también me compré el jarro de plata para el hielo... quinientos cincuenta, nada más. Cuando termine lo del francés iré a buscar las tazas de café y copas, no veo el momento. El Roni habló que el martes trae de San Paulo la planta nueva, veremos. La reposera todavía NADA.

En la piecita quería colgar una planta pero no entró. Tendrá que ir sobre el mueble. Compré cera negra a instancias de la Sheila para tapar las man-

---

[18] Dina Sfat. Actriz brasileña que lo insta a adaptar *El beso de la mujer araña* para teatro.
[19] Sobre la representación de *El beso de la mujer araña*, en una versión adaptada y dirigida por Mattolini.

chas del piso, y después irá el otro producto. Veremos. Todavía no pude ir al cine ni una vez, espero ver "Kramer"[20] esta semana.

Besos, espero carta con ansias

*Coco_*

---

[20] *Kramer vs. Kramer* (1979). La dirección de fotografía estuvo a cargo de Néstor Almendros.

Río, viernes 27 de mayo

Querida familia:

Estoy esperando a Maru y Lousán, ya los vi el otro día, la Maru igual que hace siete años, los Pinto son un caso, dicen que Felisa también está estacionada.[21] Aquí todo mucho mejor, mandé el "Pubis" italiano, revisé la adaptación de teatro y acabo de pasársela a Susana para que dé veredicto. Noticia buena, llamaron (a través de Bedford, Felipe) unos de París interesados en la obra, no sé mucho, está en la cosa Pier Luigi Pizzi, el escenógrafo máximo de Visconti y la Scala, muy amigo de Patroni Griffi. Me van a escribir con detalles. La cosa se está poniendo sabrosa me parece, porque una obra de sólo dos personajes es ideal. Estoy esperando carta de Charcas, ¿la de la semana pasada fue ésa que trajo Roca nada más? Creí que el lunes habían escrito, porque la de Roca era una minicarta. La de este lunes tampoco llegó. De Carli supongo que nada, no sé, no me quiero hacer ilusiones.

Si está Pizzi en ese asunto de París me gusta la cosa, porque es de esa generación de la CALIDAD, que se está acabando, de los Visconti, Callas, etc. Parece que vieron la obra en Milán. Eso sigue en el misterio, en lo que al grupo me refiero, el hecho de que no hayan escrito más, ni mandan críticas, ni fotos, ni nada, es algo inusitado. Vi "La califfa"[22] una que estaba prohibida aquí, de hace algunos años, con Tognazzi y Romy Schneider, la primera que veo de Bevilacqua ¡qué razón tenía Mario, de que era un monstruo ese tipo! Es lo más falso y petulante de esta tierra, yo nunca había visto nada, primero escribe una novela y después la adapta y la filma él mismo, una cosa de no creer.

Más tarde
Me di una escapada a "Bye Bye Brasil",[23] plomo. La Betty Faria fuera de papel como gitana de un circo ambulante, baila con la gracia sutipé,* la desnudan y no tiene nada, una miseria, qué error, no parece que fuera tan esmirriada. Habló Felipe, viene el domingo. Bueno, termino ya. La Maru santa lleva los platos y la regadora, besos

*Coco_*

---

[21] Maru y Felisa Pinto, amigas de Manuel.
[22] *La califfa / La califa* (1970).
[23] *Bye Bye Brasil* (1979).

Río, domingo 1º de junio

Querida familia:

Acá va la segunda. Recibí la primera de ustedes de manos de Felipe. Me llamó del aeropuerto y al rato estaban acá él y un amigo, Víctor Roca, que yo conocía de Buenos Aires y tiene casa en Buzios. El sábado a la mañana ya se alquilaron auto y salieron para allá, yo me tuve que quedar porque tengo tanta porquería acumulada. Recién terminé el "Pubis" francés, estaba repleto de cosas, eso sí que es el trabajo del soldado desconocido. Hoy domingo me dedico a cartas atrasadas y una escapadita, si puedo, al vivero de Roni, para elegir la "trepadeira" de la terraza. El Roni yo de varela,* me parece que mucho no sabe, porque las plantitas aquellas al pie del arbolito de hojas de color pese a regarlas también sonaron esta vez. El helecho alto más o menos, tiene cuatro "filotes" nuevos pero el resto medio amarillo, le coloqué una cadenita de diez centímetros arriba, y así la bajé un poco según el consejo de la Nené, la simpática. Veremos. Las plantas de gajos bárbaros, puse también gajos en el xaxín del baño, ése que se cayó, y agarró bien, las hojas verdes, ésas que quedaban todavía están que sí que no. Todas las demás bien. Los albañiles tuvieron que darle la razón a Don Puig y tiran el tapial hasta casi abajo. Cuando fueron a colocar los caños había otras deficiencias y así va finalmente a tener total seguridad. Don Puig se anotó un poroto. Los albañiles recién empezaron a venir el día entero hace tres días, hasta ahora era una ñulada.* Dicen que en diez días más ya está. Vaya a saber. Un lío con la Sheila porque no se quiere quedar sola con ellos, tengo que estar yo de vigilante. Dice que la tocan!!! Qué suerte la valija ¿no se animaron a llenarla más? ¡sin miedo! No le pregunté a Felipe del peso, qué barbaridad. Vuelve el lunes y le pregunto. Se va el martes a Bedford. Víctor Roca se va el martes a Buenos Aires y vuelve con Maru y Lousán el 20 de junio.

Mala noticia: murió Nándor, el traductor húngaro aquel que tanto nos atendió en Budapest. No sé de qué, me llegó un sobre de luto, y adentro una participación en húngaro, 39 años, lo único que entendí. Para mí triple pérdida, porque era buen amigo, buen traductor y tenía un puesto en el Ministerio de Cultura de donde me podía invitar, etc. Qué horror. Les tengo que escribir a las Muzi por Enrico. El '80 está bravo me parece. Lo de Camilo es un alivio para él ante todo, pobre ¿verdad? Le voy a escribir a la Bebé.

Algo que salió bien: reventó un caño del bañito de la piecita del portero nocturno (esa pieza frente a la puerta de la pieza de Mara) y se vieron obligados a arreglar esas cañerías y se descubrió que había más infiltraciones, una la que daba el olor a humedad a la pieza del escritorio. Se fue de un día para otro el olor a humedad.

Más tarde
Tres horas me pasé en el vivero. Finalmente el Roni me desaconsejó el mismo asunto para ahí al pie de la escalera, pero no encontré nada para reemplazarlo. Veremos. Encontré una planta muy linda en vez de esa palmera al fondo al lado de los sillones, veremos cómo queda. La reposera todavía nada, la empleada me dice que llega "mañana", ya ni siquiera puedo llamar. Notable: el otro día el albañil más negro de los dos hermanos estaba con gripe y me dio no sé qué a las 6 de la tarde que tuviera que esperar dos horas de viaje hasta comer y los invité con un poco de esa polenta y sardinas. Se comieron todo el plato pero ni una banana pudieron comer después, decían que reventaban de llenos, se ve que tienen el estómago reducido de tanta coneja. Ni el pan tocaron, después de no comer todo el día. Así que es cierto que no comen.

Sigo acá. Me chimentó la Susana que un tipo muy metido en la economía argentina le dijo que de diciembre no pasa este fenómeno del valor del peso en el exterior. Creo que sería bárbaro vender la quinta cuanto antes y cambiar esa plata y comprar acá. Lo que vale ahora cualquier inmueble en Buenos Aires es increíble. Me contaba Felipe que un amigo vendió un departamento oscuro chiquito de dos piezas en la calle Azcuénaga y Córdoba en cuarenta y cinco mil dólares, lo que pagué yo éste. Ojo, si se quieren deshacer de la quinta es el momento. Ya empecé a mirar por el departamento nuevo, tengo alertados a no sé cuántos corredores de Río. Se olvidaron la bombilla! si puedo se las mando con Roca.

Lunes 2, noche
Mañana sale este amigo y les llevará mate y bombilla. Además vuelve a Río y me traerá una valija, algo como lo de Felipe estará bien. Tiene 20 kgs. de tolerancia pero viene con Maru y Lousán por tres días, entre los tres se reparten el peso. Hoy mandé "Pubis" a Francia y me pongo a hacer el segundo acto (y último) de la mujer araña.

Mamá: decile al Jorge que venga con la familia, explicale todo.

Después Morino y después DESCANSO! No he dejado de ir un solo día a la playa. Besos

*Coco_*

Estoy viendo muchos departamentos,[24] todos los días dedico unas horas. Hasta ahora bosta.
El tiempo bárbaro, fresco a la noche, no perdí más mi horita de playa.

Leblon, domingo 8 de junio

Querida familia:

Por acá muy bien. Ayer terminé la adaptación de la "araña", me parece que quedó bárbara y muy comercial, mañana y pasado la reviso y el miércoles vuelve Dina y se la entrego ¡qué desbratada!* Me parece que esto va a ser una pegada, porque dos actores y sin escenario es algo ideal, lo pueden hacer en todo el mundo. Mundo libre, claro, ni bajo represión de derecha ni de izquierda. La Dina me parece que me ha hecho un favor inmenso al estimularme con esto. De Italia ni una palabra, estoy ya casi por cantar victoria, que no se hizo. Hoy aprovecho todo el día para cartas y le escribo al muchacho a Roma. Con Felipe muy bien todo pero no obstante una pérdida bárbara de tiempo, no quiero visitas, ahora vendrá la Felisa dos días en julio y CHAU. Carli y Jorge son otra cosa.

La terraza bien, en esta semana ya está, falta poco. Ya el Roni está avisado de traer todo el sábado. Quedó bárbara la planta cara que me vendió para al lado de la escalera. Lo que me tiene podrido es la samambaia grande colgante, sigue tristona, voy a ver si me la cambia por otra. Él propone llevarla al vivero un mes y fortalecerla pero yo no quiero quedarme con ese hueco ahí tanto tiempo. Todavía no fui por las copas, pero ahora después que vea lo de Morino ("Pubis") ya quedo libre, va a cruzarse el lanzamiento de Codecrí, pero eso no es para tanto, una bendición del cielo que se haya atrasado así, si no habría sido un atolladero imposible. No veo el momento de desbratarme* lo de Morino. No he tenido carta casi en estos días, espero de la chica de Knopf con veredicto sobre la novela nueva[25] y veredicto de Seix-Barral. Les escribí a ésos del grupo de España que querían hacer en teatro "la araña" y enseguida me llamaron por teléfono pidiéndome mil disculpas, qué gente distinta a los peruanos sarnosos.

---

[24] Una vez instalado en su propio departamento, Manuel comienza a buscar otro para invitar a sus padres a Río.
[25] Se refiere a *Maldición eterna a quien lea estas páginas,* cuya finalización comenta en carta del 5 de febrero.

No pude ir a ver "Kramer" porque la dan muy lejos. Vi ésa de la cantante Bette Midler, "The Rose",[26] basada en el caso de esa pobre drogada que murió hace unos años, la cantante Janis Joplin. Es amarguísima pero tiene cosas, ella bárbara, le va hacer un agujero a la Streisand. Bueno, mil cariños y besos

*Coco_*

---

[26] *The Rose / La rosa* (1979).

Sigo viendo deptos, nada bueno por el momento, el cruzeiro ya en 56 por dólar.
Algo que se resolvió: ¡llegó la reposera! REGIA.

Río, domingo 15 de junio

Querida familia:

La carta de Charcas del lunes llegó el jueves, recordé los tiempos gloriosos del correo cuando llegaban en 3 días a la Piazza Regina Margherita. Pero qué rabia me dio al ver que el amigo de Felipe todavía no les había entregado mi carta. Él viajó el miércoles 4, hacía 5 días que estaba en Buenos Aries. Es el que vuelve a Río el 19, porque tiene casa en Buzios, y me prometió traerme una valija, ahora no sé nada.

Esta fue semana fulera, me escribió la Bonatti a Copacabana, carta de tres semanas atrás, pero como recién pasé el viernes por aquel correo durmió todo este tiempo, soné, se estrenó la obra y según ella bien, con buena crítica. Así que no sé cómo interpretar el silencio de los tipos, no mandarme ni una noticia. De todos modos no pierdo la esperanza de que Patroni Griffi un día la haga.

De Felipe todavía no hubo carta, y no me llegó nada de la chica esa que iba a quedarse mientras tanto, me refiero a mi correo recibido en New York, en fin, todo atrancado. Lo que ya terminé es la primera fase de la adaptación de la "araña", ya se la entregué a Dina el viernes, veremos qué me dice. Yo quedé muy contento, me parece que está más teatral de lo que esperaba.

Otras decepciones, la tapa del "Beijo da mulher aranha" bastante chota, ya empezaron las entrevistas, qué aburrimiento, hoy tengo una dentro de un rato, qué lata. Otro lío, la terraza casi terminada, faltaba colocar el alambre y pintar y se enfermó el albañil, parece que tenía úlcera y se le perforó, con razón no comía nada. Esta semana tal vez vuelva aunque sea para dirigir a los otros dos, yo lo vi que estaba verde. ¿Qué otros contratiempos? Ah, otra rabieta, empecé a revisar lo de Morino y está lleno de distracciones, en fin, un asco de semana.

Vi una vista, "Starting Over"[27] comedia de divorciados con Burt Reynolds y Jill Clayburgh, bastante pasable. Me parece que a ustedes les va a gustar. Acá se llama "Encontros o desencontros".

---

[27] *Starting Over / Comenzar de nuevo* (1979).

¿Qué más? Las plantas bien, vino el Roni y me aconsejó pasar por unas semanas la samambaia grande del centro de la sala a un lugar de ésos al lado de la ventana, entonces la cambié por la de la raíz que parece una cola de gato. A ver si se reanima, pero me parece que está con yeta porque justo la primera noche le tocó un viento bárbaro ahí y yo no podía bajar la jardinera solo para cerrar la ventana, en fin, me parece que va a tronar. Ayer y hoy para colmo no fui a la playa, después de días maravillosos está nublado y viento fresco por demás, no me animé, pero si mañana sigue así voy lo mismo, así doy esas brazadas.

Me escribió la chica de Knopf, que por fin se va a poner a ver la novela. Los de Seix-Barral también escribieron, todavía no les había llegado el manuscrito enviado de México. Qué tortura ese correo. Bueno, se ve que es una racha fea, pero ya pasará. El amigo de Felipe dijo que me telefoneaba antes de salir de Buenos Aires, así que martes o miércoles llamará, qué tarado el tipo no darles la carta, qué imbécil.

Bueno, mil abrazos y besos

*Coco_*

Recibí carta de Felipe, todo bien en Bedford.

Río, domingo 22 de junio

Querida familia:

El viernes a la mañana me llamó Roca desde el hotel, se fue al rato ya a Buzios y yo pasé a buscar la valija el sábado, ayer. El dulce riquísimo ¡mil gracias!, se volcó el jugo porque no estaba bien cerrado, pero quedó en el nylon por suerte. La cartita corta, no llegó nada del correo habitual del lunes, así que me quedé con ganas de saber más. Ya se acercan las vacaciones de julio pero veo que de Carli no hay noticias, esperaba noticias en esta carta pero nada. La Maru y Lousán llamaron también, ellos se quedan unos días más, así que seguramente vendrán algún día la semana próxima. Yo más aliviado, terminé por fin el "Pubis" para Einaudi, qué lata fue, aproveché que vi a Foa, aquel corresponsal del Corriere della Sera en Buenos Aires que ahora está acá, me hizo entrevista para el "Corriere" y le consulté cosas de la traducción. Mañana ya mando todo por fin, retomo la revisión de la adaptación de Dina unos pocos días y ya estoy libre de todo eso. Me llegará para entonces algo de España de la novela ~~nueva~~ última[28] y veré eso, aunque lo que querría es empezar algo nuevo para renovarme un poco, estoy muy saturado de "araña" y "pubis". Por suerte escribieron ya de Seix-Barral, les tardó tres semanas en llegar el manuscrito, les gustó mucho parece.

Sigo mirando por departamentos, está difícil pero por ahí sale algo, estoy podrido de mirar anuncios, pero es indispensable. Ya empezaron las entrevistas para el lanzamiento del "beijo", sale en "Pasquim" el jueves próximo la primera entrevista, el martes voy a la radio y esperemos que se mueva bien. Está saliendo con dos meses de retraso. La terraza casi lista, falta solamente colocar el alambrado y pintar los caños. El Roni una peste, a cada rato en el teléfono para ver si ya trae todo, se ve que necesita la comisión pero yo no quiero taponar todo de jardineras hasta no tener el lugar para colocarlas. Conseguí por fin quien dio los tiros de pistola para las plantas colgadas de afuera de las ventanas, pero faltaron dos rosquitas y pese a

---

[28] Manuel espera noticias de *Maldición eterna* (título abreviado que circuló en España por temor a que la maldición ahuyentara al público), pero está pensando en una nueva novela que comienza en esos días: *Sangre de amor correspondido*.

que sólo le pagué la mitad el tipo no reapareció, desde el jueves. Una lucha sin cuartel. Lío en el hogar de la Dina, parece que no se aguantan más, pese a que en el viaje a Europa se habían llevado tan bien. Dieron en un cine club "Macunaíma",[29] el protagonista es él, más o menos, ella tiene poco papel pero está bárbara, con pelo largo, cómo cambió esa mujer, qué envejecimiento prematuro tiene (cuarenta años), poco pelo, antes era una mata bárbara, y le complementaba bien la cara de india que tiene. Díganle a Carli, que vio la película, que es la que hace de guerrillera. La película hartante. Por TV una italiana con Franco Nero "Il mercenario",[30] haciendo de canchero, de MATARLO, es un actor que se salva cuando no hace nada, entonces parece natural, etc., pero ni bien se le exige algo es INSOPORTABLE. También una cagada "La vida íntima de un político",[31] con Alan Alda, insoportable. Fui por ver a Meryl Streep ya que me sacaron "Kramer", ella bárbara. Bueno, espero que llegue la carta del lunes, si es que la hubo ¿?

Besos

*Coco_*

---

[29] *Macunaíma* / Macunaima (1969). (En esta película actúa Dina Sfat como "Ci".)
[30] *Il mercenario* (1968).
[31] *The Seduction of Joe Tynan* / La vida íntima de un político (1979).

Ya empecé a comprar cosas con el regalo de ustedes, seis copas de whisky, lisas sin nada pero lindo cristal.

Río, domingo 29 de junio

Querida familia:

Pese a que les mandé carta con la Maru vuelvo a escribir hoy para no perder el ritmo de los lunes al correo, voy a llevar otro montonal de cartas. Me estoy poniendo un poco al día con el correo.

Nada especial que comunicar, contento por lo de Francia, veremos si escriben. La terraza CASI terminada, falta colocar el alambre, el viernes llovió y no pudieron terminar, parece que quedó muy bien y prolijo. Mañana me cae el Roni, he tenido que inventarle mil excusas para que no trajera las plantas antes, es muy cargoso, se ve que no puede esperar para cobrar su comisión, pero es un moscardón, él sí.

Se reanudó el funcionamiento del Museo de Arte Moderno, que se había quemado, parte de cine, caí a ver "El gran dictador"[32] que no veía desde entonces. Queda frente al Teatro Municipal cruzando ese parque grande, casi al lado del Aeropuerto Santos Dumont. El sábado fui a la feria de anticuarios, todos los sábados, LA LOCURA, cosas bárbaras pero todo muy caro, vi dos botellas de las que quiero pero doscientos dólares cada una, tengo que encontrar otra solución, *rematos*,[33] algo debe haber. Ayer por suerte al volver me encontré con carta de Charcas, la larga, cómo siento lo de Carli, que no pueda venir, y la impresión que les hizo la casa. En fin, ya vendrán tiempos mejores, tal vez en el verano. Bueno, mil cariños y besos

*Coco_*

Les había comprado regadora nueva pero como la Maru también necesitaba se la regalé a ella y a ustedes les fue la azul mía. Mañana me compro una para mí.

---

[32] *The Great Dictator / El gran dictador* (1940).
[33] Rematos: re-locos, Puig mezcla una palabra italiana con un prefijo castellano de uso coloquial en Argentina.

[*Esta carta no tiene fecha por haber sido entregada en mano. De acuerdo a los hechos mencionados es indudable que fue escrita durante la segunda mitad de 1980.*]

Río

Querida familia:

Aprovecho el viaje de Susana[34] para mandarles estos libros, pronto se agregarán "Spider Woman" y "Buenos Aires Affair" en bolsillo de Vintage. Tampoco me llegó el envío por barco de la "araña" dinamarquesa.[35] A Susana supongo que ni por teléfono la oirán porque va por tres días nada más y la llevan a una quinta directo, deja a las hijas todo el mes de julio que acá hay vacances del colegio. Yo le aconsejé que se quedara unos días para descansar pero parece que tiene mucho problema que afrontar aquí.

Buenas e inesperadas noticias: llegó sobre de Mattolini[36] con carta y críticas: fue GRAN ÉXITO, los tomó tan de sorpresa que cayó en un torbellino después. El contrato original con Milán era sólo de un mes, la cumplieron a teatro lleno todas las noches excepto la segunda. Ahora tiene contratos para Roma (teatro Parioli, lindo, en setiembre, al retomar la "stagione", en verano sólo trabajan los rascas) y toda Italia y retoman Milán. Algo inaudito, la crítica buena pero lo sorprendente parece que es el público, los ovacionan. A Mattolini ya lo llamaron del Piccolo para dirigir lo que *él proponga* el año que viene. Revelación. La verdad es que no me la esperaba. Así que de todos modos salió bien. Con razón los de París enseguida se movieron. Me parece que me va a entrar plata! Fue toda esa avalancha de ofertas que le impidió escribir antes. Pasaron las de Caín con los ensayos, uno de los dos protagonistas se retiró *cinco* días antes del estreno, tuvieron que reemplazarlo con un novato, etc., etc. Pero la cosa es que se abre un filón

---

[34] Susana Pravaz, la psicoanalista argentina que lo asesoró durante las correcciones de *Maldición eterna a quien lea estas páginas*.
[35] La primera edición de *El beso de la mujer araña* en Dinamarca es de 1980, con traducción de Anee Itansen. Puig tenía interés en esta edición en particular debido a que la última nota al pie que aparece en la novela es de una apócrifa doctora danesa Anneli Taube, y por lo tanto había pedido que en esa edición cambiaran la nacionalidad de la doctora.
[36] Se refiere a la adaptación de Mattolini de *El beso de la mujer araña*, con autorización de Manuel Puig. La obra teatral de Puig se estrenaría en Valencia en 1981.

bárbaro, con sólo dos actores y casi sin decorados, lo van a querer hacer en todas partes. Bueno, sigo más tarde.

Terminaron la terraza ¡bárbara! las enredaderas no me gustan cómo están ahora, pero Su Majestad el Roni dice que se ponen lindas. Las otras tres plantas grandes para las esquinas BRUTALES. Lo único que me falta ahora es terminar ésas de las ventanas de abajo, vino uno con la pistola automática y no terminó y no vino MÁS, pese a que no le pagué más de la mitad.

ATENCIÓN, recién llamó Susana y se ofreció para traerme paquetón, viene casi sin equipaje. Lo que no sé es si esta carta te va a llegar mamá a tiempo para que prepares la cosa y se la entregues. En fin, veremos. Yo no sé si será mucho el resto de los discos, tal vez atados en tres paquetes y llevárselos a ver si es mucho peso. Qué vergüenza.

Más buenas noticias todavía: EMPECÉ novela nueva, va a ser complicadita y llevará tiempo pero me gusta mucho el proyecto, ya estaba dándole vueltas hacía meses pero ahora ya está bien planteado el plan.[37] Otra cosa, Susana leyó la adaptación teatral y le gustó mucho. Por el lado que hay problemas es por el lado de Dina, con pólipo en la garganta, posibilidad de operación, despelote con el marido, todo una confabulación de cosas, está con una depre bárbara. Yo no quiero forzar nada, dejarla un poco que reaccione sola, yo creo que es somatización por la enfermedad terrible de la hermana. Bueno, espero pronto decirles algo del depto. Acá está en venta uno en el edificio en el primer piso, 203, con ventanas al verde de ese patio grande donde da mi lavaderito. No tiene terraza ni nada pero es simpático ¿qué hago?

Bueno, mil besos y cariños

*Coco_*

---

[37] La novela es *Sangre de amor correspondido*, que utiliza como material pre-textual entrevistas hechas por Manuel a uno de los albañiles que le estaba arreglando la casa.

1981

(#1)

- ¿Cuál fue la última vez que él me vio? una visita

Él la vio por última vez hace diez años, ocho años. Después nunca más. Fue en Lagoa de Maniá, Estado de Río. En la plaza, del lado de la iglesia. ¿Qué vio? de ahí salieron, ella fue a su encuentro. Tenían cita, de ahí salieron juntos, hasta el Club Municipal, a bailar toda la noche. ¿Qué más pasó con ella? estuvieron en el baile hasta las dos y media de la madrugada, después se fueron a un hotel a hacer sus cosas ¿está claro? aquella noche.

- ¿En el pueblo no se dieron cuenta?

En el club había mucha gente, el pueblo era no muy grande, seis mil personas, seis mil habitantes. Pero se podía ir a un hotel, sin problemas, no ahí, en otro pueblo cerca ¿está claro? llegaron y tomaron una cervecita y demás. En automóvil fueron, en esa época él tenía un Maverick, otros tiempos, después él entró en picada, y nunca más tuvo automóvil. El año que viene se va a comprar uno financiado, si Dios quiere.

- ¿Cómo fue el baile?

Era un baile con música de Roberto Carlos, todo el tiempo, la noche entera de Roberto Carlos. También había otros lugares para ir, estaba la pileta de natación, para unos baños, y la cachoeira. Se subían por las piedras, una cascada llena de piedras, se ponían el bikini y el pantaloncito de baño, se metían entre los árboles, ahí está la selva misma.

- ¿Pero y el baile?

El baile estaba abarrotado de gente, tres mil o cuatro mil personas. Ellos dos conocían a mucha gente, tanta, pero había tiempo, ya se iba a presentar la ocasión de mandarse a mudar. Ella lo había esperado en la plaza, esperaba generalmente ahí, o a la salida de la iglesia, porque era muy católica. Si no había nada en contra lo esperaba en la puerta de la iglesia. A las ocho de la noche generalmente. Y de ahí rumbeaban al final para la casa de ella, o si no para la casa de una tía. Y ahí se quedaban, a él le servían un cafecito, o un higo, de aquellos bichochos que a él le gustan, todo eso. Él se quedaba como hasta las dos de la mañana. En la casa de

Río, Miércoles de Ceniza (4 de marzo)

Querida familia:

Acá va la primera de una serie que espero sea corta, porque ya en junio estarán acá ¿o no? Bueno, va el noticiero: el viernes de vuelta se me encendió la lamparita de pasar a buscar la planta con el mismo chofer, lo más bien, cobró una locura pero me resolví eso y le caí temprano al jardinero con ya todo porque al ir de nuevo a la *chácara* aproveché a comprar más plantitas de las chicas también. Quedaron bien las dos palmeras (de tipo diferente) y ya el patio está irreconocible. Prendieron *todas*. Pero no alcanzaron para llenar el segundo patio, porque además no traje plantas para menos luz. Además hay tres de esos estantes de cemento en que las jardineras quedan muy ajustadas. En fin, que ni bien pueda iré a lo del Roni, caeré ahí. Además me dijo el jardinero que la palmera esta del otro departamento, la que está junto al espejo va a sonar si no se la lleva al sol, así que la voy a poner arriba en el fuego de la terraza a ver si vive, pero contra un costado a ver si se repara un poco. La obra de los albañiles lenta porque se cruzó carnaval, pero bien. Bueno, paso al carnaval ¡bárbaro! me divertí muchísimo, fui a mil partes todo organizado por el Jaguar en busca de olvido ¡se enamoró de la mujer de su mejor amigo! está al borde del suicidio. Bueno, fui a bailar, desfiles, quedé agotado, para colmo todas las tardes empezaba el revuelo en la Dias Ferreira a eso de las seis, con la Banda de Leblon, formada por todos del barrio. Me disfracé todos los días, salí con el grupo del Jaguar la primera vez, con la Banda de Ipanema y ya no me paró nadie. Me disfracé con esos trapos de hindú. Hubo unas escolas de samba de *locura*, una música genial, todo por la calle con la gente cantando, fue mil veces mejor que el año pasado, porque yo estaba en el Riviera y Copacabana es el asco. No hice nada los cuatro días, apenas regar las pícolas plantas. Ya fuimos el lunes al otro departamento con la Sheila,[1] limpiamos los patios y la sala, espero un poco más y ya pongo las alfombras. Lo que me mata es todo lo que tengo que hacer, *urgente* revisar "Pubis" en portugués, que es una cosa de nunca acabar, una martirización, ya que decir martirio me parece poco. Y para qué hablar de "la araña" teatral en inglés, otro martirio. Pero

---

[1] Sheila era la señora que atendía el departamento en Río y se ocupaba de las plantas cuando Manuel estaba de viaje.

después de eso volveré a buscar cositas a la Rua do Lavradío. El patio limpio no se puede creer. A la terraza me traje dos jardineras de las largas y dos de las chicas, en el suelo, por el momento es un ASCO, pero cuando las plantas crezcan (?) quedará JOYA.

Así que nada más, la Susana con la nube negra, la hermana vino en perra y se pelearon, la vieja las tuvo que separar, casi se matan, la otra nada menos que le echó en cara la culpa de que el sobrino no atine a nada, y le dijo que las psicólogas son unas charlatanas ¡casi nada! Casi salen en la página policial con los negros del escuadrón de la muerte. Bueno, mañana jueves voy a la feria y echo la carta. Espero carta... dentro de diez días supongo. Después de mil años fui al cine, "El tambor de hojalata"[2] alemana premiadísima, con cosas lindas pero *hay que aguantarla*. Ya empecé a mirar un poco de películas, vinieron los Galperín a ver "Tres palabritas",[3] la Susana muere de celos. Tengo que comprar mesita para la TV, es tan grande que no entra al lado del escritorio.

Bueno, baci tanti

Manuel

---

[2] *Die Blechtrommel / El tambor de hojalata* (1979).
[3] *Three Little Words / Tres palabritas* (1950).

Río, jueves 19 de marzo

Querida familia:

Estoy en el aeropuerto ¡para retirar la machine!!!⁴ Parece todo arreglado. Aprovecho para escribir mientras espero al inspector que vuelva de almorzar. Ayer arribó la duplicada del Consulado de New York y hoy me vine, pasé por la otra oficina y en un ratito me dieron el permiso. Ahora falta nada más que un papelito firmado por mí del retiro de los bultos y chau. Esta tarde si puedo voy a comprar los dos transformadores. En fin... También buenas noticias de la maisonette,⁵ quedaron bárbaras las alfombras y las cortinas, todavía no me entregaron las colchas y almohadones, el sábado. ¿Qué más?, las plantas la locura, están creciendo bien, lo quiero agarrar al jardinero para algunos retoques, sobre todo que me enseñe a podar esa violácea que tiene que hacer una base tupida para la palmera y la otra grandota. Todos los días al ir a regar me dan ganas de quedarme. Y para *andar descalzo* es ideal, pasar del mosaico del patio tibio del sol a la alfombra fresca. Estoy ya muy adelantado con la traducción para N.Y. de la "araña" teatral, y ni bien me la saque de encima voy a buscar más moblachos. También estoy terminando la revisión de "Pubis" al portugués, viene todas las tardes el muchacho de la Codecrí.⁶ Por eso tuve que dejar la novela nueva totalmente, pero la retomaré ni bien pueda.

El único lío es el correo, no llegó más carta de Charcas que la primera, espero al volver a casa encontrar. ¿Qué más? parece que mucho mejor la organización del teatro sin Dina y el marido, parece que firma José Wilker para el papel del preso más joven, sería muy buena combinación. Es muy buen actor, está bien en "Bye Bye Brasil", no en "Doña Flor",⁷ donde está

---

⁴ La machine: Puig se refiere a la videograbadora Beta, que llevó de Nueva York a Río de Janeiro, con la que dio comienzo a su colección que en sistema Beta comprende 642 cassettes, cada uno de los cuales tiene grabadas dos o tres películas.
⁵ Maisonette, departamento que Manuel había comprado para sus padres, donde finalmente viviría Male, su madre. En ocasiones lo llama "Petit Trianon".
⁶ *Pubis angelical* fue publicada en Brasil por la editorial Codecrí, con traducción de José Sanz y "revisão de Luiz Otávio Barreto Leite". *Sangue de amor correspondido*, la "novela nueva" que Puig ha comenzado a escribir aproximadamente en junio de 1980, se publicará en Brasil 1982 con versión portuguesa del propio Puig y "revisão do original: Luiz Otávio Barreto Leite", según consta en la portada. Las sesiones de traducción de *Pubis angelical* habrán convencido a Manuel de la posibilidad de contar con la colaboración de Barreto Leite.
⁷ *Dona Flor e seus dois maridos* / *Doña Flor y sus dos maridos* (1976).

fuera de papel, no puede hacer de muchacho del pueblo. ¡Cómo tarda el inspector!, menos mal que estoy ganando tiempo. La llegada de la machine está oportunísima, empiezan a dar una serie de francesas en lengua original por TV 2, con subtítulos y las voy a grabar. Para junio esto va a estar de rompe y raja, y con el chofer...[8]

Viernes 20
Imposible seguir ayer, todo regio, ya está la machine funcionando, no tenía necesidad de transformador siquiera, todo al pelo. Me parece mentira, de golpe ver aparecer a Hedy Lamarr ahí en la pieza. Tengo que comprar una mesita rodante para TV porque es tan grande el televisor que no entra en el hueco ese, ahí gracias que entra la cassetera. Para colmo de complicaciones está en Río la de Gallimard, enloquecida con "Maldición". Bueno, perdón por la carta corta, la próxima la mando el martes si todo sale bien. No llegó carta de Charcas, hoy son dos semanas que llegó la primera. Besos

*Coco_*

---

[8] En Río, Manuel había comprado un auto y, como no manejaba, contrató un chofer.

Río, miércoles 1º de abril

Querida familia:

Hoy miércoles voy al correo a despachar las pruebas corregidas de "Pubis" de Gallimard, otra cosa desbratada,* me cayó el viernes cuando creí ya estar libre de *incordios*. De todos modos trabajé bastante en la novela nueva, que va bien. Y el sábado me fui a la mañana a buscar el canapé del dormitorio, y de paso estuve en la feria de antigüedades ¡bárbara! me compré el espejo del dormitorio, otro chico para la entrada y unas carpetas para las mesas de luz, todo muy lindo. Lo que me pareció feo fue el canapé, una metida de pata porque se nota demasiado que es ordinario. La solución es que fue tan barato, así que cuando aparezca uno bueno del mismo tipo lo reemplazo y basta. Lo absolutamente increíble fue el espejo del dormitorio, 4.000 y tan lindo, una madera trabajada y el espejo con biselado, algo increíble. Ya colgué la cortina, bárbara, pero va a haber que tomarle un poco de un lado porque se arrastra. Frente a la ventana del escritorio (del Petit Trianon) puse en la jardinera unas begonias que me parece que las voy a rajar, no me gustan, quiero planta linda que caiga. Anoche tuve cena con el Jaguar y el capitalista de "la araña" teatral, todo muy bien. Este fin de semana vuela para acá Wilker, que está en Buenos Aires filmando, y se va a aclarar si lo hace o no. Ojalá, de todos modos el papel más difícil es el otro. Me llamó por teléfono Jusid[9] de Buenos Aires, porque quiere que le haga un guión sobre un caso policial real que hubo allá. Yo me le quiero escabullir porque es muy burro como director. Veremos. Pero me dijo que en la feria del libro se vende "Maldición eterna..." ¿qué me cuentan? Y Viola[10] algo dijo de abertura, ojalá... Mil cariños y besos

*Coco_*

El sábado vino la Susana con las chicas a ver "Bambi".[11] Todo bien. Ah, se hizo la presentación del libro de ella, por supuesto que en la librería de la... Díaz Ferreira. Exitazo, la vinieron a ver muchísimas personas y vendió doscientos diez ejemplares, estaba loca de contenta.

---

[9] Juan José Jusid fue productor de *Boquitas pintadas* (1974).
[10] Se refiere a Roberto Viola, presidente de facto en ese momento.
[11] *Bambi* (1942).

Río, lunes 6 de abril

Querida familia:

Ya es tarde, estuve llamando a Charcas ayer y hoy pero no contestaba nadie, supongo que están en la quinta, así que aunque sea por carta, muchos tirones de oreja.[12] Acá tratando de entrar en ritmo más calmo, veremos si lo logro, quedé con mucho atraso de correo durante este período álgido. Ahora la última novedad del suspenso es que el traductor americano no acusa recibo de los envíos ¿qué puede haber pasado? Todo lo demás en vías de ordenarse, se concretó la invitación de Alemania. Muy agitada la gira de universidades pero es necesario para mover un poco los libros, la venta va muy lenta. Lo que haría de paso es la parada en Roma de ida para retirar el premio[13] y de vuelta Madrid para ver la obra. Se estrena en Valencia el Sábado de Gloria, tres días allí y después el estreno en Madrid, en el teatro Martín, la casualidad es que se llama el actor José Martín. Siempre me llama la mujer por teléfono, saludos a mamá con la que habló una vez. La cativeria* de Gallimard fue a Bahía y ya volvió, mañana la invitó a almorzar el Jaguar al Pasquím y ya me desbrato.* Lo bueno es que retomé la novela, tiene cosas FANTÁSTICAS, de lo mejor que me ha salido, pero todavía ofrece unos problemas feroces. La primera mitad parece que ya está en orden, pero ahora viene el segundo bloque, que es granítico.

Martes 7
Sigo hoy. Hace un rato la portera me avisó que la Sheila tuvo una nena, por suerte, todo bien, pero de siete meses y medio. No la pudo retener más. El chico también fue de siete meses. La cuestión es que ya se desbrató.* Yo a la tía la tuve que rajar, era un desastre, lo peor es que me parece que no veía bien, y dejaba pasar cosas muy gordas. Le hablé a la Carminha y me presentó a una que está en el edificio, alquila una de esas piecitas en el garage, es de Pernambuco como todos ellos, y trabaja diferentes días en el edificio, bueno, bárbara, no tan detallista como la Sheila pero muy

---

[12] El 6 de abril era el cumpleaños de su padre Baldomero.
[13] Manuel Puig acaba de recibir el premio del Instituto Ítalo-Latinoamericano a la mejor novela latinoamericana traducida por *Il bacio della donna ragno*, en traducción de Angelo Morino. Antes de Puig fueron premiados Lezama Lima por *Paradiso*, Juan Carlos Onetti por *El astillero*, y Antonio Di Benedetto por *Zama*.

buena y siempre de buen humor. Todos preguntan por la salud de Don Puig y les da rabia cuando digo que Río no le sentó por la insolación. En fin... Antes que me olvide, ya se me escapó en la última carta, una noche la madre de la Susana fue a cocinar a casa de una amiga de la Susana, brasileña muy simpática y qué sé yo, le fue a enseñar unos platos, etc., etc., como era tanto invitó gente después ¡eran unos bodrios bárbaros! inmunda comida judía mal hecha, ASCO, ojo que no se les engruña* a cocinar. Yo llegué famélico y tragué todo y decía "¡qué cocinera maravillosa!" creí que me iban a dar un Oscar por mi actuación pero me ganó De Niro. Bueno, me voy a dormir porque me desplomo. Ah, hace por lo menos tres semanas que no dejo un día de nadar, eso por lo menos lo respeté. El Petit Trianon estancado, me plantó ayer la costurera de la Susana que venía con el trapo para tapar la mesa rasposa y nivelar la cortina que con el agregado quedó chueca, INTERMINABLE.

Pero ya falta menos. Las dos sillas nuevas bárbaras.
Besos y cariños

*Coco_*

Parece que el viaje es del 15 de mayo al 10 de junio.

Río, martes 14 de abril

Querida familia:

Acá estoy firme en la brecha, me llegó como chiquetazo la carta de la quinta, el jueves, bárbaro, así que ya estuve pensando hoy que mamá tenía al ruso a la tarde.[14] Ojalá tudo bem. Yo entrando en más tranquilidad, el tiempo fabuloso, no me pierdo playa aunque sea esa media horita. Estoy tratando de enderezar un poco la novela nueva porque si paso por Roma se la querría mostrar a Mario. Lo cual me lleva al tema Muzi, me quedé lelo ¿está muy mal la Inesita? ¡qué infierno esa enfermedad, qué cosa bárbara! El viaje de Susana[15] me da mucha intranquilidad, sobre todo en barco, tantos días, si le da alguna descompostura. En fin... Yo si se hace lo de mi viaje viajo más o menos el 15 de mayo a Roma, pero todavía hay cosas poco claras, resulta que el pasaje subió de manera terrible, y los profesores esos que me invitan no tienen tanto presupuesto.[16] Veremos cómo se arreglan, yo no quiero poner de mi bolsillo porque ya bastante dos semanas de conferencias sin cobrar, porque todo va a amortizar el boleto. Algo me dice que el asunto se va a arreglar finalmente, *espero*. Quiero ir para ver si se da un poco de impulso a las ventas en Alemania, están pobrísimas. Y ver de cobrarles a los italianos del teatro, la semana pasada debutaron en Roma, todavía no tengo noticias. Ya va a hacer un año del estreno en Milán. En Valencia este sábado... Y la semana próxima en Madrid...

El Petit Trianon tomando cuerpo. Vi un mueble grande para el comedor acá en un lugar cerca que nunca había visto. Tengo que hacer un poco de cuentas porque no quiero quedarme sin capital (ya hay depósitos nuevos pero en N. York como de costumbre...) para poner en la obra brasileña, voy a poner un tercio del capital.[17] Con ese mueble ya quedaría bastante armado el comedor, faltaría sólo una mesita chica al lado del sillón ese duro. Vi

---

[14] El doctor Finkestein, médico de cabecera de Male Puig.
[15] Se refiere a su prima Susana, que estaba enferma.
[16] Se refiere Manfred Engelbert y José Amícola, quien publicó la desgrabación de la charla de Puig con los estudiantes alemanes en su libro *Manuel Puig y la tela que atrapa al lector* (GEL, 1992).
[17] Se refiere a la puesta en escena de *Quero* (*Bajo un manto de estrellas*), que todavía no tiene título.

en una casa de antigüedades un macetero art-nouveau que me parece que no me voy a poder resistir.
Bueno, mil cariñetes y besos

*Coco_*

Río, lunes 20 de abril

Querida familia:

Escribo tan rápido, quiero decir antes del jueves clásico de la feria-correo, porque esta semana llamó de Madrid Sylvia Martín (con y griega!, argentina de La Rioja) para decirme que el estreno en Valencia el Sábado de Gloria fue una ídem. Bárbaro de reacción del público, festejan mucho los chistes y lloran al final. Tuvieron que agregar funciones porque a partir del segundo día se agotaron las entradas. Después van a Alicante unos días y en Madrid alrededor del 29. Así que parece que voy a agarrar unas buenas pesetas.

Carta de Charcas no hubo, entre que mamá fue al ruso el lunes y la bella Semana Santa se atrasó. Espero que anden bien. La Maisonette progresando, las plantas del patio grande bárbaras, está tupiéndose el cantero, podé esa violácea y planté los gajos ahí mismo para cubrir y casi todos prendieron. La enredadera crece bastante rápido también, y la voy acomodando para que siga por debajo del alambre, y se adapta regio. Un poco más problemáticas las del patio chico, algunas sonaron, por suerte de ésas baratas, hay que encontrarles la planta que aguante esa semi luz. Por supuesto que los helechos ahí también funcionan y la enredadera, pero no las chiquitas. Veremos. Parece que me decido por el moblacho grande que vi, muy buen precio, hoy viene el dueño de la casa de antigüedades, a tres cuadras de acá, en la San Martín, para ver si entra por la puerta, porque ése es el problema de los muebles de cierta dimensión.

Estoy ahora en reposo con la novela, ayer terminé la enésima corrección, la dejo un poco descansar y la retomo, a ver qué sorpresa me depara, si hay que cambiar mucho o qué. Si me parece ya más o menos bien se la voy a pasar a Monegal y a la Susana. Este fin de semana se fue a Teresópolis, a una quinta, llovió torrencialmente, qué descanso para la pobre engruñida* con qué sé yo cuánta gente más.

Fui al cine, *no se puede ir más*, "Tess"[18] de Polansky un aburrimiento, larguísima y lenta, un sopor. Lo que es impresionante es la Nastassja, es tal el parecido con Ingrid Bergman que después de tres horas de película todavía te sigue impresionando, es idéntica, pero en fría. Pobre Ingrid hasta eso se tiene que aguantar. Vino la Bella con el marido y el agregado

---

[18] *Tess* (1979).

cultural mexicano a ver "El lugar sin límites",[19] les gustó mucho. Wilker pidió prórroga hasta setiembre y no se la dimos, MEJOR, porque si es éxito y queda el título muy ligado al nombre de él, al irse de la obra (no creo que la hiciera más de cuatro o cinco meses, por compromisos de cine o TV) la gente no se interesa más. Mejor un buen actor y no de tanto nombre. Bueno, mil gracias por el recorte de la Mecha, qué bien que le hicieron eso. Mamá, te pediría un favor: me dieron la nueva dirección de ella (creo que Duilio Marzio) y no me contestó, como es tan cerca de casa te pediría que un día pases y preguntes al portero si es ahí, Arenales 3076, y si tenés ganas saludala y felicitala de parte mía. Pero querría tener la dirección para escribirle.

Fui e ver "Ordinary People",[20] sorpresa, me gustó, qué bien dirigió Redford a los actores, ella da miedo de tan real. Se las recomiendo, es amarga pero muy entretenida.

Bueno, estoy contento con los muebles, falta ahora lo de menos, el armario era lo más peliagudo y cayó como del cielo. De trabajo bien, la novela nueva con problemas pero tiene partes que son lo mejor que he escrito en mi vida, creo, ese albañil fue un genio.[21] La crítica del Clarín ni fu ni fa ¿verdad? pero por algo se empieza.

Besos y cariños

*Coco_*

---

[19] *El lugar sin límites* (1978). Adaptación de la novela homónima de José Donoso, con guión de Puig, que sin embargo no figura en los créditos por pedido propio, ante una amenaza de censura que no se concretó.
[20] *Ordinary People / Gente como uno* (1980).
[21] Se refiere al albañil cuyo relato sirvió de pre-texto en la escritura de *Sangre de amor correspondido*.

Río, jueves 30 de abril

Querida familia:

Inauguro block, se nota el bordecito, espero que ya el hermano de Gusmán[22] les haya entregado mi carta, resulta que acababa de escribirla el domingo a la noche cuando me llamó del aeropuerto que le habían robado la cartera, etc., con esos papelitos famosos de inmigración. Nos encontramos para prestarle plata (que me traerá Susana) y le encajé la carta. Escribo ésta ya hoy sin muchas novedades pero lo mismo no quiero dejar pasar tiempo entre una entrega y la otra. Espero que el ciático haya cedido. Hoy me llamó Sylvia Martín de Madrid, mañana 1º es el estreno. En Alicante también anduvo muy bien. Así que a prepararse. Les cuento del viaje a Europa, ya está todo confirmado, va a ser muy cansador pero qué se le va a hacer. Salgo el 15 vía Bahía, porque de ahí sale un vuelo charter más barato y tal vez salga el 14 de acá, para quedarme un día en Bahía a hacer promoción de los libros, porque sale la reedición de "The Buenos Aires Affair" por la Codecrí esta semana que viene. A todo esto ya está preparando la sexta edición de "la araña", ya no está más en primer lugar pero sigue muy bien. Vuelvo al viaje, resulta que la financiación resultó peliaguda porque el Instituto Ítalo-Latinoamericano no paga boleto transatlántico, sólo de otro punto de Europa, y las universidades alemanas (Berlín, Hamburgo, Göttingen, Frankfurt y Maguncia, o sea Mainz en alemán) tienen también presupuesto reducido, y como me tienen que pagar hotel, etc., en cada lugar, se hace bravo. Bueno, yo pago el boleto entonces y ellos me dan cada uno una parte, ya calculé que va a cubrir todo, pero claro, sin ganar como fue en Puerto Rico o en las universidades norteamericanas que encima pagan. Pero las conveniencias son muchas: 1) retirar el dinero del premio italiano y hacer ruido de prensa, 2) cobrarles a los del teatro italiano, 3) ver el mercado de video cassette en Italia, 4) si puedo terminar a tiempo, mostrarle la nueva versión de la novela a Mario, 5) hacer promoción de los libros en Alemania donde la cosa está dura, 6) ver los cassettes en Alemania, 7) hacer parada en París para promover "Pubis", 8) paradas en Barcelona y Madrid para promover "Maldición" y la obra. Tuve que eliminar Yugoslavia y Viena porque las fechas eran conflictivas. Entonces el viaje queda así: 16 llego a Roma, 20 vuelo a Berlín, 24 a Hamburgo, de ahí a Göttingen,

---

[22] Luis Gusmán, escritor y psicoanalista amigo de Manuel.

Frankfurt y en París el sábado 6 de junio, a Barcelona el martes 9 y el 11 a Madrid. El 14 estoy en Río de vuelta. Así que todo puro trabajo. El aliciente es que veré algo de cassettes en Alemania también, y en París, ya Ítalo[23] también compró, pararé en su casa.

Para las cartas lo mejor creo que será mandar la del lunes 11 a Mario, supongo que el martes 19 me llegará, la del lunes 18 a Göttingen:

        c/o Professor Amícola
        Romanisches Seminar
        Nikolausberger Weg 23
        D-3400 GÖTTINGEN
        Alemania Occidental

La del lunes 25 también ahí. La del lunes 1º junio c/o Jasanada, "Seix-Barral", Sant Joan Despí, Barcelona, y la del 8 ya acá otra vez. Ahora que lo pienso la primera también mandala mamá a Alemania, ellos me la mandarán a Berlín, ese Amícola es el argentino que organizó todo. Así que a Roma no, es poco probable que llegue, Ostia siempre fue un problema de correo.

Bueno, mil cariños besos

*Coco_*

Domingo 3
Vi una vista bastante linda, la del Oscar a la mejor actriz, "Coal Miner's Daughter",[24] biografía de una cantante, vayan que les va a gustar. Ella es impresionante, no sólo de fea sino porque me parece que tiene una cirugía de nariz mal hecha, pero trabaja bien y el muchacho también.

Bueno, mañana me llaman de Madrid, dejo el espacio. Hasta mañana.
Lunes, no llamó Sylvia[25] ¿? escribiré ni bien sepa algo, abrazos y besos

*Coco_*

Habló!!!! parece que regio, hoy es el estreno para la crítica...

---

[23] Ítalo Manzi.
[24] *Coal Miner's Daughter / La hija del minero* (1980). Se refiere luego a Sissy Spacek y Tommy Lee Jones.
[25] Sylvia es la esposa de Pepe Martín. La versión teatral de Puig de *El beso de la mujer araña* se estrenó en la Sala Escalante de la Diputación de Valencia el 18 de abril. Pepe Martín interpretó a Molina, y Juan Diego a Valentín.

Río, sábado 9 de mayo

Querida familia:

Ayer me llegó la carta del lunes, con los datos de Erté, ya ahora puedo accionar. Buenísimas noticias de Madrid, el estreno final para la crítica fue extraordinario de aplausos, etc., la reacción del público es fuertísima, se ríen mucho y al final lloran bárbaramente, eso les hace calcular que con buenas o malas críticas (como en toda Europa las críticas españolas no salen hasta después de unos días) será éxito de locura, calculan de dos a tres años en cartel. Me llamó el mismo Martín[26] desde la casa, horas en el teléfono de la alegría, dice que después de saludar el director (que ya se traía el libro en el bolsillo) pidió un alto en los aplausos al público, colocó el libro en una mesita del decorado como indicando al autor y ahí se vino abajo el teatro de aplausos y ovaciones, se empezaron a parar las personas y todos aplaudieron de pie, una locura. Así que mejor imposible. Por suerte ahí quien cobra es la Sociedad de Autores y esa plata se va depositando.

Acá todo ya firmado pero con atraso hasta agosto, no importa, basta con que se haga. Bueno, acá también ya se desató la vorágine del viaje, la macana es que mañana domingo a la tarde vuelo a San Pablo y vuelvo el martes a la mañana, voy a presentar la reedición de "The Buenos Aires Affair" en una librería y presentaciones en TV, etc. Y el jueves ya rajo a Bahía desde donde me embarco el viernes tarde a la noche. Mario está con el pánico del dinero, ya se sabe lo que es Italia, para morirse de hambre, y encima esa dificultad para cobrar. Ahora tengo que cobrarles a los del teatro, a Einaudi y los asquerosos de Feltrinelli no largaron un peso más y estoy seguro que los libros se venden despacito pero se venden. A la vuelta del viaje espero encontrarme con envío de cassettes de Xavier,[27] va la Bella y espero que traiga algo. Me tiene grabadas muchas cosas, un concierto de Pavarotti - Sutherland - Marylyn Horne, "La viaccia",[28] un "Evita"[29] dramático de TV con la estúpida Faye Dunaway, "Angustia de un querer"[30] Jennifer, Holden, etc. No veo el momento que se vengan, es casi seguro que traeré guita sufi-

---

[26] Pepe Martín, uno de los protagonistas de la obra.
[27] Xavier Labrada, amigo mexicano de Manuel Puig, director de programación de Televisa.
[28] *La viaccia* (1961). Nombrada por primera vez en carta del 16 de noviembre de 1961 (Tomo 1, pág. 282).
[29] *Evita Perón* (1981).
[30] *Love is a Many-Splendored Thing / Angustia de un querer* (1955).

ciente para el auto. La enredadera nueva parece bien, la antigua chota porque en otoño se caen muchas hojas. Bueno, espero recibir carta en Alemania. Besos y cariños

*Coco_*

Río, martes 12 de mayo

Querida familia:

Ya volví anoche tarde de San Pablo, salió muy bien, fue el lanzamiento de la reedición de "The Buenos Aires Affair", en una librería nueva. Pero lo importante fue la cantidad de prensa, entrevistas y espacio a patadas, y entrevistas de TV muy largas y en horarios buenísimos de noticioso. Así que se relanza con fuerza. Es increíble el impacto del "Beijo",[31] la gente está enloquecida. Con ésta no va a ser igual pero lo mismo ya estoy colocadísimo.

Jueves, aeropuerto Galeão
Estoy por salir a Bahía, son las 4 de la tarde. Mañana tengo charla en la universidad y a la noche firma de autógrafos en una librería. Después a la 1.30 de la mañana sale el avión a Madrid y de ahí conexión a Roma. Qué fiaca me da hacer este viaje, pero tenía que ir a Roma. Me escribió Schóo, me dice que llegó a la redacción el cable internacional la semana pasada, anunciando la entrega del premio,[32] pero quién sabe si se publicó, él no me dice nada. No importa, se ha publicado la noticia en mil otros lugares. El domingo iré a ver la obra en Roma, el lunes el horror de la entrega del premio, con discursos, qué pesadilla, y martes o miércoles sigo a Berlín, según tenga ya el miércoles turno en la Cineteca de Berlín o no, lo sabré telefoneando a Berlín desde Roma el domingo a la mañana. Ojalá pueda ver algo interesante, así me resarzo un poco. Le llevo la novela nueva a Mario, la mostré acá y anduvo bien, veremos. En Berlín espero cartas. No sé si comprar las láminas en Berlín o París, donde había tan lindas, veré. No hago más que pensar en la situación de Arfaq.[33] En el peor de los casos a mí me parece que vendiendo Charcas se podrían comprar tres departamentos en Río y tener una renta bárbara, los alquileres acá son altos, cerca de mil dólares. Qué macana esa quinta, pero me parece que habría que darla a alguna firma, o poner anuncios, en fin, no sé, *algo*. Bueno, me apronto a salir, les escribo ni bien pueda, de Roma misma. Besos y cariños

*Coco_*

---

[31] *El beso* tuvo una primera edición en Brasil en Codecrí, en 1980. En 1981 se vuelve a publicar en el Circolo del Libro, en *hardcover,* con unas palabras del autor sobre la génesis de la novela.
[32] El premio del Instituto Ítalo-Latinoamericano, comentado en carta del 6 de abril.
[33] Arfaq es el nombre de la fábrica del padre.

Fiumiccino, miércoles 20 de mayo

Querida familia:

Acá estoy en el aeropuerto esperando el avión para Munich y conexión a Berlín qué alivio ya pasó la premiación! Por suerte salió todo muy bien, pero era pesada la idea de los discursos, etc., etc. Bueno, les cuento todo del viaje. Salí de Río el jueves 14 a las 6 de la tarde, no conseguí dejar la maisonette en orden porque me fallaron los que tenían que venir a montar los dos últimos muebles, que habían sido desmontados porque no entraban por la puerta. Espero encontrarlos en orden. Saqué las alfombras y limpiamos todo con la sierva. Bueno, Bahía más o menos, la gente es muy en el aire, tipo Cartagena, poca cabeza, entonces fue más difícil el trato. No hay como Río, son tropicales pero hasta cierto punto. La ciudad ha crecido mucho y es muy agitada, se conserva ese casco antiguo tan lindo pero no vale la pena ir hasta ahí para verlo, son callejuelas tipo vieja España, como se han visto a montones en tantas partes. El mar y las palmeras son nada comparadas con el Caribe o Hawai. El tiempo es cierto que es menos caluroso que en Río pero de una humedad asquerosa. En conclusión, no me gustó nada. La charla fue en la Universidad, unos confusionarios, pero hubo mucha TV, y eso es lo principal, una promoción bárbara. Ya en Río me empiezan a reconocer por la calle, sobre todo después de la entrevista de la mañana en S. Paulo, por la TV Globo. Me reconocieron en el aeropuerto y en el avión. Bueno, salí el viernes a medianoche del hotel rumbo al aeropuerto y con miedo de encontrar algún lío con las Líneas Aéreas Paraguayas ¡y en efecto! ¡no estaba en la lista! me habían sacado para poner a otros. Por suerte estaba atrasado un avión de Varig que venía de Río rumbo a Oporto y París. Me pusieron ahí, y sin pagar la diferencia, así que viajé en jumbo regio. Claro que como tuve que seguir hasta París se hizo más tarde para la conexión a Roma. Pero el avión paraguayo no había llegado, quién sabe el atraso con que llegó. Por suerte el avión de Varig bajó en Orly y de ahí mismo salía el de Roma, pero se atrasó y finalmente llegué a Roma a las 9.30 de la noche, o sea a las 4.30 brasileñas. Mario bien, pensando en dejar la casa de Ostia antes de fin de año. Yo más o menos le hablé del estado de la madre pero está más enredado que nunca con la cuestión de dejar la casa. Me esperaba una desilusión ¡la obra ya había terminado! Giulio Brogi empezó uno "sceneggiato" de TV y tuvo que salir de Roma. Hicieron una gira enorme antes de Roma, y Mattolini quedó feliz. Me pagó la parte que ya pagó la Società di Autori, él es una persona muy decente. Cada no sé cuántos meses les hacen las liquidaciones. Pero es plata segura. Ya van en unos dos mil dólares las regalías, para Italia no está mal, además hay que contar que sólo tengo el 60% porque él hizo la adaptación. Vino Mario al premio, estaba lleno, el Embajador de Argentina, stas yo,*[34] hubo discursos y después me hicieron preguntas a mí, me las mandé de sencillo y fue gran éxito, que "nunca se había producido una tal comunicación", me imagino con las momias de Onetti y Jorge Amado[35] cómo habrá sido. Después hubo entrevistas y la cena. Todo muy llevadero, estaba al lado mío el famosísimo escritor siciliano Leonardo Sciascia y después vino la Natalia Ginzburg.[36] Ayer fuimos con Mario al Centro, "Zazà"[37] con Isa, bastante linda y "Cavalleria"[38] de Nazzari y Elisa Cegani, asco. Después me fui (con el subte, en quince minutos o menos) hasta Piazza di Spagna para averiguar de los videos cassettes, poco y nada, un lío, y en una de esas tiendas nuevas encontré un vestido dos piezas lindo y barato, de ahí me fui a la Piazza Borghese y compré las láminas, bastante lindas, cuatro con motivos de Roma, tres de figuras de moda de París 1800 y otro lindo también por el estilo. Bueno, ya llaman el vuelo, en Munich (cambio de vuelo a Berlín) echo la carta si me da tiempo.

Besos y cariños

*Coco_*

---

[34] En 1981 seguía la dictadura militar en Argentina, de ahí el comentario (stás yo= quedate callado).
[35] Juan Carlos Onetti y Jorge Amado: anteriores ganadores del premio.
[36] Natalia Ginzburg, novelista italiana; sus libros mezclan historias familiares con ficción. Fue lectora de la editorial Einaudi desde su creación, por lo que estuvo en contacto con Puig desde su primera novela (que finalmente se publicó por Feltrinelli).
[37] *Zazà* (1943).
[38] *Cavalleria* (1936).

Göttingen, miércoles 27 de mayo

Querida familia:

Ya estoy en esta ciudad, bastante linda, casi exclusivamente dependiente de su universidad, que es lo que le da vida. Por suerte me encontré las dos primeras cartas, venía sediento de novedades, así que todo salió bien. En la anterior me olvidé de contarles de Margherita. Fuimos a almorzar el domingo con Mario, Margherita bastante bien físicamente, pero caída porque no es nada sonsa y se dio cuenta de lo de Armando, porque al no recibir más noticias de las sobrinas ató cabos. Yo no le confirmé nada pero al verla tan convencida tampoco cabía ilusionarla de nada. Claro que si supiera lo de la pobre Agnesina ahí sí que se desbarrancaría. Tiene un poco la idea de viajar a Buenos Aires pero con los problemas de circulación que tiene le da miedo tantas horas sentada, parece que cada tanto tiene que acostarse para recobrar cierto equilibrio. Yo traté de entusiasmarla, puede hacer una parada en Río y así reducir un poco el viaje. A mí se me ha hecho un poco de confusión y no recuerdo bien cuándo les escribí la última, creo que entre Roma y Berlín. Bueno, hasta ahora todo muy bien en las universidades pero más bien aburrido el resto, no conseguí ver nada en la Cineteca de Berlín por horarios y líos, así que quedó para otra vez, aunque ya quedé amigo lo cual es importante. Por suerte conseguí un cassette bárbaro, "El congreso baila"[39] con Lilian Harvey y Conrad Veidt, es la primera película que compro; todo lo otro es grabado de la televisión de N. York. Así salen caras pero en este caso era tan precioso el producto que con gusto lo pagué. Voy a ver si compro dos o tres más, en Berlín estaban en catálogo pero agotadas. En Berlín estuve tres noches y no fui al teatro, empezando porque en Berlín Este han puesto un impuesto de entrada de 15 dólares, pero eso no hubiese sido nada, lo principal era que entre la universidad (una charla y otros encuentros informales con estudiantes) y las búsquedas de cassettes y Cineteca a la noche estaba muy cansado. En Berlín Oeste tampoco había tentaciones de teatro. Llegué a Hamburgo el sábado y me palmó el cambio de tiempo, de calor pasó a lluvia y frío, me quedé descansando íntegro el domingo, y el lunes hice entrevistas (dos de radio y una de diario) y a la tarde de charla en la universidad. Así que no vi nada ni fui a ninguna parte.

---

[39] *Der Kongress tanzt / El congreso baila* (1931).

El martes me tomé el tren para acá, dos horas y media de viaje, llegué justo a la hora de almorzar, me esperaban los dos profesores que organizaron todo, uno argentino y el otro alemán, que dieron un seminario de octubre a mayo sobre mis novelas. Me llevaron a almorzar a un lugar bárbaro al campo. Ya a la noche fue la primera charla y otra hoy, mañana jueves está todo cerrado por el día de la Ascensión del Señor ¡en Alemania! y aproveché para retomar la novela porque de tanto hablar de literatura en estos días me han venido ganas de escribir. Acá me quedo hasta el lunes a la mañana en que voy a Frankfurt. Acá me siento más acompañado, lo tristón fue Hamburgo, una ciudad sin el menor sabor, fría, y bueno, menos mal que fue ahí que no me sentí bien, mejor dicho sin fuerzas, se me juntó todo el cansancio del viaje, seguramente por la falta de estímulo, y me quedé durmiendo todo el tiempo (la temperatura cayó 20º en toda Alemania, de 29º a 9º, no fue para menos).

Jueves 29
Ayer no pude terminar la carta y hoy es feriado ¡dos días se atrasa! En fin... Bueno, ya se acerca junio y espero que se aeronten para viajar a Río, y zafarse del frío ¿qué se habla para el 6 de julio? esta crisis económica vino justo a complicar las cosas pero si hay más trabajo en la fábrica supongo que se habrán tranquilizado un poco.

Viernes mañana
Voy al correo, aquí en Göttingen todo se desarrolla bastante bien, estoy mejor de ánimo, y trabajé además.
Bueno, besos y cariños

*Coco_*

De París escribo más largo.

Mainz, jueves 4 de junio

Querida familia:

Hoy ya por suerte a la tarde vuelo a París, se terminó la gira alemana, en Göttingen muy bien, alcancé un poco a trabajar en mis cosas, le di a leer la novela nueva a un profesor muy vivo que hay ahí, se da cuenta de muchas cosas, y aproveché regio el tiempo. Después en Frankfurt fue muy pesado porque se largó un calor terrible, nunca registrado, y yo con mucho que hacer, sobre todo las compras, buscar los *cassettes*, discos, etc. Bueno, al final conseguí muy poco porque todo hay que encargarlo, pero va uno de la editorial a Río en agosto y me va a llevar tres. Yo no me llevo más que uno, "El congreso baila". Ítalo me había encargado pero tampoco se los encontré, no tienen nada en stock, un lío. Más o menos me conformo con lo poco que vi en cinetecas porque quedaron bases sentadas para el futuro, ya tengo más datos. Después de Frankfurt (horrible, fue la ciudad más destruida de Alemania y no quedó NADA, es todo reconstruido) vine aquí ayer, hoy fue la charla y a la tarde ya tomo el tren (media hora!) a Frankfurt y aeropuerto. Mainz (Maguncia) también está toda destruida, queda un casco chiquito que deja imaginar la maravilla que fue aquello, todo medieval. Espero recibir carta en casa de Ítalo, no me acuerdo qué direcciones te di mamá. En Göttingen recibí dos. No veo el momento de estar de vuelta, fue muy cansador y con momentos de gran aburrimiento, pero en fin, salieron algunas notas y siempre es provechoso. En París ya tengo espacio reservado en una revista muy importante, el "Nouvel Observateur", para entrevista. Ya me mandaron el cuestionario a Río y en Göttingen lo contesté.

En Göttingen me dieron especialmente dos películas en la Universidad, "Ein blonder Traum",[40] (un sueño rubio) con Lilian Harvey y "Concierto en la corte"[41] con la pesada Mártha Eggerth, qué diferencia entre una y la otra. Mártha Eggerth tiene algunas mejores, me gustaría mucho tener "El Zarewitsch"[42] que es una opereta bárbara. En París espero ver alguna cosa

---

[40] *Ein blonder Traum / Un sueño rubio* (1932).
[41] *Das Hofkonzert / Un concierto en la corte* (1936).
[42] *Der Zarewitsch / El hijo del zar* (1933).

interesante, Ítalo tiene cassetera y cosas muy raras grabadas de la TV francesa, me la pasaré viendo eso.

El martes 9 vuelo a Barcelona y dos días después al bel Madrid y ya de ahí a Río. Espero alguna señal positiva de viaje, ya tenemos encima el 6 de julio! Mamá yo no sé si se podría hacer una cosa, traer el cuadro de Erté con marco de espejo quitándole el vidrio para que no se rompa en la valija, creo que te lo podrían hacer en un minuto, con ese diamante que tienen en las ferreterías cortar el vidrio y sacarlo, así es más fácil de traer, y si fuere posible ese mismo vidrio recortarlo y colocarlo contra el dibujo mismo, que es como tenía que haber estado desde el principio, aunque sea así empujado solamente. Sin encastrar ¿se entiende?

Besos

*Coco_*

Orly, martes 9 de junio

Querida familia:

Estoy ya esperando embarcar para Barcelona, allá echaré la carta. Todo muy bien en París, ahora espero recibir carta en Barcelona. Paré en el departamento de Ítalo, en Pigalle alto, cerca ya de Montmartre, barrio pobre pero pintoresco. El departamento bien pero con un gato que echaba un olorcete... Vi varias curiosidades en el video cassette de Ítalo, grabadas de la TV francesa, pero todas pesadas como ellas solas, "La tête d' un homme"[43] con Harry Baur, "Golgotha",[44] "El perfume de la dama de negro",[45] etc. En cambio me gustó una alemana de Zarah Leander, "La Habanera",[46] algún día la tendré. Hice entrevistas para tres revistas por la salida de "Pubis" en francés, "Le Nouvel Observateur", "Masques" y "Magazine Littéraire". También dos grabaciones de radio, una en español y otra en francés. Vi a Germán Puig, muy bien, se hizo fotógrafo de desnudos ¡! publicó dos libros y vendió mucho parece. Almendros está en N. York, Sarduy muy bien, me invitó de parte de la editorial a almorzar en un restaurant carísimo de Saint Germain y fue un chasco, poquísimo y soso, tipo aquel lugar fatídico de Milán, ¡"La Brasiera Meneghina"! En cambio lo invité a Ítalo a un lugar así nomás para un cous-cous y salió bárbaro. También lo vi a Goytisolo, me llamó, muy amable, dice que el consenso general en España es que fui el mejor escritor de lengua española de la década de los setentas. ¿Qué más? No fui al teatro, me dio fiaca, y una sola película en cine ¡del '49, Gérard Philipe![47] no hay nada que dé muchas ganas de ver, cambiaron los tiempos. De cassettes no conseguí nada, vamos a ver en el futuro, en algunos catálogos anuncian cosas, le dejé plata a Ítalo para que me los mande con alguien. En Madrid el jueves o viernes veré la mujer araña!!! Y el domingo a las 9 de la mañana si todo va bien estoy en el Galeão!!!! ¿Cómo encontraré las plantas? Será un mes exacto que salí, día 14. Espero que cuando les llegue esta carta ya estén preparándose para viajar a Río. Besos y cariños

*Coco_*

---

[43] *La tête d'un homme* (1933).
[44] *Golgotha* (1935).
[45] *Le parfum de la dame en noir / El perfume de la dama de negro* (1930).
[46] *La Habanera* (1937).
[47] *Tous les chemins mènent à Rome / Todos los caminos llevan a Roma* (1949).

Río, jueves 1º de octubre

Querida familia:

No tengo muchas novedades. El martes volví del aeropuerto y me puse a trabajar bastante, a mediodía quedé con Aristides[48] que me esperase para traer televisor, Betamax, etc., y no apareció. Me las arreglé solo, y con el portero petiso nada más que el televisor grande, lo otro todo yo en un santiamén. Después con la Sheila limpiamos las alfombras, las enrollamos, sacudimos las cortinas, guardé todo, deshielé la heladera el día antes así que la Sheila hasta la heladera pudo limpiar. Me traje todo el morfi, todo en orden. Después de ustedes irse se levantó un huracán, se levantó otra vez ese techito transparente que está suelto, sobre el lavadero. Bueno, con ese problema me decidí y llamé a los albañiles que hicieron todo, el hermano del pobre Don José y el gordo, así arreglan eso, rasquetean el baño y cambian el bel piso. Prometió el gordo por teléfono pasar a tomar medidas, etc., antes del sábado para hacerlo en dos días la semana próxima. Después del huracán lluvia, todo el día de ayer y la noche, se regaron las plantas, incluso las del patio chico transferidas al patio grande, pero ya se secarán. Hoy está entre que sí y que no, fui lo mismo a nadar, ayer solo perdí. Al ir a la playa vi a Aristides, de lo más caído, dice que el martes al volver del aeropuerto le cayó la presión bárbaramente y quedó en cama ¿habrá somatizado? Hoy estaba con una lunacha bárbara, no parecía el mismo. Cosas buenas: llegó telegrama de Estocolmo con el pedido oficial del Teatro Estatal para la "araña", así que parece que se hace. En Stuttgart el estreno es el 28 de este mes. También escribió la agenta danesa (que se ocupa de toda Escandinavia) anunciándome que salió la "araña" sueca, me la mandaba ese día mismo, así que la estoy esperando. Del teatro de acá no sé nada, fue el martes la bela Bella con su marido, enloquecidos. Ayer no sé si hubo gente, a las 9 era un diluvio. Quedó un frío loco, piumás pa' qué te quiero.[49]

Bueno, nada más ¡ah! hoy al ir a la playa pasé a buscar la llave que había quedado con Aparecida y estaba la Sheila que iba al médico, con un mode-

---

[48] Aristides, el chofer.
[49] Juego de palabras entre la expresión coloquial "patitas pa' qué te quiero", usada cuando se huye velozmente, y "piumás", abrigo de plumas que tenía Manuel en Río y esos días se hacía muy necesario.

lo que ni Faye Dunaway, un plato, esa mujer es única. Yo pensaba en el viajecito que se tiene que hacer...
Besos

*Coco_*

Río, miércoles 14 de octubre

Querida familia:

Aquí estoy saliendo del brete del viaje, ya tengo casi todo listo, por suerte conseguí arreglar una cosa de la novela que me preocupaba. La llevo para entregar a Seix-Barral en México. Ya arreglé por 25.000 en vez de 30, debido a la mierda caída de la peseta. Así que de vuelta espero comprar el nuevo departamento para alquilar. También ya tengo el trabajo que tengo que leer en Caracas en ese Congreso, sobre cine y literatura.[50] También ya llevo pasada en limpio la versión final de la obra de la "araña" con todos los cortes. Allá en la oficina de Xavier aprovecharé a hacer *mil* fotocopias e inundar el mundo. Así que ya salgo con la novela lista (ajustaré algo en galeras) y la traducción al portugués terminada aunque no corregida, no dio el tiempo, pero al volver me pondré a hacer eso tranquilo. Al regreso empiezo *nueva vida*, basta de carreras, no es posible, trataré de organizar todo para pasarlo más tranquilo. Es una locura lo que he corrido este último tiempo. Quiero cultivar más la relación con la cineteca y demás, para futuros cassettes. En la carta última me olvidé de contar de Susana, no fui al cumpleaños porque la noche anterior grabé un programa de TV que terminó tarde. Dio cita en el embarcadero a las 9, es decir que había que salir poco después de las 7. Bueno, la pobre no sabía lo que le esperaba, en la primera parada la vieja se cayó y se luxó un brazo, todo el mundo le llegó con luna, se volvieron tempranísimo, un DESASTRE. Yo lo preví. Bueno, perdonen la carta corta, la Sylvia me llamó esta mañana, salió la noticia de mi candidatura porque yo le pasé el santo.[51] Hoy llegaron el gordo y el otro a hacer el piso, dicen que el viernes terminan. Los mosaicos lindos. Besos mil

*Coco_*

La Sheila me hizo un arroz que el Sahara es húmedo en comparación.

---

[50] Este trabajo sería la primera versión del prólogo que aparece en la edición española de *La cara del villano / Recuerdo de Tijuana* (Seix-Barral, 1985), y que se convirtió en el texto clásico sobre la visión de Puig acerca de la relación entre cine y literatura.
[51] Sylvia Martín, lectora de Espasa Calpe y esposa del actor Pepe Martín, que estaba representando *El beso de la mujer araña* en España, le comenta a Manuel Puig la publicación de su candidatura al Premio Nobel de Literatura. Esta noticia se publicó también en el diario *La Razón*, de Buenos Aires.

Caracas, lunes 19 de octubre

Querida familia:

Aquí estoy desde el sábado. ¡Regio! pero voy por partes. La salida de Río de lo más complicada porque hubo muchas lluvias y se atrasó el trabajo de los albañiles, yo tomé el avión a medianoche y ellos terminaron a las 6 de la tarde, del viernes. Pero quedó muy bien, sobre todo ganó la cocina, todo parece mejor, es una baldosa marfil más o menos, no blanca del todo, y fue la sorpresa. El patio también mejoró por supuesto pero como está sin las plantas no se puede juzgar. Dejé ahí nada más que las plantas colgadas, que por supuesto saqué durante los tres días de obra. También tuve que dejar listas una cantidad de cosas, fue un corre corre brutal. Pero ya todo aquí se está deslizando muy bien, la base de todo está en que el hotel es bárbaro, en una zona de un silencio fabuloso, con mucho parque y pileta. Las actividades del Congreso son de mañana, de modo que a la tarde estoy libre para revisar un poco más la novela, que voy a entregar en México. Bárbaro, porque en San Francisco va a ser una locura, quiero comprar ese trapo para la entrada del 107, no sé si lo encontraré, pero pensando que San Francisco tiene el barrio chino más grande del mundo espero conseguirlo.

Acá me encontré con muy buen ambiente, la candidatura al Nobel fue muy publicitada, y me dio la impresión que cayó muy bien, fue muy comentada. La espritada* de la Sylvia me mandó carta con una española que vino, una carta con noticias bárbaras, ante todo recortes del anuncio del Nobel, y cifras aproximadas sobre las recaudaciones de la obra, parece que estoy ya por los 18.000 dólares, algo bárbaro, sobre todo por la gira, funciones en teatros enormes. Ahora el otro actor ¡no el Pepe! está filmando una película y vuelven al ataque en diciembre, calculan que tienen para rato. Así que lluvia de pesetas, espero que la burocracia de la Sociedad Española de Autores no me haga esperar demasiado y que la peseta no se devalúe mientras tanto.

Acá realmente me parece que me voy a reponer del cansancio del viaje, de qué viaje hablo, del cansancio de las últimas semanas en Río, que fueron terribles. Al volver espero cambiar un poco de vida, aunque llevo nada menos que el programita de comprar departamento. Pero como es para alquilar supongo que será fácil. El viaje fue muy leve, salió a las 12.30 de la noche, cinco horas y media, dormí un poco y ya estaba aquí, a las 5 de la mañana de Caracas porque acá es una hora más temprano. Bueno, mil cariños y besos

*Coco_*

Aeropuerto de Caracas, madrugada del sábado 24 de octubre

Querida familia:

Me quedaban de estos formatos de carta[52] y la aprovecho para despachar al llegar a San Francisco. Un asco el horario de vuelo ¡sale a las 2 de la mañana de Caracas! Es bastante largo, tengo cambio de avión en Los Ángeles y llego a las 9 de la mañana de San Francisco, que es como tres horas más temprano, así que un buen tirón. Acá fue todo BÁRBARO, les mandé carta hace pocos días, pero tengo mucho que contarles, tuve una cantidad de prensa increíble, muchísimo más que los otros. El que me siguió en popularidad fue Sarduy, Roa Bastos también tuvo algo de espacio pero los demás nada. Grabé tres programas de TV y montones de entrevistas de prensa. Por ese lado mejor imposible, y después parece que se arregló la presentación de la obra, quedó todo apalabrado, el actor que va a hacer Molina, la va a producir con un director que parece que es de lo mejor que hay acá. Una temporada puede dar a lo sumo dos meses pero con giras y macanas puede rendir algo, y por supuesto da mucha publicidad a los libros. Además es moneda alta. Así que bárbaro. También retiré 10.000 verdes de los 25.000 de Seix-Barral, el resto en México. De Seix-Barral había un catalán de paso para Colombia, etc., y aproveché para darle una fotocopia de la obra para ser entregada a David Stivel,[53] que es el gran capo en Bogotá. Como es tan fácil de montar seguramente la harán. ¿Qué más? Dentro de todo ese torbellino averigüé algo de cassettes y me presentaron a un coleccionista que hace copias por precio razonable y me hizo... tres vistas y... cuatro óperas!!!! por la tercera parte o menos de lo que cuestan compradas. Tiene montones, pero elegí las que *no* tienen en México, de modo que iban a ser sin subtítulos de todos modos. Por fin voy a tener "Algiers"[54] con Hedy en su máximo esplendor. Las otras dos son "Dancing Lady"[55] ("La bailarina") con Crawford - Gable - Astair, del '33 y... "Mayerling"[56] en francés, la versión

---

[52] Esta carta y la del 30 de octubre están escritas en aerogramas con franqueo pago en Estados Unidos.
[53] David Stivel, director teatral argentino, realizador de ciclos televisivos de gran éxito, se encontraba exiliado en Colombia. Puig le envía *El beso de la mujer araña*.
[54] *Algiers / Argelia* (1938). Puig incluyó el relato ficticio de la filmación de una escena de esta película en *Pubis angelical* (Seix-Barral 1979).
[55] *Dancing Lady / La bailarina* (1933).
[56] *Mayerling* (1936). Nombrada en carta del 7 de junio de 1958 (Tomo 1, pág. 159).

clásica con Boyer-Darrieux. Las óperas... "Tannhäuser" grabada en Bayreuth, "Los cuentos de Hoffmann" del Covent Garden con Plácido Domingo, "Fausto" con Kraus y "Don Pasquale" en la versión que vimos en el Lincoln Center con Beverly Sills pero cuando Kraus reemplazó a Gedda. Algo suculento. No me esperaba semejante cosa en Caracas. En San Francisco están esas productoras que quieren hacer "Spider woman" y por teléfono les encargué que me averiguaran. Veremos. Bueno, y después viene la cosecha mexicana. "Tannhäuser" dura unas cuatro horas...

San Francisco, lunes 26
Todo bien, mejor dicho *Tudo bén*, besos

*Coco_*

Todavía no recibí la carta, está en la oficina del rector!!! burocracia.

En vuelo de S. Francisco a Los Ángeles, viernes 30 de octubre

Querida familia:

Son las 3 de la tarde, vuelo a Los Ángeles para de ahí tomar la conexión a México. Hoy a las 11 de la mañana tuve la última conferencia en San Francisco State University, todo fue bien, filmaron la conferencia y todo. Después me llevaron a almorzar al restaurant de la universidad y chau. Ha sido una semana increíble de ajetreo, me pagaron bien cada una pero fueron cinco, las dos primeras en Berkeley University, la tercera en Sacramento (al norte, una hora y media, se llama Davis University), la cuarta en Palo Alto (una hora al sur, se llama Stanford University) y la quinta hoy, en la misma ciudad de San Francisco. Por suerte ayer y hoy sin lluvia, pero los demás días lluvia torrencial. Todo bien pagado pero poquísimo tiempo para compras. Me alcancé a comprar un pantalón y el famoso trapo chino para el 107, espero que quede bien. No conseguí el aparato para pasar de película en 16 mm. a video, un chiche nuevo MARAVILLOSO y barato pero había que encargarlo y tardaban dos semanas, un asco. Me dio una gran bronca porque me podría haber pasado montones de películas prestadas por la Goethe y la Alliance Française de Río. Cuando vaya a N. York el año próximo será, paciencia. Ahora espero en México resarcirme de la frustración con mucha grabación en casa de Xavier. Ya habló por teléfono y me dijo que hay carta de Charcas esperando, qué bien. Conseguí cassettes vírgenes muy baratos, compré una docenita para mantener a Xavier siempre bien abastecido. En estos días que estoy yo ahí pienso grabar bastante, ojalá haya buen programa durante la semana televisiva. De todos modos ya estoy bastante contento con las cuatro óperas y tres vistas que compré en Caracas. Ésta es la tercera carta que mando durante el viaje, espero que vayan llegando. Un infierno para compras San Francisco, la única tienda grande que vi fue Macy's, di una ojeada para vestidos y nada, era muy difícil esta vez, lo único que vi fue vestidos de la India, pero son muy cansadores, me pareció, en fin... En México a lo mejor surge algo. Pero por lo menos salió el trapo chino. Miré también por felpudos y no vi nada especial. Bueno, no se imaginan lo que anhelo esta semanita en México, no voy a hacer *nada*, no hay que hacer cosas de prensa así que lo único es hablar sobre la puesta en escena de la obra y nada más.[57]

---

[57] Xavier Labrada era el productor de la puesta mexicana de *El beso de la mujer araña*.

No sé cuánto hace que no tenía unos días de vacaciones. Esta última racha fue terrible. Bueno, echo la carta en Los Ángeles.
Besos mil

*Coco_*

México, jueves 5 de noviembre

Querida familia:

Desde el viernes a la noche que estoy por acá. Todo regio, me encontré con un montonal de cassettes grabados y unas dos o tres ofertas para teatro, que espero se resuelvan antes de pasado mañana que salgo ya de vuelta a Río. También cerré el contrato con Seix-Barral y me llevo la plata para el departamento nuevo. No creo que me dé mucho trabajo buscar porque es nada más que para alquilar. Encontré la cartita de Charcas, ojalá que pronto se acaben las visitas de la enfermera, qué lata. Bueno, yo encontré PILCHAS para la enfermita, pobre, qué cantidad de operaciones se ha llevado. Encontré cosas mexicanas para la mañana, lo que me habías pedido, mamá. La lista de las películas es deslumbrante. Una con Lily Pons, una con Grace Moore,[58] "La pícara puritana"[59] con Irene Dunne y Cary Grant, "Lágrimas de una madre"[60] (el Oscar de Olivia), "La heredera",[61] "Cleopatra"[62] de C. Colbert, "Nunca tendrás un centavo"[63] con Rita y Astaire, "Robo de joyas"[64] con Kay Francis y W. Powell, "Rehenes"[65] con Luise Rainer, "Los siete pecados capitales"[66] con M. Morgan, "Carta de una desconocida"[67] con Joan Fontaine, "Los asesinos"[68] con Ava y B. Lancaster, "La calle 42"[69] con Bebe Daniels, "Scarface"[70] con Paul Muni, "Gorriones"[71] con Mary Pickford, "Bolero"[72] con Carole Lombard y George Raft, "Alina"[73] con Gina y Nazzari, "La vida de Al Jolson",[74] "Amanecer escarlata"[75] con Nancy Carroll

---

[58] Lili Pons y Grace Moore, dos estrellas del Metropolitan Opera que filmaron en los años treinta.
[59] *The Awful Truth / La pícara puritana* (1937).
[60] *To Each His Own / Lágrimas de una madre* (1946).
[61] *The Heiress / La heredera* (1949).
[62] *Cleopatra* (1934).
[63] *You'll Never Get Rich / Nunca tendrás un centavo* (1941).
[64] *Jewel Robbery / El ladrón galante* (1932).
[65] *Hostages / Rehenes* (1943).
[66] *Les sept péchés capitaux / El diablo metió la cola / Los siete pecados capitales* (1952).
[67] *Letter from an Unknown Woman / Carta de una desconocida* (1948).
[68] *The Killers / Los asesinos* (1946).
[69] *42nd. Street / La calle 42* (1933).
[70] *Scarface* (1932).
[71] *Sparrows / Aves sin nido* (1926).
[72] *Bolero* (1934).
[73] *Alina* (1950).
[74] *The Jolson Story / La vida de Al Jolson* (1946).
[75] *Scarlet Dawn / Amanecer escarlata* (1932).

y D. Fairbanks, "Picnic",[76] "Pinocho",[77] "Dumbo",[78] "Blanca Nieves"[79] (estas tres en castellano, las otras con subtítulos claro), "El amor llamó dos veces"[80] con Jean Arthur y Joel McCrea, "Un alma atormentada"[81] con Veronica Lake y Alan Ladd, "Engaño nupcial"[82] con Carole Lombard y Cary Grant, "Por unos ojos negros"[83] con Pat O' Brien y Dolores del Río y muchas más. Creo que serán unas sesenta películas más las cuatro operotas de Caracas. Yo viajo a Río el sábado a las 3 de la tarde y llego a Río a la madrugada del domingo, es larguísimo, pero hay que descontar las cuatro horas de diferencia de horas, así que llego a las 2.30 de la mañana hora de México. Tiemblo por las plantas, vaya a saber lo que encuentro. El domingo voy a llamar a Charcas, ésta les llegará después, entonces, pero mientras les voy contando algo. Estoy muy contento con el arreglo de dinero de la Seix-Barral, me lo llevo todo a Río de una vez y a invertirlo, que es terrible la devaluación, me quedé helado con los precios en San Francisco, por suerte compré las pilchas aquí, un vestido, una pollera y tres blusas, todo así para la mañana y la tarde, nada de vestir. Bueno, en Río espero encontrar carta, que todo vaya bien, muchos saludos de Xavier, besos y cariños

*Coco_*

Llevo también "Jesucristo superstar".[84]

---

[76] *Picnic* (1955). Nombrada por primera vez en carta del 5 de marzo de 1957 (Tomo 1, pág 74).
[77] *Pinocchio / Pinocho* (1940).
[78] *Dumbo* (1941).
[79] *Snow White and the Seven Dwarfs / Blanca Nieves y los siete enanitos* (1937).
[80] *The More the Merrier / El amor llamó dos veces* (1943).
[81] *This Gun for Hire / Un alma torturada* (1942).
[82] *In Name Only / Engaño nupcial* (1939).
[83] *In Caliente / Por unos ojos negros* (1935).
[84] *Jesus Christ Superstar / Jesucristo superstar* (1973).

Vuelo México-Río, sábado 7 de noviembre

Querida familia:

Empiezo ya la carta aunque hace dos días escribí ya desde México, pero así ya voy adelantado. Me he prometido empezar una nueva vida, de menos traqueteo, porque este viaje fue el colmo, los días de México fueron el paroxismo ¡aprovechando cada minuto para copiar pictures! En siete días copié como más de treinta, no podía resistir la tentación, y quedé agotado, porque hay que estar atento para cortar los anuncios y demás cosas, en fin, un desgaste. Pero ahora vuelvo a Río sin nada urgente ¡espero! y no hay razones para correr. Hay que ver que '80 y '81 fueron frenéticos de trabajo mío y encima elegir los dos departamentos y montarlos. Ahora la compra del nuevo será otra cosa, primero hablaré con el abogado para que me asesore sobre qué tipo de departamento renta más. Yo querría algo cerca, así si hay que pasar a ver alguna cosa no tengo que costearme lejos. Querría que fuese algo listo, así no hay que lidiar con albañiles, algo nuevo sería lo ideal, no estrenado, pero veremos cómo está todo. Pienso llamar a los corredores de siempre. El vuelo va muy bien, el avión salió a las 3 de México, hora perfecta acá, porque como se almuerza hasta las 3 en general da tiempo para levantarse tarde, desayunarse a la mexicana y hacer todo tranquilo. Para mí lo peor es *madrugar*, quedo mal para todo el día, jamás en la vida me acostumbré. Anoche viernes me acosté retarde porque a la 1 daban "Tuyo es mi corazón"[85] de Hitchcock con Ingrid y Cary Grant. En total con las de Xavier y Caracas me estoy llevando *sesenta y siete* más cuatro óperas. El avión ya paró en Bogotá, a cuatro horas de vuelo, y en Manaos, a dos y media más, ahora es medianoche y estoy en el trecho Manaos-Río que son tres horas y media, es decir que llego a las 3.30 de la mañana hora de México, pero 6.30 hora de Río, parece que está llegando unos minutos antes de horario, y a las 8 más o menos estaré en la rua Aperana ¿cómo encontraré las estufonas* plantas? Espero encontrar carta de Charcas y alguna comunicación de Alemania sobre el estreno de la obra en Stuttgart. ¿Qué más? Quedó bastante encaminada la cuestión de la obra en México, tuve *tres* ofertas, dos insistentísimas pero no firmé porque la tercera es mejor, una directora mujer que es la actual sensación, una tal Marta Luna, no la vi porque esta-

---

[85] *Notorious / Tuyo es mi corazón* (1946).

ba en Veracruz preparando un estreno, pero hablamos por teléfono y quedó en arreglar ella con el teatro que haya disponible. Yo no tengo apuro, la cuestión es que se haga bien, pero dentro del '82, claro está.

En México no pude ver ni un espectáculo, ni llamé a nadie, nada más que copiar pictures, fue una vorágine, pero no era para menos, ayer a la mañana dieron "Sed de vivir"[86] la vida de Van Gogh con Kirk Douglas, y abordo, y "María Candelaria"[87] el clásico del Indio Fernández con Dolores del Río y Armendáriz, y "La monja alférez"[88] con María Felix y José Cibrián joven, la "Cleopatra" de Cecil B. de Mille con Claudette Colbert y Warren William de Julio César. Todos platos fuertes. Llevo unas pocas *sin* subtítulos, porque no están en los canales de TV y las tenía Xavier, por eso las mandé a copiar, como "La calle 42" con Bebe Daniels, "Scarface" de Paul Muni, pero creo que son seis en total, las sesenta y una restantes tienen subtítulos.

Río, martes 10, de mañana
Ya entré en la vorágine del regreso, serían unos días de lío hasta ordenar todo, correspondencia urgente, etc. El lío es que tengo que ir a Porto Alegre un día para lanzamiento de "Pubis", el jueves. La casa bien, algunas plantas mejor y otras peor, la enredadera estancada. Las del 107 bien, menos el cantero grande salvo las palmerotas. Muy bien el último canterito de las trepadoras, prendieron todas. Probé el trapo chino y quedó bárbaro, ahora tengo que encontrar quién lo arme, se necesita a lo mejor nada más que un bastidor de madera donde pegar el borde. Ya veré. Qué rabia que no hayan llegado las cartas de USA. Repito la información entonces: las cuatro óperas de Caracas son "Tannhäuser" grabada en el Festival de Bayreuth, "Fausto" ópera de Chicago con Mirella Freni, Nicolai Ghiaurov (el bajo máximo, que vimos en la Scala en "Boris") y Kraus, "Don Pasquale" de Donizetti, en la misma versión que vimos en el Met con B. Sills pero con Kraus reemplazando a Gedda, y finalmente "Los cuentos de Hoffmann" con Plácido Domingo en el Covent Garden.

La Rafaela grandísima, saludos de Sheila y Aristides, todo bien.
Bueno, me voy a cortar el pelo, cariños y besos

*Coco_*

---

[86] *Lust for Life / Sed de vivir* (1956). Nombrada por primera vez en carta del 10 de enero de 1957 (Tomo 1, pág. 71).
[87] *María Candelaria* (1944).
[88] *La monja alférez* (1944).

Río, miércoles 18 de noviembre

Querida familia:

Aquí estoy con... gripe!!! Tanto que soñaba con el regreso a Río y pasarla un poco tranquilo. Bueno, resulta que el jueves pasado me pidieron tanto que fuese a la Feria del Libro de Porto Alegre que acepté, una hora y cincuenta minutos de vuelo. Fui el miércoles a la noche y volví el jueves tarde a la noche, grabé programas de TV, conferencia de prensa, y firma de libros. Viernes fui a la playa con llovizna y eso me hizo mal. No tengo fiebre pero ya van cuatro días de dolor de garganta que pasó y se hizo resfrío y así esas vueltas. En fin. Lo primero que resolví en esta vuelta ha sido la traducción italiana de "Maldición". Morino me mandó el último tercio el día antes de salir de viaje así que estuvieron las hojas durmiendo aquí todo este tiempo, pero ayer ya le despaché todo, así que otra menos. Ya me escribió Gallimard que la toman y también de Random House ya mandaron el cheque, sale en N. York en junio. Otra cosa que me encontré para revisar ha sido un pedazo de la araña teatral en inglés. Así que no tengo para quejarme de falta de trabajo, siempre un desborde. Bueno, ahora viene la novedad, hoy me llamó por segunda vez Raúl de la Torre, quieren hacer "Pubis" con Graciela Borges. Yo le dije que sí, más que nada para mantener un contacto con el país. Es poco dinero y no creo en las posibilidades cinematográficas de la novela pero no me voy a calentar mucho la cabeza pensando porque se me ocurre que cuando proponga el proyecto se lo van a rechazar. A mí me cayó bien que este hombre se arriesgara de ese modo, en fin, ya veremos. Yo quería ponerme a trabajar en una idea nueva para teatro que tengo, pero si esto de "Pubis" sale tendré que ponerme a trabajar en el guión antes que nada.

Jueves 19
Voy a la feria y echo la carta, el lunes escribo de nuevo, espero recibir carta de Charcas hoy, están llegando bastante rápido. Las plantas bien, como ha llovido tanto está todo muy verde, pero se jodió la playa, y ahora la gripe... unos días más.
Cariños y besos

*Coco_*

Río, miércoles 2 de diciembre

Querida familia:

Ayer hablamos por teléfono, ¿está todo más organizado? Yo creo que un viajecito por el interior le va a hacer bien, no me gusta nada lo que me llega de Finkelstein, es muy alarmante, hay que cuidarse mucho. Es una macana lo de esperar a Mara, puede venir después con papá, eso del trámite puede llevarle parte de diciembre y es ahora que yo puedo acompañarla a mamá a Ouro Preto, etc., después enero y febrero es más difícil para mí, así que piénsenlo bien, ya le mandé el pasaje a mamá.

Acá mucho trabajo pero bien, ya pasaron las lluvias parece, fueron semanas horribles, empezó bien el verano, calor, pero a la casita hay que entrar con sobretodo, es increíble lo fresca que se mantiene, ayer hacía 41º y adentro era el fresco encantador de siempre. Lo que es una lata es las plantas ¡la regada, etc! me lleva mucho tiempo. Pero por suerte es una vez por día nomás, mis plantas de la terraza es dos veces por día, después del sol de todo el día parecen calcinadas. Ya colgué el trapo chino, con un sistema que me aconsejó la Gerda, pero abajo me parece que necesita un peso para darle mejor caída. Ya traje la madera para debajo del colchón de las dos camitas. Lo que falló en estos días fue el viaje de una periodista mexicana que iba a traer cassettes, qué pena, porque parece que con el nuevo sistema (ese amigo de Xavier al que le pago para grabar) se juntan rápido un montón ¡en este lote venía "Kitty Foyle"![89] bueno, llegó sí "la mujer araña" de Holanda, el libro.

Besos y cariños

*Coco_*

---

[89] *Kitty Foyle* (1940).

1982

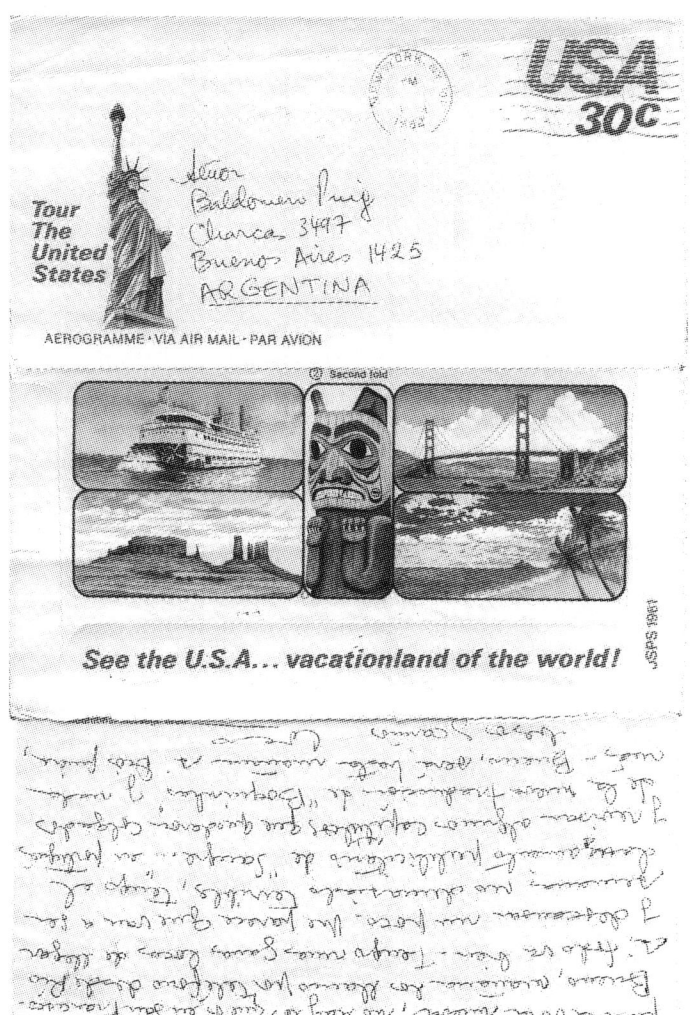

Río, lunes 22 de marzo

Querida familia:

Primera carta de la nueva tanda. Hoy una semana que se fueron, acá todo más o menos controlado, el Zacharías está cuidando el 107 así que eso no me preocupa. El teatro bien, dieron los premios Molière, los más importantes de teatro del año, y Rubens Corrêa ganó el mejor actor.[1] Hoy a la noche tenemos reunión en lo de Raúl Hazan, el socio judío de barbita, para celebrar y hablar ya todo lo concerniente a la nueva obra.[2] Va todo sobre ruedas, falta el título nomás. Otra desbratada* fue la corrección de pruebas de la novela nueva en portugués.[3] Hoy salió en Barcelona, me llamaron por teléfono muy contentos, a todos en la editorial les gusta y la creen muy comercial ¿? Tiempo al tiempo. Lo malo de la semana fue la llegada del guión "pasado en limpio" por De la Torre.[4] Una verdadera catástrofe. Cortó cosas y puso otras al tun tun, hoy habló por teléfono y me le mostré absolutamente decepcionado, se pegó un susto y quería venir hoy mismo en el avión de las tres pero lo frené... hasta mañana, ahora lo voy a llamar a cobrar para tratar de disuadirlo de que venga, es un cabezón y basta ¿para qué más discusiones? si total sale haciendo cualquier burrada. Es algo de no creer lo que quedó del guión, al sacar cosas no se entiende nada. Una lástima. Yo le voy a pedir que saque mi nombre de la adaptación y basta. Qué se le va a hacer, total nadie va a ver el bodrio fuera de la Argentina, y allá me sirve de propaganda, y hasta es capaz de tener éxito de público. Pero yo no quiero tener nada que ver. Será la última vez que me meto con él, es increíble.

Bueno, a otra cosa. El otro bodriero, el Babenco, sigue con la cuestión de la mujer araña, dice que no descarta el otro argumento del bígamo pero sigue con esta cuestión. Conversamos una tarde sobre la película de la mujer araña y dijo tantos disparates que quedé planchado ¡qué redoblona de burros! Acá para colmo un calor asqueroso que empezó el día mismo que se fueron, se la salvaron. Ítalo llegó en pleno y le cayó mal, los primeros días

---

[1] Rubens Corrêa interpretaba el papel de Molina en la puesta en escena de Río de Janeiro de *El beso de la mujer araña*.
[2] Se refiere a la que sería *Bajo un manto de estrellas*; en Brasil, *Quero*.
[3] Se refiere a *Sangre de amor correspondido*, cuya versión en portugués fue preparada por Puig, con revisión de Luiz Otávio Barreto Leite.
[4] Se trata de la adaptación cinematográfica de la novela *Pubis angelical* (1979), que Raúl de la Torre había pedido a Manuel Puig.

estaba sofocado. Aprovecho el viaje de él así les llegan las noticias bien frescas. Para el viaje del domingo ya tengo todo. Lo único malo es que la madre de Xavier está mal. En fin...

Estoy deseando recibir noticias, pero tendré que esperar unos cuantos días todavía. Quién sabe qué novedades se encontraron.

Martes 23
Otro día de locura, está todo listo con los dos departamentos, me los dejaron con muebles y todo, los voy a seguir alquilando amueblados, salió todo muy bien, me alcanzó la plata. Lo malo es que hoy viene... De la Torre, para seguir discutiendo ¿para qué si después hace el disparate que quiere? Antes de salir mañana Ítalo les pondré el último saludo. Besos

Madrugada del miércoles
Recién vengo de trabajar con De la Torre. Parece que lo convencí de algunos cambios pero con él nunca se sabe, es tan terco. Dice que sí y después hace lo que quiere.
Besos y cariños

*Coco_*

Río, sábado 27 de marzo

Querida familia:

Me llamaron de Barcelona, Seix-Barral, que están muy esperanzados, los de la editorial que lo han leído lo encuentran bueno y comercial ¡esperemos![5] Aquí también empieza a verlo la gente en portugués, todavía en galeras, pero está gustando muchísimo, parece que hay grandes expectativas. El teatro sigue muy bien, marzo es un mes considerado pésimo y *no* decayó, la previsión fue que iba a haber días en que se suspendía la función por falta de público y si bien no aumentó tampoco decayó. Si no fuera por la maldita copa del mundo podría seguirse hasta quién sabe cuándo aquí, pero el 15 de junio hay que parar porque dicen que acá el país entero para todo ese mes, hasta han adelantado las vacaciones de las escuelas.[6]

De la obra nueva (¡todavía sin título!)[7] ya se está formando el elenco, figuras no muy conocidas pero muy sólidas, porque los muy conocidos no firman contratos largos, siempre se les cruza alguna cosa de televisión. En N. York tengo que comprar una ropa para la obra (un kimono lujoso). ¿Qué más? Esta semana fue el absoluto acabose, con el viaje de De la Torre y enseguidita Babenco. Parece que es un hecho la película de Hollywood ¿? Con De la Torre hablamos muchísimo, traté de convencerlo y tal vez algo haya conseguido, pero con él nunca se sabe, es tan educado y amable que dice sí, sí, pero después hace todo al revés. Dice que los va a llamar para la filmación ¡vayan! así me cuentan. ¿Qué más? Llamó Xavier, dice que para Semana Santa programó vistas *toda* la noche, no voy a poder dormir, sólo de día en la tarde, porque de 8 de la mañana a 1 de la tarde dan siempre *tres* y todas de la lista que le di. Después viene la programación más comercial y a las 11 de la noche se larga la maratón hasta no sé qué hora. Parece que me organizó para dejarme en cuarentena incomunicado de 3 de la tarde a 10 de la noche, ¡para dormir! Me dijo que en la lista está "La quimera del oro"[8] y "Kitty

---

[5] Se refiere a *Sangre de amor correspondido*.
[6] Se refiere a la Copa del Mundo del fútbol, que en 1982 se jugó en España entre fines de junio y principios de julio.
[7] *Bajo un manto de estrellas* (en Brasil, *Quero*).
[8] *The Gold Rush / La quimera del oro* (1925).

Foyle", que encabezaban la lista de pedidos. Bueno, de México escribiré, ojalá estén bien, allá espero recibir carta, besos y abrazos

*Coco_*

México, lunes 5 de abril

Querida familia:

Hoy hablamos por teléfono, parecían bastante bien, pese a los nódulos, pero claro, la impresión por teléfono no quiere decir nada. Les cuento del viaje, lo más agotador que recuerde, para colmo acá con calor, lo mismo en Guadalajara y Monterrey. Pero haciendo lo posible para mover las cosas del libro nuevo. No pude escribir antes por el enloquecimiento de cosas que hacer y las grabaciones *de vistas*. Ya me esperaba Xavier con unas cuarenta y creo que ahora ya hay unas cincuenta y cinco y de acá al lunes próximo habrá más de cien si todo sigue bien. Entre los títulos están "Ninotchka",[9] "El pirata y la dama"[10] de Joan Fontaine-A. de Córdova que es muy linda, "El cielo y tú",[11] varias más de Bette ("La carta",[12] "Engaño",[13] "El cautivo del deseo"[14] con Leslie Howard), "Cavalleria rusticana" dirigida por Von Karajan con Fiorenza Cossotto, "Las abandonadas"[15] del Indio Fernández con Dolores del Río y Amendáriz, "Sangre y arena",[16] "Las nieves del Kilimanjaro"[17] (Ava, G. Peck, S. Hayward), varios bodrios de Mae West, de Dorothy Lamour, "Electra"[18] de Cacoyannis con Irene Papas, "Kitty Foyle", etc.

Acá en primera plana de todos los diarios la cuestión Malvinas, qué lío, en general la prensa mexicana lo ha visto muy bien al asunto, muy favorable a la Argentina, pero a la vez señalando que fue un golpe político del gobierno, un golpe oportunista para desviar la atención de los asuntos internos. Esperemos que no pase a mayores. Si se pone la cosa mal por favor rajen a Río inmediatamente, no pasen nervios de gusto. Yo llego el 20 más o menos. Era lo único

[*Se ha extraviado el final de esta carta.*]

---

[9] *Ninotchka* (1939). Nombrada en carta del 15 de diciembre de 1956 (Tomo 1, pág. 58).
[10] *Frenchman's Creek / El pirata y la dama* (1944).
[11] *All This, and Heaven Too / El cielo y tú* (1940).
[12] *The Letter / La carta* (1940).
[13] *The Great Lie / Engaño* (1941).
[14] *Of Human Bondage / El cautivo del deseo* (1934).
[15] *Las abandonadas* (1945).
[16] *Blood and Sand / Sangre y arena* (1941).
[17] *The Snows of Kilimanjaro / Las nieves del Kilimanjaro* (1952).
[18] *Elektra / Electra* (1962).

New York, martes 20 de abril

Querida familia:

Aquí estoy ya con todo para irme hoy a la noche, *no doy más*. Acá por supuesto fue una locura de cosas que hacer, por suerte apareció el traductor de la obra y dejo eso en marcha, era lo principal. Encontré el pobre Bedford hecho una ruina. N. York muy jodido, lo encontré mal, muy pobre, todo medio derruido, muy mala impresión. El tipo de los cassettes se portó bárbaro y me grabó cinco óperas: "Rigoletto", "Sansón y Dalila" de Saint-Saëns, "La Bohème, "Il Trittico" de Puccini (son tres óperas cortas que siempre se dan juntas, "Il Tabarro", "Suor Angelica" y "Gianni Schicchi") y "La clemenza di Tito" de Mozart, que son las óperas que se transmitieron este año. Los repartos no los sé porque no escribió nada sobre el cassette, así que junto con "Cavalleria" y ese programa de Bartok son siete óperas más para la colección, más las ciento y algo de las vistas nuevas, hay para un invierno bien nutrido. Menos mal. Vi a la Vicky,[19] mil saludos, está muy flaca pero bastante bien de ánimo. Yo no pude ver ni una obra ni una mísera vista, de tanto que hacer. No me pude comprar ni un alfiler, a Don Puig apenas una mantita para ver video calentito, al pobre Gilberto nada,[20] para la de Ongania (el terror de la censura)[21] varias cosas, paraguas francés, una salida de playa, una malla. Tampoco conseguí el kimono que quería para la obra nueva, no hay los que vi en San Francisco. Tengo unas ganas locas de llegar y descansar un poco. Me parece que van a ser semanas no demasiado terribles, tengo el lanzamiento publicitario de "Sangre..." en portugués y revisar algunos capítulos que quedaron colgados de la nueva traducción de "Boquinhas"[22] y nada más. Bueno, será hasta mañana si Dios quiere, besos y cariños

*Coco_*

---

[19] Victoria Slavusky, escritora argentina amiga de Manuel que había participado en el taller de narrativa dictado por Puig en la universidad de Columbia en 1976.
[20] Hijo de un hombre de escasos recursos que rescató a Male en la playa. Manuel comenzó a ocuparse de su manutención y educación. Como la madre estaba ausente, Puig encargó el cuidado de Gilberto a Sheila, la mujer que atendía los departamentos de Río y era madre de cuatro hijos, sin separarlo de su padre, quien lo llevó con él cuando se mudó a otra ciudad.
[21] La broma está dirigida a su madre. Durante el régimen de Ongania, un linotipista advirtió "obscenidades" que frustraron la edición de *La traición* en editorial Sudamericana.
[22] La primera traducción estuvo a cargo de Joel Silveria (Ed. Sabiá, 1971 y 1976). Ésta, de Nova Fronteira, es de Luiz Otávio Barreto Leite.

Río, sábado 24 de abril

Querida familia:

Qué felicidad estar aquí, no lo puedo creer, viniendo del infierno de N. York, el pobre Bedford en pésimas condiciones y la ciudad en general muy jodida. Acá fresquito, mis plantas bien, las del 107 unas muy crecidas y las otras caídas, es el peor período, pero me parece que en junio con un ajuste general va a quedar regio. Yo estoy en la felicidad total porque el viaje fue un INFIERNO de trabajo, de no parar y no ver ni un cine ni un teatro, NADA de nada. Pero ahora estoy contento porque resolví muchas cosas y me traje ciento cinco películas y siete óperas, y un montón de ropa. Todo para la de Onganía, la puritana, para mí ni un alfiler, y para Don Puig un lindo jueguito de mantas para ver TV, son dos que hacen juego, una para las rodillas y otra para los hombros. Para la pícara puritana ya verá cuando llegue. Acá me encontré con carta y hoy llegó la siguiente, así que me llegaron todas. Lo que me dejó más contento de N. York fue que está encaminado lo del teatro, la traducción casi lista y ofertas en firme en N.Y. y Chicago para este año. También, agárrense, se firmó la opción para Babenco (araña), me pagaron 15.000 por reservar los derechos un año. Así que bien. La sorpresa fue el acto en Chicago, un local grande abarrotado y después de dos horas la gente seguía sin querer irse haciendo preguntas. En N.Y. un siñur indurment* me grabó cinco óperas, "Rigoletto" (Pavarotti y no sé quién más), "Sansón y Dalila" (Plácido y Shirley Verrett), "Bohème" (Von Karajan con Freni y Raimondi), "Trittico" (tres óperas cortas de Puccini, las tres con Renata Scotto) y "La Clemenza di Tito" de Mozart (con Tatiana Troyanos).

Acá la Sheila me tenía todo en un orden nunca visto, se ve que quiere hacer méritos, ya consiguió para los demás días, yo dos días nada más, así que cuando ustedes vengan me busco otra para ustedes, más dócil, hay a montones porque está escaseando el trabajo. Bueno, la mala noticia al llegar fue que como era de prever echaron al petiso portero, llegó al colmo de faltar tres días seguidos y al volver armó lío, medio de averías resultó. Así que no lo vi al nene, si el tío bígamo consigue un empleo y trae a la mujer de vuelta se ofreció para tenerlo al nene, pero difícil. Yo pregunté si habría alguien que lo recibiese, una casa de familia, pero todavía no sé nada.

Domingo 25, tarde

Aquí estoy, sin hacer casi nada, reponiéndome. Lo único malo es el asunto de las islas, qué feo está, con ganas los tendría aquí, aquello es una verdadera locura. Mamá, quiero darte las direcciones para que me escribas. Ya el lunes 3 convendría que no me escribieses aquí, pero no sé si ésta llegará a tiempo para advertirte. Mejor que la mandes chez Ítalo Manzi, en París. Ahí estoy hasta el sábado 15 (desde el domingo 9), de ahí a Toulouse, etc., y la carta siguiente convendría que fuera c/o GIMFERRER, "SEIX-BARRAL", SANT JOAN DESPÍ, BARCELONA. La del lunes 17 a c/o ULRIKE MICHAEL, Berliner Festspiele, Budaperter Strasse 50, D – 1.000 Berlin 30, Alemania Occidental, y finalmente la del lunes 24 también ahí. La del 31 ya Río y será la última de este tramo porque el 15 ya vendrán ustedes. Yo le voy a dejar la plata a la chica de la agencia para que les despache el pasaje el 16 de mayo (no se puede sino treinta días antes, si no está sujeto a variación de precio), así que ya tengan todo listo. Yo ni bien me desbrate* vuelvo, así limpio el 107. Bueno, que la guerra se termine, besos

*Coco_*

Lunes 26

Voy al correo. Está el tiempo bárbaro, fresquito. Anoche vi "On Golden Pond",[23] no creí que me gustase y sí, pese a las partes de la hija, tan metidas a la fuerza, qué ridículo cómo se resuelve el problema con el padre dando el salto del trampolín. Pero lo demás me entretuvo. También me gustó "French Lieutenant's Woman",[24] tiene un monólogo en el bosque de la Meryl muy lindo, después muchas lentitudes pero se las recomiendo.

Bueno, nada más, besos

*Coco_*

---

[23] *On Golden Pond / En la laguna dorada* (1981).
[24] *The French Lieutenant's Woman / La amante del teniente francés* (1981).

CARTAS AMERICANAS - RÍO DE JANEIRO - 1982

Dirigida a Monsieur Baldomero de Puig.

Río, domingo 2 de mayo

Querida familia:

Qué cuntintén* con la bela guerra, en fin, sin comentarios. Acá todo bien, no hice casi nada esta semana, necesitaba un gran descanso es evidente. Lo único fue encontrarle título a la obra nueva: "Bajo un manto de estrellas". Pero parece que en portugués no suena bien, habrá que buscar otro.[25] El miércoles recibí carta, en dos días llegó ¿se puede creer? en cambio veo que las de Estados Unidos les estaban tardando muchísimo en llegar. Acá dejo arreglado con la agencia de viajes para que el 15 de mayo les manden los boletos, no pueden ser mandados antes porque tienen sólo un mes de validez para iniciación del viaje. Así que el 15 de junio chito chito se me vienen acá, si no antes, cuando quieran. Es un horror el 107 todo sin alfombras, cortinas, etc., me da pavor ir, voy a dejar todo ahí, los aparatos en general, porque se va a quedar durmiendo adentro el Zacharías, con las trabas puestas por dentro. Acá cambiaron, ya no hay portero de noche en el '57 y me da miedo dejar las cosas. Si alcanzo a hacer todo, al pagarme Codecrí el jueves voy a comprar el tocadiscos y la aspiradora para el 107 antes de que se me desvaloricen los cruzeiros. No veo el momento de que estén acá, lejos de todos los líos, está fresco, regio, pero con sol para la playa. Bueno, mañana sigo un poco más. Vi "La banquière",[26] después les cuento.

Lunes 3
Sigo hoy. Anoche por TV apareció la esperanza del presidente peruano. Ojalá. Ya esta semana empiezan los líos de mi viaje. Vuelo sábado a las 9 de la noche, con Air France. Llego a París a la 1 de la tarde hora de allá.
Como les dije fui mucho al cine, "La banquière" porque es una historia verídica de los '20's en Francia, pero un plomo pese a que es interesante el tema. La pobre Romy hace lo que puede, que no es mucho, y Trintignant ya es un viejito. También apechugué y vi las tres horas y pico de "Reds",[27] el mismo caso, tema interesante por lo histórico etc., pero interminable,

---

[25] En portugués, la obra se llamó *Quero*.
[26] *La banquière / La banquera* (1980). Se refiere a Romy Schneider.
[27] *Reds* (1981).

lenta. La pareja Keaton-Beatty mejor de lo que se podía esperar, pero se necesita una gran paciencia. De todos modos se las recomiendo. Vayan que se van a distraer un poco. Me escribió Mario, no sabe qué hacer, me grabó un montonal: "Riso amaro",[28] "Come le foglie"[29] (Isa Miranda, '34, de las mejores), "Zazà" (Isa también), "Il sorpasso",[30] "Il maestro di Vigevano"[21] con Sordi, seria, "Teresa la ladra",[32] "Europa '51"[33] (Ingrid y Rossellini), y montones más... Bueno, besos mil

*Coco_*

---

[28] *Riso amaro / Arroz amargo* (1948). Nombrada por primera vez en carta del 7 de noviembre de 1956 (Tomo 1, pág. 49).
[29] *Come le foglie* (1934).
[30] *Il sorpasso* (1962).
[31] *Il maestro di Vigevano* (1963).
[32] *Teresa la ladra / Teresa, la ladrona* (1972).
[33] *Europa '51* (1951).

París, viernes 14 de mayo

Querida familia:

Aquí estoy cansado pero muy contento. Lo de la Sorbona salió bárbaro, yo creí que sería una clase con los alumnos que durante el año habían tenido "la mujer araña" en el programa. Una sala enorme y llenísima de gente, fueron dos horas de preguntas y todo salió bárbaro. Parece que los estudiantes está enloquecidos con el libro y se renovó un año más el programa, así que el año lectivo '82-'83 va a estar en programa también. Eso aquí me ha dado una popularidad muy especial, ha sido un golpe bárbaro. También hay novedades del teatro, se formalizó la cesión de derechos de la obra, para un teatro muy lindo, Studio des Champs Elysées, para setiembre '83, pero no había modo de hacerlo antes, había que esperar sala. Pero lo bueno es que ya quedó formalizado. En cuanto a la obra nueva se la di a leer a Rodríguez Arias y le encantó, de modo que él quedó encargado de colocarla, parece que tiene una sala para el año próximo. "La mujer araña" se la quieren dar a hacer a Mattolini, porque les gustó el trabajo que hizo en Italia, aunque esta vez sí con mi adaptación. En Italia la obra nueva está siendo leída por Patroni Griffi, al pasar por allá veremos qué reacción hubo. ¿Qué más? Antes de salir de Río me llegó la última carta y aquí también tuve ayer, así que todo va regio. Dejé encargado en Río que mandasen el boleto con validez a partir del día 20 de mayo al 20 de junio, espero que vaya todo bien. Yo llegaré el 9 o 10. ¿Qué más? Compré las telas para la ropa de la obra nueva en Río. Allá decidieron seguir con "la mujer araña" a pesar del mundial de fútbol, así que vamos a cumplir un año de representaciones en agosto. El 15 se estrena la nueva y el 12 de setiembre "la araña" en San Pablo, ya está contratado el teatro. Así que allá todo bien, ya en esta semana estaba en venta la versión portuguesa de "Sangre", quién sabe qué pasará. Acá mejor imposible.

Bueno, les escribo desde Toulouse, mañana voy a Orléans y de ahí a Toulouse, me hacen un homenaje en la cinemateca! Bueno, ojalá ustedes bien, abrazos y cariños

*Coco_*

Vayan a la filmación de Pubis!!!!

Barcelona, viernes noche, 21 de mayo

Querida familia:

Estoy acostado, terminó la jornada tremebunda. Llegué ayer a mediodía, hice toda la tarde entrevistas y radio, hoy igual. Pero todo bien, con la salvedad de las noticias de las Malvinas, que tienen en jaque a todo el mundo. Bueno, ni hablar de eso. La semana fue bien, hasta último momento quehaceres en París, salí el sábado a mediodía en tren a Orléans, una hora y media, y ahí hubo un encuentro con los profesores de la universidad, no con los alumnos, una cosa en grupo chico, muy bien. Me llevaron a un banquetazo y a medianoche el tren con cama a Toulouse, o mejor dicho Tolosa.[34] De ahí al campo a casa de unos profesores, maravillosa la campiña ondulada, de cuento de hadas. Pero me atacó una alergia terrible al polen que está suelto en esta época, yo no creía posible una cosa tal, un resfrío, dolor de garganta, todas las características de las gripes peores. Bueno, ese domingo descansé en el campo y estuve muy bien, porque la alergia estaba apenas empezando. El lunes fuimos a la cineteca de Toulouse, que es la segunda de Francia y tienen muchas cosas interesantes, me dieron dos vistas. Otro banquetazo a mediodía, quedé absorto con la comida de Francia, es absolutamente la mejor comida del mundo, todo lo que comí en París (hubo banquete después de Sorbonne) y en la provincia fue riquísimo, y no me hizo mal, claro que evitando los platos terribles como el steak au poivre (bife a la pimienta). Ya el lunes en la Cineteca estaba con fiebre y a la noche peor. El martes con aspirinas, etc., antigripales, gotas para la nariz, pastillas para la garganta, fui a la universidad, otro acto multitudinario, salió bien aunque no tan tan bárbaro como el de la Sorbonne, hasta acá a Barcelona llegó la bolilla de lo bien que salió eso, fue un plato. A la tarde tuve entrevistas con los alumnos por separado, la cena consabida y de ahí a las 10 de la noche en auto a Perpiñán, a hora y media. Llegué más muerto que vivo. El miércoles entonces en Perpiñán, a la mañana nada, de modo que pude descansar, y a la tarde universidad y radio y el banquete que no faltó en ninguna parte, cómo comen esos franceses, qué pasión por la comida. Ayer a la mañana me trajeron en auto al hotel de Barcelona, todavía muy atacado aunque un poco mejor. Bueno, anoche ya me sentí mejor y hoy como si no

---

[34] Tolosa es el nombre de una localidad adyacente a la ciudad de La Plata. Allí quedaba el colegio al que fueron las hermanas Delledonne (madre y tías de Manuel).

hubiese tenido nada, ni el menor rastro, así que fue de veras alérgico. Se me pasó como por arte de magia. Acá todo muy bien porque el libro[35] se está vendiendo muy bien, aunque falta salir la crítica principal, que parece que es buenísima, así lo prometió el crítico, el de "El País".

Bueno, estoy contento porque ya falta menos para vernos, a ver si están en Río el 15, es martes. Yo llego el miércoles 9 o jueves 10, así que me da tiempo para limpiar. Ya contraté a la Lourdes, que es mucho mejor que la Sheila.

Al llegar me dieron enseguida la carta de Charcas de modo que me han llegado puntuales. Ésta es la primera de España, y la tercera creo, porque les mandé dos de París. Y saldrá otra más de Alemania y después llamo por teléfono al llegar a Río. Bueno, que estén bien, besos

*Coco_*

Los espero a los dos sin falta, después papá se puede hacer viajecitos y volver.

---

[35] *Sangre de amor correspondido* acababa de salir en la editorial Seix-Barral.

Madrid, jueves 27 de mayo

Querida familia:

Desde ayer aquí. Barcelona, Valencia y Zaragoza muy bien, se hizo mucha promoción. Ayer a la mañana avión de Zaragoza a Madrid (media hora) y ya se empezaron a hacer notas y radio. A la noche cené con Pepe y Sylvia, lo más bien, están entusiasmados con la obra nueva y hay productor, todo va bien.

Viernes 28
Ayer el vendaval de entrevistas no me dejó continuar. Todo regio, ya prácticamente está cerrado el trato con una mujer productora amiga de Pepe, que sólo hace cosas de mucha calidad. Están todos de acuerdo en que sólo se puede hacer con Rodríguez Arias, u otro muy por el estilo. El director es lo básico en este caso. En Barcelona establecí un contacto fabuloso con un coleccionista de video, ése sí que es un maniático de video, se viene a Roma los días que esté yo para hablar con Mario y que le grabe las mitológicas, esas espantosas de Hércules, etc. A cambio ya parece que me lleva a mí una colección de óperas, como es íntimo de la Caballé me lleva cosas rarísimas de ella, "Turandot", "Maria Stuarda" de Donizetti, "Semiramide" (una tan difícil que se da poquísimo), y de otros tiene "El rapto en el serrallo" de Mozart, "Andrea Chénier", "Pelléas y Mélisande" por Victoria de los Ángeles, etc. Claro que todo ese material es europeo y sólo lo podremos ver hacia mediados o fines del '83, cuando me lleve el aparato que está en Roma. De todos modos me quiero ir llevando poco a poco los cassettes así no se juntan tantos al final. Es un sueño. Bueno, me preocupa la salud de Carlitos ¿no se vendría unas dos semanas de descanso a Río? Podría quedar Jorge mientras hay tan poco que hacer.[36] Yo le mandaría el boleto al llegar.
Besos

*Coco_*

---

[36] Carlos estaba a cargo de la fábrica. Manuel propone que Jorge (el primo) lo reemplace para que pueda tomar un descanso.

Berlín, domingo 30 de mayo

Querida familia:

Hace dos días les despaché carta escrita en Madrid y colocada en el buzón del aeropuerto de Berlín porque en Madrid tuve corre-corre hasta el último instante. Acá por suerte DIVINO, un remanso, hotel de súper lujo con pileta enorme, muy poco que hacer, pero un programa bárbaro de cineteca a partir del martes (proyecciones de 8.30 a 16.30, ¡horario de estas bestias! Cuatro vistas por día con los consabidos chucruts a mediodía). El viernes a la tarde vuelo a Roma y el martes si consigo ver a Patroni Griffi a tiempo, etc., vuelo a Río y el miércoles 9 los llamo. Espero que ya les hayan llegado los dos boletos. Acá me encontré puntual la carta de mamá, qué situación, pobre país. Me preocupa también mucho la salud de Carlitos, yo quiero mandarle el boleto que se venga quince días con ustedes, yo creo éste es el momento, cuando hay ese impasse en la fábrica, el Jorge se puede quedar vigilando esos días ¿no? y ahí lo veo, y en otra ocasión vendría Jorge, ¿no? yo creo que es una buena idea, con la salud no se bromea, a ver si se tonifica un poco, ya les mandé este mensaje con Sylvia que me dijo que llamaba a Buenos Aires mañana lunes de su oficina de Espasa Calpe.

Bueno, ésta es la última carta de este tramo, ya el miércoles 9 o jueves 10 (después de ir a la feria de Leblon!!!) los llamo y ahí definimos así le mando de inmediato el boleto y el 15 en el aeropuerto de Galeão. Vengan los tres, a Carli lo pongo en el escritorio mío.

Besos y cariños

*Coco_*

Río, viernes 17 de diciembre

Querida familia:

Estoy en el consultorio del dentista! me atacó un dolor fuerte y vine. Por lo demás todo bien. Llegó carta de París que hay otro ofrecimiento para teatro, un conjunto de la Rive Gauche, qué difícil decidir, escribí a Gallimard para que me den opinión, pero en estos días todo se atrasa. Mejor que haya salido esto porque los otros, del Studio des Champs Elysées, desaparecieron. Acá la noche del martes hubo diluvio y después quedó calmo y siempre nublado. Me pregunto cómo estará allá. No vi todavía el diario de hoy, no sé qué habrá pasado ayer jueves.

De los de Chile no llegó nada todavía, no huele bien, en cambio de Venezuela está confirmado el estreno para el 19 de enero. Llegó carta de Xavier, pero anterior al llamado, están encantados con el teatro, ahora falta enganchar a los actores y vérselas con la censura porque este nuevo presidente es moralista,[37] lo único que faltaba. Pero no hay todavía comité de censura previa, así que habría que arriesgarse a estrenar, casi nada. México siempre difícil qué porquería.

Más tarde. Correo

Ya pasó, la dentista que le hace el trabajo de canal al mismo que me hizo el dientito falso resultó genial, me hizo el principio del trabajo de canal sin sentir el menor dolor, ni el pinchazo de la anestesia, una maravilla. Tengo que ir dos veces más, 18.000 cruzeiros, qué chiste. El teatro sigue bien, hoy debuta el nuevo, se llama Henri Pagnoncelli, tiene 30 años, un viejo comparado con el Edson (24) y María (22). El Edson parece arrepentidísimo, parece que cuando lo vio al otro vestido de Uditcute se le llenaron los ojos de lágrimas.[38] Pero él fue el que insistió en salir, le pidieron de rodillas y nada, así que ahora se jode. El martes 21 vuela a N. York y con él mandaré los billetes para que Howard compre el Betamax neoyorkino. Con lo mal

---

[37] El nuevo presidente era Miguel de la Madrid Hurtado, sucesor de José López Portillo. La preocupación remite a la puesta de *El beso de la mujer araña*, con dirección de Arturo Ripstein y producción de Xavier Labrada.
[38] Se refiere a *Quero / Bajo un manto de estrellas*, que se había estrenado el 20 de agosto en el teatro Ipanema de Río de Janeiro, con el siguiente reparto: *Dueño de casa*, Rubens Corrêa; *Dueña de casa*, Vanda Lacerda; *Hija*, María Padilha; *La Visitante*, Leyla Ribeiro; *El Visitante*, Edson Celulari.

que está México creo que este paso es acertadísimo, si no esos Garbos mudos, etc., etc., jamás los tendríamos. Bueno, espero que esta carta les llegue pronto, ja, es un decir, no creo que antes del 24 les llegue, pero siquiera antes del 31. Muchos cariños y besos, espero noticias de Finkelstein!!!

*Coco_*

Río, jueves 23 de diciembre

Querida familia:

Aquí adjunto carta de Iside ¿qué tal? aquí todo tranquilo, no quiere hacer calor, bastante nublado con lluvias esparsas, muy bueno para las plantas de mi terraza que no funcan si hay ese sol brutal. Las del 107 por el momento iguales, el Bambós parece que bien, siempre me cuenta que cerró la ventanas cuando empezó a llover. Yo mañana voy a dos lugares a la noche, el 25 a ninguno. Buenas noticias de mi agente en N. York, se firmó contrato con una editora de Inglaterra, para "Rita", "Mujer araña" y "Maldición". Poca plata pero arrancó por fin, nunca había tenido ediciones en ese país infecto. También conseguí traductor americano para "Bajo un manto...",[39] muy serio, ya lo entrega en marzo.

No iba a leer la carta de Iside pero al ver por encima que hablaba de "Época" y Falklands la leí ¿no llegó la carta a Buenos Aires? al escribirle decile que te manden fotocopia de las páginas, que no cuesta nada. El 25 voy a llamarla a Margherita, me llegó tarjeta. El estúpido de Aristides no hizo lo de las ruedas todavía, tiene sus buenos reviros. La estúpida de la tía de Gilberto mandó a la hija el domingo *sin avisar* y justo vino a la hora de la playa mía y se fue sin esperar, se confundió porque el portero le dijo que ustedes habían viajado. Hoy a la tarde va a venir, así le doy unos cruzeiros, pero creo que viene la tía sin el chico, antes de entrar a trabajar. Pésimo todo, porque así no sé si al chico le llega algo, parece de esas novelas de Dickens de huérfanos explotados.

Acá estrenan "Annie",[40] vi que en Bs. As. también la dan, es una musical muy alegre, la vi en teatro, tiene una música linda, VAYAN. Ayer llamó Xavier antes de irse a Sonora, grabó "El gallardo aventurero"[41] la mejor de Gable-Turner, y tiene ya nueve cassettes más, mandará algo con Samuel que viene en enero, seguramente después de desbratar* las fiestas en familia... Espero carta!!!!!!

Besos

*Coco_*

---

[39] Se trata de Ronald Christ.
[40] *Annie* (1982).
[41] *Honky Tonk / El gallardo aventurero* (1941).

Río, miércoles 29 de diciembre

Querida familia:

Todavía sin carta, hoy miércoles. Ésta es la tercera que mando, mañana jueves al ir a la feria la echaré al correo. Por suerte hablamos, me impresionó bien lo del médico, parece que han encontrado las causas del dolor. Ahora me preocupa el calor que les ha tocado, acá no quiere empezar el verano, hace dos semanas que llueve todas las tardes, a la mañana sale un poco el sol y se nubla, así que está ideal. El teatro sigue bien, ahora se espera el cambio de enero, no hay rebajas pero vienen muchos turistas del interior.[42] La macana es que el marido de María Padilha ganó una beca para hacer prácticas de teatro en Europa y María se iría el 15 de febrero. Si el público se mantiene en enero se buscará una reemplazante y si no terminará en esa fecha, lo cual no está mal, serían seis meses de temporada, pero claro que uno querría más. Pero todo no puede ser el exitazo del "Beijo", que sigue repleto en San Pablo. En el peor de los casos alguna compañía podría tomarla para San Pablo por separado, en fin, siguen las incógnitas. Ahora en enero van a hacer un poco de propaganda con motivo de cumplir Vanda Lacerda treinta y cinco años de carrera. Esta pobre obra ha tenido todos los inconvenientes habidos y por haber. La macana es que va a ser difícil reemplazar a María, difícil sobre todo que otra lo haga tan bien como ella. La noche buena fue bastante apagada, el fin de año voy a ir a la playa con varios grupos así que va a ser una confusión agradable. Se anuncia Samuel para la semana próxima, y ya habló con Xavier, parece que unos seis cassettes más llegarán. Todavía no tuve carta de N. York con novedades de la compra del aparato nuevo, con estas fiestas es fatal. Cuando hablé con Margherita la encontré muy animada, parece que no estaba tan mal, menos mal. Era la hora del almuerzo de Navidad y estaba Mario. Me contó que alguien viajó a París y llevó cassettes para Ítalo, menos mal, así le contribuyo un poco a la colección de Ítalo con las vistas italianas, ya que él me va a copiar tantas a mí. Ayer día de mi cumpleaños vinieron a la tarde Leyla e Iván, me trajeron una botella de ese vino alemán del Rhin, mandan muchos saludos. Iván está abatidísimo con la salida de María, y no es para menos. El teatro es fácil de montar pero también fácil de desmontar, todo resulta

---

[42] La obra de referencia es *Quero / Bajo un manto de estrellas*.

muy frágil. Llegó pedido de Cuba para editar "Boquitas", más vale tarde que nunca. ¿Qué más? Llamó Felipe, llegó ayer con Roca, iba a ir a otra casa el 31 pero prefiero ir a la de ellos. Muchos besos y cariños

*Coco_*

1983

CARTAS AMERICANAS - RÍO DE JANEIRO - 1983

Río, jueves 6 de enero

Querida familia:

Son las 9 de la mañana, nublado, anoche llovió y van como veinte días que llueve, se mantiene fresco, para mí ideal porque lo mismo a mediodía siempre hay un momento que no llueve y voy a nadar. Además no hace calor, siempre a la noche una frazada, y no tengo que regar casi. Mi terraza está mejor que nunca porque no quemó el sol la enredadera y le dio tiempo a crecer un poco más. El domingo le di una buena revisada a las plantas del 107 y no había rastros de peste blanca, pero ayer pasé otra vez y ya tenía, así que le eché veneno, por primera vez desde que ustedes se fueron.

¡Llegó carta de Charcas! Primero fue el 31 viernes, llegó la del 28, en tres días y en medio de las fiestas, y después el martes 4 llegó la del 21, la primera. Llamaron de Chile, se estrena el martes 11 y parece que hay conato de censura, por eso no se animan a meterse en el gasto de llevarme. Si ven que pasa sí me van a invitar, ojalá porque se me produjo una gran curiosidad. El 19 es el estreno en Caracas y en febrero tendría que ser lo de México, el domingo llega Samuel y me traerá noticias frescas. Acá la obra sigue bien, a fines de la semana próxima se decide si seguimos después de carnaval o no, con chica nueva.[1] Pareciera que sí, ojalá. Llegó el cheque de San Pablo, bárbaro, porque ahora ya se han descontado todos los gastos del traslado y del lanzamiento, así que estos meses próximos esperemos que sean muy buenos.

De movimientos de cassettes nada, son algo de no creer, supe por Mario que le había mandado cassettes a Ítalo pero éste no me escribió. Tampoco tuve noticias de la compra del nuevo aparato en N. York. Con Seix-Barral tengo el lío de que tenía que salir "Bajo un manto de estrellas" (junto con la adaptación del "Beso") en febrero y todavía no llegaron las pruebas.[2] Llamé ayer y estaba cerrado, se ve que han dado vacaciones toda la semana, porque en Barcelona hoy 6 es siempre una gran fiesta. Espero que no pretendan hacer la macana de sacarlo sin revisarlo yo, porque siempre se les escapan montones de erratas.

---

[1] En Chile y en México se estrena *El beso de la mujer araña*, mientras que la obra que se presenta en Río es *Bajo un manto de estrellas*.
[2] Seix-Barral publicó efectivamente en abril de 1983 un volumen que contiene las dos obras: *Bajo un manto de estrellas* y *El beso de la mujer araña*.

Lo mejor de estos días fue recibir carta de Mattolini, pidiéndome desesperado de ver la obra nueva, tiene posibilidades de hacerla, pero yo se la mandé a Patroni Griffi, a través de Morino, ya traducida. Ahora esperemos la reacción, si no funciona sola mandaría a aquel otro conjunto de Milán que quería "Il bacio...", el Pier Lombardo. Pero lo de Mattolini me da incentivo para escribir otra, ojalá arranque en estos días.[3]

Bueno, no sé qué piensan hacer ahí con este calor, yo estoy tratando de armar viaje para marzo, pero eso no importa, vengan ya y tienen por lo menos dos meses conmigo y después solos también se las pueden arreglar, ya está todo acá tan organizado. Lo de marzo no es seguro pero tendría que ir a dar una ojeada a muchas cosas, en N. York, en París, España. Bueno, nada más por hoy, besos y cariños

*Coco_*

Voy al correo y hago la feria! sin Aristides no es fácil. Ya cambió las ruedas, siempre pregunta por ustedes, ídem la Sheila, alias la imputada. Los aumentos del '83 increíbles, ahora una carta a Europa de 80 cruzeiros pasó a 150 ¿qué tal?

---

[3] La obra que comienza a escribir es *Triste golondrina macho*, que se publicaría en 1988, en un volumen que contiene las tres obras escritas hasta ese momento.

Río, miércoles 12 de enero

Querida familia:

La carta de la semana llegó rapidísimo y el domingo la Vicky me trajo la otra y el recorte de la revista italiana. Llena de escuryas* se vino la Vicky. Acá se acabó la lluvia parece, por mí que siguiese, basta que me dejase ir a nadar. Creo que perdí un día solo desde que ustedes se fueron. Yo bien, parece que estoy empezando una obra nueva, me la quiero desbratar* rápido así después escribo esa novela que tengo ganas y sí va a llevar más tiempo.[4] Me animó mucho la carta de Mattolini, espero que Morino se haya movido rápido y haya mandado el manuscrito a Patroni Griffi. Si el teléfono no costase tanto llamaría, pero una conversación mínima cuesta quince o veinte dólares, es mucho, y con una no se arregla nada. Ayer martes era el estreno en Santiago del "Beso..." ¿qué habrá pasado? Hoy esperaba llamado, me huele mal que no llamen. Esta carta la echo mañana al ir a la feria, así que todavía veremos... De Caracas en cambio todo bien, se estrena el miércoles 19, ya empezaron el lunes las funciones de pre-estreno y anoche llamó la directora Marta Candia (argentina) enloquecida, parece que gusta mucho. Claro que Caracas da al máximo para una temporada de dos meses, pero nunca se sabe, entre giras y cosas puede darme algo interesante. Qué diferencia cuando se trata de un país democrático, hay otra seguridad para todo.[5]

Ayer vi "Annie" en el cine del Shopping Center de la Gávea ¡qué mala! ojalá ustedes no hayan ido, cómo echaron a perder la obra original no se puede creer. Ni la música se luce, una catástrofe. Hacía *meses* que no iba al cine y pasarán otros más, porque no hay nada, da pavor, la gente de ahora sigue yendo con entusiasmo, no sé de dónde les sale.

"Quero" bien pero se avecinan las cagadas de carnaval, para colmo tan temprano este año, y la salida de María, de modo que difícilmente llegue a

---

[4] La obra es *Triste golondrina macho*. En cuanto a la novela, se trata del proyecto *Mère fantasie*; entre los manuscritos (veintinueve hojas en total escritas sobre papeles fechados al dorso en 1982 y 1982) se encuentra una anotación sobre el final previsto: "FINAL: En celebración de algo, en 1980/2 se hace balance de todos tipo B.P.? La novedad romántica de 'Mère f.' sería que elaboración romántica se realiza al final (alargado) en que H. E. Aicega se encuentra con ella vieja o noticia muerte y se da cuenta de cosas y ata cabos románticos 20 años después."
[5] En Chile estaba vigente la dictadura de Augusto Pinochet. En Venezuela gobernaba el social-cristiano Luis Herrera Campins.

marzo. Lo mismo ya estuvo una buena temporada, siete meses. Se recuperó sólo una parte de la inversión pero por otro lado "O beijo" está dando unos dividendos bárbaros, diciembre me dio a mí como productor casi tres mil de aquéllos. Menos mal, porque el libro de acá de Nova Fronteira no se movió mucho, en Seix-Barral no sé, debe ser un año malo porque se pasó toda la distribución a Planeta, otra editorial, y en eso se perdió un tiempo bárbaro. No tuve más noticias de Mario, me dejó preocupado, les escribí a las Muzi pidiéndoles información. ¿Qué más? De Gilberto no supe más nada, le di fichas de teléfono a la primita para que él me llamase (y de paso me contase si le compraron algo o no) pero nada. La Sheila con nuevos modelos, el misterio total, el Jaime encantado, la casa me pareció bien, en uno de estos días me va a dar el ataque de cambiar ese cantero de plantas rojizas, todavía no decayeron del todo, están inmensas. Mañana en la feria querría comprar giboisas para plantar en las más peladas del patio chico. Bueno, dejo un pequeño espacio para mañana en el correo.

Jueves 13
No hubo llamado de Chile, me huele mal. También puede ser que hayan postergado uno o dos días, como siempre ocurre. Suspenso...
Atención: ¿Por qué dice Carli que no puede venir por falta de dinero? Aquí no tendría casi gastos y una semana de sol y descanso no le vendría mal. En fin... Si de veras no viene, mamá llamalo a Gialdini y decile que febrero está libre, marzo *no* por conato de viaje. Besos

*Coco_*

Río, jueves 13 de enero

Querida familia:

Hoy a la mañana les despaché carta pero hubo novedades y les quiero enseguida dar estas nuevas fechas. Sobre todo por Gialdini, en la carta de esta mañana te pedía mamá que lo llamases y le propusieses febrero para venir, si Carlitos no viene (y parece decidido por lo que intuyo), bueno, la cuestión es que me llamaron hoy a la tarde de una universidad de Pittsburgh que ya me habían invitado para el 3 y 4 de marzo pero sin poder pagarme el boleto. Ahora consiguieron una universidad de Maryland que pagaría otra parte y con eso me saldría el boleto triangular a Europa. La verdad es que también a N. York tengo que ir porque están traduciendo "Bajo un manto..."[6] y tal vez consiga el traductor para "la araña" y eso se tiene que hablar. Después en París es todo un enredo, hay dos interesados en "la araña" pero no tengo suficientes garantías. De paso iría también a ver a Mattolini y Patroni G. si éste se interesa. En fin, es muy necesario que vaya, y saliendo gratis el pasaje por las universidades tengo que aprovechar. Yo creo que hacia el 20 de marzo estaré de vuelta, pero por las dudas sería más seguro dar un tiempo más, porque llegando quiero por lo menos una semana para reorganizarme en paz. Así que más seguro sería si quiere estar la segunda semana de abril. ¿Qué más? en la carta de esta mañana me olvidaba de contarles de las películas que trajo Samuel, a propósito, parece que se separa de la mujer, con ésta es en serio, vinieron aquí, un plato. A él le ofrecieron puesto diplomático en... Bangladesh! y está por aceptarlo.

Las películas son:

1) "Esta noche y todas las noches",[7] en color musical con Rita (1945).

2) "Gigante",[8] James Dean-E. Taylor (primera parte que faltaba, teníamos la segunda, en total dura más de tres horas).

3) "Girls About Town",[9] la tercera película de Cukor con Kay Francis, Lilyan Tashman y Joel McCrea (1931).

4) "Nace una estrella",[10] Judy Garland (1954).

---

[6] El traductor es Ronald Christ. *Under a Mantle of Stars* se publicó en Lumen, en 1985.
[7] *Tonight and Every Night / Esta noche y todas las noches* (1945).
[8] *Giant / Gigante* (1956). Nombrada en carta del 20 de marzo de 1957 (Tomo 1, pág. 78).
[9] *Girls About Town / Mujercitas* (1931).
[10] *A Star Is Born / Nace una estrella* (1954).

5) "Luces de la ciudad",[11] Chaplin (1931).
6) "El circo",[12] Chaplin (1928).
7) "La revista de Carlitos",[13] con tres mediometrajes, del '18 y '23, "Vida de perro", "Carlitos vagabundo" y "Arnés al hombro", es como dos horas en total. (Las tres últimas copiadas de un original comprado de la Sylvia Echeverría.)
8) "Vuelve amor mío",[14] Doris Day-Rock H. (la mejor comedia de ellos).
9) "El hombre de Kiev",[15] Alan Bates (histórica).
10) "La última cacería",[16] Robert Taylor-Debra Paget.
11) "El general",[17] muda de Buster Keaton.
12) "Aquellos tiempos del cuplé",[18] española con música bárbara.
13) "El globo de Cantoya",[19] Mapy Cortés (música!!!).
14) "La usurpadora",[20] Sullavan-Boyer.
15) "La mujer que yo perdí",[21] Pedro Infante.

No son grandes cosas pero traían buen número.
Besos

*Coco_*

---

[11] *City Lights / Luces de la ciudad* (1931).
[12] *Circus / El circo* (1928).
[13] *The Chaplin Revue / La revista de Carlitos* (1959). Se trata de la reedición de tres comedias mudas, con Chaplin como narrador: *A Dog´s Life / Vida de perros*; *The Pilgrim / Carlitos vagabundo*; *Shoulder Arms / Arnés al hombro*.
[14] *Lover Come Back / Pijama para dos / Vuelve amor mío* (1961).
[15] *The Fixer / El hombre de Kiev* (1968).
[16] *The Last Hunt / La última cacería* (1956). Nombrada por primera vez en carta del 8 de diciembre de 1956 (Tomo 1, pág. 56).
[17] *The General / El maquinista de la General* (1927).
[18] *Aquellos tiempos del cuplé* (1958).
[19] *El globo de Cantoya* (1943).
[20] *Back Street / La usurpadora* (1941).
[21] *La mujer que yo perdí* (1949).

Río, viernes 21 de enero

Querida familia:

Hoy voy a la inmobiliaria de Bartolomé Mitre y de paso echo la carta. Esta semana con el feriado se atrasó todo. El 19 se estrenaba en Caracas la obra, ni noticias, la directora quedó en llamarme y nada. A lo mejor se atrasó uno o dos días, como suele ocurrir. De Chile nada más, después de aquella llamada lúgubre, así que en ascuas. En San Pablo bien, pese a que enero y febrero ahí son meses malos, de calor en la ciudad, y de gente que sale de vacaciones.[22] En cambio es bueno aquí en Río, por los turistas del interior. Anoche que era feriado se enfermó María de sinusitis muy fuerte y hubo que suspender, la primera vez. Ya quedó definido que termina el 6 de febrero, a pesar de todo la taquilla está regular, así que no vale la pena buscar reemplazante. En fin, no fue tan mal, fueron seis meses, acá se considera como buena temporada. Y a otra cosa. Por el momento no se habla nada de S. Pablo, tal vez lo mejor sería una puesta en escena allá, con actores de allá, porque pagar la estadía de cinco actores es un disparate.

Anoche fui a ver "A volta por cima" de la Tônia Carrero,[23] más o menos, pero muy comercial, ella es cancherísima y simpática pero no tiene ninguna magia especial, me cansó un poco. Fui porque me invitaron. Mamá: contame bien lo que te dijo la Chacha[24] ¿era de ellos ese departamento de Charcas? Contame bien. Llegó carta de Bebé, ya le escribiré.

Ayer ya se fue Samuel, parece que hubo frascarola con la Claudia Cardinale[25] porque él no está dispuesto a divorciarse, por los hijos. Se complicó todo porque a él el nuevo gobierno le ofreció un buen puesto en el exterior (embajadas) y eso era perfecto para ella, que dejaba su trabajo de médica, etc., todo. Parece (según la Silvia de Raúl)[26] que ella está enamorada locamente ¿no es un plato? Manda Samuel muchos saludos, lo mismo todos, Iván, Leyla, Aristides, Aparecida, todos preguntan cuándo vuelven.

Bueno, mil besos y cariños

Coco

---

[22] En San Pablo se estaba dando *El beso de la mujer araña*, y en Río *Quero*.
[23] Tônia Carrero, actriz brasileña que participó en varias series televisivas.
[24] Chacha: madre de Mario Fenelli.
[25] Habitualmente, Manuel ponía nombres de estrellas como apodos a sus conocidos.
[26] Silvia Oroz, profesora amiga de Manuel, especialista en cine latinoamericano y melodrama.

Río, sábado 22 de enero

Querida familia:

Ayer les mandé carta pero a la tarde llamaron de Caracas entonces les quería contar porque son buenas noticias. Gran acogida del público y excelentes críticas, parece que la juegan más por el lado de la emoción que de la risa y funciona muy bien. La directora estaba completamente enloquecida de alegría. Así que pese a lo limitado de una temporada allá esperemos que dure algo.
De Chile en cambio ni una palabra, hoy les escribo para ver qué pasa. Otra buena noticia es que llegó carta del muchacho de N. York a quien mandé la plata para el aparato. Yo se la mandé el 21 de diciembre y ayer 21 tuve la primera señal de vida, ya mi imaginación estaba trabajando horas extra ¡qué suspenso! Sucedió que por lo menos una o dos cartas de él se perdieron, porque ésta que me llegó hace referencia a las últimas cuestiones y no dice nada del principio del batuque. Pero no importa, lo importante es que está allá grabando. Los suspensos con estas grabaciones son mortales. No sé si les conté que se me ocurrió ir a lo del francés del video para probar las grabadas en Italia que me llegaron vía Ítalo y aproveché a llevar aquellas originales alemanas que salían con rayas y se pudo solucionar regio, era cuestión de ajustes de botones, muy misterioso porque dentro del mismo cassette lo grabado en España salía rayado y lo de Francia bien, pero era cosa de esa ruedita de abajo, el "tracking". Bueno, no llegó todavía la carta de la semana, espero que sea hoy a mediodía.
Besos y cariños

*Coco_*

Ya cerré trato para los 2 deptos., di seña y escrituro la semana que viene.

Río, miércoles 26 de enero

Querida familia:

Todavía no llegó la carta del lunes de la semana pasada, supongo que se han quedado en la quinta o algo por el estilo, pero lo mismo quedo un poco intranquilo. Claro que si hubiese algún problema habrían telefoneado, espero que antes del fin de la semana llegue algo. Parece que está mal el correo, no llegó tampoco respuesta de Margherita a quien le mandé mensajes para Mario y para el que quedó a cargo de las grabaciones.[27] Sí en cambio escribió Mattolini, encantado con la idea de hacer otra cosa juntos. Ya estoy en eso, no está saliendo muy fácil, pero ya veremos si arranco. El tiempo muy lindo sin hacer gran calor, pero por suerte lloviendo seguido así las plantas no sufren, parece mandado a hacer especial este tiempo, para que no sufran las plantas de la terraza. Las del 107 las vi muy bien, no había vuelto la plaga blanca. Parece que salgo el día 22 de febrero, ya el 24 y 25 tengo las conferencias de Washington College, Maryland en un pueblito de ésos donde no hay nada más que universidad, como a una hora de Washington. El sábado 26 y 27, 28 y 1º estoy en N. York, ya le escribí a los de Bedford para ver si puedo ir ahí, después el 2 y 3 estoy en la universidad de Pittsburgh, avión una hora y de ahí a Roma unos días. No sé si para entonces habrá vuelto Mario, si no pararé en casa de Mattolini, pero serán unos poquitos días, para hablar con él y nada más. Y con Patroni Griffi si hubiese resuelto algo positivo con respecto a "Bajo un manto de estrellas". De ahí a París de "Baiser de la femme araignée" que está enredadísimo, con dos ofertas no muy entusiasmantes, en fin, allá podré ver qué pasa. De ahí una pasada por Barcelona y Madrid. Espero estar alrededor del 20 en Río de vuelta. Para las cartas sería más o menos así: la del lunes 20 M. Puig c/o MAGGIE CURRAN, la del lunes 28 a las Muzi, la del lunes 5 a M. Puig c/o Ítalo Manzi, y teléfono por cualquier encargue para Nina Ricci o Dior. La del lunes 12 no sé, tal vez a Seix-Barral, en Barcelona, c/o Gimferrer "Seix-Barral" Córcega 270 4ª planta, Barcelona 8, tel. 218-6400. Si cambio les escribo, porque estoy en duda, tal vez mejor la del 12 a Río, pero por el

---

[27] Manuel también había dejado una videograbadora en Roma, a cambio de cassettes con las películas y óperas grabadas de la televisión.

momento dejemos así, a Barcelona. Llamó la Sylvia (con y griega),[28] no tiene ninguna novedad, para "Bajo un manto..." se necesita un teatro oficial y todavía no han nombrado los socialistas a ningún funcionario. Se necesita teatro oficial porque hay que hacerla muy cuidada allá, con muchos medios, y no es de efecto comercial seguro, si no lo fue acá menos allá que son más cuadrados todavía. Vi de los cassettes atrasados "Sylvia Scarlett"[29] con K. Hepburn y Cary Grant, ésa en que ella se disfraza de adolescente, qué asquete ¿no? Pobre Cukor, la vi anoche sin saber que se había muerto ese mismo día. Tan fea ésta y al año siguiente hizo "La dama de las camelias"![30] Y hace unos días vino María Padilha con el marido (que va a estudiar Shakespeare a Londres) para ver la de R. Colman en Otelo[31] (también de Cukor) y el Paulo le sacaba escuayi.* Es un tarado, la Leyla no lo quiere nada y tiene razón, ella vale mucho más.[32] Bueno, espero que llegue carta! ojalá estén bien.

Cariños y besos

*Coco_*

---

[28] Sylvia, la esposa del actor Pepe Martín. La aclaración apunta a diferenciarla de Silvia Oroz, amiga de Manuel y Male Puig en Río.
[29] *Sylvia Scarlett / Una muchacha sin importancia* (1935).
[30] *Camille / La dama de las camelias* (1936). En carta del 9 de marzo de 1958, Puig afirma que ésta es "de las pocas películas que resisten a los años" (Tomo 1, pág. 142).
[31] *A Double Life / El abrazo de la muerte* (1947). La película es una *puesta en abismo* de *Otelo*, donde Ronald Colman interpreta a un actor que obsesionado por su personaje termina matando a su amada en escena.
[32] María Padilha era la actriz joven de *Bajo un manto de estrellas / Quero*, y Leyla la traductora.

Río, viernes 28 de enero

Querida familia:

Hoy me llegó por fin carta, con fecha correo 19 martes, tardó nueve días, un escándalo. Yo les escribí ayer jueves de paso para la feria pero les escribo de nuevo hoy para tranquilizarlos. También la semana pasada les mandé dos. Mamá, por favor cuando acuses recibo de carta poneme de qué fecha, así las voy controlando si llegaron o no. Si tenés mis últimas cartas a mano mandame las fechas de todas. Llamó el otro día Sylvia la muda y también me dijo que Pepe me había escrito hace dos semanas, y no llegó. Debe ser que encima del atraso de fin de año viene el período de vacaciones del personal del correo. No tengo ninguna novedad. Sólo que se atrancó el Beta! El lunes lo llevo al técnico aquel del Consulado americano. Qué horror. Para colmo tuvo que suceder hoy viernes a la tarde, salta la tecla de PLAY, y no agarra. Dentro de unos meses tendremos el europeo, y no se producirá el vacío. Estuvo ese periodista argentino del Museo del Cine Argentino que estuvo el año pasado. Me dio la noticia de las muertes de Magaña, Lusiardo, etc. Parece que el pobre Lusiardo fue siempre muy amarrete y todo el mundo creía que estaba rico y murió pobre a la Codebó no le quedó nada, porque parece que todos estos últimos años estaba senil y seguía ahorrando en pesos. También murió Chela Cordero, noventa y nueve años, lo sobrevivió a Sandrini. El chisme mejor: parece que las hijas de Sandrini son dos fieras y le hicieron vender la casa grande a Malvina. La cuestión es que se compró un departamento grande pero como no quiere desprenderse de las cosas de la casa tiene el departamento lleno y no se puede caminar adentro.

La carta de hoy me preocupó mucho, vengan febrero, aunque yo me vaya a fin de mes se quedan ustedes, tienen todo resuelto. Bueno, me mortifica pensar que están chupando calor.

Cariños y besos

*Coco_*

Río, miércoles 2 de febrero

Querida familia:

Hoy llegó carta con fecha del correo del 24, nueve días. Siento que papá esté con esas depresiones, aquel país no es para menos, qué cosa la mano de bleque que me daban en ese articulito que me mandó mamá sobre los precios en Río de los espectáculos, no pierden oportunidad. Un buen día se va a hundir el país en el agua podrida del Río de la Plata y chau. Aquí hizo unos días de calor que empezaron a quemarme las plantas de la terraza pero ya volvió por suerte la lluvia. Me arreglaron el Betamax, parece que hay una correa por dentro y una de las piezas que la sostenía se gastó. El arreglo salió 18.000, es decir treinta y pico de dólares, pero ahora tiemblo que se atranque otra vez. Me lo arregló una chica técnica que tiene un local frente ahí a Casa Sendas, me la recomendaron unos que me hicieron entrevista para una revista de video.[33]

Ayer llegó cargamento de Ítalo, con cinco cassettes grabados en Italia que un amigo de él había retirado de casa de Mario (en el interín Ítalo se los copió para él) y tres de Ítalo mismo. Los cinco italianos contienen: 1) "Zazà" ('43) con Isa Miranda dirigida por Renato Castellani; más pedacitos de varias (locuras fenellianas); 2) "Il signor Max",[34] con De Sica (que vimos en NY) y "Cielo sulla palude"[35] (Sta. Ma. Goretti, maravillosa); 3) "Mio Dio come sono caduta in basso",[36] del '75 con Laura Antonelli y Alberto, más "Le sorelle Materassi"[37] con Emma e Irma Gramatica; 4) Capítulo 6 de "Storia di un italiano" (de la RAI con Sordi), más "Girasoli"[38] (Loren-Mastroianni en Rusia); 5) "Giuliano de Medici",[39] de la época fascista con Osvaldo Valenti (ése que fusilaron los partigiani) y la gran star española Conchita Montenegro, más "Cuori solitari"[40] con Tognazzi y Senta Berger.

---

[33] En esta entrevista (que se reproduce en la pág. 453), Puig comenta el comienzo de su colección y las posibilidades del nuevo medio de reproducción: "Aventuras de um colecionador de filmes", *Videomagia*, Año I, nº 7: 5-10.
[34] *Il signor Max* (1937).
[35] *Cielo sulla palude / El cielo sobre el pantano* (1949).
[36] *Mio Dio come sono caduta in basso!* (1974).
[37] *Le sorelle Materassi / Tres solteronas* (1942).
[38] *I girasoli / Los girasoles de Rusia* (1970).
[39] *Giuliano de´ Medici* (1940).
[40] *Cuori solitari / Busco amante para mi mujer* (1969).

Las de Ítalo son: 1) "Jardín de Alá"[41] con Marlene y Charles Boyer, más "Per le antiche scale"[42] de Bolognini ('77) con Mastroianni, Lucia Bosé, etc. y 2) "White Cargo"[43] con Hedy Lamarr y Walter Pidgeon, más "La fin du jour"[44] ('39) con Victor Francen y Madeleine Ozeray dir. por Duvivier. Y el martes llegan algunos más con otro viajero. (El tercero de Ítalo tiene "The Docks of New York"[45] una muda maravillosa de Von Sternberg antes del "Ángel azul", con George Bancroft y Betty Compson y Olga Baclanova del '28, "Caravana"[46] hecha en Hollywood en el '34 por el director alemán del "Congreso baila", Erik Charell, en dos versiones, inglés con Boyer, Loretta y Jean Parker y francés con Boyer, Annabella y Conchita Montenegro, que es la que mandó Ítalo, mejor.)

Sorpresa de Chile. Alguien que vio un diario chileno dice que la semana pasada estaba en cartelera "El beso…", así que la dan, pienso que han escrito y se ha retrasado, pero deberían haber llamado por teléfono. Con este parate del correo supongo que también se atrasaron los recortes de Caracas. De México estoy esperando llamado de Xavier minuto a minuto, supongo que antes del 20 se estrena ¿?

Mientras tanto les comunico que avanza la nueva obra, le quiero llevar un buen pedazo hecho a Mattolini. Hoy lo llamé a Ítalo para combinar mi estadía en su casa y está todo al pelo. Temblaba de que la Unesco lo mandase a algún lado en esos días. Bueno, mañana de paso para la feria despacho la carta, ojalá les llegue rápido, no como a mí, y que estén más animados. El 29 me acordé todo el día de Carli pero con la rabia de que no viene fui postergando la hora de llamar hasta que no llamé mesmo, como dicen acá.

Bueno, mil cariños y besos

*Coco_*

---

[41] *The Garden of Allah / Jardín de Alá* (1936).
[42] *Per le antiche scale* (1975).
[43] *White Cargo / Cargamento blanco* (1942).
[44] *La fin du jour / El fin del día* (1939).
[45] *The Docks of New York / Muelles de Nueva York* (1928).
[46] *Caravane / Caravana* (1934).

Río, miércoles 9 de febrero

Querida familia:

Me están llegando mejor las cartas, el lunes llegó una sin fecha, por supuesto que el sello argentino *nunca* se lee, pero era la siguiente a la escrita el día 29. Bueno, aquí todo tranquilo, el domingo terminó "Quero", la última semana subió mucho porque viene ese público que ha dejado para último momento. Hubo después fiestita abajo, muy bien todo, terminó en el momento justo porque enero es muy buen mes por el turismo del interior y febrero ni bien empieza carnaval decae mucho y ya después es duro y marzo también. Así que estuvo bien así, se mantuvo siempre el teatro con por lo menos la mitad, no se repitió más la tristeza de noviembre. Fueron Felipe y Roca, les encantó. No se alcanzó a recuperar la inversión pero yo con los derechos de autor me defendí, a quien le fue peor fue a Raúl porque él sólo recibía como productor. A Iván y Leyla también les compensó la parte de actores, director y traductora, pero lo que ponían como capital (el alquiler del teatro) se jodió.

Llegaron cuatro cassettes más de Ítalo, porque para carnaval vienen muchos franceses. Las películas son "Le bonheur"[47] ('34) con Charles Boyer y Gaby Morlay, "Mr. Arkadin"[48] una que hizo O. Welles en España, muy rara pero con toques, "Monsieur Ripois"[49] de René Clément con Gérard Philipe, "Port Arthur"[50] ('36) con Danielle Darrieux y Anton Walbrook, "El cartero llama..."[51] la versión de Lana y J. Garfield, "Gardez le sourire"[52] ('31) con Annabella (muy prestigiosa, filmada en Hungría por un tipo muy delicado que después se perdió, húngaro, Pál Fejös), "Zu neuen Ufern"[53] bárbara, la mejor de Zarah Leander, de Sirk, ése que después fue a Hollywood e hizo "Palabras al viento"[54] (Bacall - Stack - Malone - Rock Hudson), "Sublime obsesión"[55]

---

[47] *Le bonheur / La dicha* (1934).
[48] *Mr. Arkadin / Raíces en el fango* (1955).
[49] *Monsieur Ripois* (1954).
[50] *Port Arthur* (1936).
[51] *The Postman Always Rings Twice / El cartero llama dos veces* (1946).
[52] *Gardez le sourire* (1933). En el comentario existe una confusión con *Marie, légende hongroise*, del mismo director y con la misma actriz, también copiada en París por Ítalo Manzi.
[53] *Zu neuen Ufern / Se trata de una dama* (1937).
[54] *Written on the Wind / Palabras al viento* (1956).
[55] *Magnificent Obsession / Sublime obsesión* (1954).

(Wyman-Hudson) e "Imitación de la vida"[56] (Lana): las tres ya en la videoteca nuestra. Y una de Hedy antes de "Éxtasis",[57] vienesa con Peter Lorre, "El baúl del señor O. F."[58] una comedia. Así que no veo el momento de traer el otro aparato.[59]

Ayer le di una lavada a la planta grande del 107, ésa de colores que se llena de pulgón blanco, están muy bien las plantas. Hubo una obra en el cuarto piso y todo enero cayó basura y polvillo en el patio chico, así que por lo menos de ésa se salvaron, ya me dijo Don José que iba a lavar techitos ¿qué más? El grabador quedó bien, qué terror fue esa descompostura, pasar el fin de semana sin el aparato es muy bravo, porque la costumbre es feroz. De quien no tengo novedades es de Xavier, debe llamar de un momento para otro, ellos querían estrenar a mediados de febrero, así que el suspenso está aumentando minuto a minuto. Acá *fresco*, anoche tuve que taparme con la colcha, no he visto verano más llevadero que el de Río.

Otra noticia es que conseguí por medio de Raúl otro judiacho que tiene Betamax y me lo va a prestar durante los días de carnaval para copiar aquellos cassettes prestados, que son varios: Callas - Nijinsky - "Giselle" - "Mayerling" - "La fille mal gardée" - Zizi Jeanmaire, etc. Bueno, mañana al ir a la feria echo la carta, cariños y besos

*Coco_*

Ultimo momento: saliendo para la feria me encontré al cartero, carta de Xavier, se estrena HOY jueves 10 y llama mañana!!!! yo escribo el sábado.

Jueves
No llamó Xavier, el "Beijo" ganó premios en São Pablo, no me enteré bien de qué.

---

[56] *Imitation of Life / Imitación de la vida* (1959). Comentada en carta del 15 de setiembre de 1959 (Tomo 1, pág. 235).
[57] *Ekstase / Éxtasis* (1933).
[58] *Die Koffer des Herrn O. F. / El baúl del señor O. F.* (1931).
[59] Estas películas están grabadas en formato VHS, que era el que se usaba en Europa, por eso necesita el nuevo aparato para verlas, ya que las anteriores eran Betamax.

Río, sábado 12 de febrero

Querida familia:

Ayer como me lo anunciaba en su carta llamó Xavier, todo ÓTIMO (ÓCHIMO), el preestreno fue el miércoles 9 y el estreno el jueves 10.[60] Parece que Ripstein hizo un trabajo muy sobrio, muy respetuoso del texto, y que la gente se ríe mucho en el primer acto y al final llora, así que todo parece ir bien. A Xavier le parece que Molina (Héctor Gómez, yo no lo conozco) es muy bueno pero podría ser mejor mientras que Valentín es ÓCHIMO (Gonzalo Vega), a éste sí lo conozco y es excelente. Así que puede ser que se haya roto el maleficio mexicano teatral que me persiguió desde el... '74.[61] Fue al estreno Elena Urrutia,[62] Samuel, la Sylvia con Echeverría estuvieron miércoles y jueves y quedaron chochos, él (Ripstein) siempre fue protegido de Echeverría. Si esto fuera bien por ahí se animan con alguna otra cosa mía.

¿Qué más? Falló la grabación de esos cassettes venezolanos prestados. Me traje ese otro Beta pero salía fea entonces nada, ya se verá otra solución. Por un lado mejor porque era un enloquecimiento de trabajo y en estos días me cayeron para corregir el primer acto de "Quero" en inglés y un buen toco de "Maldición eterna" en francés. Además ya estoy muy encarrilado en la obra nueva, me parece que termino el primer acto (son dos) antes de salir de viaje y se lo podré mostrar a Mattolini en Roma. Bueno, nada más, voy corriendo al correo (son 9.30) a ver si sale hoy antes del zafarrancho carnavalesco.

Besos y cariños

*Coco_*

---

[60] Se refiere al estreno en México de la versión teatral de *El beso de la mujer araña*, en la cual Xavier Labrada era productor asociado. Arturo Ripstein debutó como director teatral con esta puesta memorable de la versión mexicana de *El beso de la mujer araña*.
[61] En 1974, Manuel Puig escribió *Amor del bueno*, melodrama basado en canciones de José Alfredo Jiménez, y concebido para Lucha Villa, una de las cantantes más famosas del repertorio de Jiménez y actriz. El estreno se frustró cuando todo estaba preparado, e incluso anunciado en los periódicos. En 1975 escribió para la actriz y parodista Carmen Salinas la comedia *Muy señor mío*, que se anunció en los periódicos para 1976, bajo la dirección de Nancy Cárdenas, pero tampoco se concretó.
[62] Elena Urrutia, profesora universitaria mexicana amiga de Manuel, importante referente del feminismo en México, que inspiró el personaje de Beatriz en *Pubis angelical*.

Río, jueves 17 de febrero

Querida familia:

Ayer Miércoles de Ceniza se reanudó la actividad y llegó carta de Charcas del domingo 6, despachada el lunes 7, ya la siguiente va a N. York. Lo importante es que llevo el primer acto de la obra nueva terminado para hablar con Mattolini. Estoy muy entusiasmado, empecé con entusiasmo moderado pero ahora me embalé. En Italia voy a tener mucho que hacer, la macana es que no he recibido carta de Morino, no sé si se puso en contacto con Patroni Griffi y después con los de Milán, así que voy un poco a ciegas, no sé tampoco si estará Mario. Lo de USA va mejor porque ya me llegó el primer acto de "Bajo un manto..." y lo llevo corregido, allá el traductor me prometió tener listo el segundo acto, lo reviso en esos días y lo dejo listo. Parece que este mismo traductor va a hacer "El beso..." finalmente, después de tantas vueltas.[63] Así que mi paso por N.Y. va a resolver *mucho*. Lo malo es que tenga que ir a esas dos universidades para pagar el gasto, pero espero que no sea demasiado pesado. De Carnaval no olí nada, no hice arreglar nunca la TV así que ni eso vi, pero mejor así pude concentrarme en la obra. Y mejor también que no grabé los cassettes, porque eso embarulla mucho. Ayer rehice los dos canteros míos de esa planta que hay que replantar siempre, y saqué al sol la ropa de invierno para llevar. Tengo todo en orden, me parece.

Vi al Edson por la calle con los padres, vinieron de visita, la madre es idéntica a él, jovencísima, cuarenta y pico, el padre petiso y jodido, debe haber sido un desliz de la madre, porque ella tampoco es alta. Bueno, si tengo alguna noticia escribo antes de irme. Ah, sonó lo del "Beso..." teatral en Buenos Aires, la opción ya está vencida y el chico quería renovarla con la condición de hacer él Valentín. Se jodió, además no conseguían un buen Molina, Ulises Dumont no quiso, yo no sé si fue por miedo a la censura o porque el chico quería hacer Valentín. Ahora va Felipe para Buenos Aires y tratará de ver a Dumont, a ver qué pasó. Bueno, mil besos y cariños

*Coco_*

En el fondo mejor que no se haga "El beso" en Bs. As., quién sabe qué taradez se armaba.

---

[63] El traductor de la versión teatral de *El beso* fue Alan Baker. Publicada por Norton en 1994.

Río, martes 22 de febrero

Querida familia:

Dentro de un ratito salgo para el Galeão, creí que esta vez iba a evitar corridas de último minuto y me equivoqué, se me había olvidado que aquí los impuestos se declaran hasta el 15 de marzo y no de abril como en casi todas partes. Eso fue el viernes, caí ayer TODO el día en la CIDADE, con un calor bárbaro, ahí me di cuenta lo que es Río, un horno, lo que es un mundo aparte es Leblon.

Hoy por suerte me llegó *ya* el segundo acto de "Bajo un manto..." en inglés. Lo revisaré en Maryland y el sábado me encontraré con el traductor en N. York, dejar eso listo será bárbaro. Parece que el mismo, Ronald Christ, va a hacer "O beijo...". También hoy llegó el paquete de cassettes que me mandó el inocente de N. York, Howard, no sabe lo que son las aduanas. Tuve que pagar 30 dólares de gravamen, para colmo eran cuatro cassettes, y pocas películas, porque las grabó en cassettes de corta duración. Mañana veré a Howard si todo sale bien y le explicaré. Mandó "Rapsodia en azul",[64] "La extraña pasajera",[65] "Lidia"[66] (Duvivier '41, producida en Hollywood por Korda para glorificación de la Merle que fue el témpano de siempre, es segunda versión de "Carnet de baile")[67] y dos Crawford de la época mala "Los condenados no lloran"[68] y "La intrigante".[69] Bueno, desde N.Y. escribo más.

Galeão
Voy a despachar la carta aquí, junto con otra para la secretaria de la "Gra" ¡qué vers!* ¡Estuve a punto de dejar el pasaporte en Aperana!!!
Besos

Coco

---

[64] *Rhapsody in Blue / Rapsodia en azul* (1945). Una de las películas que Puig vio en el barco durante su primera travesía a Europa, tal como comenta en carta del 13 de agosto de 1956 (Tomo 1, pág. 26).
[65] *Now, Voyager / La extraña pasajera* (1942). Nombrada en carta del 24 de mayo de 1958 (Tomo 1, pág. 158).
[66] *Lydia / Lidia* (1941).
[67] *Un carnet de bal / Carnet de baile* (1937).
[68] *The Damned Don't Cry / Los condenados no lloran* (1950).
[69] *This Woman Is Dangerous / La intrigante* (1952).

N. York, martes 1º de marzo

Querida familia:

No encontré ni un minuto antes. Todo va muy bien, el vuelo regio, poca gente, tuve cuatro asientos para estirarme bien. Llegué a las 6.30, arreglé el vuelo a Pittsburgh (y de ahí a Kennedy y Roma el viernes) y llegué a casa de Howard en Manhattan a las 8.30. El Betamax le salió baratísimo, $350, cuando yo compré en setiembre del '80 salió 850 pero ahora hay gran demanda y el precio bajó por la enormidad de producción. Pero debe ser de las pocas cosas que se venden, parece que la crisis aquí es bien seria. Howard está recién ahora empezando a grabar bien porque tuvo dificultades de instalación, me llevo "La Walkiria" en versión de Bayreuth, van a pasar el ciclo completo del "Anillo de los Nibelungos". Y se anuncian varias cosas lindas. Ese mismo miércoles que llegué tomé el tren a Wilmington y allí (a hora y media en tren súper expreso) me esperaban de la Universidad para llevarme a Chestertown, a otra hora en auto. Paré en un hotel colonial, todas antigüedades del tiempo de la Revolución, 1786, muy lindo. Todo regio allí, las *tres* charlas (me explotaron bastante) y todas comidas en casas de profesores, todo muy típico de Maryland, que es un lugar de tradiciones según parece, comida riquísima. El viernes a la noche me llevaron a Wilmington y a las 11 de la noche ya estaba en lo de Howard. No es su casa, trabaja para un libretista de TV que actualmente vive en Hollywood y él de paso le cuida el departamento bárbaro, no lejos de Bedford, en 16 entre 5ª y 6ª. Llamó Xavier, parece que la temporada va bien, lleno fines de semana y dos tercios en semana, una de las cuatro obras actualmente en México que está dando beneficio. Gran crisis. Esperemos que siga bien. Acá revisé "Bajo un manto...", parece que quedó bien, y estamos tratando de desenredar el lío del traductor de la araña. Xavier grabó "María Walewska".[70] Bueno, el viernes antes de zarpar para Roma les mando otra de éstas, besos y cariños

*Coco_*

Ahora voy a ver a la gente, espero encontrar carta!

---

[70] *Conquest / María Walewska* (1937).

Pittsburgh, jueves 3 de marzo

Querida familia:

Les mandé carta de N.Y. hace dos días, no encontré carta de Charcas en la oficina de la agente, o tal vez es en casa de las Muzi que me espera la carta siguiente, no anoté. Aquí un bodrio, anoche cena *sentados* en casa de un profesor fue mortal. La ciudad es muy linda, con mucho de la época de las grandes fortunas que se hicieron aquí con el carbón, muchas mansiones del siglo pasado como se ven en "Soberbia"[71] de Orson Welles. Mañana a la mañana es mi intervención y a las 4 tengo vuelo a Kennedy y de ahí cambio de avión, salgo 7.30 para Roma, llego 9.20 hora de Roma, a la mañana. En N.Y. quedó todo arreglado, el traductor de "Kiss..."[72] reapareció y prometió terminar antes del 20 de marzo, de todos modos el nuevo no iba a empezar antes del 15 de abril, así que eso nos da margen, si no está listo todo el 20 se le da el vía libre al nuevo traductor. Espero que no haya necesidad. Quedó muy bien la programación de video, Howard ahora entendió bien, hay varias cosas de ballet y ópera anunciadas. Ante todo la continuación del "Anillo de los Nibelungos". Faltará la primera, "El oro del Rhin", pero por ahí la repiten. En la valija ya me llevo "La Walkiria", un concierto de la Sinfónica de Boston con Leontyne Price de solista (no sé el programa), un programa de pedacitos de películas de miedo, una cabalgata desde Lon Chaney hasta ahora, y una muy linda de Negulesco pero sin subtítulos claro, "Tres desconocidos"[73] con Peter Lorre y Geraldine Fitzgerald. Van a venir muchas sin subtítulos, pero son las que no están en México, de modo que mejor así que nada. Antes cuando había esperanzas de que Xavier siguiese comprando era otra cosa, así que esta resolución de encargarlas en NY viene a suplir toda una categoría que estaba en veremos. Bueno, dejo espacio para mañana despacharla desde Kennedy.

Viernes 4, vuelo Pittsburgh-Kennedy
Todo bien, me olvidé de contar que la agente tenía carta de Surkamp (la editorial alemana) y me arreglaron una invitación de tres días a Viena. Hace

---

[71] *The Magnificent Ambersons / Soberbia* (1942).
[72] El traductor de *El beso de la mujer araña* en teatro es Alan Baker, diferente del traductor de la novela, Thomas Colchie.
[73] *Three Strangers / Tres desconocidos* (1946).

veintidós años que no voy, tenía ganas y veré posibilidades de cassettes de operetas, etc. Espero llegar a Río alrededor del 22.

Escribo de Roma, besos

*Coco_*

París, martes 15 de marzo

Querida familia:

Aquí estoy grabando vistas a granel, muy contento. Anoche por primera vez pude dormirme a horario decente, resulta que seguía con el horario de Río, o de N. York, con Río hay cuatro horas de diferencia y con N. York seis, la cuestión es que desde que llegué a Roma, hace doce días, no conseguía dormirme sino hasta las 3 o 4 de la mañana por esa diferencia de horas, sumada a la sobreexcitación de todos los cassettes para grabar o ver. Me llamó hace un rato el encargado de la parte teatral de Surkamp, anoche él y el dueño de la editorial fueron en auto de Frankfurt a Heidelberg a ver el estreno del "Beso", dice que aplaudieron mucho, le parece que va a funcionar. Le gustó sobre todo el trabajo de dirección, los actores más o menos pero para otras ciudades pueden cambiarlos y cree que puede funcionar. Así que eso está ya en movimiento. Ayer fui al teatro aquí, a ver al actor Jean Dalric, el que quiere hacer "La baiser...", aquél del Studio des Champs Elysées, se aclaró todo el fato, tan enredado, resulta que se desvinculó del agente anterior y era el agente quien llamó a la editorial Seuil diciendo que no querían más la obra, para que Dalric la perdiese. La cuestión es que se aclaró todo, está haciendo ahora la de los sordomudos, la que estaban dando en Buenos Aires también, una obra americana, un plomo, pero él es buen actor, lástima que imite mucho a Robert Redford, es muy parecido y se peina igual, etc., yo no me animé a preguntarle si era para esta obra, que se desarrolla en N. York. Esta obra tiene éxito y después salen en gira, de modo que no habrá "Baiser" hasta el '84,[74] pero no importa, quedó todo muy en firme, yo contento porque así me salvé de tratar con esos otros dos más desconocidos (o del todo) que querían los derechos y que era un riesgo muy grande.

Bueno, ya tengo todo resuelto del regreso, mañana miércoles Viena, el domingo vuelvo a recoger más cassettes, el lunes vuelo a Barcelona para dos entrevistas grandes de diarios y el martes a Madrid a grabar un programa de radio muy importante con Pepe Martín, un programa de entrevistas que él hace para Radio Nacional. Y el miércoles a la noche vuelo a Río, así que el jueves llego a tiempo... para la feria. Los llamaré ese jueves

---

[74] El estreno se postergaría hasta octubre de 1987.

a la noche después de ver un poco cómo está todo. Así que el viaje ha sido mejor imposible. Muchos cariños y besos, los espero en Río pocos días después de llegar

*Coco_*

Viena, domingo 20 de marzo

Querida familia:

Yo pensaba no escribir más porque tengo la esperanza de que vuelen prontito de Buenos Aires pero como tengo todavía una hora hasta que salga el avión aprovecho para contarles algunas cosas. Salió todo bárbaro acá, la conferencia fue muy bien, leí de "Boquitas" y después siguió diálogo con el público en inglés porque había mucha gente que no sabía español. Me pagaron el viaje París - Viena - París, el hotel, y un poquito además por la conferencia. Y encontré un coleccionista de cassettes fabuloso, parece que voy a conseguir todo lo alemán más remoto, ya me llevo en la valijita de mano "La sinfonía inconclusa"[75] con Mártha Eggerth, una bárbara con guión de Billy Wilder (antes de irse a Hollywood) con Lilian Harvey "Un sueño rubio", "Mascarada"[76] y la versión original de "Víctor Victoria",[77] con una pobre chica que Hitler mandó a matar, Renate Müller. Otra sorpresa de Viena fue la ropa, la Malisita ligó en liquidación modelo de seda natural bárbaro, un conjunto blusa-pollera y un pullover de verano. Ya el último día de París salí a buscar cosas y no conseguí nada, a duras penas dos vestiditos sencillos como para la mañana, pero que en Río se necesitan. Así que un buen botín. Viena en invierno muy linda, ayer fui a la galería del Jugendstil, qué linda época, con Klimt y demás. Bueno, hoy voy a París a dejar cassettes y sigo un día a Barcelona, el martes a Madrid y el miércoles tarde a la noche a Río. El jueves a la noche llamaré, cariños y besos

*Coco_*

---

[75] *Leise flehen meine Lieder/ La sinfonía inconclusa* (1933).
[76] *Maskerade / Mascarada nocturna* (1934).
[77] *Viktor und Viktoria / Víctor, Victoria* (1933).

Río, jueves 15 de setiembre[78]

Querida familia:

Primera carta de la nueva tanda. ¿Cómo encontraron todo? Yo aquí ya bastante organizado, de vuelta del aeropuerto me llevé casi todo, no fue muy complicado, el coche ayudó mucho. A la tarde después de almorzar en el 107 me traje otras cosas y a la noche ya cené en el 57, se hizo todo muy fácil. Tengo la heladera mía llena, hoy jueves todavía no hay necesidad de ir a la feria, primero liquidé el puchero, en dos veces, entre medio el pescado, había muchas cosas. La Sheila viene mañana, le dije que no viniese el martes porque estaba en casa la Lourdes ocupando la pileta. A Lourdes le di ya algunas sábanas de ustedes así la Sheila tiene lugar para extender los piumás, etc.

El tiempo ayer empezó a mejorar, porque el domingo que se fueron ustedes a mediodía se descompuso y lunes y martes llovió e hizo frío bárbaro. Yo firme con la natación de todos modos, además para aliviar la *coceira*.[79] Pero me parece que tiende a aplacarse, ayer y hoy a la mañana noto disminución ¡ojalá! Bueno, la cosa de "Maldição" arrancó muy bien, un artículo grandísimo en el Jornal do Brasil el lunes, dividido en dos, la crítica y una entrevista, en la primera página del cuaderno B. La crítica buena aunque contenida, pero la entrevista muy linda, en conjunto muy bien. Lo que fue bárbaro fue lo de "Veja",[80] ya veré de hacérselas llegar, casi dos páginas de elogios sin límite. En la editorial dicen que de todos lados llaman que el libro les encanta, así que fue sorpresa, porque en España y México hubo mucho boycott organizado y cosas feas. Así que fantástico. De Venezuela ninguna noticia todavía, y de Mañas no llegó nada,[81] así que no puedo hacer poder ni nada, sin las instrucciones.

Llegaron más cassettes, de Howard, con un conocido de un conocido, un plato, cuatro pletóricos de cosas: 1) "Dramatic School"[82] con Luise Rainer ('38, la última que hizo para la Metro), 2) Un ballet de Maurice

---

[78] Esta carta ocupa seis carillas, en papel blanco.
[79] Coceira: picazón.
[80] *Veja*: revista de difusión general.
[81] Carlos Mañas: empresario teatral asociado con Carlos Perciavalle para la producción de *El beso de la mujer araña*, con dirección de Mario Morgan. Intérpretes: Pablo Alarcón y Osvaldo Tesser. La obra se presentó en el teatro Regina de Buenos Aires.
[82] *Dramatic School / Escuela dramática* (1938).

Béjart en la Plaza San Marco, vi un poquito y parece bárbaro, 3) Una del '34 con Carole Lombard, Bing Crosby y Ethel Merman,[83] 4) "Los Barkleys de Broadway",[84] una del '48 con Rogers-Astaire, en colores, diez años después de la serie famosa, fue programada para Judy Garland después del éxito de "Easter Parade"[85] pero la pobre estaba en una de sus crisis y la reemplazó Ginger. 5) "Baby Jane", la de terror con Crawford-Davis, 6) "¿Y ahora qué?"[86] del '35 con M. Sullavan, sobre la posguerra en Alemania, 7) "Los enredos de una dama"[87] ('36) con Harlow - W. Powell - M. Loy y S. Tracy, todas en copias refulgentes, excepto "Holiday"[88] con Ann Harding ('30) y Mary Astor porque pertenece a ese otro lote, el de las rarísimas, como las de Norma Shearer.

También escribió Mario de Roma, grabó cantidades, "Divorzio all'italiana",[89] "Bodas de sangre"[90] (Saura), "Mambo"[91] (Mangano), etc. y de óperas "Falstaff". Además la RAI anuncia ciclo de Garbo, con dos mudas por lo menos, así que será jolgorio. Bueno, espero carta pronto ¿? a armarse de paciencia supongo. Barreto anoche voló a Roma para organizar con Mastroianni el lanzamiento de "Gabriela"[92] en N.Y. Mejor que no fuimos, me dijo Herman que es una pornografía pura.

Hoy la voy a llamar a la Regina.

Bueno, mil cariños y besos

*Coco_*

Sábado 17

El jueves justo antes de ir al correo me llamaron estos periodistas amigos y me dijeron que viajaban el lunes, de modo que paré la ida al correo y aprovecho para mandarles la Veja, el Jornal do Brasil, la entrevista del Globo, y si mañana sale algo más lo agrego. Salió algo bárbaro parece en la

---

[83] *We're Not Dressing / Música sobre las olas* (1934).
[84] *The Barkleys of Broadway / La magia de tus bailes* (1949).
[85] *Easter Parade / Intermezzo lírico* (1948).
[86] *Little Man, What Now? / ¿Y ahora qué?* (1934).
[87] *Libeled Lady / Los enredos de una dama* (1936).
[88] *Holiday / Burlando al amor* (1930).
[89] *Divorzio all'italiana / Divorcio a la italiana* (1962). Nombrada en carta del 1º de junio de 1962 (Tomo 1, pág. 332).
[90] *Bodas de sangre* (1981).
[91] *Mambo* (1954). Nombrada en carta del 29 de marzo de 1957 (Tomo 1, pág. 80).
[92] *Gabriela, cravo e canela / Gabriela, clavo y canela* (1983).

Folha de São Paulo, el diario más importante de allá, pero me avisaron tarde y no lo tengo todavía. Así que por ese lado mejor imposible, seguramente se va a vender bien, no es un libro comercial pero con ese lanzamiento va a ir muy bien, parece que ha caído en gracia.

De Venezuela no tengo ninguna noticia, así que por ese lado sigue el suspenso. Bueno, agárrense, hoy llegó ya la carta de mamá ¡en tres días! Así que estamos bien comunicados por el momento. Lo del poco público de la "araña" porteña no me sorprendió. Tal como sucedió aquí la crítica fue de tibia para abajo, y a eso sumada la misiadura, en fin... La esperanza es que, como en Río, vaya ganando público de a poco, ya que los aplausos son tan entusiastas. Veremos... Y si no va bien paciencia, ya otras cosas saldrán mejor, pero se me ocurre que puede mejorar.

En esta semana voy a hacer el poder y lo mandaré por correo, de todos modos si hay poca entrada tardará en descontarse ese adelanto de mil dólares que me dieron. La Zully estará nerviosa, pensando que puede perder plata. ¿Qué más? Ayer vino la Sheila, ya se lavaron los piumás, están en la soga ya casi secos pese a que sigue lloviendo!!! Quiere componer durante el día y a la noche vuelta a llover, por lo menos me salvo de regar el "terrazo". Ya la llamé a la Regina hoy, dejé dicho. ¿Qué más? A la Lourdes la hice hacer un budín de pan para que se aprovechase todo el pan que había en el 107. Todavía ni se enfrió, así que no sé si salió bien. Con el hambre que tengo aunque sea de lo último no dejaré una miga.

Me olvidaba un punto importante ¡parece que está pasando la "coceira"! Desde hace tres días noto una disminución que se establece cada vez más. Lunes y martes fueron terribles, ya miércoles menos y hoy ha sido el mejor día. Sigo despertándome a las 7 con picor (cuando deja de hacer efecto la pastilla de antes de dormir) pero no es ese ataque que sentía, mucho más suave, y durante el día bastante poco. Además la semana fue buena, me pagaron de la Nova Fronteira, puse la correspondencia al día, escribí al tipo de N. York que me vendió los aparatos de TV, etc. para pedirle precio de ese nuevo con los dos sistemas, europeo y americano (VHS, no Betamax), así que espero contestación pronto. En la RAI anuncian "The Kiss",[93] la última muda de Greta, así que me parece que ya sé cuál va a ser el programa inaugural. Creí que iba a ser "It",[94] con Clara Bow y Antonio Moreno, pero ésta me parece que va

---

[93] *The Kiss / El beso* (1929).
[94] *It / Ese no sé qué* (1927).

a arrasar con todo. Además la RAI sólo pasa copias perfectas, así que será el jolgorio total.

En el avión de Río a Caracas encontré un diario uruguayo con una enorme página de anuncio de la telenovela "Cara a cara" con Alarcón y Verónica Castro, es la Nº1 también en Uruguay, así que ese muchacho debe ser ídolo, no me explico cómo no va más gente.[95] Yo creo que poco a poco va a mejorar, la cosa es que puedan aguantar unas semanas flojas.

Domingo 18
Sigo hoy, llueve, dentro de un rato voy a ir al kiosco de Pianí para comprar "El Globo", creo que hoy salía la crítica, así la incluyo en el paquete.

Bueno, conseguí a María Julieta Drumond de Andrade por teléfono. Justo se vino a vivir aquí el mes pasado porque el padre está delicado. Ella trabaja en el Instituto Argentino-Brasileño, así que conoce la enseñanza de portugués allá mejor que nadie. Me recomendó muchísimo a una tal Silvia Esteban. Si ella no tuviese horas dice que ella misma te recomendará a alguien. Así que eso quedó arreglado. Decile que es de parte de ella.

La Sheila muy capa caída, dice que extraña mucho no trabajar y siempre con los ojos llorosos. El viernes a la noche se fue a ver "mulher aranha" otra vez, creo que la vio seis veces. El loquito de Aristides me pregunta cada vez que paso si ya recibí noticias de ustedes. El Jaime en la gloria total, le dejé la TV porque yo realmente no la miro nunca, ahora para colmo estoy tratando de hacer relaciones públicas, ver a gente que descuidé todos estos meses y ni tiempo para ver las películas últimas que llegaron. En el cine vi "Trampa mortal"[96] porque es de Lumet y tenía curiosidad, un ASCO, la obra es inmunda, y pensar que se ha dado tanto. Bueno, a prepararse para diciembre y chau. Cariños y besos

*Coco_*

Último momento: llegó telegrama del Festival de Huelva, me invitan para ir, UNA GLORIA, la fecha es perfecta, del 2 al 8 de diciembre, así que voy más que volando, pago la diferencia (mínima) y paso antes por París y Roma para ver todos mis negocios pendientes. Y el 10 de diciembre ya puedo estar en Río para preparar la casa para el 15. La verdad es que ni que

---

[95] Pablo Alarcón era uno de los protagonistas en la versión argentina de *El beso*.
[96] *Deathtrap / Trampa mortal* (1982).

me hubiesen dejado elegir la fecha a mí. Mucho mejor que San Sebastián que empezó hace dos días, hubiese sido masacrante salir de viaje ni bien llegado de Caracas. Además en estas semanas se tiene que aclarar el fato Babenco y tengo que estar acá. Y el lunes ya vuelve Barreto de Roma y habrá que trabajar un poco con él. Bueno, ahora voy al kiosco, hasta luego.

Más tarde
Aquí va el Globo, la crítica es positiva pero la estúpida de la Bella no sabe darles realce, "confira" quiere decir "compruebe". Eso es lo mejor de la nota, "confira" se dice cuando algo es muy bueno y se recomienda.
Bueno, ojalá sigan las cartas llegando seguidito. Besos

*Coco_*

La alergia sigue disminuyendo, ¡¡¡no lo puedo creer!!! qué tortura puede ser...

Río, jueves 22 de setiembre

Querida familia:

No tengo ninguna novedad. Mandó Ítalo seis cassettes con un amigo de Herman que viajó, y nada más, italianas y francesas y alemanas mezcladas, todavía tres son de los que le dejé en París originarios de Roma, para que se los copiase, como "Vivere in pace"[97] que es una joya, con Aldo Fabrizi, y "La grande illusion",[98] y "Carnet de bal" por fin, "Les parapluies de Cherbourg" (le desconfío al color, pero la música estará bien). ¿Qué más? sigo en decidida mejoría del picor, cada día menos, muy paulatina la disminución pero bien marcada. Hoy fue el mejor día, porque me desperté a las 8 y no a las 7 acuciado por el picor, me picaba un poco pero ni la sombra de aquellos días. Bueno, antes de ayer me llamó Patricio de São Paulo, me dejó tonto con las noticias, de que están sin calefacción ¡lo que habrá sido este invierno! Menos mal que aquí con mal tiempo y todo la cosa fue más leve. Ahora les cuento que *sigue* lloviendo, todos los días, yo lo mismo no me he perdido natación, ante todo porque me favorece tanto para el picor (o será idea mía), la cuestión es que me miran como a un demente, ayer a mediodía lloviznaba y 17° pero lo mismo fui.

He estado bastante ocupado además con una cosa nueva: el actor que hizo Molina en Venezuela me pidió que le escribiera algún monólogo, que es su especialidad, entonces me acordé de aquella serie de artículos que escribí para una revista española en el '78 ¿se acuerdan? eran sobre costumbres de N. York, en cómico y bastante picantes.[99] Bueno, se los pasé en limpio, a una selección de ellos, siete, y eran doce en total. Y se los mandé, puede ser que de ahí salga algo, me pareció que quedaban bastante cómicos. Esas cosas de poco gusto son las que pueden rendir mejor. Veremos. De "Bajo un manto..." ni una noticia, ni de crítica ni de público. Bueno, otro suspenso más.

Quedó lindo el librito japonés de "The Buenos Aires Affair" ¿verdad? Ahora voy a la feria, ya me quedé sin provisiones, papas nomás. El budín

---

[97] *Vivere in pace / Vivir en paz* (1947).
[98] *La grande illusion / La gran ilusión* (1937).
[99] Los doce artículos fueron publicados al año siguiente en traducción italiana de Angelo Morino en editorial Sellerio con el título *Agonia di un decennio, New York '78* (en castellano *Estertores de una década*, Buenos Aires, Espasa Calpe / Seix-Barral, 1993).

de pan de Lourdes quedó chato y sin azúcar, pero lo espolvoreé encima bastante y me lo comí todo. Bueno ¿qué más? Ah, fui al Municipal, a ver ese ballet sobre "Gabriela", la misma de la novela de Amado. Flojísimo ¡qué nivel! los bailarines parecen artríticos, y decorados todo flojísimo. Yo quería ir con ustedes pero por el viaje a Caracas no se pudo y por suerte no perdieron nada. Bueno, si se produce alguna novedad les escribo enseguida. Ojalá estén bien, mañana voy a ponerme en campaña por el poder, además hubo una urgencia con la Sociedad de Autores de aquí para que puedan cobrar los venezolanos de la Sociedad de Autores de allí y todo a las corridas para aprovechar el viaje de alguien que iba anoche. Siempre las corridas. De todos modos no creo que haya mucho que cobrar en Argentores. Bueno, mil cariños y besos

*Coco_*

Sigue lloviendo puntualmente todos los días!!!!!

Río, martes 27 de setiembre

Querida familia:

Aquí estoy en una semana brava de movimiento, porque ya estuve en San Pablo para la grabación de un programa larguísimo, de *una hora*, son intelectuales de S. Pablo a los que les han filmado preguntas que yo tengo que contestar, fue muy lindo. Después hicimos otro más corto y después fui a lo de Babenco!!! para arreglar las cosas. Están quedando bastante bien, me pagan en N. York en vez de acá y así se ahorra un horror de impuestos. Me pagan en tres cuotas, pero todas documentadas. Lo mejor es que llegó el coproductor de Los Ángeles y me parece que se dio cuenta de todas las macanas que el Babenco estaba haciendo con el guión. Bueno, la cuestión es que vuelvo mañana para quedarme dos días y volver a poner en el guión todo lo que habían sacado, un trabajo de locos pero la cuestión es salvar este naufragio casi seguro. Ojalá con "Pubis" hubiese aparecido alguien que lo llevase a tocar tierra a De la Torre, que está haciendo papelones con la película en festivales. No tuve ninguna noticia pero creo que no gustará en ninguna parte. Bueno, así que esto va en buenas vías de arreglo. Y la platita va a entrar me parece. Empieza la filmación el día 10 y me regalan un pasaje a N.Y. que les sobró de una cuestión de canje que hicieron de publicidad y aprovecho para ir el 17 de octubre más o menos unos pocos días para revisar la traducción de "Sangre de amor..." con el editor de Random House. Todo muy bien encajado de tiempo, porque así vuelvo y me quedo un poco tranquilo hasta el 15 de noviembre más o menos que viajo a Europa. Lo llamé por teléfono a Mario y lo encontré muy calmo, parece que viene a Buenos Aires, pero más adelante, siempre con la misma indecisión.

Yo realmente estoy contentísimo con la manera en que surgieron estos viajes gratis. El de N.Y. además me permite ver ese aparato de tres sistemas,[100] para los cassettes europeos y los de aquí, una maravilla, si puedo me lo traigo, junto con el televisor especial. Tendré que arreglar lo de la coima en la aduana, pero parece que eso es fácil. Así la máquina de Roma queda allá, grabando indefinidamente. Así que ya con el nuevo aparato instalado

---

[100] Máquina para formato VHS que permitía ver cuatro normas: NTSC, PAL-N, PAL-M y SECAM.

y después con las películas que me traeré de Europa habrá para *siglos*, ya no digo años ni meses, es tal la cantidad que no vamos a saber por cuál empezar. Me da risa pensar que la Malisita decía que le daba lástima sacar el Betamax, cuando tenga para ver "The Kiss", la última muda de Greta, y carradas de otras, como "El séptimo cielo",[101] y todas las italianas, ahí no le va a quedar tiempo de acordarse del Beta. Aunque seguirán llegando en Beta también, pero hay que ver que el repertorio de México se va a ir agotando, si no compran nuevas por la crisis, así que el VHS salvará la situación. ¿Qué más? De veras estoy muy contento con el modo en que surgieron ambos viajes, ojalá se puedan cumplir bien, porque caen justo en época en que ustedes no están y el 15 de diciembre ya está todo desbratado.*

El picor disminuyendo pero *muy* paulatinamente, sigo tomando las pastillas, un día me olvidé y me vino un picor bárbaro, así que está ahí latente. Bueno, mil cariños y besos

*Coco_*

Vi "Mahler",[102] me gustó bastante, y "La gallina clueca",[103] no era tan fea.

Ya encargué el poder, tardan siete días ¿no es un plato?

---

[101] *Seventh Heaven / El séptimo cielo* (1927).
[102] *Mahler* (1974).
[103] *La gallina clueca* (1941).

Río, viernes 7 de octubre

Querida familia:

Esta carta se atrasó porque la iba a llevar en mano mañana uno que viajaba del Consulado, el mismo que hoy me tenía el poder listo, pero postergó el viaje así que no escribí días antes y ahora les llega atrasada. No fui al Consulado a buscar el poder[104] porque estoy cansado, ayer a la noche llegué de S. Pablo, después de varios días como loco reescribiendo el guión. Quien salvó todo fue el productor americano, David Weisman, fue el único que entendió todas las macanas que había en el guión y lo llamó a la reflexión al Babenco que es un burro. Bueno, si consigo imponer todos los cambios que quiero la película se va a salvar, los actores parecen muy buenos, en el racconto de la vida del guerrillero sale Sonia Braga como la novia, y también haciendo el papel protagónico de la película que le cuenta Molina. Todo va muy bien si se piensa cómo estaban antes las cosas. Pero es un trabajo atroz. Esta semana próxima, el jueves, empieza el rodaje, yo voy una vez más a S. Pablo la semana próxima y nada más, el domingo 16 vuelo a N. York por una semana, vuelvo el lunes 24, estaré en lo de Howard, por cualquier cosa 243-3092, pero no seamos tan precavidos. Voy a ver si me traigo la famosa máquina esa doble, para cassettes europeos y no, con su correspondiente televisor. Tengo que por supuesto arreglar algún truco para pasar la aduana, ya veremos.

Así que todo un torbellino, hasta fui a Curitiba (un día desde S.P.) que es a sólo media hora de avión, para publicidad del "Beijo" que lo están dando ahí. Bueno, disculpen esta carta tan apurada, recibí una larga a principios de semana, lo que entorpeció todo es que confié en el viaje de ese muchacho. Ya veré cómo mandar el poder. Besos y cariños

*Coco_*

El jueves pasado en la feria busqué al gordo de las flores y no estaba, me dijeron que murió el 20 y algo de junio, estaba el hijo ¿cómo mamá no me comentaste? ¿o será todo una confusión? murió de cáncer. Pero según todos los datos parecía verdad, él era el único alto y gordo, y el hijo un poco se parece ¿será posible?

---

[104] El poder para cobrar derechos de autor por *El beso* (teatro) en Buenos Aires.

Río, lunes 10 de octubre

Querida familia:

Les escribí el viernes una carta apuradísima. Hoy están las cosas más calmas por suerte. Bueno, ésta irá en mano, la lleva una amiga, la cónsul de aquí, Dra. Galeano, junto con el poder. Aunque no creo que haya para cobrar nada, porque hay que descontar el adelanto de mil dólares. Bueno, lo de "último mes" me sorprendió, pienso que hasta pueda ser un truco para atraer gente, porque si tienen la mitad del teatro, para una obra de dos personajes, parecería más que suficiente para sacar los gastos. En fin, de allá me espero cualquier cosa. Me mandaron la nota de Radiolandia, con unas fotos pésimas, ojalá no las hayan visto ustedes, hasta el morro Dois irmãos parece feo, de tan malas que son las fotos. Bueno, les cuento de Babenco, todo va mucho mejor gracias a que el judiacho productor americano, David Weisman, 41 años (un niño) es muy inteligente y captó enseguida todos mis ataques al horrible guión. La cuestión es que lo agarró al burro de Babenco y le hizo ver punto por punto. La macana es que está también el guionista americano, que es muy buena persona pero tampoco muy despierto,[105] y son dos que hay que convencer de todo, somos dos contra dos, una pulseada increíble, y estamos ganando ya mucho, hay como un 50% ya a mi gusto.[106] Mañana voy allá y me quedo hasta el miércoles a la noche y ya me vuelvo a preparar el viaje a N. York. El pago salió bastante bien, hecho en N.Y. La maravilla sería que me aprobasen todos los cambios del guión, quedaría muy bien. Los actores son buenos, Sonia Braga va a hacer la novia del guerrillero (en el racconto) y la protagonista de la película que cuenta Molina. Bueno, ya parece que encontré la solución para el aparato nuevo y el televisor de N.Y., hay una casa que los vende con la coima de la aduana incluida, muy seria, parece que hace añares que opera así. Así que

---

[105] El guionista fue Leonard Schrader.
[106] Puig continuaría una relación de trabajo con Weisman, para quien escribirá en 1986 el guión *The Seven Tropical Sins*, publicado en 1990, en editorial Mondadori, con traducción de Angelo Morino: *I sette peccati tropicali*. En 1990 Weisman participó en el equipo que produjo *Naked Tango*, escrita y dirigida por Leonard Schrader a partir del tema de las prostitutas polacas que llegan a Argentina con promesa de casamiento. Puig desarrollaría de manera diferente este tema en su guión inédito *Tango Muzik*, que habría sido el germen del guión de Schrader, por lo que la película incluye un agradecimiento a Manuel Puig en los créditos.

será la maravilla de maravillas, los mandan ellos, tardan unas tres semanas, así que para diciembre archiseguro que está todo aquí, y mientras queda la otra máquina en Roma grabando. Lo que no está produciendo nada es la de N. York, muy poco, yo no puedo creer que no haya de esos programas culturales a cada rato. En fin... veré qué hacer con eso, si pasársela a otro o qué. Bueno, ya saben, vuelvo el lunes 24, les doy una llamadita esa noche. Parece que hay oferta *firme* para "beijo" en N. York. Raul Julia, el que hace el guerrillero en la película, quiere hacer la obra, como Molina, y en Broadway él es superstar. Bueno, ojalá, besos

*Coco_*

Río, miércoles 19 de octubre

Querida familia:

No sé todavía si puedo viajar hoy o mañana a N. York, hubo un lío con el boleto de descuento que me consiguió Babenco, pero será para mañana a más tardar. Anoche volví de San Pablo, es una batalla campal cada cambio, pero he conseguido mucho, volviendo de N. York habrá más cosas que cambiar, pero ya se consiguió mucho. Veremos. Es un plato las peleas con el productor americano y Babenco, se trenzan a cada rato, el mundo del cine es el HORROR. Quedé muy preocupado el sábado después del llamado, tienen que cuidarse más, papá caminando y mamá no dándole importancia a tonterías como lo del "Beso" en Buenos Aires. Lo que pasó es que es un público *no* preparado para eso, el rechazo es del público que no quiere ver cosas progresistas, los pocos que sí quieren eso van y aplauden con todo el entusiasmo del mundo, pero los que no entran al teatro es porque no se la bancan a la obra. A eso sumar la crítica, que es la misma bosta de gente. La cuestión es que ya está claro, vuelve el peronismo y todo igual, es un pueblo maldito por el destino. El picor mucho mejor pero no desaparece, no me despierta más a la mañana, eso es lo fundamental, en general de 9 a 12 me jode un poco y nada más, un poco a las 3, o 5 de la tarde y nada más. Si sigue a la vuelta de N.Y. pasaré por el médico. ¿Qué más? No me llegó la traducción de "Sangre de amor correspondido" en inglés, que se suponía que llegaba a tiempo para que le diera la leída y la discutiésemos en N.Y. Así que no sé qué podré hacer allá en cuanto a eso, puedo ver unos capítulos, pero no todo.

Pero tengo mucho que hacer allá. Hay muchos interesados en el "Beso..." en teatro, esperemos adelantar algo con todo eso. Además está el APARATO que comprar, *lo más importante de todo*. Bueno, la verdad es que lo que vale es lo que da diversión, lo otro tiene su importancia hasta cierto punto. Espero que se CUIDEN mucho, aquí llueve a cántaros, parece que hubo dos días buenos y nada más. Llegó el libro italiano de "Maldición", está en el correo supongo que es eso, me llegó el papelito, un paquete de Italia, debe ser eso. Pero ni una palabra ni de editores ni de Morino, pero me escribió Mario diciendo que vio varios anuncios de publicidad en los diarios, parece que Einaudi está apoyando el libro con publicidad, pero no me escriben. Bueno mil cariños y besos

*Coco_*

Nueva York, miércoles 26 de octubre

Querida familia:

Aquí en la locura total de trabajo (revisar traducción de "Sangre de amor..."), de entrevistas con los productores interesados en hacer "la araña" en teatro ¡tres por falta de uno! Así que creo que se hace, la cuestión es conseguir el elenco y ya está. Y encima de todo las grabaciones de video. Hubo el gran acontecimiento de los cien años del Met, algo increíble, con todos. Y hoy en un minuto libre fui y compré el televisor y grabador famoso de tres sistemas. Me lo entregan en Río, con coima de aduana en tres semanas, es una casa muy tradicional que vende todo para Brasil, así que regio, se paga la mayor parte allá al recibir la mercadería. Así que en diciembre se larga la maratón, es algo increíble, no vamos a saber con qué empezar. Bueno, empezaremos con Greta en "El beso" después hay que elegir entre pilas de Magnani, Rossi Drago, Zarah Leander, Sordi, Gérard Philipe, Lilian Harvey, y es de nunca acabar. Yo me voy a tomar unas vacaciones y no voy a hacer más que ver películas. Nunca pasé una racha más pesada de trabajo que ésta, así que ahora sí me tomo las vacaciones. Al volver de Europa no voy a hacer *nada* por un buen tiempo. Les compré reloj pulsera al Gilberto y al hijo de la Sheila. Yo pantalón de corderoy y camisas. Don Puig camisa y la Malisita vestiditos de verano así nomás, pero creo que es lo que más usás, si son demasiado delicados los usás poco. Lo que no sé si tendré tiempo de hacer es comprar una cortina linda para el baño del 107. Bueno me llevo varios programas grabados por Howard, de canto, de ballet, la "María Stuarda" de Donizetti, un concierto bárbaro en la ONU con todo Falla, termina con la ópera corta "La vida breve" cantada por Montserrat Caballé y José Carreras.

Bueno, será un verano bravo de novedades. Besos y cariños

*Coco_*

Ítalo me grabó "El pibe"[107] de Chaplin.

---

[107] The Kid / El pibe (1921).

San Pablo, miércoles 2 de noviembre

Querida familia:

Aquí estoy otra vez en San Pablo, pero ya es el penúltimo viaje, hay uno más la semana próxima y se acabó. Estoy saturado del burro de Babenco, pero es increíble todo lo que he salvado. El productor está feliz, porque realmente ha sido una batalla increíble, contra los errores garrafales que había en ese guión. Les hablé el sábado a ustedes desde acá y el domingo volví a Río, me encontré con carta de Charcas. No veo el momento de que estén aquí para que se cuiden más, no me gusta nada lo que pasó en Buenos Aires con ustedes en estos meses. Acá están mucho mejor ¿qué duda cabe? Yo estoy mucho mejor, sintiendo que esto se acaba, para mejor parece que hay posibilidad que una compañía grande americana la tome y pague un depósito alto. La esperanza está en que el nombre de William Hurt está cotizándose mucho, esperemos. Llamó el de Huelva, por suerte está confirmado el viaje, y anticipado tres o cuatro días, mejor, así estoy de vuelta alrededor del 6 de diciembre. Va a ser un viaje bastante tranquilo, espero. Voy a casa de Mario en Roma, a casa de Ítalo en París, después un día en Barcelona, el lunes 28, y del 29 al 4 en Huelva, el 5 en Madrid y el 6 en Río. Va a ser casi viaje de descanso, porque tengo que hacer cosas pero muy tranquilo todo. Era hora. Realmente éste ha sido un período bravísimo, pero esta mañana ya pasó la última discusión y ya no queda más que una revisión la semana próxima y chau.
Ahora la gran novedad, que por teléfono no tuve tiempo de contarles: uno o dos días antes de salir para N. York me empezaron a salir ronchitas por todas partes, menos del cuello para arriba, y un poco más de picor. Bueno, no pude ir al médico y en N. York tendió a aumentar y al llegar el mismo día a Río fui al médico ¡era escabiosis! seguramente que tuvo una larguísima incubación. La cuestión es que me dio una especie de concentrado que se disuelve en agua y se pasa por todo el cuerpo tres noches seguidas y desapareció todo como por arte de magia. ¡Para eso el sufrimiento de meses! Me parece que se está acabando un mal período. Les voy a escribir a Perciavalle y Mañas, realmente me parece tan raro que no se pudiera mantener teniendo tan poco gasto, en fin, yo no sentí *nada*, porque todo lo de Argentina para mí no existe, y no es *boleto*, realmente ni esperé nunca nada ni sufrí nada. Lástima que ustedes se lo tomaron más a pecho. Besos

*Coco_*

Le dije a Carli que pague el boleto de papá con la plata del teatro, no se puede mandar de acá por nuevas leyes del B. Central.

Río, lunes 7 de noviembre

Querida familia:

Aquí estoy muy contento porque ayer hablé con el de Huelva y está todo en orden. Salgo el lunes 14 a la noche con Varig directo a Roma, por fin unos días de tranquilidad, es poco lo que tengo que hacer por allá, ese festival de Huelva merece un monumento, porque el pasaje está a casi 2.000 dólares, el de excursión de veintiuno a sesenta días, el más barato. Antes de salir voy a dejar arreglado el boleto de papá ¿el roto se reemitió? Estoy esperando esa noticia.

Sábado 12
Salgo hoy, adelanté dos días el viaje. En estos días me llegaron tres cartas de Charcas, hoy la del martes, así que me llegaron todas. Hoy hablé con Carlitos preguntándole por papá, me tranquilizó. Le dije que me escribieran el lunes 14 a Ítalo y el 21 a Huelva, la dirección es simplemente Hotel Tartessos, Huelva. Me llegó el certificado, a la vuelta empezaré el trámite. Esto ha sido súper agotador, estoy muerto de cansancio porque se sumó todo el lío de la escabiosis y esta semana pasada un resfriado jodidazo, me lo agarré durmiendo con aire acondicionado en el infierno de calor de Cuiabá (Mato Grosso).

Pero quedó todo hecho con Babenco, falta sólo cambiar algunas cosas al guión de Barreto que quiere cambiar todo el final, *no sabe* lo que quiere. Se hará a la vuelta, pero eso es lo de menos.

Por si me pasa cualquier cosa: (cruz diablo) Mario me giró unos dólares a N. York porque quiere traer plata para Sudamérica, eso está en mi caja de seguridad del Banco Bradesco, del que mamá tiene llave.

Bueno, escribiré de Roma, los espero el 15.
Besos

*Coco_*

Será viaje *casi* de placer, sólo unas pocas cositas.

París, miércoles 23 de noviembre

Querida familia:

Esto es el acabose de quehaceres porque se me complica el public relations con la grabación de vistas. No pude escribir de Roma porque había huelga de correo.

Todo bien, se me declaró una caries justo en viaje, hoy un dentista de Ítalo me sacó el dolor en un instante. Hasta eso...

Bueno, todo muy bien encaminado en Roma para "Bajo un manto...", aquí hay mucho interés, veremos. No puedo escribir más porque tengo cita en Gallimard.

Nos vemos el 15, de Río llamo el día 6.
Besos

*Coco_*

Epílogo

La carta del 23 de noviembre, tal vez la más fragmentaria de las que se conservan, es la última. Desde fines de 1983, Male Puig se instala en el número 107 de la Rua Aperana, en el barrio de Leblon, a una cuadra de su hijo Manuel. Baldomero se queda en Buenos Aires, donde Carlos se ha hecho cargo de la fábrica. La facilidad del teléfono y la dificultad de la correspondencia escrita (un terreno cultivado con esmero por Male y por Manuel) se conjugaron en este final azaroso: "Nos vemos el 15, de Río llamo el día 6", anuncia de algún modo el tenor de las futuras comunicaciones.

La carrera de Manuel Puig siguió en ascenso, el éxito cinematográfico de *El beso de la mujer araña*, que tanto resquemor le originaba, no hizo sino afianzar un prestigio literario que ya era propio e inalienable. El interés por el mundo del cine, no sólo como espectador sino como protagonista detrás de las cámaras, como guionista, lo llevó a la elaboración de nuevos proyectos, algunos inconclusos. En 1985 escribe el guión *Tango Muzik* y publica los que ya había escrito en 1978: *La cara del villano* y *Recuerdo de Tijuana*. En 1986 escribe *The Seven Tropical Sins* y en 1988, luego de un encuentro con Renata Schusseim, *Un espía en mi corazón*. Ese mismo año publica *Cae la noche tropical*, una novela ambientada en Río, en un departamento muy parecido al que describen estas cartas, con unos personajes que sin ser Sheila o Aristides nos recuerdan a ellos, donde la conversación de dos hermanas parece retomar el hilo dejado en la primera novela *La traición de Rita Hayworth*, después de muchísimos años, cuando la vida ya las ha transformado, y las ha hecho sabias.

A fines de 1989 Manuel piensa seriamente en volver a mudarse ante la creciente violencia instalada en Río de Janeiro. México sigue ejerciendo una gran atracción sobre él: allí tiene amigos, queda cerca de Nueva York, y puede volver a estar en contacto permanente con su idioma. El lugar elegido es Cuernavaca (Estado de Morelos), un paraje residencial, casi turístico, muy cercano a la capital pero con un clima ideal y sin la altura que ya una vez le había acarreado un percance cardíaco. Mientras se realizan los arreglos necesarios para la mudanza, Puig escribe un guión sobre la vida de

Vivaldi, en una villa en Santa Marinella (Italia), puesta a su disposición como parte del convenio con los productores.

En 1990 se dedica a encontrar casa definitiva y a hacer los arreglos necesarios, llega a estrenar la pileta de natación (o alberca, en su entonación mexicana), construida en lo que había sido una cancha de tenis. Comienza a ordenar los papeles en su nuevo estudio, con vista al jardín. Estaba trabajando en un guión sobre la batalla de Jarama durante la Guerra Civil Española. Un ataque de vesícula lo llevó a una operación de urgencia en una pequeña clínica del lugar, donde murió el 22 de julio, de un paro cardíaco, cuando se estaba recuperando de la anestesia.

Su obra publicada consta de ocho novelas: *La traición de Rita Hayworth* (1968), *Boquitas pintadas* (1969), *The Buenos Aires Affair* (1973), *El beso de la mujer araña* (1976), *Pubis angelical* (1978), *Maldición eterna a quien lea estas páginas* (1980), *Sangre de amor correspondido* (1982) y *Cae la noche tropical* (1989); seis guiones cinematográficos: *La cara del villano / Recuerdo de Tijuana* (1985), *La tajada* (1998), *Los 7 pecados tropicales / Muestras gratis de Hollywood cosméticos / Pubis angelical* (2004); seis obras de teatro: *El beso de la mujer araña* (1983), *Bajo un manto de estrellas* (1983), *Triste golondrina macho* (1988), *Misterio del ramo de rosas* (1987), *Gardel, uma lembrança* (1998), *Amor del bueno / Muy señor mío* (1998); tres recopilaciones de textos breves: *Los ojos de Greta Garbo* (1990), *Estertores de una década / Bye Bye Babilonia* (1993), *Un destino melodramático* (2004); y el Tomo 1 de *Querida Familia* (2005).

La conversación fue la especialidad de Manuel Puig, estas cartas han pretendido prolongar un poco más el encuentro imposible, pero realizado en cada lectura, con el autor.

G. G.

Glosario

Se incluyen términos del dialecto rural de Parma-Piacenza, nombrado para simplificar "dialecto parmesano" (*dial. parm.*), según el uso particular de la familia Puig-Delledonne, y palabras en italiano (*ital.*). Reproducimos la grafía utilizada por Manuel Puig en las cartas, que aparece castellanizada de acuerdo al uso habitualmente oral de los términos en contexto de español; junto a cada término se repone la grafía correcta.

a sura. *dial. parm.* A conciencia.
affari. *ital.* Negocios.
anduminánd. *dial. parm.* Adelante, otra vez más.
ancora un po'. *ital.* Un poco más todavía.
arnocada. *dial. parm.* Cosa tonta, sin ingenio.
bachioca: bacioca. *dial. parm.* Atontada, tarambana.
bachoquez: bacioche. *dial. parm.* Tontería.
bafa. *dial. parm.* Papada.
bali. *dial. parm.* Mentira.
balustrona. *dial. parm.* Grandota.
brancón. *dial. parm.* Montón.
capotar. *dial. parm.* Hundirse, fracasar.
cara me. *dial. parm.* Pobre de mí.
cara me stufonas. *dial. parm.* Mis queridas cansadoras.
cativ, cativeria. *dial. parm.* De carácter fuerte. **Cativ como la saieta.** Mala como un rayo.
cuionera. *dial. parm.* Estado de mucha sensibilidad y nostalgia.
cul e pataia. *dial. parm.* Culo y calzón, muy allegados.
cuntintén. *dial. parm.* Complicación, algo que no se resuelve y que supone un contratiempo.
chapar in calda: ciapar in calda. *dial. parm.* Enardecerse.
chapar in paroli: ciapar in paroli. *dial. parm.* Tomar la palabra.
chapetonada: ciapetonada. *dial. parm.* Esfuerzo adicional.
chapi: ciapi. *dial. parm.* Culo.
chera: ciera. *dial. parm.* Atención especial. **Hacer chera: hacer ciera.** Atender con deferencia.
dasprada. *dial. parm.* Pobre, sin gracia.
desbalurdirse. *dial. parm.* Despejarse.
desbratarse. *dial. parm.* Liberarse de una actividad, resolver un problema.

desparichar: despariciar. *dial. parm.* Sacar las sobras de los platos.
dona. *dial. parm.* Mujer, señora.
embalurdir. *dial. parm.* Envolver con palabras.
empaiar. *dial. parm.* Cagar.
engruñido: engrugnido. *dial. parm.* Metido dentro.
esbalá. *dial. parm.* Alocado, extravagante.
esbalament. *dial. parm.* Algo alocado, no ceñido a las normas.
esbirraza. *dial. parm.* Vivísima.
esbragada. *dial. parm.* Gasto excesivo.
esbragona. *dial. parm.* Derrochona.
eschancada: esciancada. *dial. parm.* Esforzada.
eschancafurca: esciancafurca. *dial. parm.* Vivaz, muy inquieta.
eschancarse: esciancarse. *dial. parm.* Esforzarse.
escorta. *dial. parm.* Dinero.
escuayi: escuagi. *dial. parm.* Cuentos jugosos. **Sacar escuayi: sacar escua-gi.** Encontrar defectos.
escurriatada. *dial. parm.* Apurón.
escurya: escurgia. *dial. parm.* Chisme, flato.
escuyén: escurgen. *dial. parm.* Diminutivo de **escurya: escurgia.** Pedo
esguiñazar: sghignasar. *dial. parm.* Hacer guiños de complicidad.
esmanyazones: esmangiasones. *dial. parm.* Comilones.
esmapar. *dial. parm.* Desaparecer.
esmayanzar: esmangiasar. *dial. parm.* Comer exageradamente.
esmurdento. *dial. parm.* Ácido.
espilunchar: spilunciar. *dial. parm.* Desflecar; por extensión, estudiar hasta el último detalle.
espritá, ada. *dial. parm.* Alocado, alocada.
estrac mort: strac mort. *dial. parm.* Muerto de cansancio.
estrapasada: strapasada. *dial. parm.* Mucho esfuerzo.
estrapasarse: strapasarse. *dial. parm.* Hacer un gran esfuerzo.
estuf: stuf. *dial. parm.* Cansador, aburrido.
estufar: stufar. *dial. parm.* Aburrir.
estufarella: stufarella. *dial. parm.* Aburrimiento, cosa cansadora.
estufón: stufon. *dial. parm.* Cansador, aburrido.
estumacs: stumacs. *dial. parm.* Tetas.
fa. *dial. parm.* Modo de ser.
facia. *dial. parm.* Cara, con un matiz despectivo.
fachutona: faciutona. *dial. parm.* Cara grande.
feducha: feducia. *dial. parm.* Voluntad.

fenta. *dial. parm.* Simulación. **Hacer fenta.** Simular.
fiá. *dial. parm.* Aliento.
fiacarse. *dial. parm.* Esforzarse.
fola. *dial. parm.* Muchedumbre.
fruñir: frugnir. *dial. parm.* Estrujar.
furbasa. *dial. parm.* Despierta, chispeante.
ganasona. *dial. parm.* Haragana.
garyona: gargiona. *dial. parm.* Muchacha joven.
gastumar. *dial. parm.* Gastar de más.
gentaia. *dial. parm.* Gentuza.
goder. *dial. parm.* Divertirse. **Goder un po'.** Divertirse un poco.
gos. *dial. parm.* Garguero. **Quedar en el gos.** Quedarse con algo pendiente.
guay al mon: guai al mont. *dial. parm.* "Cuidado con el monte." Expresión irónica para señalar algo a lo que se le da excesiva importancia.
gusula. *dial. parm.* Gula.
imayinuma: imaginuma. *dial. parm.* Imaginate.
imbalurdido. *dial. parm.* Aturdido.
imbalurdir. *dial. parm.* Aturdir.
incordar. *dial. parm.* Acertar.
infachenda: in facenda. *dial. parm.* Lleno de ocupaciones.
ingüinada: inguinada. *dial. parm.* Acierto, golpe de suerte.
ingüinar: inguinar. *dial. parm.* Acertar.
inmagunada: magunada. *dial. parm.* Entristecida hasta las lágrimas.
insaburirse. *dial. parm.* Antojarse, entusiasmarse.
insumbrí. *dial. parm.* Dormido.
lavoricchiando. *ital. pop.* Trabajando.
lungarnión. *dial. parm.* Que da largas, que demora las cosas.
magari. *ital.* Ojalá.
magún. *dial. parm.* Ganas de llorar.
manyá: mangiá. *dial. parm.* Comida.
mariulenes. *dial. parm.* Marionetas.
matta. *ital.* Loca.
midéyima: midégima. *dial. parm.* Perorata.
misure. *dial. parm.* Medidas.
mústar. *dial. parm.* Monstruo.
muyín: mugín. *dial. parm.* Cara pequeña.
ñanca: gnanca. *dial. parm.* No, de ninguna manera.
ñola: gnola. *dial. parm.* Reiteración insistente, hasta el aburrimiento.
ñulada: gnulada. *dial. parm.* Algo que no termina de resolverse.

pacco. *dial. parm.* Rollo, fajo de dinero.
pachugada: paciugada. *dial. parm.* Comida que se arma con variedad de preparados, muchas veces sobras de comidas anteriores.
pantusa. *dial. parm.* Enfermedad.
pastiz: pastis. *dial. parm.* Mezcla, pastiche.
pataia. *dial. parm.* Calzoncillo.
patarlén. *dial. parm.* Cosa pequeña.
pe par pu. *dial. parm.* Una cosa por otra.
per despés. *dial. parm.* Sin esfuerzo, despectivamente.
pezzo di ghiaccio. *ital.* Pedazo de hielo.
piacevole. *ital.* Placentero.
piag. *dial. parm.* Disconforme, difícil de conformar.
piaga. *dial. parm.* Llaga.
piagular. *dial. parm.* Lloriquear.
pirlada. *dial. parm.* Idea insistente, deseo.
pirlar. *dial. parm.* Vagar sin rumbo fijo, siguiendo los antojos.
poi. *ital.* Después.
pondesprí. *dial. parm.* Pobrecito.
povramé. *dial. parm.* Pobre de mí. Ver **puvrén**.
purcaia. *dial. parm.* Porquería.
puvrén. *dial. parm.* Pobrecito, en un sentido cariñoso.
ruches: ruces. *dial. parm.* Pliegues, rollos.
rugar. *dial. parm.* Revolver.
rusmento. *dial. parm.* Roñoso, ajado.
sbagliato. *ital.* Errado, equivocado.
sbali. *dial. parm.* Equivocación.
schifo. *dial. parm.* Asco.
signur indurment (o siñur). *dial. parm.* Expresión que señala a la persona adecuada para hacer un trabajo.
sigüitar: sighitar. *dial. parm.* Insistir, obsecarse.
siguleta. *dial. parm.* Mujer muy alta y delgada, sin formas.
sioca. *dial. parm.* Tonta.
sioquera: siochera. *dial. parm.* Estupidez.
smurdent. *dial. parm.* Extremadamente mordaz, cáustico.
stas yo: stas gio. *dial. parm.* Callate.
strac. *dial. parm.* Cansado.
strapazzo. *dial. parm.* Cansancio.
stuf. *dial. parm.* Aburrido, agotado.
sutalús. *dial. parm.* Bajo cuerda.

sutipé. *dial. parm.* Debajo de los pies. **Tener la gracia sutipé.** Tenerla muy escondida, no tener gracia.
testón. *dial. parm.* Cabezón.
toc. *dial. parm.* Cantidad.
trentón. *dial. parm.* Intento, lance.
udur. *dial. parm.* Olor.
urichi. *dial. parm.* Orejas.
vate scúndite. *dial. parm.* Andá al diablo.
vech, vechona: vech, veciona. *dial. parm.* Viejo, ja.
vergi. *dial. parm.* Edad, época. **Vergis diersira.** Tiempos de antaño.
vers. *dial. parm.* Gestos, tics.
vilanicie: vilanisie. *dial. parm.* Sust. derivado de **vilano**, torpeza, mala educación.
vilano. *dial. parm.* Ordinario, sin educación.
voia. *dial. parm.* Ganas.
yir: gir. *dial. parm.* Ocupación. **Estar en yir.** Estar ocupado.
yirada: girada. *dial. parm.* Conexión emocional, simpatía instantánea.
yirar: girar. *dial. parm.* Simpatizar.
yo de varela: giò de varela. *dial. parm.* Algo que no se aprecia más.
yuran: giurán. *dial. parm.* Jornada.

Índice de películas

55 días en Pekín / 55 Days at Peking. Dir.: Nicholas Ray, 1963 (EE.UU.). Intérpretes: Charlton Heston, Ava Gardner, David Niven *(pág. 49)*.
8 1/2. Dir.: Federico Fellini, 1963 (It.). Intérpretes: Marcello Mastroianni, Claudia Cardinale *(págs. 46, 48, 49, 68, 183, 302)*.

Adiós, ídolo mío / Bye Bye Birdie. Dir.: George Sidney, 1963 (EE.UU.). Intérpretes: Janet Leigh, Dick Van Dyke *(pág. 55)*.
Al filo del abismo / Seance on a Wet Afternoon. Dir.: Bryan Forbes, 1964 (Ingl.). Intérpretes: Kim Stanley, Richard Attenborough *(pág. 143)*.
Alina. Dir.: Giorgio Pastina, 1950 (It.). Intérpretes: Gina Lollobrigida, Amedeo Nazzari *(pág. 353)*.
Alma desnuda / Thérèse Desqueyroux. Dir.: Georges Franju, 1962 (Fr.). Intérpretes: Emmanuelle Riva, Philippe Noiret *(pág. 89)*.
Amanecer escarlata / Scarlet Dawn. Dir.: William Dieterle, 1932 (EE.UU.). Intérpretes: Douglas Fairbanks Jr., Nancy Carroll *(pág. 353)*.
Amarga es la gloria / I Could Go on Singing. Dir.: Ronald Neame, 1963 (Ingl.). Intérpretes: Judy Garland, Dirk Bogarde *(pág. 46)*.
América América / America America. Dir.: Elia Kazan, 1963 (EE.UU.). Intérpretes: Stathis Giallelis, Frank Wolff, Linda Marsh *(pág. 113)*.
Amor a toda máquina / Love on the Run. Dir.: W. S. Van Dyke, 1936 (EE.UU.). Intérpretes: Joan Crawford, Clark Gable *(pág. 90, n.)*.
Amor sin barreras / West Side Story. Dir.: Jerome Robbins, Robert Wise, 1961 (EE.UU.). Intérpretes: Natalie Wood, Richard Beymer *(pág. 150)*.
Ana de los Milagros / The Miracle Worker. Dir.: Arthur Penn, 1962 (EE.UU.). Intérpretes: Anne Bancroft, Victor Jory *(pág. 38)*.
Anatomía de un asesinato / Anatomy of a Murder. Dir.: Otto Preminger, 1959 (EE.UU.). Intérpretes: James Stewart, Lee Remick *(pág. 38)*.
Angustia de un querer / Love is a Many-Splendored Thing. Dir.: Henry King, 1955 (EE.UU.). Intérpretes: William Holden, Jennifer Jones, Torin Tatcher *(pág. 334)*.
Anna Christie. Dir.: Clarence Brown, 1930 (EE.UU.). Intérpretes: Greta Garbo, Charles Bickford *(pág. 29)*.

Annie. Dir.: John Huston, 1982 (EE.UU.). Intérpretes: Albert Finney, Carol Burnett, Aileen Quinn *(pág. 378).*
Annie la reina del circo / Annie Get Your Gun. Dir.: George Sidney, 1950 (EE.UU.). Intérpretes: Betty Hutton, Howard Keel *(pág. 235).*
Aquellos tiempos del cuplé. Dir.: Mateo Cano, José Luis Merino, 1958 (Esp.). Intérpretes: Lilián de Celis, Gérard Tichy, Ángel Jordán *(pág. 388).*
Arabesque. Dir.: Stanley Donen, 1966 (EE.UU.). Intérpretes: Sophia Loren, Gregory Peck *(pág. 231).*
Archivo confidencial / The Ipcress File. Dir.: Sidney J. Furie, 1965 (Ingl.). Intérpretes: Michael Caine, Nigel Green *(pág. 200).*
Argelia / Algiers. Dir.: John Cromwell, 1938 (EE.UU.). Intérpretes: Charles Boyer, Hedy Lamarr, Sigrid Gurie *(pág. 349).*
Arroz amargo / Riso amaro. Dir.: Giuseppe De Santis, 1948 (It.). Intérpretes: Silvana Mangano, Vittorio Gassman *(pág. 370).*
Así es la vida. Dir.: Francisco Mugica, 1939 (Arg.). Intérpretes: Enrique Serrano, Arturo García Buhr, Sabina Olmos *(pág. 243).*
Aves sin nido / Sparrows. Dir.: William Beaudine, 1926 (EE.UU.). Intérpretes: Mary Pickford, Roy Stewart *(pág. 353).*
Ayer, hoy y mañana / Ieri, oggi, domani. Dir.: Vittorio De Sica, 1963 (It.-Fr.). Intérpretes: Sophia Loren, Marcello Mastroianni *(pág. 135).*

Bambi. Dir.: David Hand, 1942 (EE.UU.). Estudios Disney *(pág. 325).*
Ben-Hur. Dir.: William Wyler, 1959 (EE.UU.). Intérpretes: Charlton Heston, Jack Hawkins, Stephen Boyd *(pág. 32).*
Bésame, tonto / Kiss Me, Stupid. Dir.: Billy Wilder, 1964 (EE.UU.). Intérpretes: Kim Novak, Dean Martin *(pág. 179).*
Blanca Nieves y los siete enanitos / Snow White and the Seven Dwarfs. Dir.: Maxwell Morgan, 1937 (EE.UU.). Estudios Disney *(pág. 354).*
Blow-Up. Dir.: Michelangelo Antonioni, 1966 (Ingl.-It.). Intérpretes: Vanessa Redgrave, Sarah Miles, David Hemmings *(pág. 262).*
Boccaccio '70. Dir.: Mario Monicelli, Federico Fellini, Luchino Visconti y Vittorio De Sica, 1962 (It.-Fr.). Intérpretes: Sophia Loren, Romy Schneider, Paolo Stoppa, Anita Ekberg *(pág. 48).*
Bodas de sangre. Dir.: Carlos Saura, 1981 (Esp.- Fr.). Intérpretes: Antonio Gades, Cristina Hoyos *(pág. 408).*
Bolero. Dir.: Wesley Ruggles, 1934 (EE.UU.). Intérpretes: Carole Lombard, George Raft *(pág. 353).*

Boquitas pintadas. Dir.: Leopoldo Torre Nilsson, 1974 (Arg.). Intérpretes: Alfredo Alcón, Leonor Manso, Mecha Ortiz, Luisina Brando *(pág. 325, n.)*
Burlando al amor / Holiday. Dir.: Edward H. Griffith, 1930 (EE.UU.). Intérpretes: Ann Harding, Mary Astor, Edward Everett Horton *(pág. 408).*
Busco amante para mi mujer / Cuori solitari. Dir.: Franco Giraldi, 1969 (It.). Intérpretes: Ugo Tognazzi, Senta Berger *(pág. 394).*
Bye Bye Brasil. Dir.: Carlos Diegues, 1979 (Bra.-Fr.-Arg.). Intérpretes: José Wilker, Betty Faria *(pág. 306).*

Canción de cuna. Dir.: Gregorio Martínez Sierra, 1941 (Arg.). Intérpretes: Catalina Bárcena, María Duval *(pág. 86, n.).*
Capricho imperial / The Scarlet Empress. Dir.: Josef von Sternberg, 1934 (EE.UU.). Intérpretes: Marlene Dietrich, John Lodge, Sam Jaffe, Louise Dresser *(pág. 190).*
Caravana / Caravane. Dir.: Erik Charell, 1934 (Fr.-Aus.-EE.UU.). Intérpretes: Charles Boyer, Annabella, Pierre Brasseur, Conchita Montenegro *(pág. 395).*
Cargamento blanco / White Cargo. Dir.: Richard Thorpe, 1942 (EE.UU.). Intérpretes: Hedy Lamarr, Walter Pidgeon *(pág. 395).*
Carnet de baile / Un carnet de bal. Dir.: Julien Duvivier, 1937 (Fr.). Intérpretes: Marie Bell, Louis Jouvet, Fernandel *(págs. 400, 412).*
Carta de una desconocida / Letter from an Unknown Woman. Dir.: Max Ophüls, 1948 (EE.UU.). Intérpretes: Joan Fontaine, Louis Jourdan, Carol Yorke *(pág. 353).*
Casanova / Il Casanova di Federico Fellini. Dir.: Federico Fellini, 1976 (It.-EE.UU.). Intérpretes: Donald Sutherland, Tina Aumont *(pág. 303).*
Cáscara de banana / Peau de banane. Dir.: Marcel Ophüls, 1963 (Fr.). Intérpretes: Jeanne Moreau, Jean-Paul Belmondo *(pág. 179).*
Cavalleria. Dir.: Goffredo Alessandrini, 1936 (It.). Intérpretes: Amedeo Nazzari, Elisa Cegani *(pág. 338).*
Cena a las ocho / Dinner at Eight. Dir.: George Cukor, 1933 (EE.UU.). Intérpretes: Marie Dressler, Wallace Beery, Jean Harlow *(pág. 29).*
Cleopatra. Dir.: Cecil B. DeMille, 1934 (EE.UU.). Intérpretes: Claudette Colbert, Warren William, Henry Wilcoxon *(págs. 353, 356).*
Cleopatra. Dir.: Joseph L. Mankiewicz, 1963 (EE.UU.-Ingl.-Sui.). Intérpretes: Elizabeth Taylor, Richard Burton, Rex Harrison, Pamela Brown *(págs. 46, 53, 100, 113).*

Come le foglie. Dir.: Mario Camerini, 1934 (It.). Intérpretes: Mimi Aylmer, Nino Besozzi, Isa Miranda *(pág. 370)*.
Comenzar de nuevo / Starting Over. Dir.: Alan Pakula, 1979 (EE.UU.). Intépretes: Burt Reynolds, Jill Clayburgh, Candice Bergen *(pág. 211)*.
Cortina rasgada / Torn Curtain. Dir.: Alfred Hitchcock, 1966 (EE.UU.). Intérpretes: Paul Newman, Julie Andrews *(pág. 241)*.
Cuando los duendes cazan perdices. Dir.: Luis Sandrini, 1955 (Arg.). Intérpretes: Luis Sandrini, María Esteher Buschiazzo *(pág. 40, n.)*.

Desliz de una noche / Love with the Proper Stranger. Dir.: Robert Mulligan, 1963 (EE.UU.). Intérpretes: Natalie Wood, Steve McQueen, Edie Adams *(pág. 101)*.
Detrás de un vidrio oscuro / Såsom i en spegel. Dir.: Ingmar Bergman, 1961 (Sue.). Intérpretes: Harriet Andersson, Gunnar Björnstrand *(pág. 93)*.
Días de vino y rosas / Days of Wine and Roses. Dir.: Blake Edwards, 1962 (EE.UU.). Intérpretes: Jack Lemmon, Lee Remick *(pág. 38, n.)*.
Divorcio a la italiana / Divorzio all'italiana. Dir.: Pietro Germi, 1962 (It.). Intérpretes: Marcello Mastroianni, Daniela Rocca, Stefania Sandrelli, Lando Buzzanca *(pág. 408)*.
Divorcio en Montevideo. Dir.: Manuel Romero, 1939 (Arg.). Intérpretes: Niní Marshall, Sabina Olmos, Enrique Serrano *(pág. 47)*.
Doctor Zhivago. Dir.: David Lean, 1965 (EE.UU.). Intérpretes: Omar Sharif, Julie Christie, Geraldine Chaplin *(pág. 232)*.
Doña Flor y sus dos maridos / Dona Flor e seus dois maridos. Dir.: Bruno Barreto, 1976 (Br.). Intérpretes: Sonia Braga, José Wilker, Mauro Mendonça *(págs. 323, n325)*.
Dulce pájaro de juventud / Sweet Bird of Youth. Dir.: Richard Brooks, 1962 (EE.UU.). Intérpretes: Paul Newman, Geraldine Page *(pág. 34, n38)*.
Dumbo. Dir.: Ben Sharpsteen, 1941 (EE.UU.). Est. Disney *(pág. 354)*.

El abrazo de la muerte / A Double Life. Dir.: George Cukor, 1947 (EE.UU.). Intérpretes: Ronald Colman, Shelley Winters *(pág. 392)*.
El amor llamó dos veces / The More the Merrier. Dir.: George Stevens, 1943 (EE.UU.). Intérpretes: Jean Arthur, Joel McCrea, Charles Coburn, Richard Gaines *(pág. 354)*.
El ángel azul / Der blaue Engel. Dir.: Josef von Sternberg, 1930 (Alem.). Intérpretes: Emil Jannings, Marlene Dietrich *(pág. 257, 395)*.

El año pasado en Marienbad / L'Année dernière à Marienbad. Dir.: Alain Resnais, 1961 (Fr.-It.). Intérpretes: Delphine Seyrig, Giorgio Albertazzi, Sacha Pitoëff *(págs. 180, 240, 248).*
El baúl del señor O. F. / Die Koffer des Herrn O. F. Dir.: Alexis Granowsky, 1931 (Alem.). Intérpretes: Hedy Lamarr (como Hedy Kiesler), Peter Lorre *(pág. 397).*
El beso / The Kiss. Dir.: Jacques Feyder, 1929 (EE.UU.). Intérpretes: Greta Garbo, Conrad Nagel, Holmes Herbert *(págs. 409, 415, 420).*
El beso de la mujer araña / Kiss of the Spider Woman. Dir.: Héctor Babenco, 1985 (EE.UU.-Bra.). Intérpretes: William Hurt, Raúl Julia, Sonia Braga *(pág. 416, 417, 419, 421).*
El cartero llama dos veces / The Postman Always Rings Twice. Dir.: Tay Garnett, 1946 (EE.UU.). Intérpretes: Lana Turner, John Garfield, Cecil Kellaway *(pág. 396).*
El caso de Lucy Harbin / Strait-Jacket. Dir.: William Castle, 1964 (EE.UU.). Intérpretes: Joan Crawford, Diane Baker, Leif Erickson, Howard St. John *(pág. 89).*
El cautivo del deseo / Of Human Bondage. Dir.: John Cromwell, 1934 (EE.UU.). Intérpretes: Leslie Howard, Bette Davis *(pág. 365).*
El cielo sobre el pantano / Cielo sulla palude. Dir.: Augusto Genina, 1949 (It.). Intérpretes: Inés Orsini, Assunta Radico, Rubi D'Alma *(pág. 394).*
El cielo y tú / All This, and Heaven Too. Dir.: Anatole Litvak, 1940 (EE.UU.). Intérpretes: Bette Davis, Charles Boyer, Barbara O'Neil, Virginia Weidler *(pág. 365).*
El circo / The Circus. Dir.: Charles Chaplin, 1928 (EE.UU.). Intérpretes: Charles Chaplin, Merna Kennedy *(pág. 388).*
El congreso baila / Der Kongress tanzt. Dir.: Erik Charell, 1931 (Alem.). Intérpretes: Lilian Harvey, Willy Fritsch *(págs. 339, 395).*
El desprecio / Le mépris. Dir.: Jean-Luc Godard, 1963 (Fr.-It.). Intérpretes: Brigitte Bardot, Michel Piccoli *(págs. 106, 162).*
El extraño / The Stranger. Dir.: Orson Welles, 1946 (EE.UU.). Intérpretes: Edward G. Robinson, Loretta Young, Orson Welles *(pág. 154).*
El fabuloso mundo del circo / Circus World. Dir.: Henry Hathaway, 1964 (EE.UU.). Intérpretes: Rita Hayworth, Claudia Cardinale, John Wayne, Lloyd Nolan *(pág. 108).*
El fin del día / La fin du jour. Dir.: Julien Duvivier, 1939 (Fr.). Victor Francen, Madeleine Ozeray, Louis Jouvet *(pág. 395).*

El fuego fatuo / Le feu follet. Dir.: Louis Malle, 1963 (Fr.-It.). Intérpretes: Maurice Ronet, Jeanne Moreau *(pág. 98)*.

El gallardo aventurero / Honky Tonk. Dir.: Jack Conway, 1941 (EE.UU.). Intérpretes: Clark Gable, Lana Turner *(pág. 378)*.

El globo de Cantoya. Dir.: Gilberto Martínez Solares, 1943 (Méx.). Intérpretes: Mapy Cortés, José Cibrián *(pág. 388)*.

El gran dictador / The Great Dictator. Dir.: Charles Chaplin, 1940 (EE.UU.). Intérpretes: Charles Chaplin, Paulette Goddard *(pág. 315)*.

El gran vals / The Great Waltz. Dir.: Julien Duvivier, 1938 (EE.UU.). Intérpretes: Luise Rainer, Fernand Gravey *(pág. 115)*.

El gran Ziegfeld / The Great Ziegfeld. Dir.: Robert Z. Leonard, 1936 (EE.UU.). Intérpretes: William Powell, Myrna Loy, Luise Rainer, Frank Morgan *(pág. 199)*.

El hastío / La noia. Dir.: Damiano Damiani, 1963 (Fr.-It.). Intérpretes: Catherine Spaak, Bette Davis, Horst Buchholz *(pág. 97)*.

El hijo del zar / Der Zarewitsch. Dir.: Victor Janson, 1933 (Alem.). Intérpretes: Mártha Eggerth, Hans Söhnker *(pág. 341)*.

El hombre de Kiev / The Fixer. Dir.: John Frankenheimer, 1968 (EE.UU.). Intérpretes: Alan Bates, Dirk Bogarde *(pág. 388)*.

El knack y cómo lograrlo / The Knack ...and How to Get It. Dir.: Richard Lester, 1965 (Ingl.). Intérpretes: Rita Tushingham, Ray Brooks, William Dexter *(pág. 245)*.

El ladrón galante / Jewel Robbery. Dir.: William Dieterle, 1932 (EE.UU.). Intérpretes: William Powell, Kay Francis *(pág. 353)*.

El lugar sin límites. Dir.: Arturo Ripstein, 1978 (Méx.). Intérpretes: Roberto Cobo, Gonzalo Vega, Ana Martín, Lucha Villa *(pág. 331)*.

El maquinista de la General / The General. Dir.: Clyde Bruckman, Buster Keaton, 1927 (EE.UU.). Intérpretes: Buster Keaton, Marion Mack, Glen Cavender *(pág. 388)*.

El momento de la verdad / Il momento della verità. Dir.: Francesco Rosi, 1965 (It.-Esp.). Intérpretes: Miguel Mateo "Miguelín", José Gómez Sevillano, Linda Christian *(pág. 211)*.

El perfume de la dama de negro / Le parfum de la dame en noir. Dir.: Marcel L'Herbier, 1930 (Fr.) Intérpretes: Huguette Duflos, Roland Toutain, Léon Belières *(pág. 343)*.

El pibe / The Kid. Dir.: Charles Chaplin, 1921 (EE.UU.). Intérpretes: Charles Chaplin, Edna Purviance, Jackie Coogan *(pág. 420)*.

El pirata y la dama / Frenchman's Creek. Dir.: Mitchell Leisen, 1944 (EE.UU.). Intérpretes: Joan Fontaine, Arturo de Córdova *(pág. 365).*
El proceso / Le procès. Dir.: Orson Welles, 1963 (Fr.-It.-Alem.-Yug.). Intérpretes: Anthony Perkins, Arnoldo Foà, Jeanne Moreau, Romy Schneider *(pág. 49).*
El séptimo cielo / Seventh Heaven. Dir.: Frank Borzage, 1927 (EE.UU.). Intérpretes: Janet Gaynor, Charles Farrell *(pág. 415).*
El silencio / Tystnaden. Dir.: Ingmar Bergman, 1963 (Sue.). Intérpretes: Ingrid Thulin, Gunnel Lindblom *(pág. 93).*
El tambor de hojalata / Die Blechtrommel. Dir.: Volker Schlöndorff, 1979 (Alem.-Yug.-Pol.-Fr.). Intérpretes: Mario Adorf, Angela Winkler, David Bennent *(pág. 322).*
Electra / Elektra. Dir.: Michael Cacoyannis, 1962 (Gre.). Intérpretes: Irene Papas, Aleka Katselli, Yannis Fertis *(pág. 365).*
Elvira Fernández, vendedora de tienda. Dir.: Manuel Romero, 1942 (Arg.). Intérpretes: Paulina Singerman, Juan Carlos Thorry, Elena Lucena, Carmen del Moral *(pág. 46).*
En la laguna dorada / On Golden Pond. Dir.: Mark Rydell, 1981 (EE.UU.). Intérpretes: Katharine Hepburn, Henry Fonda, Jane Fonda, Doug McKeon *(pág. 368).*
En la noche del pasado / Random Harvest. Dir.: Mervyn LeRoy, 1942 (EE.UU.). Intérpretes: Greer Garson, Ronald Colman *(pág. 42).*
Engaño / The Great Lie. Dir.: Edmund Goulding, 1941 (EE.UU.). Intérpretes: Bette Davis, George Brent, Mary Astor *(pág. 365).*
Engaño nupcial / In Name Only. Dir.: John Cromwell, 1939 (EE.UU.). Intérpretes: Carole Lombard, Cary Grant, Kay Francis *(pág. 354).*
Esclava y seductora / The Pumpkin Eater. Dir.: Jack Clayton, 1964 (Ingl.). Intérpretes: Anne Bancroft, Peter Finch *(pág. 146).*
Escuela dramática / Dramatic School. Dir.: Robert B. Sinclair, 1938, (EE.UU.). Intérpretes: Luise Rainer, Paulette Goddard *(pág. 407).*
Ese no sé qué / It. Dir.: Clarence G. Badger, 1927 (EE.UU.). Intérpretes: Clara Bow, Antonio Moreno *(pág. 409).*
Esplendor en la hierba / Splendor in the Grass. Dir.: Elia Kazan, 1961 (EE.UU.). Intérpretes: Natalie Wood, Warren Beatty *(pág. 104).*
Esta noche y todas las noches / Tonight and Every Night. Dir.: Victor Saville, 1945 (EE.UU.). Intérpretes: Rita Hayworth, Lee Bowman, Janet Blair *(pág. 387).*

Europa '51. Dir.: Roberto Rossellini, 1951 (It.). Intérpretes: Ingrid Bergman, Alexander Knox *(pág. 370).*
Evita Perón. Dir.: Marvin J. Chomsky, 1981 (EE.UU.). Intérpretes: Faye Dunaway, James Farentino, Pedro Armendáriz Jr *(pág. 334).*
Éxtasis / Ekstase. Dir.: Gustav Machaty, 1933 (Che.-Aus.). Intérpretes: André Nox, Hedy Lamarr (como Hedy Kiesler) *(pág. 397).*

Farenheit 451. Dir.: François Truffaut, 1966 (Ingl.). Intérpretes: Oskar Werner, Julie Christie *(pág. 253).*
Fatalidad / Dishonored. Dir.: Josef von Sternberg, 1931 (EE.UU.). Intérpretes: Marlene Dietrich, Victor McLaglen *(pág. 189).*
Filomena Marturano. Dir.: Luis Mottura, 1950 (Arg.). Intérpretes: Tita Merello, Alberto de Mendoza *(pág. 154).*

Gabriela, clavo y canela / Gabriela, cravo e canela. Dir.: Bruno Barreto, 1983 (Bra.). Intérpretes: Sonia Braga, Marcello Mastroianni *(pág. 408).*
Gardez le sourire. Dir.: Pál Fejös, René Sti, 1933 (Aus.-Fr.). Intérpretes: Annabella, Gustav Fröhlich *(pág. 396).*
Gente como uno / Ordinary People. Dir.: Robert Redford, 1980 (EE.UU.). Intérpretes: Donald Sutherland, Mary Tyler Moore, Judd Hirsch *(pág. 331).*
Gigante / Giant. Dir.: George Stevens, 1956 (EE.UU.). Intérpretes: Elizabeth Taylor, Rock Hudson, James Dean *(pág. 387).*
Giuliano de' Medici. Dir.: Ladislao Vajda, 1940 (It.). Intérpretes: Osvaldo Valenti, Conchita Montenegro, Paolo Stoppa *(pág. 394).*
Giulietta de los espíritus / Giulietta degli spiriti. Dir.: Federico Fellini, 1965 (It.-Fr.-Alem.). Intérpretes: Giulietta Masina, Sandra Milo, Mario Pisu *(págs. 183, 302).*
Golgotha. Dir.: Julien Duvivier, 1935 (Fr.). Intérpretes: Jean Gabin, Edwige Feuillère *(pág. 343).*
Gran hotel / Grand Hotel. Dir.: Edmund Goulding, 1932 (EE.UU.). Intérpretes: Greta Garbo, John Barrymore, Joan Crawford *(pág. 89).*

Hamlet. Dir.: Laurence Olivier, 1948 (Ingl.). Intérpretes: Laurence Olivier, Felix Aylmer, Eileen Herlie, Jean Simmons *(pág. 113).*
Hamlet. Dir.: Bill Colleran, John Gielgud, 1964 (EE.UU.). Intérpretes: Richard Burton, Hume Cronyn, Eileen Herlie, Linda Marsh *(pág. n113).*

Hawai / Hawaii. Dir.: George Roy Hill, 1966 (EE.UU.). Intérpretes: Julie Andrews, Max von Sydow *(pág. 242).*
Hotel Paradiso. Dir.: Peter Glenville, 1966 (Ingl.). Intérpretes: Gina Lollobrigida, Alec Guinness *(pág. 245).*

Il maestro di Vigevano. Dir.: Elio Petri, 1963 (It.). Intérpretes: Alberto Sordi, Claire Bloom *(pág. 370).*
Il mercenario. Dir.: Sergio Corbucci, 1968 (It.-Esp.). Intérpretes: Franco Nero, Jack Palance, Tony Musante *(pág. 314).*
Il signor Max. Dir.: Mario Camerini, 1937 (It.). Intérpretes: Vittorio De Sica, Assia Noris *(pág. 394).*
Il sorpasso. Dir.: Dino Risi, 1962 (It.). Intérpretes: Vittorio Gassman, Catherine Spaak, Jean-Louis Trintignant *(pág. 370).*
Imitación de la vida / Imitation of Life. Dir.: Douglas Sirk, 1959 (EE.UU.). Intérpretes: Lana Turner, John Gavin, Susan Kohner, Juanita Moore *(pág. 397).*
Intermezzo lírico / Easter Parade. Dir.: Charles Walters, 1948 (EE.UU.). Intérpretes: Judy Garland, Fred Astaire *(pág. 408).*
Intriga internacional / North by Northwest. Dir.: Alfred Hitchcock, 1959 (EE.UU.). Intérpretes: Cary Grant, Eva Marie Saint *(pág. 46, n.).*
Irma la dulce / Irma la Douce. Dir.: Billy Wilder, 1963 (EE.UU.). Intérpretes: Jack Lemmon, Shirley MacLaine *(pág. 56).*
Isabelita. Dir.: Manuel Romero, 1940 (Arg.). Intérpretes: Paulina Singerman, Juan Carlos Thorry *(pág. 46).*

Jardín de Alá / The Garden of Allah. Dir.: Richard Boleslawski, 1936 (EE.UU.). Intérpretes: Marlene Dietrich, Charles Boyer, Joseph Schildkraut *(pág. 395).*
Jesucristo superstar / Jesus Christ Superstar. Dir.: Norman Jewison, 1973 (EE.UU.). Intérpretes: Ted Neeley, Carl Anderson *(pág. 354).*
Jornada de terror / Journey Into Fear. Dir.: Norman Foster, Orson Welles, 1943 (EE.UU.). Intérpretes: Joseph Cotten, Dolores del Río, Agnes Moorehead *(pág. 154).*
Jules y Jim / Jules et Jim. Dir.: François Truffaut, 1962 (Fr.). Intérpretes: Jeanne Moreau, Oskar Werner, Henri Serre *(pág. 253).*
Kartum / Khartoum. Dir.: Basil Dearden, Eliot Elisofon, 1966 (Ingl.). Intérpretes: Charlton Heston, Laurence Olivier *(pág. 167).*

Kitty Foyle / Kitty Foyle; The Natural History of a Woman. Dir.: Sam Wood, 1940 (EE.UU.). Intérpretes: Ginger Rogers, Dennis Morgan *(págs. 358, 363, 365).*

Kramer vs. Kramer. Dir.: Robert Benton, 1979 (EE.UU.). Intérpretes: Dustin Hoffman, Meryl Streep, Justin Henry *(pág. 305).*

La amante del teniente francés / The French Lieutenant's Woman. Dir.: Karel Reisz, 1981 (Ingl.). Intérpretes: Meryl Streep, Jeremy Irons, Hilton McRae *(pág. 368).*

La bailarina / Dancing Lady. Dir.: Robert Z. Leonard, 1933 (EE.UU.). Intérpretes: Joan Crawford, Clark Gable *(pág. 349).*

La banquera / La banquière. Dir.: Francis Girod, 1980 (Fr.). Intérpretes: Romy Schneider, Jean-Louis Trintignant *(pág. 369).*

La Biblia / La Bibbia / The Bible... In the Beginning. Dir.: John Huston, 1966 (It.-EE.UU.). Intérpretes: Michael Parks, Ulla Bergryd, Peter O'Toole, Gabriele Ferzetti, Ava Gardner, Eleonora Rossi Drago *(pág. 242).*

La califa / La califfa. Dir.: Alberto Bevilacqua, 1970 (Fr.-It.). Intérpretes: Romy Schneider, Ugo Tognazzi *(pág. 306).*

La calle 42 / 42nd Street. Dir.: Lloyd Bacon, 1933 (EE.UU.). Intérpretes: Warner Baxter, Bebe Daniels, George Brent *(págs. 353, 356).*

La carrera del siglo / The Great Race. Dir.: Blake Edwards, 1965 (EE.UU.). Intérpretes: Tony Curtis, Jack Lemmon, Natalie Wood, Peter Falk *(pág. 176).*

La carta / The Letter. Dir.: William Wyler, 1940 (EE.UU.). Intérpretes: Bette Davis, Herbert Marshall *(pág. 365).*

La casa del ángel. Dir.: Leopoldo Torre Nilsson, 1957 (Arg.). Intérpretes: Elsa Daniel, Lautaro Murúa *(pág. 49).*

La cigarra no es un bicho. Dir.: Daniel Tinayre, 1964 (Arg.). Intérpretes: Amelia Bence, Elsa Daniel, Mirtha Legrand, Malvina Pastorino, José Cibrián, Narciso Ibáñez Menta *(pág. 111).*

La condesa descalza / The Barefoot Contessa. Dir.: Joseph L. Mankiewicz, 1954 (It.- EE.UU.). Intérpretes: Ava Gardner, Humphrey Bogart, Edmond O'Brien *(pág. 243).*

La dama de las camelias / Camille. Dir.: George Cukor, 1936 (EE.UU.) Intérpretes: Greta Garbo, Robert Taylor *(pág. 392).*

La dicha / Le bonheur. Dir.: Marcel L'Herbier, 1934 (Fr.). Intérpretes: Charles Boyer, Gaby Morlay, Michel Simon *(pág. 396).*

La dolce vita. Dir.: Federico Fellini, 1960 (It.-Fr.). Intérpretes: Marcello Mastroianni, Anita Ekberg, Anouk Aimée *(pág. 302)*.
La extraña pasajera / Now, Voyager. Dir.: Irving Rapper, 1942 (EE.UU.). Intérpretes: Bette Davis, Paul Henreid *(pág. 400)*.
La gallina clueca. Dir.: Fernando de Fuentes, 1941 (Méx.). Intérpretes: Sara García, Miguel Montemayor *(pág. 415)*.
La gran ilusión / La grande illusion. Dir.: Jean Renoir, 1937 (Fr.). Intérpretes: Jean Gabin, Pierre Fresnay, Erich von Stroheim *(pág. 412)*.
La Habanera. Dir.: Douglas Sirk, 1937 (Alem.). Intérpretes: Zarah Leander, Ferdinand Marian *(pág. 343)*.
La heredera / The Heiress. Dir.: William Wyler, 1949 (EE.UU.). Intérpretes: Olivia de Havilland, Montgomery Clift *(pág. 353)*.
La hija del minero / Coal Miner's Daughter. Dir.: Michael Apted, 1980 (EE.UU.). Intérpretes: Sissy Spacek, Tommy Lee Jones *(pág. 333)*.
La historia de mi pasado / I Am a Camera. Dir.: Henry Cornelius, 1955 (Ingl.). Intérpretes: Laurence Harvey, Julie Harris, Shelley Winters, Ron Randell *(pág. 254)*.
La intrigante / This Woman is Dangerous. Dir.: Felix E. Feist, 1952 (EE.UU.). Intérpretes: Joan Crawford, Dennis Morgan *(pág. 400)*.
La isla de los osos / Bear Island. Dir.: Don Sharp, 1979 (Can.-Ingl.). Intérpretes: Donald Sutherland, Vanessa Redgrave *(pág. 302)*.
La loba / The Little Foxes. Dir.: William Wyler, 1941 (EE.UU.). Intérpretes: Bette Davis, Herbert Marshall, Teresa Wright *(pág. 59)*.
La magia de tus bailes / The Barkleys of Broadway. Dir.: Charles Walters, 1949 (EE.UU.). Intérpretes: Ginger Rogers, Fred Astaire *(pág. 408)*.
La mano en la trampa. Dir.: Leopoldo Torre Nilsson, 1961 (Arg.-Esp.). Intérpretes: Elsa Daniel, Francisco Rabal, María Rosa Gallo *(pág. 49)*.
La monja alférez. Dir.: Emilio Gómez Muriel, 1944 (Méx.). Intérpretes: María Félix, José Cibrián *(pág. 356)*.
La mujer de cabellos rojos / Red-Headed Woman. Dir.: Jack Conway, 1932 (EE.UU.). Intérpretes: Jean Harlow, Charles Boyer *(págs. 26, 28)*.
La mujer que yo perdí. Dir.: Roberto Rodríguez, 1949 (Méx.). Intérpretes: Pedro Infante, Blanca Estela Pavón, Silvia Pinal *(pág. 388)*.
La nave del mal / Ship of Fools. Dir.: Stanley Kramer, 1965 (EE.UU.). Intérpretes: Vivien Leigh, Simone Signoret, José Ferrer *(pág. 176)*.
La otra mentira / Term of Trial. Dir.: Peter Glenville, 1962 (Ingl.). Intérpretes: Laurence Olivier, Simone Signoret *(pág. 33)*.

La Pantera Rosa / The Pink Panther. Dir.: Blake Edwards, 1963 (EE.UU.). Intérpretes: Peter Sellers, David Niven, Robert Wagner, Capucine, Claudia Cardinale *(pág. 114).*
La pecadora de Shanghai / The Shanghai Gesture. Dir.: Josef von Sternberg, 1941 (EE.UU.). Intérpretes: Gene Tierney, Walter Huston, Victor Mature *(pág. 194).*
La pícara puritana / The Awful Truth. Dir.: Leo McCarey, 1937 (EE.UU.). Intérpretes: Irene Dunne, Cary Grant *(pág. 353).*
La quimera del oro / The Gold Rush. Dir.: Charles Chaplin, 1925 (EE.UU.). Intérpretes: Charles Chaplin, Mack Swain *(pág. 363).*
La reina de Broadway / Gypsy. Dir.: Mervyn LeRoy, 1962 (EE.UU.). Intérpretes: Rosalind Russell, Natalie Wood, Karl Malden *(pág. 28).*
La revista de Carlitos / The Chaplin Revue. Dir.: Charles Chaplin, 1959 (Ingl.-EE.UU.). Intérpretes: Charles Chaplin, Albert Austin, Edna Purviance. Se trata de la reedición de tres comedias mudas, con Chaplin como narrador: *A Dog's Life / Vida de perros; The Pilgrim / Carlitos vagabundo; Shoulder Arms / Arnés al hombro (pág. 388).*
La rosa / The Rose. Dir.: Mark Rydell, 1979 (EE.UU.). Intérpretes: Bette Midler, Alan Bates *(pág. 310).*
La sinfonía inconclusa / Leise flehen meine Lieder. Dir.: Willi Forst, 1933 (Aus.-Alem.). Intérpretes: Mártha Eggerth, Hans Jaray *(pág. 406).*
La suerte la perseguía / Easy Living. Dir.: Mitchell Leisen, 1937 (EE.UU.). Intérpretes: Jean Arthur, Ray Milland *(pág. 139).*
La terraza. Dir.: Leopoldo Torre Nilson, 1963 (Arg.). Intérpretes: Dora Baret, Graciela Borges, Leonardo Favio, Marcela López Rey *(pág. 131).*
La tête d'un homme. Dir.: Julien Duvivier, 1933 (Fr.). Intérpretes: Harry Baur, Valéry Inkijinoff *(pág. 343).*
La trampa del oro / The Money Trap. Dir.: Burt Kennedy, 1965 (EE.UU.). Intérpretes: Glenn Ford Rita Hayworth *(pág. 228).*
La última cacería / The Last Hunt. Dir.: Richard Brooks, 1956 (EE.UU.). Intérpretes: Robert Taylor, Stewart Granger *(pág. 388).*
La usurpadora / Back Street. Dir.: Robert Stevenson, 1941 (EE.UU.). Intérpretes: Margaret Sullavan, Charles Boyer *(pág. 388).*
La viaccia. Dir.: Mauro Bolognini, 1961 (It.-Fr.). Intérpretes: Jean-Paul Belmondo, Claudia Cardinale *(pág. 334).*
La vida de Al Jolson / The Jolson Story. Dir.: Alfred Green, 1946 (EE.UU.). Intérpretes: Larry Parks, Evelyn Keyes *(pág. 353).*

La vida íntima de un político / The Seduction of Joe Tynan. Dir.: Jerry Schatzberg, 1979 (EE.UU.). Intérpretes: Alan Alda, Barbara Harris, Meryl Streep *(pág. 314)*.
La visita / The Visit. Dir.: Bernhard Wicki, 1964 (EE.UU.-Alem.-Fr.-It.). Intérpretes: Ingrid Bergman, Anthony Quinn *(pág. 144)*.
La viuda alegre / The Merry Widow. Dir.: Ernst Lubistch, 1934 (EE.UU.). Intérpretes: Maurice Chevalier, Jeanette MacDonald *(pág. 91)*.
Lágrimas de una madre / To Each His Own. Dir.: Mitchell Leisen, 1946 (EE.UU.). Intérpretes: Olivia de Havilland, Mary Anderson, Roland Culver *(pág. 353)*.
Las abandonadas. Dir.: Emilio Fernández, 1945 (Méx.). Intérpretes: Dolores del Río, Pedro Armendáriz *(pág. 365)*.
Las infieles / Le infideli. Dir.: Mario Monicelli, Steno, 1952 (It.). Intérpretes: Gina Lollobrigida, May Britt, Irene Papas *(pág. 231)*.
Las nieves del Kilimanjaro / The Snows of Kilimanjaro. Dir.: Henry King, 1952 (EE.UU.). Intérpretes: Gregory Peck, Susan Hayward, Ava Gardner, Torin Thatcher *(pág. 365)*.
Las noches de Cabiria / Le notti di Cabiria. Dir.: Federico Fellini, 1957 (It.-Fr.). Intérpretes: Giulietta Masina, François Périer *(págs. 213, 221)*.
Larga jornada hacia la noche / Long Day's Journey Into Night. Dir.: Sidney Lumet, 1962 (EE.UU.). Intérpretes: Katherine Hepburn, Ralph Richardson *(pág. 38, n.)*.
Lawrence de Arabia / Lawrence of Arabia. Dir.: David Lean, 1962 (Ingl.). Intérpretes: Peter O'Toole, Alec Guinness, Anthony Quinn *(pág. 70)*.
Lecho nupcial / The Four Poster. Dir.: Irving Reis, 1952 (EE.UU.). Intérpretes: Rex Harrison, Lilli Palmer *(pág. 254)*.
Lo que sucedió aquella noche / It Happened One Night. Dir.: Frank Capra, 1934 (EE.UU.). Intérpretes: Claudette Colbert, Clark Gable, Walter Connolly *(pág. 221)*.
Locura de verano / Summertime. Dir.: David Lean, 1955 (EE.UU.-Ingl.). Intérpretes: Katharine Hepburn, Isa Miranda, Rossano Brazzi *(pág. 150)*.
Los 400 golpes / Les quatre cents coups. Dir.: François Truffaut, 1959 (Fr.). Intérpretes: Jean-Pierre Léaud Albert Rémy *(pág. 253)*.
Los amantes / Les amants. Dir.: Louis Malle, 1958 (Fr.). Intérpretes: Jeanne Moreau, Jean-Marc Bory *(págs. 98, 183)*.
Los amores de mi mujer / The Palm Beach Story. Dir.: Preston Sturges, 1942 (EE.UU.). Intérpretes: Claudette Colbert, Joel McCrea *(pág. 139)*.

Los asesinos / The Killers. Dir.: Robert Siodmak, 1946 (EE.UU.). Intérpretes: Ava Gardner, Burt Lancaster *(pág. 353)*.
Los condenados no lloran / The Damned Don't Cry. Dir.: Vincent Sherman, 1950 (EE.UU.). Intérpretes: Joan Crawford, David Brian, Hugh Sanders *(pág. 400)*.
Los enredos de una dama / Libeled Lady. Dir.: Jack Conway, 1936 (EE.UU.). Intérpretes: Jean Harlow, William Powell, Myrna Loy, Spencer Tracy *(pág. 408)*.
Los girasoles de Rusia / I girasoli. Dir.: Vittorio De Sica, 1970 (It.-Fr.-URSS). Intérpretes: Sophia Loren, Marcello Mastroianni *(pág. 394)*.
Los inadaptados / The Misfits. Dir.: John Huston, 1961 (EE.UU.). Intérpretes: Clark Gable, Marilyn Monroe, Montgomery Clift *(pág. 214)*.
Los inconstantes. Dir.: Rodolfo Kuhn, 1962 (Arg.). Intérpretes: Gilda Lousek, Elsa Daniel, Luis Medina Castro, Alberto Argibay *(pág. 81)*.
Los jóvenes viejos. Dir.: Rodolfo Kuhn, 1962 (Arg.). Intérpretes: María Vaner, Alberto Argibay, Marcela López Rey, Graciela Dufau *(págs. 79, 81)*.
Los lirios del valle / Lilies of the Fields. Dir.: Ralph Nelson, 1963 (EE.UU.). Intérpretes: Sidney Poitier, Lilia Skala *(pág. 107)*.
Los pájaros / The Birds. Dir.: Alfred Hitchcock, 1963 (EE.UU.). Intérpretes: Rod Taylor, Tippi Hedren, Jessica Tandy *(pág. 46)*.
Los paraguas de Cherburgo / Les parapluies de Cherbourg. Dir.: Jacques Demy, 1964 (Fr.-Alem.). Intérpretes: Catherine Deneuve, Nino Castelnuovo *(págs. 149, 412)*.
Los secuestrados de Altona / I sequestrati di Altona. Dir.: Vittorio De Sica, 1963 (It.-Fr.). Intérpretes: Sophia Loren, Maximilian Schell *(pág. 93)*.
Los siete pecados capitales / El diablo metió la cola / Les sept péchés capitaux. Dir.: Yves Allégret, Claude Autant-Lara, Eduardo De Filippo, Jean Dréville, Carlo Rim, Roberto Rossellini, Georges Lacombe, 1952 (Fr.-It.). Intérpretes: Michèle Morgan, Gérard Philipe, Isa Miranda *(pág. 353)*.
Los tarantos. Dir.: Francisco Rovira Beleta, 1963 (Esp.). Intérpretes: Carmen Amaya, Sara Lezana, Daniel Martín, Antonio Gades *(pág. 245)*.
Los tres rostros de una mujer / I tre volti. Dir.: Michelangelo Antonioni, Mauro Bolognini, Franco Indovina, 1965 (It.). Intérpretes: Esmeralda Ruspoli, Giorgio Sartarelli, Alberto Sordi, Soraya *(pág. 150)*.
Los vencedores / The Victors. Dir.: Carl Foreman, 1963 (Ingl.). Intérpretes: Vince Edwards, Albert Finney, George Hamilton, Melina Mercouri, Jeanne Moreau *(pág. 86)*.

Luces de la ciudad / City Lights. Dir.: Charles Chaplin, 1931 (EE.UU.). Intérpretes: Charles Chaplin, Virginia Cherrill *(pág. 388).*
Luz de invierno / Nattvardsgästerna. Dir.: Ingmar Bergman, 1963 (Sue.). Intérpretes: Ingrid Thulin, Gunnar Björnstrand *(pág. 93).*
Lydia. Dir.: Julien Duvivier, 1941 (EE.UU.). Intérpretes: Merle Oberon, Edna May Oliver, Alan Marshal *(pág. 400).*

Macunaima / Macunaíma. Dir.: Joaquim Pedro de Andrade, 1969 (Bra.). Intérpretes: Paulo José, Grande Otelo, Rodolfo Arena *(pág. 314).*
Mahler. Dir.: Ken Russell, 1974 (Ingl.). Intérpretes: Robert Powell, Georgina Hale, Lee Montague *(pág. 415).*
Mambo. Dir.: Robert Rossen, 1954 (It.-EE.UU.). Intérpretes: Silvana Mangano, Shelley Winters, Michael Rennie, Vittorio Gassman *(pág. 408).*
María Candelaria. Dir.: Emilio Fernández, 1944 (Méx.). Intérpretes: Dolores del Río, Pedro Armendáriz *(pág. 356).*
María Walewska / Conquest. Dir.: Clarence Brown, 1937 (EE.UU.). Intérpretes: Greta Garbo, Charles Boyer *(pág. 401).*
Marie, légende hongroise. Dir.: Pál Fejös, 1932 (Fr.). Intérpretes: Annabella, Germaine Aussey, Ilona Dajbukát *(pág. 396, n).*
Mascarada nocturna / Maskerade. Dir.: Willi Forst, 1934 (Aus.). Intérpretes: Paula Wessely, Olga Tschechowa, Mitchell Lewis *(pág. 406).*
Masculino, femenino / Masculin, féminin: 15 faits précis. Dir.: Jean-Luc Godard, 1966 (Fr.-Sue.). Intérpretes: Jean-Pierre Léaud, Chantal Goya, Marlène Jobert *(pág. 241).*
Matrimonio a la italiana / Matrimonio all'italiana. Dir.: Vittorio De Sica, 1964 (It.-Fr.). Intérpretes: Sophia Loren, Marcello Mastroianni *(pág. 154).*
Mayerling. Dir.: Anatole Litvak, 1936 (Fr.). Intérpretes: Charles Boyer, Danielle Darrieux *(pág. 349).*
Mio Dio come sono caduta in basso! Dir.: Luigi Comencini, 1974 (It.). Intérpretes: Laura Antonelli, Alberto Lionello *(pág. 394).*
Mogambo. Dir.: John Ford, 1953 (EE.UU.). Intérpretes: Clark Gable, Ava Gardner, Grace Kelly *(pág. 69).*
Monsieur Ripois. Dir.: René Clément, 1954 (Fr.-Ingl.). Intérpretes: Gérard Philipe, Natasha Parry, Valerie Hobson *(pág. 396).*
Muelles de Nueva York / The Docks of New York. Dir.: Josef von Sternberg, 1928 (EE.UU.). Intérpretes: Olga Baclanova, George Bancroft, Gustav von Seyffertitz *(pág. 395).*

Mujercitas / Girls About Town. Dir.: George Cukor, 1931 (EE.UU.). Intérpretes: Kay Francis, Joel McCrea *(pág. 387)*.
Muriel / Muriel ou le temps d' un retour. Dir.: Alain Resnais, 1963 (Fr.-It.). Intérpretes: Delphine Seyrig y Jean-Pierre Kérien *(pág. 72)*.
Música sobre las olas / We're Not Dressing. Dir.: Norman Taurog, 1934 (EE.UU.). Intérpretes: Bing Crosby, Carole Lombard *(pág. 408)*.

Nace una estrella / A Star Is Born. Dir.: George Cukor, 1954 (EE.UU.). Intérpretes: Judy Garland, James Mason *(pág. 387)*.
Ninotchka. Dir.: Ernst Lubitsch, 1939 (EE.UU.). Intérpretes: Greta Garbo, Melvyn Douglas *(pág. 365)*.
Nunca tendrás un centavo / You'll Never Get Rich. Dir.: Sidney Lanfield, 1941 (EE.UU.). Intérpretes: Rita Hayworth, Fred Astaire *(pág. 353)*.

Palabras al viento / Written on the Wind. Dir.: Douglas Sirk, 1956 (EE.UU.). Intérpretes: Lauren Bacall, Rock Hudson, Robert Stack, Dorothy Malone *(pág. 396)*.
París visto por / Paris vu par... Dir.: Claude Chabrol, Jean Douchet, Jean-Luc Godard, Jean-Daniel Pollet, Eric Rohmer, Jean Rouch,1965 (Fr.). Intérpretes: Jean-Pierre Andréani, Stéphane Audran *(pág. 183)*.
Per le antiche scale. Dir.: Mauro Bolognini, 1975 (Fr.-It.). Intérpretes: Marcello Mastroianni, Françoise Fabian, Lucia Bosé *(pág. 395)*.
Picnic. Dir.: Joshua Logan, 1955 (EE.UU.). Intérpretes: William Holden, Rosalind Russell, Kim Novak *(pág. 354)*.
Pijama para dos / Vuelve amor mío / Lover Come Back. Dir.: Delbert Mann, 1961 (EE.UU.). Intérpretes: Rock Hudson, Doris Day, Tony Randall *(pág. 388)*.
Pinocho / Pinocchio. Dir.: Hamilton Luske, Ben Sharpsteen, 1940 (EE.UU.). Estudios Disney *(pág. 354)*.
Polvorilla / Bombshell. Dir.: Victor Fleming, 1933 (EE.UU.). Intérpretes: Clark Gable, Jean Harlow, Mary Astor *(pág. 69)*.
Por unos ojos negros / In Caliente. Dir.: Lloyd Bacon, 1935 (EE.UU.). Intérpretes: Dolores del Río, Pat O'Brien *(pág. 354)*.
Port Arthur. Dir.: Nicolas Farkas, 1936 (Fr.). Intérpretes: Karin Hardt, Anton Walbrook *(pág. 396)*.
Psicosis / Psycho. Dir.: Alfred Hitchcock, 1960 (EE.UU.). Intérpretes: Anthony Perkins, Janet Leigh *(págs. 29, n46)*.

Pubis angelical. Dir.: Raúl de la Torre, 1982 (Arg.). Intérpretes: Graciela Borges, Alfredo Alcón, Silvia Pinal *(pág. 357, 361, 371, 414).*

¿Qué pasó con Baby Jane? / What Ever Happened to Baby Jane? Dir.: Robert Aldrich, 1962 (EE.UU.). Intérpretes: Bette Davis, Joan Crawford *(págs. 29, n38, 408).*
¿Quién yace en mi tumba? / Dead Ringer. Dir.: Paul Henreid, 1964 (EE.UU.). Intérpretes: Bette Davis, Karl Malden *(pág. 97).*

Raíces en el fango / Mr. Arkadin. Dir.: Orson Welles, 1955 (Fr.-Esp.-Sui.). Intérpretes: Akim Tamiroff, Patricia Medina, Orson Welles *(pág. 396).*
Rapsodia en azul / Rhapsody in Blue. Dir.: Irving Rapper, 1945 (EE.UU.). Intérpretes: Robert Alda, Joan Leslie *(pág. 400).*
Recordando con ira / Look Back in Anger. Dir.: Tony Richardson, 1958 (Ingl.). Intérpretes: Richard Burton, Claire Bloom *(pág. 87).*
Reds. Dir.: Warren Beatty, 1981 (EE.UU.). Intérpretes: Warren Beatty, Diane Keaton, Jack Nicholson *(pág. 369).*
Rehenes / Hostages. Dir.: Frank Tuttle, 1943 (EE.UU.). Intérpretes: Luise Rainer, Arturo de Córdova *(pág. 353).*
Rosa de abolengo / Mrs. Miniver. Dir.: William Wyler, 1942 (EE.UU.). Intérpretes: Greer Garson, Walter Pidgeon *(pág. 42).*
Rumba. Dir.: Marion Gering, 1935 (EE.UU.). Intérpretes: Carole Lombard, Geroge Raft *(pág. 188).*

Salvatore Giuliano. Dir.: Francesco Rosi, 1961 (It.). Intérpretes: Frank Wolf, Salvo Randone *(pág. 211).*
Sangre y arena / Blood and Sand. Dir.: Rouben Mamoulian, 1941 (EE.UU.). Intérpretes: Tyrone Power, Rita Hayworth *(pág. 365).*
Satiricón / Satyricon. Dir.: Federico Fellini, 1969 (It.-Fr.). Intérpretes: Martin Potter, Hiram Keller *(pág. 302).*
Scarface. Dir.: Howard Hawks, Richard Rosson, 1932 (EE.UU.). Intérpretes: Paul Muni, Ann Dvorak *(págs. 353, 356).*
Scusi, lei è favorevole o contrario? Dir.: Alberto Sordi, 1967 (It.). Intérpretes: Alberto Sordi, Anita Ekberg, Silvana Mangano, Giulietta Masina *(pág. 267).*
Se trata de una dama / Zu neuen Ufern. Dir.: Douglas Sirk, 1937 (Alem.). Intérpretes: Zarah Leander, Willy Birgel, Viktor Staal *(pág. 396).*

Sed de vivir / Lust for Life. Dir.: Vincente Minnelli, 1956 (EE.UU.). Intérpretes: Kirk Douglas, Anthony Quinn *(pág. 356).*
Seducida y abandonada / Sedotta e abbandonata. Dir.: Pietro Germi, 1964 (It.-Fr.). Intérpretes: Stefania Sandrelli, Saro Urzì, Lando Buzzanca, Lola Braccini *(pág. 150).*
Show Boat. No se aclara la versión de esta comedia musical. 1929: Dir.: Harry Pollard. Intérpretes: Laura La Plante, Joseph Schildkraut; 1936: Dir.: James Whale. Intérpretes: Irene Dunne, Allan Jones; 1951: Dir.: George Sidney. Intérpretes: Kathryn Grayson, Ava Gardner *(pág. 235).*
Siete días de mayo / Seven Days in May. Dir.: John Frankenheimer, 1964 (EE.UU.). Intérpretes: Burt Lancaster, Kirk Douglas, Fredric March, Ava Gardner *(pág. 101).*
Skyscraper. Dir.: Adolfas Mekas, 1965 (EE.UU.). Intérpretes: Julie Harris *(pág. 217).*
Soberbia / The Magnificent Ambersons. Dir.: Orson Welles, 1942 (EE.UU.). Intérpretes: Joseph Cotten, Dolores Costello *(pág. 402).*
Sublime obsesión / Magnificent Obsession. Dir.: Douglas Sirk, 1954 (EE.UU.). Intérpretes: Jane Wyman, Rock Hudson *(pág. 396).*
Susan Lenox / Susan Lenox (Her Fall and Rise). Dir.: Robert Z. Leonard, 1931 (EE.UU.). Intérpretes: Greta Garbo, Clark Gable *(pág. 26).*

Teresa, la ladrona / Teresa la ladra. Dir.: Carlo Di Palma, 1972 (It.). Intérpretes: Monica Vitti, Michele Placido, Stefano Satta Flores *(pág. 370).*
Tess. Dir.: Roman Polansky, 1979 (Fr.-Ingl.). Intérpretes: John Collin, Peter Firth, Nastassja Kinski *(pág. 330).*
Tierra de pasión / Red Dusts. Dir.: Wilson Collison, 1932 (EE.UU.). Intérpretes: Clark Gable, Jean Harlow *(pág. 69, n.).*
Todos los caminos llevan a Roma / Tous les chemins mènent à Rome. Dir.: Jean Boyer, 1949 (Fr.). Intérpretes: Micheline Presle, Gérard Philipe, Jacques Louvigny *(pág. 343).*
Tom Jones. Dir.: Tony Richardson, 1963 (Ingl.). Intérpretes: Albert Finney, Susannah York *(pág. 87).*
Trampa mortal / Deathtrap. Dir.: Sidney Lumet, 1982 (EE.UU.). Intérpretes: Michael Caine, Christopher Reeve, Dyan Cannon *(pág. 410).*
Tres desconocidos / Three Strangers. Dir.: Jean Negulesco, 1946 (EE.UU.). Intérpretes: Peter Lorre, Sydney Greenstreet, Geraldine Fitzgerald *(pág. 402).*

Tres palabritas / Three Little Words. Dir.: Richard Thorpe, 1950 (EE.UU.). Intérpretes: Fred Astaire, Red Skelton, Vera-Ellen *(pág. 322)*.

Tres solteronas / Le sorelle Materassi. Dir.: Ferdinando Maria Poggioli, 1942 (It.). Intérpretes: Emma Gramatica, Irma Gramatica, Clara Calamai, Leo Melchiorri *(pág. 394)*.

Tuyo es mi corazón / Notorious. Dir.: Alfred Hitchcock, 1946 (EE.UU.). Intérpretes: Cary Grant, Ingrid Bergman *(pág. 355)*.

Un alma torturada / This Gun for Hire. Dir.: Frank Tuttle, 1942 (EE.UU.). Intérpretes: Veronica Lake, Alan Ladd *(pág. 354)*.

Un concierto en la corte / Das Hofkonzert. Dir.: Douglas Sirk, 1936 (Alem.). Intérpretes: Mártha Eggerth, Johannes Heesters *(pág. 341)*.

Un rostro de mujer / A Woman's Face. Dir.: George Cukor, 1941 (EE.UU.). Intérpretes: Joan Crawford, Melvyn Douglas *(pág. 176)*.

Un sueño rubio / Ein blonder Traum. Dir.: Paul Martin, 1932 (Alem.). Intérpretes: Lilian Harvey, Willy Fritsch, Willi Forst *(págs. 341, 406)*.

Una larga ausencia / Une aussi longue absence. Dir.: Henri Colpi, 1960 (Fr.-It.). Intérpretes: Alida Valli, Georges Wilson *(pág. 237)*.

Una muchacha sin importancia / Sylvia Scarlett. Dir.: George Cukor, 1935 (EE.UU.). Intépretes: Katherine Hepburn, Cary Grant *(pág. 392)*.

Una mujer sin horizonte / This Property Is Condemned. Dir.: Sydney Pollack, 1966 (EE.UU.). Intérpretes: Natalie Wood, Robert Redford, Charles Bronson *(pág. 249)*.

Venus imperial / Venere imperiale. Dir.: Jean Delannoy, 1963 (Fr.-It.). Intérpretes: Gina Lollobrigida, Stephen Boyd *(pág. 93)*.

Verano a las 10:30 / 10:30 P.M. Summer. Dir.: Jules Dassin, 1966 (EE.UU.-Esp.). Intérpretes: Melina Mercouri, Romy Schneider *(pág. 246)*.

Verano y humo / Summer and Smoke. Dir.: Peter Glenville, 1961 (EE.UU.). Intérpretes: Laurence Harvey, Geraldine Page, Rita Moreno, John McIntire *(pág. 34)*.

Vértigo / Vertigo. Dir.: Alfred Hitchcock, 1958 (EE.UU.). Intérpretes: James Stewart, Kim Novak *(pág. 46, n.)*.

Víctor y Victoria / Viktor und Viktoria. Dir.: Reinhold Schünzel, 1933 (Alem.). Intérpretes: Renate Müller, Hermann Thimig *(pág. 406)*.

¡Viva María! / Viva María! Dir.: Louis Malle, 1965 (Fr.-It.). Intérpretes: Brigitte Bardot, Jeanne Moreau *(pág. 253)*.

Vive como quieras / You Can't Take It with You. Dir.: Frank Capra, 1938 (EE.UU.). Intérpretes: Jean Arthur, Lionel Barrymore *(pág. 228).*
Vive l'amour! / Julia, Du bist zauberhaft. Dir.: Alfred Weidenmann, 1962 (Aus.-Fr.). Intérpretes: Lilli Palmer, Charles Boyer *(pág. 75).*
Vivir en paz / Vivere in pace. Dir.: Luigi Zampa, 1947 (It.). Intérpretes: Aldo Fabrizi, Gar Moore, Mirella Monti *(pág. 412).*
Vivir es mi deseo / Auntie Mame. Dir.: Morton DaCosta, 1958 (EE.UU.). Intérpretes: Rosalind Russell, Coral Browne *(págs. 230, 235, n254).*
Vivir su vida / Vivre sa vie: film en douze tableaux. Dir.: Jean-Luc Godard, 1962 (Fr.). Intérpretes: Anna Karina, Sady Rebbot *(págs. 65, 69).*

¿Y ahora qué? / Little Man, What Now? Dir.: Frank Borzage, 1934 (EE.UU.). Intérpretes: Margaret Sullavan, Alan Hale *(pág. 408).*

Zazà. Dir.: Renato Castellani, 1943 (It.). Intérpretes: Isa Miranda, Antonio Centa *(pág. 338, 394).*

Las principales fuentes utilizadas para confeccionar las fichas técnicas fueron: The Internet Movie Data Base (*www.imdb.com*), y el Catálogo Bolaffi del cinema italiano (*Gianni Rondolino y Ornella Levi; Giulio Bolaffi editore, Roma, 1977*), además de otras enciclopedias y diccionarios sobre cine de la biblioteca de Manuel Puig. Sobre esa primera lista, Ítalo Manzi realizó múltiples correcciones, aportó todos los datos sobre los títulos de estreno en la Argentina y otros que sólo la pasión cinéfila compartida puede descubrir.

Aventuras de un coleccionista de películas [1]

Manuel Puig es, antes que nada, una persona muy simpática. Nuestro miedo de no conseguir hacer hablar al argentino, autor de "Boquitas pintadas", "The Buenos Aires Affair" y "El beso de la mujer araña", pronto se diluyó delante de su gentil recibimiento, en su tranquilo departamento de Leblon. Puig es un enamorado del cine antiguo y tiene en su casa más de 500 películas en videocassettes. Esta entrevista es, por lo tanto, una bendición para los fanáticos del llamado séptimo arte. Y también una excelente oportunidad para aquellos que se interesan por el universo de la creación literaria de un autor que, en Brasil, ya vendió decenas de ediciones.

¿Qué tipo de equipamiento tiene?
Tengo un Betamax, modelo americano, pero también compré un VHS, que está en Roma grabando, en casa de un amigo. El mayor problema para los coleccionistas de video es la incompatibilidad entre la norma americana y la europea. No me olvido más cuando volví de un viaje y traje unas películas compradas en Alemania que tenía muchas ganas de ver. Eran películas de los años '30, '31 y '32, que para mí son muy importantes, sobre todo en la Alemania anterior a Hitler.

¿Por qué es tan importante ese período?
Porque son los comienzos del cine sonoro. Los artistas estaban buscando un modo de expresión, todo era libre y creativo. Después encontraron algunas fórmulas y empezaron a repetirse, y surge un cine mucho más previsible. Pero en aquellos momentos, sobre todo en Alemania, tenía mucha fuerza el movimiento expresionista, y se descubría el cine musical. Yo traje un cargamento de Betamax y todos me decían que iba a tener problemas. Yo no les creía, porque la cinta era del mismo tamaño. Entonces llego, pongo las películas en la videocassettera y no se ve nada, por la diferencia de norma.

¿Y cuándo empezó su pasión por el video?
Yo vivía en New York, y en el '80 me vine para acá, para probar un poco. Cuando vivía ahí tenía mucho para ver, sobre todo cine viejo, que me interesa más. Puede ser cine americano, mexicano, brasileño, argentino, euro-

---

"Aventuras de um colecionador de filmes", *Videomagia*, Año I, nº 7: 5-10. Por: Gisella Bezerra de Mello y Elias Fajardo. Traducción: Juan Manuel Nadalini.

peo. Lo único que no conozco es el cine indio y el cine árabe. Dicen que el cine indio tiene cosas muy naïve, y que la verdadera expresión cinematográfica de la India es un cine bien popular, hecho para un público muy inocente.

Viviendo en New York, podía ver cualquier cosa, y no me preocupé por tener una videocasettera. Pero cuando supe que me iba compré una y ya llegué a Brasil hacia fines del '80 con la máquina y una buena cantidad de cassettes.

¿Cuántos cassettes tiene?
Ah, no sé, más de quinientos.

¿Están clasificados y separados por tema?
No, porque uso cassettes de larga duración en los que caben varias películas. Entra lo que entra.

¿Cómo utiliza el cine en su literatura? ¿Usa un fragmento de una película o un diálogo para caracterizar un personaje?
No es tan así. Al principio de mi carrera escribí mucho acerca de la influencia del cine en las personas. Eso tenía mucho que ver con la clase media argentina, conmigo, con mis personajes. Siempre uso como protagonistas personajes que tengan que ver con problemas míos. Yo tenía muchos problemas con la idealización del mundo a través del cine. Para mí las cosas eran más reales en la medida en que las podía emparentar con algún personaje del cine.

Luego de esa etapa, trabajé siempre con personajes reales; y en los últimos tiempos ellos son más jóvenes y no tienen tanto que ver con el cine. Mi última novela, *Sangre de amor correspondido*, tiene un personaje brasileño, un albañil, sin ninguna *ideología* cinematográfica; el cine es apenas una sombra cultural detrás de él. Y no tiene el cine porque su clase social no va al cine.

¿Este cambio tiene que ver con el hecho de estar viviendo acá, en Brasil?
Mi novela anterior, *Maldición eterna a quien lea estas páginas*, que se va a publicar aquí en el '83, tiene un personaje real norteamericano de New York para quien tampoco el cine ocupaba un lugar especial. Yo no podía forzar una aparición del cine. Me gusta proyectarme en los protagonistas, pero a veces no es posible. Yo tenía una identificación muy fuerte, tanto con el albañil como con el profesor americano, pero no en lo referente al cine.

Con el albañil tenía una gran identificación en el sentido en que él no conseguía aceptar la realidad, siempre creaba una fantasía, su propio *intermezzo*. Eso no es cinematográfico, pero me hacía sentir muy cerca de él.

Usted crea sus personajes como un recurso para hablar de un cierto tema, ¿verdad? Por ejemplo, en "El beso de la mujer araña" eligió un travesti, porque sólo un travesti tenía el tipo de actitudes y de posturas que a usted le interesaba transmitir.
Al principio yo quería una mujer...

Claro, pero el modelo femenino ya no funcionaba en esos términos...
Sólo fue así en el caso de la mujer araña. En general aparece un personaje que me impresiona mucho y ahí entonces trato de ver por qué. A veces sucede después de que terminé la novela. A simple vista no hay nadie más diferente de mí que el albañil...

Y, sin embargo, tenía una enorme cercanía...

¿Cómo es su proceso de apropiación de los personajes? ¿Consigue eso que todo autor dice buscar; esa postura del tipo "no mando yo, el que manda es el albañil"?
Un personaje tiene fuerza si está vivo, si existe. Para un escritor es muy fácil, porque sólo se trata de escuchar lo que ellos (los personajes) dicen. Incluso si uno no tiene un personaje real, tiene los recuerdos, los datos. Es verdad que el personaje manda en el sentido de que impone una psicología. Pero es el escritor quien va a elegir la manera de contar.

¿El destino estaría dado por el escritor?
No, sólo la forma. Ya con esto el escritor tiene bastante espacio...

Los personajes son, entonces, bastante autónomos...
Cuando el escritor siente esta autonomía se queda mucho más tranquilo, porque sabe que está trabajando con material vivo. Cuando se trabaja con algo completamente inventado, sin sustancia real, es aburridísimo, nunca se sabe qué reacción van a tener los personajes en determinado momento.

¿Cuáles son sus libros más cinematográficos?
Mire, pienso que mis libros no son cinematográficos. Están más para miniseries de TV. Ya tuve una experiencia de adaptación al cine, con *Boquitas*

pintadas, dirigida por Torre Nilsson. Y este año se hizo *Pubis angelical*, con dirección de Raúl de la Torre, en la Argentina, aprovechando toda esa confusión. Tanto en estos dos casos, como en *El beso de la mujer araña*, que está preparando Héctor Babenco, siento que la forma ideal sería la miniserie, por la extensión. Mis historias exigen más tiempo que el de un film de dos horas.

¿Cuál es la diferencia entre escribir una novela y escribir una obra de teatro? Le ha pasado a muchos autores de aquí que escribían para teatro y luego descubrían que eso era literatura. ¿Cómo fue para usted, teniendo en cuenta que su adaptación del "El beso", actualmente en cartel en San Pablo, fue bien recibida?
Fue una coincidencia, si es que se puede hablar de coincidencias. *La mujer araña* nació como novela, con más de trescientas páginas y muchas situaciones, pero siempre con una unidad de lugar. Todo sucede en una celda y casi todo se resuelve por medio del diálogo. Éstos ya eran elementos teatrales. Pero al hacer la adaptación, tuve que renunciar a muchas cosas. Si uno va a ver la obra pensando en la novela, siente que falta esto o aquello. Pero si uno va sin saber, parece que hubiera sido escrita para el teatro.

Háblenos un poco de su obra "Quero" ["Bajo un manto de estrellas"], en cartel en Río de Janeiro en el teatro Ipanema, con dirección de Ivan de Albuquerque.
Ésta ya fue escrita directamente para el teatro, fue una consecuencia del éxito de la otra. Me sentí muy a gusto al escribirla para la compañía del Teatro Ipanema. Lo único que tenía era una idea muy vaga de muertos que vampirizan a los vivos... pero era muy teatral en la medida en que los muertos daban sus shows...

¿Es verdad que, en la época del armado de "Mujer araña", tuvo una discusión con Dina Sfat, que quería montar la obra con recursos más sofisticados, películas proyectadas en video, etcétera? La obra al final fue dirigida por Ivan de Albuquerque.
Al principio Dina y yo íbamos a trabajar juntos, pero yo tenía una concepción diferente sobre la adaptación. Me parecía que toda la obra debía apoyarse en el poder de la palabra. Quería concentrarme en ese recurso; pensé que todo debía suceder a través del discurso de los personajes, ya que era una exigencia de la situación. Yo no lo podía hacer de otro modo, y por eso decidimos no trabajar juntos.

Dicen que usted hace un uso intelectual del melodrama; vale decir, que toma un melodrama, con todas sus características distintivas, y lo pone en otro contexto. ¿Está de acuerdo?
Sí, creo que el folletín y todos esos géneros tienen elementos positivos, como la agilidad del relato, la graduación de la intriga y también la incorporación de sentimientos que, en cierta literatura con pretensiones, no entran. Creo que el sentimiento es una experiencia humana. ¿Por qué debería estar exiliado de la literatura?

¿Intenta darles una dimensión más rica a ciertos personajes que caen dentro del cliché?
Eso no me preocupa, porque trabajo siempre con personajes que surgen de la realidad. Del folletín o del melodrama uso únicamente procedimientos formales. A veces mis personajes están influenciados por ciertos modelos del folletín, pero ése es otro tema.

¿Acostumbra ver novelas por televisión?
Me gustaría poder seguirlas, en parte también para comprender mejor al pueblo, en la medida en que ellas tienen una enorme importancia aquí. Me encantaría, pero demanda mucho tiempo. Y lo menciono como una carencia, ya que me gustaría investigar el fenómeno.

¿Y las miniseries? ¿Vio, por ejemplo, "Quem ama não mata"?
No, pero la próxima la voy a ver. Tengo la esperanza de escribir alguna cosa de este tipo.

¿Y su relación con Brasil? Teniendo en cuenta que eligió vivir aquí, nos gustaría saber cómo le está yendo.
Me gusta mucho. Me parece que se respira un aire de mucha tolerancia con las personas y creo que eso es producto de la integración racial. Me mudé aquí más que nada por el clima, ya que necesito, por cuestiones de salud, tener el mar cerca para nadar todos los días.

Muchos de los extranjeros que vienen a vivir acá piensan que es el lugar ideal, pero se quejan de la falta de profesionalismo...
Yo no siento tanto eso. Lo que veo son serios problemas económicos. Esa idea de la indisciplina brasileña, no sé... tengo experiencias terribles con la indisciplina americana, italiana, etc. El trabajo en equipo es un infierno en todo el mundo. Y acá encuentro una enorme ventaja: el pueblo no es repre-

sor. En Europa hay países con una perfecta democracia donde el pueblo es represor por una hipertrofia de la disciplina.
Entonces cada uno se convierte en policía. Es algo muy contradictorio.

¿Qué proyectos tiene?
Estoy empezando una nueva novela, pero todavía estoy muy en los principios.

Usted dice que la aceptación de su trabajo teatral en Brasil se dio de manera muy lenta. Pero su literatura llegó con enorme fuerza. El público lo aceptó y lo disfrutó. ¿Cómo analiza esta receptividad?
Fue una sorpresa muy agradable. Con el clima y el paisaje me conformaba. Pensaba en despertar un cierto interés, pero esto superó mis expectativas.

Con el video, todo se multiplica fácilmente
Puig es un coleccionista típico. Los ojos le brillan más cuando habla de películas raras y difíciles, que él consigue después de largas búsquedas o intercambiando copias con otros coleccionistas, como hacen los chicos con las figuritas difíciles del álbum.

Antes del video yo frecuentaba los museos. Iba a las funciones del Museo de Arte Moderno de New York, de las cinematecas de Berlín Occidental y Oriental, de la cinemateca de México y de la Biblioteca del Congreso de Washington, que es vastísima. El cine para mí es un hobby, y también una investigación antropológica. Es algo que hago con mucha pasión.

Como todo coleccionista, a Puig le interesa el video por la posibilidad que ofrece a la hora de conservar copias de las películas.
Una copia de una película en 16 mm, por ejemplo, cuesta cerca de quinientos dólares. Por eso la maravilla del video es que permite hacer copias a un costo muy bajo. Por ahora puede ser algo un poco elitista, pero de aquí a un tiempo va a ser igual que con los discos. Me acuerdo de cuando yo era chico: los tocadiscos eran unos muebles gigantes, carísimos, y después se convirtieron en una cosa popular. Pero creo que la gran ventaja del video es la capacidad de poder conservar viejas películas.
Porque no hay dinero suficiente en el mundo para pagar aquellos costos. Por ejemplo, películas como *Forbiden Paradise*, de Lubitsch, realizada en los Estados Unidos y considerada una obra importantísima, está en el Museo de New York esperando su turno para ser copiada en acetato. Y va a estar más de diez años esperando. Ahí tienen la copia de nitrato que se hacía en

aquella época, pero es combustible, a pesar de su increíble calidad. No hay presupuesto para copiar tantas películas. Pero con el video todo queda resuelto.

¿Cuáles son las joyas de su filmoteca?
Tengo filmes alemanes musicales de los inicios del sonoro. Tengo mucho Fritz Lang. De Lubitsch sonoro tengo casi todo; voy a recibir los filmes mudos de Garbo, que son muy difíciles. Tengo también cine italiano de los años treinta, franceses de la ocupación nazi y mucho cine mexicano.

Usted habla mucho de cine mexicano. ¿Por qué le gusta tanto?
Ah, es bárbaro. Tiene películas de autor, de *star*, tiene de todo. Del cine latinoamericano me parece que el mexicano es el que está envejeciendo mejor. El cine argentino también era muy importante. Tenía todo un *star-system*, actores, estrellas, películas de género. Se hacían entre 40 y 50 películas por año. Pero el cine mexicano hacía muchas más. Existen algunos coleccionistas que están haciendo un gran trabajo para contactar a los dueños de las copias. Las compañías americanas, como la Metro, eran organizadas, tenían una continuidad de trabajo y conservaban las copias. En cambio muchas películas europeas eran hechas por productores independientes, más desorganizados, y resulta muy difícil saber a quién pertenecen los derechos. Ahora los coleccionistas están copiando estas películas en video y las intercambian. Es un modo de recuperar y de difundir. Por ejemplo, un canal de televisión que quiera hacer una retrospectiva de Duvivier no tiene modo legal de saber qué pasa con los derechos. Para cada película tiene que hacer una averiguación infinita, una complicación.

¿Y usted cómo consigue esas películas?
Bueno, muchas ya pertenecen al dominio público. Entonces lo único que hay que hacer es comprar un cassette para que alguien lo copie. Es un trabajo hecho por personas que tienen pasión por el cine. ¿A quién le puede interesar una película de Pál Fejös, un húngaro de los años treinta que filmó en Hollywood, en Francia y Alemania? Fejös es muy poético e interesante, pero no llegó a ser una gran estrella. Nadie las busca, pero sus películas tienen mucho valor.

La gran satisfacción del coleccionista es cuando consigue copias de películas perdidas. Hace nueve años que no vuelvo a la Argentina, pero un amigo encontró, en la televisión argentina, unas películas alemanas que yo había visto hacía muchos años y, con estas copias, conseguí otras. De ese modo uno ayuda a rescatar un título perdido. Antes uno buscaba al dueño de una copia y le pedía que se la proyectara, y todo terminaba ahí. Ahora es distinto, todo se multiplica fácilmente.

COMPAÑIA INTERNACIONAL DE RADIO S. A.

Av. Pte. ROQUE SAENZ PEÑA 540
T. E. 30-8961/8
BUENOS AIRES

19 6 FEB 10 PM 12 15 5

CONECTA CON VIA RADIONAL EN EL EXTERIOR

COPIA DE TELEGRAMA

MB24   EAV752 JAD

BARCELONA 9 10 1220

BALDOMERO PUIG CHARCAS 3497 B-AIRES.-

CONTRATO FIRMADO BESOS
    COCO

GRAN HOTEL OLIVAR
LIMA - PERU

tuve más remedio que ir. Fuimos a uno
de esos bares lujosos a tomar champagne. Bueno, y
pasó también ese día.

                    Lunes.
Digo hoy, recibí carta del Chino,
encantado de saber que pegó las dos. Ahora regio
sin sentirlo puede dar Filosofía, ¡qué fuerte!
¿Qué es lo de la policía? Me parece que lo mejor
sería SALVARLO de la colimba directamente, no
hay ningún conocido, Papá, tratá de encontrar
algo, estoy seguro de que en la Colimba no se
aprende nada, a hacer fiaca nada más. La Dora
Contratti no podrá hacer algo? por el lado de Contratti
a lo mejor sale algo. Piensen por favor porque
eso es algo terrible, corta todo y después no se sabe cómo
retomar el hilo ¡Por favor! Es una experiencia amarga
horrible. Vi "Los jóvenes viejos", es fenómeno hasta
la mitad, lástima que después se vuelve tan
lenta y repetida. Pero Kuhn prometía mucho,
la 2ª fue "Los inconstantes" que ya había visto
en Alex el año pasado, repetición de ésta primera
pero sin ninguno de los aciertos. Los actores

New York, domingo 10

Querida familia: Hoy estoy de mudanza. El amigo cubano de Cerquín tiene un amigo con departamento muy grande que quiere compartir y allí voy. El domingo pasado fuimos a verlo y hoy me mudo. Es un muchacho joven muy tranquilo, callado, hace 2 años que está aquí, trabaja como arquitecto pero se dedica cuanto puede a la pintura. Al principio yo no estaba muy entusiasmado porque está a 20 minutos del centro (en subte express) pero tiene muchas ventajas: el barrio es muy lindo, residencial sin ser estirado, frente al río, con ventanales al parque y al puente Washington (río Hudson), muy alto, sobre la barranca que baja al parque y al río. No tiene casas enfrente, directamente el río, la calle lo dice: Riverside Drive, paseo por la ribera del río. Este muchacho hace tres meses que lo quiere alquilar pero con la huelga de los diarios no podía poner anuncios. El dep. es así: Me cobra 75 dólares por semana sin gastos, de eso se encarga él. Está amueblado, bastante pasable, es muy grande, lo que lo viste más es la vista al río tan ancho, del otro lado ya es New Jersey. Al lunes tendrá cartas ¿cómo va el pie de Carl? Espero que me escriba. Ojalá que la fábrica reanude actividades pronto. Esta semana me moví mucho, aquí me parece que hay posibilidades para tirar para arriba. Mandé plata por American Express, son los 25.000 de papá y 2 cuotas del pasaje (las del 3 abril y 3 mayo) así que mamá podés ir a la bella Tini cualquier día y retirar los dos primeros pagarés. Más adelante mandaré el resto y la plata de los regalos, pronto empezarán con los tejidos ¿no? Vi la primera sonora de Greta, "Anna Christie", al principio ella está pesada, GENIAL, pero después se desata. Sorprendente por lo moderna me resultó. Cine a las 8', los genios Marie Dressler, Wallace Beery y Jean Harlow. También vi la que es gran éxito del momento: "Baby Jane", con Bette y Joan Crawford, un asco, copia de "Psicosis" de un mal gusto increíble, ellas están desatadas, sobre todo la Bette, una bestia, una lástima porque el tema era muy lindo y ellas podrían haber estado perfectas. Seguí con los sub-títulos y con dificilísimas colas, sobre todo

Índice general

Agradecimientos	9
Prólogo	11
Nota editorial	17

Primera parte
1963	23
1964	85
1965	139
1966	199
1967	267
1968-1979	287

Segunda parte
1980	293
1981	321
1982	361
1983	383

Epílogo	425
Glosario	427
Índice de películas	433
Anexo entrevista	453

PQ7798.26.U4 Z48 2005
Puig, Manuel
Querida familia :

OHIO UNIVERSITY LIBRARY
Please return this book as soon as you have finished with it. In order to avoid a fine it must be returned by the latest date stamped below. All books are subject to recall after two weeks or immediately if needed for reserve.